KB143901

연구방법 5th EDITION

질적 · 양적 및 혼합적 연구의 설계

Copyright © 2018 by SAGE Publications, Inc.

All rights reserved. No part of this book may be reproduced or utilized in any form or by any means, electronic or mechanical, including photocopying, recording, or by any information storage and retrieval system, without permission in writing from the publisher.

FOR INFORMATION:

SAGE Publications, Inc.
2455 Teller Road
Thousand Oaks, California 91320 E-mail: order@sagepub.com

SAGE Publications Ltd. 1 Oliver's Yard
55 City Road London EC1Y 1SP United Kingdom

SAGE Publications India Pvt. Ltd.
B 1/I 1 Mohan Cooperative Industrial Area Mathura Road, New Delhi 110 044 India

SAGE Publications Asia-Pacific Pte. Ltd. 3 Church Street
#10-04 Samsung Hub Singapore 049483

JOHN W. CRESWELL · J. DAVID CRESWELL

연구방법 5th EDITION

질적 · 양적 및 혼합적 연구의 설계

정종진 · 김영숙 · 류성림 · 박판우 · 성용구 · 성장환 · 유승희 · 임남숙 · 임청환 · 장윤선 · 허재복 옮김

Σ 시그마프레스 $ SAGE

연구방법 : 질적·양적 및 혼합적 연구의 설계, 제5판

발행일 | 2022년 7월 5일 1쇄 발행

지은이 | John W. Creswell, J. David Creswell
옮긴이 | 정종진, 김영숙, 류성림, 박판우, 성용구, 성장환, 유승희, 임남숙, 임청환,
　　　　장윤선, 허재복
발행인 | 강학경
발행처 | ㈜ 시그마프레스
디자인 | 우주연, 이상화, 김은경
편 집 | 김은실, 이호선, 윤원진
마케팅 | 문정현, 송치헌, 김인수, 김미래, 김성옥

등록번호 | 제10-2642호
주소 | 서울특별시 영등포구 양평로 22길 21 선유도코오롱디지털타워 A401~402호
전자우편 | sigma@spress.co.kr
홈페이지 | http://www.sigmapress.co.kr
전화 | (02)323-4845, (02)2062-5184~8
팩스 | (02)323-4197

ISBN | 979-11-6226-391-4

Research Design
Qualitative, Quantitative, and Mixed Methods Approaches, Fifth Edition

Copyright ©2018 by SAGE Publications, Inc.

English language edition published by SAGE Publications in the United States, United Kingdom, and New Delhi.

The Copyright of the Korean translation is jointly held by Sigma Press, Inc. and SAGE Publications, Inc.

All rights reserved.

Korean language edition © 2022 by Sigma Press, Inc.

This translation is published by arrangement with SAGE Publications.

이 책의 한국어판 저작권은 SAGE Publications, Inc.와 독점계약한 ㈜ 시그마프레스에 있습니다. 저작권법에 의하여 한국 내에서 보호를 받는 저작물이므로 무단전재와 복제를 금합니다.

＊ 책값은 책 뒤표지에 있습니다.

여 러 분야의 학문적 발전은 지속적으로 보다 나은 새로운 연구방법론이 생겨
나기를 요구하게 된다. 문헌연구나 양적 연구의 방법적 한계를 극복하기 위
해 질적 연구방법론이 생겨났고, 양적(혹은 정량적) 연구와 질적(혹은 정성적) 연구
의 방법론에 부족함을 느끼게 되어 두 연구방법을 병행하거나 혼합하는 혼합적 연
구방법론이 탄생하게 되었다.

새로운 연구방법론이 대두될 때마다 한편에서는 그 연구방법의 수월성과 유용성
을 인정하여 수용하기도 하지만, 다른 한편에서는 그 연구방법의 약점이나 연구방
법의 변화에 대해 거부감을 가지거나 비판을 하기도 한다. 외국에서 질적 연구방법
이 정착되기까지 많은 비판과 냉소가 있었던 것처럼 혼합적 연구가 정착되기까지
적잖은 문제 제기와 비판이 가해질 것이다.

일각에서는 "질적 연구든 양적 연구든 어느 하나만이라도 제대로 해 보라."는 차
가운 시선으로 혼합적 연구를 수용하지 않으려는 사람들도 있다. 사실, 아직도 질
적 연구방법이 완전하게 정착되지 못하고 일부 거부감마저 잔존해 있는 국내의 연
구풍토에서는 혼합적 연구에 대한 소개가 때 이른 감도 없지 않다. 그러나 항상 그
랬듯이 새로운 시도가 가지고 있는 약점들을 인정하면서 그 시도의 장점을 수용하
는 자세도 학문의 발전을 위해선 꼭 필요하다고 본다.

다행스럽게도 국내에서 최근 혼합적 연구방법을 시도하는 사례가 점차 증가하
고 있는 추세이고, 혼합적 연구 접근을 위해서는 혼합적 연구방법론을 제대로 학습
할 필요가 있다. 그러나 혼합적 연구방법을 소개하고 있는 책을 거의 찾기 어려웠는
데, 탐색 중 눈에 띈 것이 미국 SAGE 출판사에서 펴낸 John W. Creswell의 *Research
Design: Qualitative, Quantitative, and Mixed Methods Approaches*이었다. 이 책은 질적·
양적·혼합적 연구 설계의 시각을 함께 소개하고 있다는 점이 특징이자 장점이라
할 수 있다.

그런 면에서 볼 때 이 책은 연구방법론을 폭넓은 시각으로 탐구하려는 독자들에

게 유익하다. 또한 이 책은 연구문제의 제기에서부터 연구보고서의 작성에 이르기까지 연구의 진행 단계별로 질적·양적·혼합적 연구의 세 가지 접근방법의 시각을 비교하면서 연구의 실행에 역점을 두고 쓰였기 때문에 특히 실제로 혼합적 연구를 탐구하거나 시도하려는 연구자에게 좋은 안내서가 될 것이다.

역자들은 평소 교육학 혹은 교과교육학의 학문적 발전과 교사교육에 대해 고민하고 있던 대구교육대학교 교수들로서 역자 각자의 전공 분야에서 연구를 하면서 보다 폭넓은 연구방법론에 관심을 공유하고 이 책을 가지고 함께 공부하면서 번역에 착수하게 되었다. 2009년에 번역진이 조직되고 2010년에는 매주 한 차례 모여서 번역원고를 가지고 열띤 토론을 하면서 많은 이견과 조정의 과정을 거쳐 최종 원고를 정리하고 검토하여 제3판(2009)을 번역 출간하였다. 그 후 일부 개정된 제4판(2014)을 번역 출간하였고, 이어 저자가 1명 추가되고 일부 수정되고 새로 첨가된 내용이 많은 제5판(2020)이 나와 다시 번역 출간하게 되었다.

좋은 책을 만들기 위해 편집과 교정에 수고해 준 ㈜시그마프레스의 관계 직원들에게 감사를 드린다. 모쪼록 이 책이 연구방법론을 공부하는 많은 학부와 대학원 학생들, 그리고 여러 학문 분야의 연구자들에게 유익하고 한층 더 업그레이드된 연구 수행에 도움이 되기를 바란다.

2022년 3월
대표역자 정종진

목표

이 책은 인문·사회과학 분야의 질적·양적·혼합적 연구설계 및 연구프로젝트를 위한 하나의 틀과 과정, 그리고 구성적 접근법을 제공한다. 이 책의 특징은 세 가지 탐구방법을 비교한 것이라 할 수 있는데, 이러한 비교가 필요하게 된 배경에는 질적 연구의 우세, 혼합적 연구접근법의 등장, 양적 설계의 성장 등이 자리 잡고 있다. 이 책에서 시도하는 비교는 세 가지 접근방법의 철학적 가정에 대한 기본적 검토, 문헌 고찰, 연구접근법에서의 이론 적용에 대한 평가, 학문적 탐구에서 글쓰기와 윤리의 중요성에 대한 성찰로 시작된다. 그런 다음 서론 작성하기, 연구목적 진술, 연구질문 및 가설 확인, 자료의 수집과 분석 및 해석 방법과 절차 제시라는 연구 과정의 핵심적 요소를 다룬다. 이 과정의 단계에서 독자는 질적·양적·혼합적 접근법을 섭렵하게 된다.

독자

이 책은 학술지 논문, 학위논문, 졸업논문, 혹은 자금지원을 위한 계획서와 연구프로젝트를 준비하는 데 도움이 필요한 학생과 교수 요원들을 위해 집필되었다. 좀 더 광범위하게는 연구방법론 강좌의 교재 혹은 참고도서로도 유용하게 사용될 수 있을 것이다. 설계와 관련된 이 책의 특징을 최대한 이용하려면 독자가 질적 및 양적 연구에 대해 기본적으로 친숙해질 필요가 있다. 그러나 설계 과정에서의 기본적인 도움이 필요한 독자들을 위해 용어의 설명과 정의를 제공하고 전략을 추천할 것이다. 본문에서 강조되는 용어와 책 뒤에 수록된 용어 설명은 연구 이해에 실제적인 도움을 줄 것이다. 이 책은 또한 사회과학과 인문과학 분야의 폭넓은 독자를 위한 것이기도 하다. 초판 이후 제4판까지 계속된 독자 서평은 독자가 여러 학문 분야와 영역에 걸쳐 있음을 보여 준다. 마케팅, 경영, 형법, 커뮤니케이션, 심리학, 사회학, 유치원, 초 · 중등교육, 간호, 가정의학, 보건, 서비스 연구, 글로벌 건강, 행동건강, 도시학, 가족학과 그 밖의 여러 연구 분야에서 제5판이 유용하게 사용되기를 바란다.

체제

각 장에서는 다양한 학문 분야의 연구 예를 다룬다. 이러한 예들은 책, 학술지 논문, 학위논문 계획서 및 학위논문을 출처로 한다. 우리(이 책의 저자들)의 주 전공은 교육심리학, 보건학, 심리학이지만 예시 자료는 여러 학문 분야에 걸쳐 있다. 예시 자료들은 사회과학 및 보건과학 연구자들이 다루었던 전통적인 표본과 집단뿐 아니라 우리 사회의 주변적인 개개인에 대한 연구와 사회적 정의(social justice)의 이슈들을 반영하고 있다. 오늘날 연구에 있어서 다양한 방법론이 사용되고 있고, 대안적이라 할 수 있는 철학적 사고, 다양한 탐구방법, 그리고 수많은 절차들이 논의되고 있다.

  이 책에서는 연구방법을 상세하게 다루기보다는 연구설계의 본질적 특성을 강조하고 있다. 완벽하고 사려 깊은 연구를 계획하기 위해 알아 두어야 할 본질적 · 핵심적 아이디어로 압축했다고 확신할 수 있다. 연구의 탐구전략은 흔히 사용되는 형태, 즉 양적 연구에서의 조사와 실험, 질적 연구에서의 현상학, 민족지학, 근거이론, 사례연구 및 내러티브 연구, 그리고 혼합적 연구에서의 동시적 · 순차적 · 변형적 설계로 한정된다. 이 책은 연구계획서를 준비하는 학생에게 도움을 주겠지만, 연구를 발표하고 심사위원과 협상하는 정치적 문제에 대해서는 다른 책을 찾아보아야 할 것이다.

  학문적 글쓰기의 관행에 따라 차별 지향적(예 : 성차별적 혹은 민족주의적) 어휘나 예는 일체 사용하지 않도록 노력하였다. 남녀 양성을 모두 포괄하고 광범위한 문화를 아우를 수 있는 예들이 선정되었다. 질적 및 양적 논의를 사용함에 있어서도 한쪽으로 치우침이 없도록 하였다. 그리고 책의 전반에 걸쳐 질적 및 양적 예들의 순서를 의도적으로 바꾸었다. 독자들은 이 책에 인용된 긴 길이의 예문에서는 다른 글에 대한 참조가 많음을 알 수 있을 것이다. 그러나 참고문헌에는 특정 예문에 포함된 참고목록 전체가 아니라 우리가 예시로 사용하고 있는 문헌들만 제시될 것이다. 이전 판에서처럼 이번 판에서도 가독성과 이해도를 높이기 위한 특징들은 유지되었다. 가령 중요한 포인트를 강조하기 위하여 ●표시가 사용되었고, 절차상의 단계를 강조하기 위하여 번호 표시가 사용되었으며, 연구자들이 전하고자 하는 핵심적인 연구 아이디어를 강조하기 위하여 긴 글을 줄이지 않은 채 온전하게 제시하였다.

제5판에서는 연구 분야의 발전과 독자의 반응에 호응하여 다음과 같은 새로운 특징이 추가되었다.

- 이 판에서는 **연구 프로젝트**에 대한 **제안**을 설계하는 것뿐만 아니라 연구를 설계하는 단계에 대한 논의를 형성한다. 따라서 연구설계에 대한 강조(제안에만 초점을 맞추는 것과는 대조적으로)는 이전 판보다 이번 판에서 약간 더 크다.
- 연구질문 및 연구방법과 관련하여 인식론적 및 존재론적 가정에 대한 정보를 더욱 추가하였다.
- 세계관 섹션에서는 변형적 세계관을 더 많이 포함하였다.
- 연구방법 논의에서 사례연구, 참여적 실행연구 및 질적 연구에서의 시각적 방법과 같은 특정 접근방법을 보다 많이 추가하였다.
- 질적 방법에서도 소셜 미디어와 온라인 질적 방법에 대한 정보를 추가하였다. 또한 메모 및 성찰에 대한 정보를 더 추가하였다.
- 혼합적 방법에서는 실행연구(참여연구)와 프로그램 평가에 대한 정보를 통합하였다.
- 각 연구방법의 장에서 질적 및 양적 자료 분석 소프트웨어에 대해 자세히 다루었다.
- 이론에서 인과성에 대한 정보를 추가한 다음, 양적 연구에서 인과성과 통계와의 관계를 통합하였다.
- 양적 · 질적 및 혼합적 방법의 경우 논의 작성을 각각의 방법에 통합하였다.
- 양적 · 질적 및 혼합적 방법의 장에서 모두 새로운 정보를 추가하였다. 혼합적

방법에 관한 장은 해당 분야의 최신 발전사항을 반영하였다.
- 책 전반에 걸쳐 마지막 판 이후에 나온 연구방법에 관한 업그레이드된 판을 인용하였고, 현재 널리 유통되고 있는 최신의 참고문헌 및 읽을거리를 추가하였다.

각 장별 개요

이 책은 두 부분으로 나누어진다. 제1부는 연구자가 계획서 혹은 제안서를 작성하기 전에 고려해야 할 단계로 구성되어 있다. 제2부는 일반논문, 학위논문, 혹은 연구보고서의 계획서 작성에 관한 다양한 부분을 논의하고 있다.

제1부 : 예비적 고려사항

제1장부터 제4장까지 학문적 연구의 설계를 어떻게 준비할 것인지에 대해 논의하고 있다.

제1장 : 연구접근의 선택

이 장에서는 양적 · 질적 · 혼합적 연구방법에 대한 정의에서 시작하여 연구자가 이러한 연구방법의 어느 하나를 사용할 때 철학과 설계 및 방법이 어떻게 스며드는지에 대해 논의한다. 다시 말해, 서로 다른 철학적 입장과 고급스러운 양적 · 질적 및 혼합직 연구설계 유형에 대해 고찰한 다음, 각 연구설계와 관련된 연구방법에 대해 논의한다. 또한 연구방법을 선택할 때 고려해야 할 요인에 대해 살펴본다. 그러므로 이 장은 계획서를 작성하는 사람들이 질적 · 양적 혹은 혼합적 연구 가운데 어느 것이 자신의 계획된 연구프로젝트에 적합한지를 결정하는 데 도움을 줄 것이다.

제2장 : 문헌 고찰

연구계획서를 설계하기 전에 주제에 관한 문헌을 광범위하게 검토하는 것은 중요하다. 그래서 연구할 만한 주제를 가지고 이 장에 제시된 단계를 밟아 문헌 탐색을 시작할 필요가 있다. 이를 위해서는 문헌연구, 연구주제 관련 선행연구 도식화, 양질의 초록 작성, 논문작성법 사용에 대해 배운 기술의 사용, 주요 용어의 정의 등의 요구된다. 이 장은 계획서 작성자가 연구주제에 관한 관련 문헌을 신중하게 검토하고, 연구계획서를 위한 문헌을 수집하며, 그 검토 내용을 글로 작성하는 데 도움을 줄 것이다.

제3장 : 이론의 활용

세 가지 형태의 탐구에 있어 이론은 상이한 용도로 활용된다. 양적 연구에서는 이론이 조사자가 검증하고 있는 변인들 간의 관계를 설명하기 위한 틀을 제공한다. 질적 연구에서는 이론이 탐구를 위한 렌즈 역할을 할 수도 있고, 혹은 연구 과정에서 생성될 수도 있을 것이다. 혼합적 연구에서는 이론이 연구자들에 의해 다양하게 활용될 수 있는데, 그 가운데는 양적 및 질적 연구와 관련된 방법들도 포함된다. 이 장은 연구계획서 작성자가 이론이 어떻게 연구에 통합될 수 있는지를 검토하고 계획하는 데 도움을 줄 수 있을 것이다.

제4장 : 글쓰기 전략과 윤리적 고려사항

글쓰기에 들어가기 전 연구계획서에 포함될 주제들의 전체적인 개요를 작성해 보는 것이 도움이 된다. 그래서 이 장은 계획서를 작성하기 위한 다양한 개요들로 시작된다. 이것은 여러분이 계획하고 있는 연구가 질적·양적 혹은 혼합적 연구 중 어느 것인가에 따라 샘플로 활용될 수 있다. 개요를 제시한 다음 글쓰기 습관 개발 및 자신의 학문적 글쓰기 능력 신장에 도움을 준 문법 개념과 같은 실제 계획서 작성에 관련된 몇 가지 우리의 아이디어를 전한다. 마지막으로 윤리적인 문제를 다루고 있는데, 이를 추상적인 개념으로서가 아니라 연구의 전 과정에서 예상해 볼 필요가 있는 고려사항으로서 논의한다.

제2부 : 연구설계

제2부에서는 연구계획서 설계의 요소를 다룬다. 제5장부터 제10장까지 이 과정에서의 각 단계를 다루는 내용으로 이루어진다.

제5장 : 서론

연구를 적절하게 소개하는 것이 중요하다. 이 장에서 우리는 좋은 서론을 작성하기 위한 모델을 제시한다. 이 장은 먼저 연구의 초록을 설계하는 것부터 시작한다. 이 초록은 연구문제 확인, 선행연구와 관련하여 이 연구문제의 현 주소 파악, 선행연구에서 결여된 부분 지적, 연구보고를 하게 될 대상 지정 등의 내용을 포함하는 서론을 작성함으로써 이루어진다. 이 장은 연구계획서의 서론을 학문적으로 구성하는 체계적 방법을 제시한다.

제6장 : 연구목적 진술

연구계획서의 서두에서 연구자는 연구의 주된 목적 혹은 의도를 진술한다. 이 부분은 계획서 전체를 통틀어 가장 중요한 기술이다. 이 장에서 여러분은 양적ㆍ질적 그리고 혼합적 연구에 있어서 이 부분을 어떻게 진술할 것인지 배우게 된다. 그리고 이러한 진술을 계획하고 글로 쓰는 데 도움이 되는 스크립트가 제공된다.

제7장 : 연구질문과 가설

연구자가 제기하는 질문과 가설은 연구목적을 수렴하고 초점을 맞추는 역할을 한다. 프로젝트의 또 다른 중요한 이정표로서 연구질문과 가설은 주의 깊게 기술될 필요가 있다. 이 장에서 여러분은 양적 및 질적 연구질문과 가설을 어떻게 쓸 것인지, 그리고 혼합적 연구에서 연구질문과 가설을 기술할 때 그 두 가지 형식을 어떻게 적용할 것인지를 배우게 된다. 많은 사례들이 이러한 과정을 예시하는 스크립트 역할을 하고 있다.

제8장 : 양적 연구방법

양적 연구방법은 자료의 수집, 분석, 해석, 연구결과 기술하기의 과정을 포함한다. 조사연구와 실험연구에는 표본과 집단 추출, 탐구전략의 구체화, 자료 수집과 분석, 결과 제시와 해석, 조사연구 혹은 실험연구에 적합한 방식으로 연구보고서 작성하기 등에 관련된 구체적인 방법이 있다. 이 장에서 여러분은 연구계획서에 담겨야 하는 조사연구 혹은 실험연구 설계의 구체적 절차를 배우게 된다. 이 장에 제시된 체크리스트는 그 모든 주요 단계들이 빠짐없이 포함될 수 있도록 도와준다.

제9장 : 질적 연구방법

자료의 수집, 분석, 해석 및 결과 진술에 대한 질적 접근은 전통적인 양적 접근과 다르다. 유목적적인 표본추출, 개방적 자료 수집, 텍스트 혹은 이미지(예 : 사진)의 분석, 그림과 표를 이용한 정보 제시, 발견된 결과에 대한 개인적 해석 등이 질적 연구절차를 설명해 준다. 이 장은 질적 연구절차를 연구계획서로 구성하는 단계를 보여주고, 중요한 절차를 모두 빠뜨리지 않도록 도와주는 체크리스트를 제공한다. 풍부한 예시 자료들은 내러티브 연구, 헌상학, 근거이론, 민족지학적 연구, 사례연구의 예가 된다.

제10장 : 혼합적 연구절차

혼합적 연구방법은 한 연구에서 양적 자료와 질적 자료를 모두 수집하여 '혼합' 혹은 통합하는 것을 포함한다. 질적 · 양적 자료만 분석하는 것만으로는 충분하지 않다. 추가 분석은 연구문제 및 질문에 대한 추가 통찰력을 위해 두 데이터베이스를 통합하는 것으로 구성된다. 혼합적 연구방법은 최근 몇 년 동안 인기를 얻었으며, 그래서 이 장에서는 혼합적 연구의 적용을 위해 중요한 발전 사항에 초점을 맞추고 있다. 이 장은 먼저 혼합적 방법의 연구를 정의하고 이를 설명하는 주요 특성을 다룬 다음, 혼합적 방법 연구의 세 가지 핵심 설계인 (1) 수렴적 설계, (2) 설명적 순차 설계, (3) 탐색적 순차 설계에 대해 그들의 특성, 자료 수집과 분석의 특징, 해석 및 타당화하는 방법을 중심으로 자세히 살펴본다. 또한 이러한 핵심 설계는 다른 설계(예 : 실험), 이론(예 : 페미니스트 연구) 및 방법론(예 : 평가 절차)에서도 사용된다. 마지막으로 혼합적 방법 프로젝트에 가장 적합한 설계를 결정하는 데 필요한 고려 사항에 대해 논의한다. 핵심 설계의 예와 계획서 또는 프로젝트에 모든 필수 단계를 통합했는지 여부를 확인하기 위한 체크리스트를 제공한다.

　　연구를 설계한다는 것은 어렵고 시간이 많이 소요되는 과정이다. 이 책이 그 과정을 보다 쉽게 혹은 보다 신속하게 만들어주지는 않을 것이다. 그러나 그 과정에서 유용한 구체적 기술, 그 과정의 각 단계에 관한 지식, 학문적 연구보고서를 작성하기 위한 실제적 지침을 제공해 줄 수는 있을 것이다. 우리는 연구 과정의 각 단계를 펼치기 전에 연구계획서 작성자들이 연구의 접근방법을 숙고하고 주제 관련 문헌을 검토하며, 계획서를 구성할 때 포함해야 할 주제의 개요를 작성하는 일련의 연구 과정에서 발생할 수 있는 윤리적 문제를 예상해 볼 것을 제안한다. 제1부는 이러한 내용으로 이루어진다.

컴패니언 웹사이트

이 책(제5판)을 위한 SAGE edge companion 사이트는 https://edge.sagepub.com/creswellrd5e에서 이용할 수 있다.

학생들을 위한 SAGE edge는 학생들이 교과과정의 목표를 달성할 수 있도록 개인화된 접근 방식을 제공한다.

- 모바일 친화적 퀴즈(Mobile-friendly quizzes)는 각 장의 개념에 대한 이해도를 테스트한다.
- SAGE 연구방법 플랫폼에서 선별된 John W. Creswell과 다른 사람들이 등장하는 비디오는 연구설계에서 중요한 주제를 확장한다.
- SAGE 저널 논문과 함께 제공되는 연습문제는 각 장의 개념을 적용할 수 있는 기회를 제공한다.
- 샘플 연구계획제안서 및 템플릿은 연구설계에 대한 추가 지침을 제공한다.

강사를 위한 SAGE edge는 고품질 콘텐츠를 쉽게 통합하고 풍부한 학습환경을 조성함으로써 교육을 지원한다. (로그인 후 사용 가능)

- 샘플 강의계획서는 교과과정을 구성하고 준비하는 데 도움이 된다.
- 편집 가능한 각 장별 파워포인트® 슬라이드는 멀티미디어 프레젠테이션을 쉽고 융통서 있게 만드는 데 자료가 된다.
- 다양한 범위의 미리 작성되고 편집 가능한 테스트 질문은 진전도와 이해도를 평가하는 데 도움이 된다.

- 강의 노트는 각 장의 주요 개념을 강조하고 유용한 참고 및 수업도구를 제공한다.
- 각 장별 쓰기 및 동료 검토 연습활동은 개념의 비판적 사고와 적용을 강조한다.
- 토론 질문 및 그룹 활동은 강의실 상호작용을 시작하고 학생들이 자료에 더 많이 참여하도록 권장한다.
- 책의 모든 그림과 표는 다운로드가 가능하다.

차례

CHAPTER 4 글쓰기 전략과 윤리적 고려사항

PART 2 연구설계

CHAPTER 5 서론

연구목적 진술

연구질문과 가설

양적 연구방법

질적 연구방법

혼합적 연구절차

예비적 고려사항

이┃책은 연구를 수행하는 사람들에게 연구계획서를 작성하는 데 도움을 주기 위한 것이다. 제1부에서는 연구를 계획하거나 설계하기 전에 고려해야 할 필요가 있는 몇 가지 사항을 다루고 있다. 이러한 예비적 고려사항들은 적절한 연구설계법을 선정하고, 계획하고 있는 연구와 관련 있는 기존의 문헌을 고찰하는 것과 관련이 있다. 또한 연구에서 어떤 이론의 사용 여부를 결정하고, 좋은 글쓰기 전략을 채택하고 연구윤리상의 문제를 고려하는 것과 관련이 있다.

연구접근의 선택

연구접근은 광범위한 가정(假定)에서부터 구체적인 자료 수집과 분석 및 해석의 방법에 이르는 연구의 절차와 계획을 말한다. 이 계획은 여러 가지 결정사항을 포함하며, 그런 결정은 우리(역주 − 이하 본문에서 우리란 이 책의 저자를 가리킴)가 이해하고 있는 순서나 여기에서 제안하는 순서대로 받아들일 필요는 없다. 전반적으로 내릴 결정사항은 주제를 연구하기 위해 어떤 접근을 이용해야 하는가에 대한 것이다. 이러한 결정사항이란 연구자가 연구에 사용하게 될 철학적 가정인 (연구설계라 불리는) 탐구 절차, 자료를 수집할 특정 **연구방법**, 분석과 해석이다. 또한 연구접근을 선택할 때 다루는 **연구문제**나 이슈의 성격, 연구자의 개인적 경험, 연구물의 독자도 선택의 근거로 삼는다. 따라서 이 책에서는 '연구접근', '연구설계', '연구방법'의 세 용어가 핵심인데, 이들은 연구의 광범위한 구성부터 방법의 절차에 이르는 연속적인 방법으로 정보를 나타내는 연구에 관한 관점을 제시하고 있다.

연구의 세 가지 접근

이 책에서는 (1) 질적 방법, (2) 양적 방법, (3) 혼합적 방법의 세 가지 연구접근을 제시한다. 이 세 가지 접근은 처음 보는 것처럼 별개로 분리되어 보이지 않을 것이다. 질적 접근과 양적 접근을 엄격하고 구별되는 범주, 정반대의 접근으로 보거나 이분법적으로 보아서는 안 된다. 그 대신 이 접근은 하나의 연속체 위에서 양쪽 끝에 위치해 있다(Creswell, 2015; Newman & Benz, 1998). 하나의 연구는 양적이기보다 질적일 수 있고, 그 반대로 질적이기보다는 양적일 수 있다. **혼합적 연구**는 이 연속체의 중간에 위치하는데, 왜냐하면 이 방법은 양적 접근과 질적 접근의 모든 요소를 결합한 것이기 때문이다.

질적 연구와 양적 연구의 구별은 숫자(양적)보다는 어휘(질적)를 사용하여 구성하는지 또는 개방형 질문(질적 면접질문)보다는 폐쇄형 질문(양적 가설)을 사용하여 구성하는지를 보면 알 수 있다. 이 방법 간 차이의 정도를 이해하기 위해서는 연구자가 연구에 이용하는 기본 철학적 가정, 연구에서 사용하는 연구 전략의 유형(예 :

양적 실험이나 질적 사례연구), 이러한 전략을 실행하는 데 이용하는 특정 방법(예 : 양적 자료는 도구로 수집하는 데 비해 질적 자료는 하나의 상황을 관찰하여 수집함) 을 차례로 살펴보는 것이다. 또한 두 접근은 역사적으로 진화했으며, 19세기 말부 터 20세기 중반까지 사회과학 분야의 연구 형식은 양적 접근이 지배적이었다. 20세 기 후반에 질적 연구에 대한 관심이 증가하면서 혼합적 연구가 발달하였다. 이런 배 경은 이 책에서 사용하는 세 가지 핵심적 용어의 정의를 고찰하는 데 도움이 될 것 이다.

- 질적 연구는 개인이나 집단에서 사회적 또는 인간적 문제 때문에 고려하게 되 는 의미를 이해하고 탐구하기 위한 접근이다. 연구 과정은 질문의 생성과 절 차, 연구참여자의 상황에서 자료 수집, 특정 주제에서 보편적 주제까지 자료 의 귀납적 분석, 자료의 의미에 대한 해석을 거친다. 최종 보고서는 융통적인 구조를 갖는다. 이러한 탐구 형태를 선호하는 연구자는 귀납적 양식, 개별적 의미에 초점 두기, 복잡한 상황의 묘사를 중요시하는 연구를 살펴보는 방법을 지지한다.
- 양적 연구는 변인 사이의 관계를 조사하여 객관적 이론을 검증하는 접근이다. 이러한 변인은 대체로 검사도구에 의해 측정될 수 있으며, 따라서 수량적 자 료가 통계적 절차를 이용하여 분석될 수 있다. 최종 작성된 보고서는 서론, 문 헌과 이론, 방법, 결과, 논의로 이루어진 일련의 구조를 갖고 있다. 질적 연구 처럼 이러한 탐구 형태를 선호하는 연구자는 편견을 경계하면서 연역적으로 검증 이론에 관해 가정하고, 대안적 설명을 통제하며, 연구결과를 일반화하고 반복할 수 있다.
- 혼합적 연구는 양적 자료와 질적 자료를 수집하고, 두 가지 형식의 자료를 통 합하며, 철학적 가정과 이론적 틀을 포함하는 다른 설계를 이용하여 탐구하기 위한 접근이다. 이 탐구 형식의 핵심 가정은 독자적 접근보다는 연구문제를 더 완벽하게 이해하도록 하는 질적 접근과 양적 접근의 결합이다.

이러한 정의는 각각의 연구방법에 상당한 정보를 담고 있다. 이 책을 통해 우리는 앞에서 제시한 연구방법의 의미가 독자에게 명확해지도록 정의의 일부를 논의할 것이다.

연구접근에 포함된 세 가지 요소

각 정의에서 두 가지 중요한 요소는 연구에 대한 접근이 철학적 가정은 물론 별개의 방법이나 절차를 지닌다는 점이다. 광범위한 연구접근은 **연구를 수행할 계획이나 연구계획서**로서 철학, 연구설계, 특정한 방법이 교차되어 이루어진다. 우리가 이들 세 가지 요소의 상호작용을 설명하려고 이용한 틀은 그림 1.1과 같다. 다시 말하지만, 연구를 계획할 때 연구자는 연구에 이용할 철학적인 세계관 가정, 이러한 세계관과 연관된 연구설계, 접근을 실천할 구체적인 연구절차나 방법을 심사숙고할 필요가 있다.

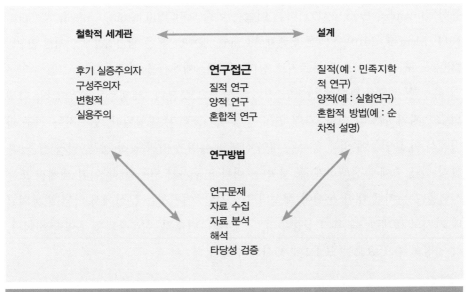

철학적 세계관

후기 실증주의자
구성주의자
변형적
실용주의

연구접근
질적 연구
양적 연구
혼합적 연구

연구방법

연구문제
자료 수집
자료 분석
해석
타당성 검증

설계

질적(예 : 민족지학적 연구)
양적(예 : 실험연구)
혼합적 방법(예 : 순차적 설명)

그림 1.1   연구를 위한 틀 : 철학적 세계관, 설계, 연구방법의 상호 연관성

철학적 세계관

철학적 관념들은 대부분 연구 안에 감춰져 있지만(Slife & Williams, 1995) 여전히 연구를 실행하는 데 영향을 미치며, 확인할 필요가 있다. 우리는 연구 제안이나 계획을 준비 중인 자들이 지지하는 보다 큰 철학적 관념을 명백히 밝힐 것을 권장한다. 이러한 정보를 통해 그들이 어째서 자신의 연구를 위해 질적 접근, 양적 접근, 혼합적 접근을 채택했는지 설명이 될 것이다. 세계관에 관해 서술할 때 연구계획서는 다음 사항을 다루는 절을 포함할 수 있다.

- 연구에서 제안하는 철학적 세계관
- 그 세계관의 기본적 아이디어에 대한 정의
- 그 세계관이 연구에 대한 자신들의 접근을 형성하는 방법

우리는 세계관이란 용어를 "행위를 이끄는 일련의 기본적인 신념"이란 의미로 사용하였다(Guba, 1990, p. 17). 다른 이들은 이를 패러다임(Lincoln, Lynham, & Guba, 2011; Mertens, 2010), 인식론과 존재론(Crotty, 1998), 혹은 광범위하게 인지된 연구방법론(Neuman, 2009)으로 부르기도 한다. 우리는 세계관을 연구자가 갖고 있는 연구의 특성과 세계에 관한 일반적인 철학적 방침으로 본다. 세계관은 훈련방침, 학생의 조언자와 멘토의 성향, 과거 연구 경험에 기초하여 형성된다. 연구자는 연구 과정에서 이 요인들에 의해 형성된 개인 신념의 유형에 따라 양적 접근, 질적 접근, 혼합적 접근 중에서 선택하게 될 것이다. 비록 연구자가 탐구할 때 어떤 세계관 또는 신념을 갖는지에 대한 논쟁이 계속되고 있지만, 여기서는 문헌에서 폭넓게 논의된 네 가지의 세계관, 즉 후기 실증주의, 구성주의, 변형적, 실용주의를 조명할 것이다. 각 입장의 주요 요소는 표 1.1에 제시되어 있다.

후기 실증주의자의 세계관

후기 실증주의자의 가정은 연구의 전통적 형태로 표현되어 왔고, 이 가정은 질적 연구보다는 양적 연구에 더 적합한 것으로 받아들여진다. 이 세계관은 때때로 과학적 방법(scientific method) 또는 과학 연구(science research)하기라고 부른다. 또한 실

표 1.1 네 가지 세계관	
후기 실증주의	**구성주의**
• 결정 • 환원주의 • 경험적 관찰과 측정 • 이론 검증	• 이해 • 참여자들의 다양한 의미 구성 • 사회적 · 역사적인 구성 • 이론 생성
변형적	**실용주의**
• 정치적 • 권한 부여와 이슈 지향적 • 협력적 • 변화 지향적	• 행위의 결과 • 문제 중심적 • 다원적 • 현실세계의 실천 지향적

증주의자/후기 실증주의자 연구, 경험과학, 후기 실증주의라고도 부른다. 마지막 용어가 후기 실증주의로 불리는 이유는 실증주의 이후의 사고를 나타내고, 지식은 절대적인 진리라는 전통적인 관념에서 변화를 보이며(Phillips & Burbules, 2000), 인간의 행위와 행동을 연구할 때 우리의 지식 주장에 대하여 '실증주의적'일 수 없다는 것을 인정하기 때문이다. 후기 실증주의자의 전통은 Comte, Mill, Durkheim, Newton, Locke(Smith, 1983)와 같은 19세기의 작가에서 시작되었고, Phillips와 Burbules(2000)와 같은 최신 저자들로 이어졌다.

후기 실증주의자들은 (대체로) 어떤 효과나 결과에는 원인이 있다는 결정론적인 철학을 반영한다. 따라서 후기 실증주의자가 연구하는 문제는 실험에서 검증되는 문제처럼 결과에 영향을 주는 원인을 확인하고 평가할 필요가 있다. 이것은 또한 가설과 연구문제를 구성하는 변인과 같이 검증 가능한, 작고 분리된 일련의 아이디어로 환원한다는 의도가 있다는 점에서 환원주의적이다. 후기 실증주의자의 시각을 통해 개발되는 지식은 '세상의 저쪽'에 존재하는 객관적인 실재에 대한 조심스러운 관찰과 측정에 기초하고 있다. 따라서 관찰에 관한 수량적 측정을 개발하고 개인의 행동을 연구하는 것은 후기 실증주의자에게 가장 중요한 것이 되었다. 마지막으로, 후기 실증주의자는 세상을 지배하는 법칙이나 이론이 존재한다고 생각하며, 세상을 이해하기 위하여 이와 같은 이론을 검증하고 정당화하거나 정교화할 필요가 있다고 본다. 따라서 후기 실증주의자가 받아들이는 연구접근으로서 과학적인 방법에서는 연구자는 이론으로 시작하고, 그 이론을 지지하거나 반박할 자료를 수집하여 필요한 수정을 하고 추가 검사를 한다.

Phillips와 Burbules(2000)의 저서에서 이러한 입장의 주요 가정을 다음과 같이 이해할 수 있다.

1. 지식이란 추측에 지나지 않는다(그리고 반기초적이기도 하다). 즉 절대적 진리란 결코 발견될 수 없다. 따라서 연구에서 확립된 증거는 항상 불완전하고 오류를 범하기 쉬운 것이다. 이러한 이유에서 연구자는 가설을 증명할 수 없고, 대신에 가설을 기각하지 않을 뿐이다.
2. 연구는 주장을 만든 다음, 보다 강력한 다른 주장을 하기 위해 주장의 일부를 정교하게 하거나 버리는 과정이다. 예를 들면, 대부분의 양적 연구는 이론을 검증하는 것으로 시작한다.
3. 자료, 증거, 합리적인 고려를 통해 지식을 만든다. 실제로 연구자는 연구자의 관찰이나 연구참여자에 의해 측정된 검사도구로부터 정보를 수집한다.
4. 연구는 중요한 인과관계를 기술하거나 관련 있는 상황을 설명할 수 있는 적절하고 참인 명제를 개발하려고 노력한다. 양적 연구에서 연구자는 변인 사이의 관계를 제시하고, 이 관계에 대한 연구질문이나 가설을 설정한다.
5. 객관성은 양질의 탐구가 갖추어야 할 필수 조건이며, 연구자는 편파적이지 않도록 연구방법과 결론을 검증해야 한다. 예를 들어, 타당도와 신뢰도는 양적 연구에서 뿐만 아니라 질적 연구에서도 중요한 기준이 된다.

구성주의자의 세계관

사람들은 저마다 다른 세계관을 갖는다. 구성주의 또는 사회적 구성주의(때로는 해석주의와 결합되는)가 바로 그러한 관점이며, 전형적으로 질적 연구에 대한 접근방법으로 이해된다. 이러한 개념은 Mannheim, Berger와 Luekmann(1967)의 실재의 사회적 구성(*The Social Construction of Reality*), Lincoln과 Guba(1985)의 자연주의적 탐구(*Naturalistic Inquiry*)로부터 발생하였다. 이러한 입장을 정리한 최근의 연구자로는 특히 Lincoln과 그의 동료들(2011), Mertens(2010), Crotty(1998)를 들 수 있다. 사회적 구성주의자는 개인은 자신이 살고 활동하고 있는 세계에 대해 이해하려고 한다고 가정한다. 개인은 자신의 경험으로부터 주관적인 의미를 발전시키는데, 그 의미는 어떤 대상이나 사물을 지향한다. 이러한 의미는 다양하고 다중적이어서, 연구자로 하여금 협소한 의미로 범주화나 개념화하기보다는 다양한 관점을 추구하게 이끈다. 연구의 목적은 연구하고 있는 상황에 대한 연구참여자의 관점에 상당히 의존한다. 연구문제는 광범위하고 일반적이어서 연구참여자는 상황의 의미를 구성할 수 있고, 이때 의미는 전형적으로 다른 사람과의 토론이나 상호작용 속에 스며 있는 것을 말한다. 연구문제가 개방적일수록 연구자는 사람들의 삶에서 말하고 행하는 내용을 더 주의 깊게 듣게 된다. 보통 이것의 주관적 의미는 사회적 · 역사적으로 협의된다. 즉 의미가 단순히 개인에 의해 만들어지기보다는 다른 사람과의 상호작용(따라서 사회적 구성주의)에 의해 그리고 개인의 삶에 영향을 주는 역사적 · 사회적 규범에 의해 형성된다. 따라서 구성주의자 연구자들은 개인 간의 상호작용의 과정을 주로 다룬다. 또한 그들은 연구참여자의 역사적 · 문화적 환경을 이해하기 위해 사람들이 살고 활동하고 있는 구체적 상황에 초점을 맞춘다. 연구자는 자신의 배경이 해석을 구체화하는 데 영향을 주고 있다는 것과 개인적 · 문화적 · 역사적 경험으로부터 그들의 해석이 나온다는 사실을 연구에서 밝히고 있다. 그래서 연구자의 의도는 다른 사람들이 세계에 대해 가지고 있는 의미를 이해하는(또는 해석하는) 데 있다. 연구자는 (후기 실증주의에서와 같이) 이론에서 시작하기보다는 오히려 이론이나 의미의 패턴을 귀납적으로 개발하거나 생성한다.

예를 들어, Crotty(1998)는 구성주의에 대한 논의에서 다음과 같은 몇 가지 가정을 언급하였다.

1. 인간은 자신이 해석하고 있는 세계에 참여함으로써 의미를 구성하기 시작한다. 질적 연구자는 개방형 질문을 하여 연구참여자가 그들의 견해를 나타낼 수 있도록 한다.
2. 인간은 세계에 참여하고 자신의 역사적 · 사회적 관점을 통해서 세계를 이해한다. 인간은 모두 문화에 의해 의미가 부여된 세상에 태어났다. 따라서 질적 연구자는 상황에 뛰어들거나 개인적으로 정보를 수집함으로써 연구참여자의

상황이나 환경을 이해하려고 한다. 질적 연구자는 발견한 것을 해석하고, 그 해석은 연구자 자신의 경험과 배경에 의해 구성된다.

3. 의미의 기본적 생성은 항상 사회적이고, 인간 공동체에서 상호작용으로부터 이루어진다. 질적 연구의 과정은 대부분 귀납적이고, 연구자는 현장에서 수집한 자료로부터 의미를 만들어 나간다.

변형적 세계관

어떤 연구자는 변형적 접근의 철학적 가정을 지지한다. 이 입장은 구조적인 법칙과 이론에 의한 후기 실증주의적 가정이 사회 내에서 소외된 개인에 맞지 않으며 권력, 사회적 정의, 차별, 억압의 문제를 다룰 필요가 있다고 느끼는 학자에 의해 1980년 대와 1990년대에 출현하였다. 이 세계관의 특징에 대한 일관된 문헌은 없지만 비판적 이론가, 참여행동 연구자, 마르크스주의자, 페미니스트, 소수 인종·민족 집단, 장애인, 토착빈과 탈식민자, 레즈비언, 게이, 양성애자, 성전환자, 사회동성애자 연구자 집단들이 이 세계관을 갖고 있다. 역사적으로 변형적 학자로는 Marx, Adorno, Marcuse, Habermas, Freire가 알려져 있다(Neuman, 2009). 최근에는 Fay(1987), Heron과 Reason(1997), Kemmis와 Wilkinson(1998), Kemmis와 McTaggart(2000), Mertens(2009, 2010)의 연구도 이 관점에서 이해할 수 있다.

대체적으로 이 세계관의 연구자는 구성주의자 관점이 소외된 사람을 도와주는 행동 의제를 충분히 옹호하지 못한다는 것에 공감한다. 변형적 세계관은 연구가 정치와 어떤 수준에서건 사회적 억압과 직면한 정치적 변화 의제와 맞물릴 필요가 있다고 믿는다(Mertens, 2010). 그래서 연구는 연구참여자의 생애, 개인이 일하는 기관, 연구자의 삶을 변화시킬 수 있는 개혁을 위한 행동 의제를 포함한다. 나아가 권력, 불평등, 억압, 지배, 소외와 같은 일상의 중요한 사회적 이슈를 이야기하는 구체적인 이슈를 다룰 필요가 있다. 연구자는 종종 연구의 초점이 되는 문제를 이러한 이슈 중 하나로 시작한다. 이 연구는 또한 연구결과로부터 연구참여자가 더 이상 소외되지 않도록 연구자와 연구참여자가 협동하여 연구를 진행해 나갈 것이라는 사실을 가정한다. 이러한 의미에서 연구참여자는 연구질문을 설계하고 자료를 수집하고 정보를 분석하는 데 도움이 되며, 연구의 참여에 대한 보상도 얻게 된다. 변형적 연구는 연구참여자의 의식을 높이거나 삶을 향상시킬 수 있는 변화를 위한 의제를 제안하는 그들의 목소리를 나타내고 있다. 이것은 개혁과 변화를 위해 일치된 목소리를 내는 것이다.

이 철학적 세계관은 사회에서 소외되거나 권리를 빼앗긴 집단이나 개인의 요구에 초점을 둔다. 따라서 이론적 관점들은 페미니스트 관점, 인종 기반 담론, 비판이론, 동성애 이론, 장애 이론과 같은 요구되는 변화, 연구되어야 할 사람, 검증되어야 할 이슈의 그림을 구성하는 철학적 가정과 통합된다. 이 이론적 관점은 제3장에서 자세히 논의한다.

비록 다양한 집단이 있으며 우리의 설명이 일반적이긴 하지만, 변형적 세계관이나 패러다임의 중요한 특성은 Mertens(2010)가 정리한 다음 내용을 살펴보면 도움이 된다.

- 전통적으로 소외되어 온 다양한 집단의 삶과 경험의 연구를 매우 중요시한다. 이 다양한 집단에 대해 특히 관심 있는 것은 그들의 삶이 억압자에 의해 어떻게 통제되어 왔는가에 대한 것과 그들이 이러한 통제에 저항하고, 도전하며, 전복하기 위한 전략에 관한 것이다.
- 이 다양한 집단에 대한 연구에서 불평등에 초점을 둔 연구는 비대칭 권력관계를 초래하는 성, 민족, 소수인종, 장애, 성적 지향, 사회경제적 계층에 기반을 둔다.
- 변형적 세계관에서의 연구는 불평등에 대한 정치적이고 사회적인 행동과 연관 있다.
- 변형적 연구는 프로그램이 어떻게 작동하고, 억압과 지배 및 권력관계의 문제가 왜 존재하는지에 관한 신념의 프로그램 이론을 이용한다.

실용주의적 세계관

세계관에 대한 또 다른 관점은 실용주의자로부터 찾을 수 있다. 실용주의는 Peirce, James, Mead와 Dewey의 연구로부터 시작되었다(Cherryholmes, 1992). 또 다른 실용주의자로는 Murphy(1990), Patton(1990), Rorty(1990)가 있다. 여러 형태의 실용주

의 철학이 있지만, 세계관으로서 실용주의는 대부분 (후기 실증주의에서처럼) 선행
조건보다 행동, 상황, 결과에서 나타난다. 실용주의는 문제에 대한 해결과 적용에
관심이 있다(Patton, 1990). 방법에 초점을 두는 대신에 연구자는 연구문제를 강조
하며, 그 문제를 이해하기 위해 모든 접근을 다 사용한다(Rossman & Wilson, 1985
참조). 혼합적 연구의 철학적 토대로서 Morgan(2007), Patton(1990), Tashakkori와
Teddlie(2010)는 사회과학 연구에서 연구문제에 관심을 두는 것이 중요함을 알리고
나서, 그 문제에 대한 지식을 도출할 수 있는 다각적인 연구접근을 사용해야 한다고
역설한다. Cherryholmes(1992), Morgan(2007)과 우리의 관점에 따르면, 실용주의는
다음과 같은 연구를 위한 철학적 기초를 제공한다.

- 실용주의는 철학과 실재의 어느 한 체계만을 따르지 않는다. 실용주의는 연구
  자가 연구를 수행할 때 양적 · 질적 가정 모두로부터 자유롭기 때문에 혼합적
  연구를 적용한다.
- 개인 연구자는 선택의 자유가 있다. 이런 면에서 연구자는 자신의 필요성과
  목적에 가장 잘 맞는 연구방법, 기술, 절차를 선택할 자유가 있다.
- 실용주의자는 세계를 하나의 절대적 단일체로 보지 않는다. 마찬가지로 혼합
  적 연구자는 자료를 수집하고 분석하는 데 있어서 오직 한 가지 방법(예 : 양적
  또는 질적)을 사용하기보다는 다양한 접근방법을 찾는다.
- 진리는 시간적 산물이다. 진리란 마음 그리고 이 마음과 완전히 독립적인 실재
  사이의 이원성에 바탕을 둔 것이 아니다. 따라서 혼합적 연구에서 연구자는 연
  구문제를 가장 잘 이해하기 위해서 양적 자료와 질적 자료를 모두 사용한다.
- 실용주의 연구자는 의도된 결과, 즉 그 결과로부터 원하는 것에 기초하여 연
  구 내용과 **방법**을 찾는다. 혼합적 연구자는 처음부터 양적 자료와 질적 자료를
  혼합해야 할 이유의 정당성, 즉 혼합의 목적을 찾아야 할 필요가 있다.
- 실용주의자는 연구가 항상 사회적 · 역사적 · 정치적 혹은 다른 여러 맥락에서
  이루어진다는 데 동의한다. 이런 면에서 혼합적 연구는 사회적 정의와 정치적
  목표를 반영하는 이론적 시각을 갖는 포스트모더니즘의 경향을 포함한다.
- 실용주의자는 마음속에 있는 것뿐 아니라 마음과 독립인 외적 세계에서의 믿

음을 갖는다. 그러나 실용주의자는 실재와 자연의 법칙에 관한 질문에 대한 논쟁을 중단할 필요가 있다고 믿는다(Cherryholmes, 1992). "그들은 단순히 주제를 변화시키고자 한다"(Rorty, 1983, p. xiv).

● 따라서 실용주의는 혼합적 연구자를 위해 여러 가지 형태의 자료 수집 및 분석과 함께 다양한 방법, 세계관, 가정에 대한 가능성을 열어 놓는다.

연구설계

연구자는 연구를 수행하기 위해 질적 방법, 양적 방법, 혼합적 방법을 선택할 뿐만 아니라 선택한 각각의 방법 내에서 연구유형도 결정하게 된다. 연구설계는 연구의 설계절차에 대한 구체적 방향을 제공하는 질적 · 양적 · 혼합적 방법 접근의 세 가지 유형을 말한다. 어떤 학자들은 이것을 **탐구전략**(Denzin & Lincoln, 2011)이라고 부른다. 복잡한 모델을 분석하고 자료를 해석하는 데 컴퓨터 테크놀로지를 사용하고, 개인이 사회과학 연구를 수행하기 위해 새로운 절차를 정교화해 온 것과 같이, 연구자에게 유용한 설계들이 오랜 시간에 걸쳐 발전되었다. 연구유형 선택은 제8장, 제9장, 제10장에서 강조하여 다룰 것이고, 설계는 사회과학에서 자주 사용된다. 여기서는 나중에 논의될 전략을 먼저 소개하고 책의 전반에 걸쳐 연구의 예를 인용할 것이다. 설계에 대한 전반적인 개요는 표 1.2에 나타나 있다.

양적 설계

19세기 후반과 20세기에 걸쳐 양적 연구와 관련된 탐구전략들은 후기 실증주의적 세계관을 야기하였고, 주로 심리학에서 유래하였다. 이것은 **진실험 연구**, 그리

표 1.2 대안적 연구설계

양적 설계	질적 설계	혼합적 설계
• 실험설계	• 내러티브 연구	• 수렴적
• 비실험설계	• 현상학적 연구	• 설명적 순차
(예 : 조사연구)	• 근거이론	• 탐색적 순차
• 종단설계	• 민족지학적 연구	• 핵심설계를 내포한 복잡한 설계
	• 사례연구	

고 준실험연구라고 불리는 덜 엄격한 의미에서의 실험연구를 포함한다(Campbell & Stanley, 1963 참조). 다른 실험연구 설계로는 실험처치를 한 사람 또는 소수 인원에게 여러 번 하는 **응용행동분석** 또는 **단일대상 실험연구**가 있다(Cooper, Heron, & Heward, 2007; Neuman & McCormick, 1995). 비실험 양적 연구 중 하나인 원인비교 연구는 연구자가 이미 일어난 원인(또는 독립변인)에 관하여 둘 또는 그 이상의 집단들을 비교하는 것이다. 또 다른 비실험 형태의 연구인 상관관계 설계는 연구자가 둘 또는 그 이상의 변인이나 점수들 사이의 정도나 연관성(또는 관계)을 서술하고 측정하기 위해 상관관계 통계를 이용하는 것이다(Creswell, 2012). 이 설계들은 구조방정식 모델, 위계선형 모델, 로지스틱 회귀의 기법에서 찾을 수 있는 변인들 사이의 매우 복잡한 관계를 정교화하는 것이다. 최근에 양적 전략은 많은 변인과 처치[예 : 요인설계(factorial design), 반복측정 설계(repeated measure design)]를 갖는 복잡한 실험을 다루어 왔다. 설계는 종종 아이디어와 경향성의 발달을 조사하기 위해 시간에 걸친 종단적 자료 수집을 채택한다. 또한 인과경로와 확인된 다중변인의 장점을 결합하는 정교한 구조방정식 모델도 양적 전략에 포함된다. 이러한 양적 접근을 모두 논의하기보다는 조사연구와 실험연구의 두 가지 설계에 대해서 논의할 것이다.

- 조사연구(survey research)는 모집단의 표본을 연구함으로써 모집단의 경향, 태도, 의견에 대한 양적 또는 수량적 설명을 제공한다. 조사연구는 표본에서 모집단으로 일반화하기 위한 의도를 가지고, 자료 수집 방법으로 질문지(questionnaire)나 구조화된 면접법을 사용하는 횡단연구(cross-sectional study)와 종단연구(longitudinal study)를 포함한다(Fowler, 2008).

- 실험연구(experimental research)는 어떤 특별한 처치가 결과에 영향을 미치는가를 결정하기 위한 것이다. 이 영향은 한 집단에는 특정 처치를 하고 다른 집단에는 처치를 하지 않은 다음 두 집단에서 어떤 점수의 결과가 나오는가를 결정함으로써 평가된다. 실험연구는 처치 조건에 피험자를 무선 할당(random assignment)하는 진실험 연구와 비무선 할당을 사용하는 준실험 연구 모두를 포함한다(Keppel, 1991). 단일대상 설계는 준실험연구에 속한다.

질적 설계

질적 연구는 1990년대에 그리고 21세기에 접어들면서 접근방법의 수나 유형이 좀 더 명료화되어 왔다. 질적 연구의 역사적 기원은 인류학, 사회학, 인문학, 평가에서 비롯되었다. 다양한 유형을 요약한 책과 완벽한 절차는 현재 구체적인 질적 탐구 접근에 유용하다(Creswell & Poth, 2018). 예를 들면, Clandinin과 Connelly(2000)는 내러티브 연구자가 수행하는 방법을 구성하였다. Moustakas(1994)는 현상학적 방법의 철학적 원리와 절차를 논의하였고, Charmaz(2006), Corbin과 Strauss(2007, 2015), Strauss와 Corbin(1990, 1998)은 근거이론의 절차를 설명하였다. Fetterman(2010), Wolcott(2008)는 민족지학적 연구의 절차와 전략, 여러 가지 양상을 요약하였고, Stake(1995)와 Yin(2009, 2012, 2014)은 사례연구에서 이루어지는 과정을 제안하였다. 이 책에서는 참여적 실행연구(Kemmis & McTaggart, 2000), 담화분석(Cheek, 2004), 언급되지 않은 기타 연구와 같은 접근도 질적 연구를 수행하기 위해 실용적 방법이라는 것을 인식하면서, 다음과 같은 전략을 설명한다.

- 내러티브 연구(narrative research)는 연구자가 개인의 삶을 연구하고, 1명 또는 그 이상의 개인에게 그들의 삶에 대한 이야기를 제시해 달라고 요구하는 인문학의 탐구설계이다(Riessman, 2008). 개인의 삶에 대한 정보는 연구자에 의해 이야기식 연대기로 종종 재진술된다. 종종 마지막에는 개인의 삶으로부터 나온 관점과 연구자의 삶으로부터 나온 관점이 협동적인 이야기로 결합된다 (Clandinin & Connelly, 2000).

- 현상학적 연구(phenomenological research)는 연구자가 연구참여자를 묘사함으로써 현상에 관련된 개인의 생애 경험을 서술하는 철학과 심리학으로부터 비롯된 탐구설계이다. 이 서술은 현상을 모두 경험한 여러 개인의 중요한 경험들로 끝을 맺는다. 이 설계는 강한 철학적 토대를 가지며 전형적으로 면접을 수행하게 된다(Giorgi, 2009; Moustakas, 1994).

- 근거이론(grounded theory)은 연구자가 연구참여자의 관점에 근거한 과정, 행동, 상호작용의 일반적·추상적 이론을 추출하는 사회학으로부터 비롯된 탐구설계이다. 근거이론의 과정에는 다단계에 걸쳐 자료 수집하기와 정보의 범

주를 정제하고 상호 관련짓기가 포함된다(Charmaz, 2006; Corbin & Strauss, 2007, 2015).

- 민족지학적 연구(ethnography)는 연구자가 오랜 기간 동안 자연 상태에 있는 온전한 문화집단의 행위, 언어, 행동 양식을 연구하는 인류학과 사회학으로부터 비롯된 탐구설계이다. 자료 수집은 보통 관찰과 면접으로 하게 된다.

- 사례연구(case study)는 연구자가 어떤 사례, 프로그램, 사건, 행동, 과정, 1명 이상의 개인을 심층 분석하는 다양한 분야, 특히 평가에서 찾을 수 있는 탐구설계이다. 사례는 시간과 활동에 의해 제한되어 있어서 연구자는 연구기간 내 다양한 자료 수집 절차를 통하여 상세한 정보를 수집한다(Stake, 1995; Yin, 2009, 2012, 2014).

혼합적 방법 설계

혼합적 방법은 한 연구에서 질적 및 양적 연구 자료를 결합하고 통합하는 것을 포함한다. 양적 자료가 보통 질문지나 심리학적 도구와 같은 폐쇄적 반응을 포함하는 반면, 질적 자료는 예상 반응이 없는 개방형 반응을 추구한다. 혼합적 방법 연구 분야는 1980년대 중반부터 후반까지 줄기를 이루며 주요 업적을 남긴 상대적으로 새로운 연구이다. 그러나 이 연구의 기원은 훨씬 이전으로 거슬러 올라간다. 1959년에 Campbell과 Fisk는 심리적 특성을 연구하기 위해 복합적인 방법을 이용하였는데, 이때의 방법은 양적 측정만 다루었다. 그들의 연구는 전통적 조사로서의 관찰 및 면접(질적 자료)과 같은 다양한 자료 형태를 결합하기 시작한 것이다(Sieber, 1973). 혼합적 방법이라 불리는 복합적 방법의 가치에 대한 초기의 생각은 모든 방법은 편견과 약점을 가졌고, 양적 자료와 질적 자료의 동시 수집은 각각의 자료 형태가 갖는 약점을 중화하기 위한 것이었다는 관점에 머물러 있었다. 질적 방법과 양적 방법을 아울러 수렴시키는 수단으로서의 삼각검증법 자료 수집이 태동하게 되었다(Jick, 1979). 1990년대 초반에 혼합적 방법은 양적 그리고 질적 데이터베이스의 체계적 통합으로 전환하였고, 다양한 형태의 연구설계를 통합하려는 생각으로 전환되었다. 다양한 형태의 설계는 2003년에 현장을 다룬 핸드북에서 광범위하게 논의하였다(Tashakkori & Teddlie, 2010). 확장된 혼합적 방법의 절차는 다음과 같이 전개되었다.

- 하나의 데이터베이스와 같은 양적 자료와 질적 자료를 통합하는 방법은 다른 데이터베이스의 정확도(타당도)를 점검하기 위해 이용될 수 있다.
- 하나의 데이터베이스는 다른 데이터베이스의 설명을 도울 수 있고, 하나의 데이터베이스는 다른 데이터베이스보다 다른 형태의 질문을 탐구하게 할 수 있다.
- 하나의 데이터베이스는 도구가 샘플이나 대상에게 잘 맞지 않을 때 더 나은 도구가 되도록 할 수 있다.
- 하나의 데이터베이스는 다른 데이터베이스를 구성하게 할 수 있고, 하나의 데이터베이스는 장기 연구에서 돌이켜보면서 다른 데이터베이스를 대체할 수 있다.

나아가 설계는 발전되었고, 독자가 설계를 잘 이해하도록 기호가 추가되었다 (Creswell & Plano Clark, 2011, 2018). 실제적 이슈는 '좋은' 혼합적 방법 연구의 예와 가치 있는 준거, 이 탐구 모델을 수행하기 위해 팀을 이용하는 것, 다른 나라와 교과목에 혼합적 방법을 확장하는 것에 관하여 폭넓게 논의한 것이다. 비록 많은 설계가 혼합적 방법 분야에 존재하지만, 이 책은 오늘날 사회과학에서 다루는 세 가지 기본적인 모델에 초점을 둘 것이다.

- 수렴적 병렬 혼합 방법(convergent parallel mixed method)은 연구자가 연구문제의 종합적 분석을 하기 위해 양적 자료와 질적 자료를 수렴 또는 합병하는 혼합적 방법 설계의 한 형태이다. 이 설계에서는 전형적으로 연구자가 두 가지 형태의 자료를 동시에 수집한 다음 전체 결과의 해석에서 정보를 통합하게 된다. 모순되거나 불일치되는 결과가 이 설계에서 설명되거나 입증되기도 한다.
- 설명적 순차 혼합 방법(explanatory sequential mixed method)은 연구자가 처음으로 양적 연구를 수행하고 결과를 분석한 다음 그것을 질적 연구와 함께 더 자세히 설명하여 결과를 굳건히 하는 방법이다. 설명이 중요시되는 이유는 초기

의 양적 자료 결과가 질적 자료와 함께 자세히 설명되기 때문이다. 순차가 중요시되는 이유는 초기의 양적 단계가 질적 단계를 따르기 때문이다. 이 형태의 설계는 강한 양적 연구를 지향하는 분야에서는 대중적이지만(따라서 프로젝트는 양적 연구로 시작한다), 설명을 더 잘하기 위해 질적 결과를 확인하고 연구의 각 단계에서 동일하지 않는 표본의 크기를 확정해야 하는 어려움이 있다.

- 탐색적 순차 혼합 방법(exploratory sequential mixed method)은 설명적 순차 설계와는 순서가 반대이다. 탐색적 순차 접근에서는 연구자가 먼저 질적 연구 단계로 시작하여 연구참여자의 관점을 탐구한다. 다음에 자료가 분석되고, 그 정보는 두 번째인 양적 단계에서 결과를 굳건히 하기 위해 이용된다. 질적 단계는 연구를 위한 표집대상에 가장 잘 맞는 도구를 만들기 위해, 뒤따를 양적 단계에 이용하기 위한 적절한 도구를 찾기 위해, 또는 뒤따를 양적 연구를 진행하는 데 필요한 변인들을 구체화하기 위해 이용될 것이다. 이 설계에서의 어려움은 이용하기 위한 적절한 질적 결과와 연구의 두 단계를 위한 표본 선택에 대해 초점을 두는 것이다.

- 이 기본 혹은 핵심 설계들은 이후 더욱 복잡한 혼합적 방법 전략에 이용될 수 있다. 핵심 설계는, 예를 들어 실험 후에 양적 결과를 설명하는 데 도움이 되도록 질적 자료를 수집하여 실험을 보강할 수 있다. 핵심 설계는 사례연구 틀(framework) 내에서 사례를 연역적으로 문서화하거나 추가 분석을 위한 사례를 생성하는 데 사용할 수 있다. 이러한 기본 설계는 양적 및 질적 자료를 모두 포함하는 설계 내에서 포괄적인 관점으로 사회적 정의나 권력(제3장 참조)에서 도출된 이론적 연구에 정보를 줄 수 있다. 핵심 설계는 또한 요구사정에서부터 프로그램이나 실험 중재의 검증에 이르기까지 평가 절차의 여러 단계에서도 사용할 수 있다.

연구방법

연구의 구조에서 세 번째로 중요한 요소는 연구자가 연구를 위해 제안하는 자료 수집의 형태, 분석, 해석의 구체적인 연구방법이다. 표 1.3에서와 같이 연구에서 자료 수집의 가능성을 다양한 범위에서 고려하는 것은 유용하며, 예컨대 미리 정해진 연

표 1.3 양적·혼합적 및 질적 방법		
양적 방법	**혼합적 방법**	**질적 방법**
사전 결정	사전 결정과 생성적 방법	생성적 방법
질문에 기초한 검사도구	개방형 질문과 폐쇄형 질문	개방형 질문
성취도 자료, 태도자료, 관찰자료, 여론조사 자료	모든 가능성을 이끌어 내는 다양한 형태의 자료	면접자료, 관찰자료, 문서자료, 시청각 자료
통계적 분석	통계적 분석과 텍스트 분석	텍스트와 영상 분석
통계적 해석	데이터베이스를 망라한 해석	주제, 패턴 해석

구의 본질 정도에 따라, 폐쇄형 질문을 사용할 것인지 개방형 질문을 사용할 것인지에 따라, 수량적 자료 분석에 초점을 두느냐 비수량적 자료 분석에 초점을 두느냐에 따라 연구방법을 조직하는 것도 유용하다. 이러한 연구방법은 제8장부터 제10장에 걸쳐 심도 있게 다루게 될 것이다.

연구자는 연구도구나 검사도구(예 : 자존심에 대한 태도 질문지)로 자료를 수집하거나 행동 체크리스트(예 : 복잡한 기술에 종사하는 사람들의 관찰)로 정보를 수집하기도 한다. 자료 수집에는 연구장소를 방문하는 것, 미리 정해진 질문 없이 개인의 행동을 관찰하는 것, 연구대상자에게 구체적인 질문 없이 어떤 주제에 대해 자유롭게 말하도록 면접을 하는 것이 포함되기도 한다. 연구방법의 선택은 연구자의 의도가 연구를 하기 전에 수집된 정보 유형을 구체화할 것인가 아니면 연구 진행 중에 연구참여자로부터 나타나도록 할 것인가에 달려 있다. 또한 분석된 자료의 유형은 검사도구 척도로 수집된 수량적 정보일 수도 있고 연구참여자의 목소리를 녹음하거나 기록한 텍스트 정보일 수도 있다. 연구자는 통계적 결과를 해석하거나 자료에서 나타나는 주제 또는 패턴을 해석하기도 한다. 어떤 연구 형태에서는 양적 자료와 질적 자료를 모두 수집하고, 분석하며, 해석할 수도 있다. 검사도구 자료는 개방형 관찰로 확대하여 얻기도 하고, 여론조사 자료는 심층 탐구 면접을 통해 수집할 수도 있다. 이러한 혼합적 방법의 경우에 연구자는 양적 데이터베이스와 질적 데이터베이스를 모두 아우르는 추론을 해야 한다.

세계관, 전략 및 방법으로서 연구접근

여러 가지 세계관, 설계, 방법은 모두 양적 연구, 질적 연구, 혼합적 연구 중 어느 연구접근을 선택할 것인지에 영향을 미친다. 표 1.4는 어떤 연구접근을 선택할 때 유용한 차이점을 나타낸 것이다. 또한 이 표는 이 책의 나머지 장에서 강조될 세 가지 접근의 실제적인 측면을 포함하고 있다.

연구의 전형적인 시나리오는 이 세 가지 요소를 연구설계에서 조합하는 방법을 예시할 수 있는 것이다.

- 양적 접근 : 후기 실증주의자 세계관, 실험설계, 태도의 사전 및 사후 검사 측정
  연구자는 좁은 범위의 가설을 명확히 하고, 설정한 가설을 지지하거나 반박하기 위해 자료를 수집함으로써 이론을 검증하게 된다. 태도 측정이 실험처치의 사전과 사후에서 모두 평가되는 실험설계를 이용한다. 태도 측정 도구로 자료를 수집하고, 수집한 정보는 통계적 절차와 가설 검증을 통해 분석한다.
- 질적 접근 : 구성주의자 세계관, 민족지학적 연구설계, 행동 관찰
  연구자는 연구참여자의 견해로부터 현상의 의미를 밝히려고 한다. 이것은 문화를 공유하는 집단을 확인하는 것과 오랜 기간 동안 공유된 행동의 패턴이 어떻게 전개되는지를 연구하는 것(즉 민족지학적 연구)을 의미한다. 이 방법에서 자료 수집의 중요한 요소 중 하나는 연구참여자의 활동에 참여하여 그들의 행동을 관찰하는 것이다.
- 질적 접근 : 변형적 세계관, 내러티브 설계, 개방형 면접
  이 연구에서 연구자는 개인의 억압과 관련된 이슈를 검사한다. 이러한 이슈를 연구하기 위해서 개인적 억압에 대한 이야기는 내러티브 접근을 이용하여 수집된다. 개인이 사적으로 어떻게 억압을 경험했는지를 정하기 위해 긴 시간 동안 상당히 자세하게 면접을 하게 된다.
- 혼합적 접근 : 실용주의적 세계관, 설계에 양적 및 질적 자료의 순차적 수집
  연구자는 자료를 다양한 형태로 수집하는 것이 양적 또는 질적 자료만 수집할 때보다 연구문제를 보다 완벽하게 이해할 수 있다는 가정에 근거하여 탐구한

표 1.4 질적·양적·혼합적 접근

경향	질적 접근	양적 접근	혼합적 접근
• 철학적 가정의 이용 • 연구 전략의 사용	• 구성주의자/변형적/참여적 지식주장 • 현상학적 연구, 근거이론, 민족지학적 연구, 사례연구, 내러티브	• 후기 실증주의자 지식 주장 • 설문조사와 실험	• 실용주의적 지식 주장 • 순차적, 동시적, 변형적
• 연구방법의 사용	• 개방형 질문, 생성적 접근, 텍스트나 이미지 자료	• 폐쇄형 질문, 미리 결정된 접근, 수치적 자료(개방형 질문이 포함될 수 있음)	• 개방형 질문과 폐쇄형 질문, 생성적이고 미리 결정된 접근, 양적 및 질적 자료와 분석
• 연구자로서 연구의 실제 이용	• 연구자 입장 • 참여자의 의미 수집 • 단일 개념과 현상에 초점 두기 • 연구에 개인적 가치 드러내기 • 참여자의 상황과 환경을 연구하기 • 결과의 정확도에 대한 타당성 • 자료에 해석 부여하기 • 변화와 개혁에 대한 이제 만들기 • 참여자와 협력하기 • 텍스트 분석 절차 이용하기	• 이론과 설명의 검증과 확인하기 • 연구의 변인 확인하기 • 연구문제와 가설에서의 변인관계 • 타당도 및 신뢰도의 기준 이용하기 • 정보를 수량적으로 관찰하고 측정하기 • 편견 없는 접근방법 이용하기 • 통계적 절차 사용하기	• 양적 및 질적 자료 수집 • 혼합의 근거 개발하기 • 연구의 다른 단계에서 자료 통합 • 연구에서 절차의 시각적인 그림 제시 • 질적 연구 및 양적 연구의 실제를 모두 사용하기

다. 이 연구는 모집단의 결과를 일반화하기 위해 대규모의 설문조사로 시작하고, 그 후 초기의 양적 조사의 설명을 돕기 위해 연구참여자로부터 자세한 의견을 수집하기 위한 질적 개방형 면접에 초점을 둔다.

연구접근을 선택하기 위한 기준

연구계획서의 설계를 위해 질적·양적 혹은 혼합적 접근의 세 가지 방법 중에서 하나를 선택해야 할 때, 다른 접근보다 우선적으로 그 접근을 선택하는 데 영향을 주는 요인은 무엇인가? 이러한 요인으로는 세계관, 설계 및 방법뿐만 아니라 연구문제, 연구자의 개인적 경험, 연구보고서를 읽는 독자도 고려해야 할 것이다.

연구문제와 질문

제5장에서 보다 자세히 논의하겠지만 연구문제란 다루어질 필요가 있는 이슈나 관심사이다(예 : 인종 차별의 이슈). 문제는 쓸모없는 문헌·문헌 속 연구결과의 논쟁거리·문헌에서 무시되었던 주제로부터 생성되고, 소외된 참여자의 목소리부터 생성되며, 작업장·가정·지역공동체 등에서 발생하는 '실생활' 문제로부터 생성된다. 사회적 연구문제의 어떤 유형은 특정한 접근을 필요로 한다. 예를 들어, 만약 연구문제가 (1) 결과에 영향을 주는 요인의 확인, (2) 중재의 유용성, (3) 결과를 가장 잘 예측하는 지표의 이해를 필요로 하는 것이라면, 양적 접근이 가장 좋은 방법이다. 양적 접근은 이론이나 설명을 검증할 때도 최선의 방법이다. 반면에 연구가 거의 수행되지 않은 개념이나 현상을 이해할 필요가 있다면, 질적 접근을 선택하는 것이 좋다. 질적 접근은 탐색적이며, 연구자가 검토해야 할 중요한 변인을 알지 못할 때 유용하다. 이러한 유형의 접근은 연구주제가 새로운 것이거나 연구대상이 어떤 특정한 표본이나 집단에 대해 다루어진 적이 없을 때 또는 현존하는 이론이 연구하고자 하는 어떤 특별한 표본이나 집단에 적용되지 않을 때 필요로 한다(Morse, 1991). 혼합적 연구설계는 양적 접근 또는 질적 접근 그 자체만으로는 연구문제를 이해하는 데 부적절할 때 또는 양적 연구와 질적 연구(그리고 그 자료)의 장점을 동

시에 이용하면 연구문제가 잘 이해될 때 유용하다. 예를 들면, 연구자는 개인을 위한 현상이나 개념의 의미에 대한 세밀한 관점을 개발하기를 원할 때뿐만 아니라 연구결과를 모집단에 일반화하고 싶을 때 혼합적 연구를 할 필요가 있다. 이 연구에서는 연구자가 처음에 연구를 위한 변인이 무엇인지 탐구하고, 그다음에 큰 규모의 표본에 대해 그러한 변인을 연구한다. 대안적인 방법으로 연구자는 먼저 대규모로 설문조사를 한 다음 소수의 연구참여자를 대상으로 주제에 대해 그들이 특별히 원하는 관점이나 목소리를 추가하게 된다. 이 상황에서는 폐쇄형 양적 자료와 개방형 질적 자료를 모두 수집하는 것이 유리한 것으로 알려져 있다.

개인적 경험

연구자의 개인적 경험과 훈련은 연구접근의 선택에도 영향을 미친다. 기술적 · 과학적 글쓰기, 통계학, 컴퓨터 통계 프로그램에 숙달된 사람 및 도서관의 양적 연구 저널에 익숙한 사람은 양적 설계를 선택하게 될 것이다. 반면에 문학적 방법의 글쓰기, 개별 면접 수행하기, 근접 관찰하기를 즐겨하는 사람은 질적 접근에 강하게 끌리는 경향이 있을 것이다. 혼합적 연구자는 양적 연구와 질적 연구 모두에 익숙한 사람이다. 혼합적 연구자는 양적 자료와 질적 자료를 수집하고 분석할 시간과 자원을 가져야 한다.

양적 연구는 전통적인 연구의 형태이기 때문에 면밀하게 짜인 연구절차와 규칙이 있다. 그래서 연구자는 양적 연구의 매우 체계적인 절차를 더욱 편하다고 생각할 것이다. 또한 어떤 사람에게는 질적 접근이나 옹호적 접근을 이용하여 심사위원이 수용하도록 설득하는 것이 쉽지 않을 수도 있다. 한편 질적 접근은 연구자가 설계한 틀 내에서 혁신적으로 더 잘 수행할 수 있는 여지가 있다. 질적 접근은 개인이 이용하고 싶은 형태로 창의적이고 문학적 양식의 글쓰기를 허용한다. 사회적 정의 또는 지역사회 참여를 수행하는 연구자의 경우 일반적으로 질적 접근이 가장 좋지만, 이러한 형태의 연구에는 혼합적 방법 설계가 포함될 수도 있다.

혼합적 연구자는 양적 자료와 질적 자료를 모두 수집하고 분석할 필요가 있기 때문에 프로젝트를 수행하는 데 시간이 많이 걸릴 것이다. 혼합적 연구는 양적 연구와 질적 연구 모두를 즐기고 기술을 갖춘 사람에게 적합하다.

독자

마지막으로 연구자는 자신의 연구를 수용하게 될 독자를 위해 글을 쓴다. 독자는 저널 편집자, 저널 구독자, 교수단 위원회, 학회 참석자, 그 분야의 동료일 수 있다. 학생은 논문지도교수가 전형적으로 사용하고 지지하는 접근을 고려해야 한다. 양적·질적·혼합적 연구에 관한 독자의 경험은 연구설계의 선택을 결정하게 할 수도 있다.

요약

연구 프로젝트를 계획할 때 연구자는 질적·양적·혼합적 연구설계 중에서 어느 것을 활용할 것인지 확인할 필요가 있다. 이러한 연구설계는 연구에 관한 세계관이나 가정, 탐구의 구체적인 설계, 연구방법 모두에 기초를 두고 있다. 연구접근의 선택에 관한 결정은 연구문제나 연구된 적이 있는 이슈, 연구자의 개인적 경험, 연구자가 쓴 글을 읽을 독자의 영향을 많이 받게 된다.

연습문제

1. 저널의 논문에서 연구질문을 확인하고, 그 질문을 연구하기 위해 가장 좋은 접근은 무엇인지 그 이유와 함께 논의하라.
2. 연구하고자 하는 주제를 선택하고, 그림 1.1에 제시된 네 가지의 세계관, 설계, 연구방법을 이용하여 세계관, 설계, 방법을 통합할 프로젝트를 논의하라. 이 프로젝트가 양적·질적·혼합적 연구 중 어느 것이 될 것인지 확인하라. 이 장에서 지침으로 제안한 전형적인 시나리오를 이용하라.
3. 양적 연구와 질적 연구의 차이는 무엇인가? 세 가지 특성을 언급하라.

더 읽을거리

Cherryholmes, C. H. (1992, August-September). Notes on pragmatism and scientific realism. *Educational Researcher*, 14, 13-17.

Cherryholmes는 이 논문에서 실용주의를 과학적 실재론과 대비되는 관점으로서 논의한다. 이 논문의 장점은 실용주의에 대한 많은 저자들의 인용과 실용주의의 의견을 명료화한 것이다. Cherryholmes는 실용주의가 예견된 결과, 사실을 말하지 않으려는 경향, 우리의 마음과 독립된 외부 세계가 존재한다는 관념의 신봉에 의해 이끌어진다는 점을 지적하고 있다. 또한 이 논문에는 철학적 입장으로서 실용주의에 관한 과거와 최근 저자의 많은 참고문헌이 포함되어 있다.

Crotty, M. (1998). *The foundations of social research: Meaning and perspective in the research process*. Thousand Oaks, CA: Sage.

Crotty는 이 책에서 여러 인식론적 이슈, 이론적 관점, 방법론, 사회적 연구의 방법들을 결합하는 유용한 구조를 제안하고 있다. 그는 연구 과정의 네 가지 요소를 서로 관련시키고 각 요소의 주제의 대표적인 견본을 표로 보여주고 있다. 그런 다음 포스트모더니즘, 페미니즘, 비평연구, 해석주의, 구성주의, 실증주의와 같은 사회적 연구에서 아홉 가지의 서로 다른 이론적 경향을 논의하고 있다.

Kemmis, S., & Wilkinson, M. (1998). Participatory action research and the study of practice. In B. Atweh, S. Kemmis, & P. Weeks (Eds.), *Action research in practice: Partnerships for social justice in education* (pp. 21-36). New York: Routledge.

Kemmis와 Wilkinson은 참여연구의 전체적 개관을 잘 제시하고 있다. 특히 그들은 이 탐구 접근의 여섯 가지의 중요한 특징을 언급한 후에 실행연구를 개인 수준, 사회 수준, 또는 이들 양자 수준에서 어떻게 수행할 것인가를 논의하고 있다.

Lincoln, Y. S., Lynham, S. A., & Guba, E. G. (2011). Paradigmatic controversies, contradictions, and emerging confluences revisited. In N. K. Denzin, & Y. S. Lincoln, *The SAGE handbook of qualitative research* (4th ed., pp. 97-128). Thousand Oaks, CA: Sage.

Lincoln, Lynham과 Guba는 사회과학 연구에서 다섯 가지 대안적 탐구 패러다임의 기본적인 신념을 제시하고 있다. 그것은 (1) 실증주의, (2) 후기 실증주의, (3) 비평 이론, (4) 구성주의, (5) 참여이다. 이 책은 제1판과 제2판에서 제공했던 최신 분석을 확장하였다. 존재론(즉 실재의 본질), 인식론(즉 어떻게 무엇을 아는지), 방법론(즉 연구 과정)에 관한 용어가 각각 제시되어 있다. 참여 패러다임은 제1판의 초안에 다른 대안적 패러다임을 덧붙였다. 다섯 가지 접근을 간략하게 제시한 후에 지식의 본질, 지식의 축적 방법 및 양질의 기준과 같은 일곱 가지 이슈로 다섯 가지 접근을 대비하여 설명한다.

Mertens, D. (2009). *Transformative research and evaluation*. New York: Guilford.

Mertens는 변형적인 패러다임과 변형적 연구의 과정을 진전시키기 위해 전반적인 내용을 모두 다루었다. 저자는 포괄적 용어로서 변형적 패러다임의 기본 특징을 논의하고, 이 패러다임과 연계된 집단의 예를 제시하며, 패러다임을 양적·질적·혼합 접근과 연결 짓고 있다. 또 이 책에서 저자는 표집, 승낙, 호혜, 자료 수집 방법, 도구, 자료 분석, 해석, 보고서 작성의 연구절차를 다룬다.

Phillips, D. C., & Burbules, N. C. (2000). *Postpositivism and educational research*. Lanham, MD: Rowman & Littlefield.

Phillips와 Burbules는 이 책에서 후기 실증주의자 사고의 주요 개념을 정리하였다. 저자들은 '후기 실증주의란 무엇인가?'와 '후기 실증주의 연구자의 철학적 책무'라는 2개의 장을 통해 후기 실증주의의 주 개념이 특히 실증주의의 주 개념과 어떻게 다른가를 제시하고 있다. 이것을 통해 인간의 지식이 불변적이기보다는 추측에 지나지 않으며 지식의 보장은 후속연구에 의하여 철회될 수 있음을 알게 한다.

⑤SAGE edge™

https://edge.sagepub.com/creswellrd5e

학습자와 교수자는 연구설계와 방법에 관한 비디오 영상, 논문, 퀴즈와 활동, 각종 도구가 필요하면 위의 사이트를 방문하기 바란다.

문헌 고찰

양적 · 질적 혹은 혼합적 연구방법 중 어느 한 방법을 선택하고 나면, 다음 단계는 연구계획서 설계자가 주제에 관한 문헌을 고찰하는 것이다. 이 문헌 고찰을 통해 연구자는 연구주제가 연구할 가치가 있는 것인지 없는 것인지를 판단할 수 있으며, 필요한 탐구 영역의 범위를 정할 수 있는 안목을 가질 수 있다.

연구계획서를 시작함에 앞서 이 장에서는 예비적 고려사항에 대한 논의를 계속하고자 한다. 여기에서는 어떤 주제를 선택할 것인가에 관해, 그리고 선택한 주제를 작성하는 것에 관해 논의를 계속함으로써 연구자가 주제와 관련된 논의사항을 연구에 반영할 수 있게 된다. 이 시점에서 연구자는 그 주제가 탐구 가능한 것인지 그리고 탐구할 필요가 있는 것인지를 고려해야 한다. 이어 문헌 고찰의 실제적 과정으로 논의를 전개한다. 즉 연구를 진행할 때 문헌 이용의 일반적 목적에 대한 논의가 이루어지고, 또 양적 · 질적 그리고 혼합적 연구방법에서 문헌을 효과적으로 이용하는 원리를 다룬다.

연구주제

연구에 이용할 문헌이 어떤 것인가를 고려하기 전에 먼저 연구주제를 결정하고, 그 주제가 탐구 가능한 것인지 또 연구할 가치가 있는 것인지를 확인해 보아야 한다. 연구주제는 '교수의 강의', '조직의 창의성' 혹은 '심리적 스트레스'와 같이 계획하고 있는 연구논제를 말한다. 주제를 몇 개의 단어 혹은 간단한 문구로 서술해 보기 바란다. 주제는 연구하고 탐구할 중심 아이디어를 의미한다.

연구자가 처음 연구를 계획할 때 주제를 잘 선택하는 안목을 갖게 하는 몇 가지 방법이 있다(이 경우는 논문지도교수나 논문심사위원회가 연구자에게 주제를 정해 준 것이 아니라 연구자 스스로 주제를 선택했을 때를 의미한다). 그중 한 가지는 연구제목을 붙이는 것이다. 연구 프로젝트를 진전시켜 나가는 초기에 연구자가 제목을 정하지 않는 것이 아쉽다. 연구의 주요한 지표가 되는 것이 가제목인데, 이는 연구자가 연구를 수행해 나가면서 재확인하고 수정할 수 있다(Glesne, 2015; Glesne &

Peshkin, 1992 참조). 우리의 연구경험에 비추어 볼 때 이 주제가 연구의 중심 개념을 전달하는 지표가 되며 무엇을 연구하고 있는가에 대한 방향을 제공하고 있다고 생각한다. 학생들이 연구의 개요를 처음 제출할 때 이들이 아직 가제목을 붙이지 않았다면 우선 이 작업부터 먼저 하라고 조언한다.

그렇다면 가제목을 어떻게 작성해야 하는가? "내 연구는 …에 관한 것이다."라는 문장을 완성해 보기 바란다. 다음과 같은 예를 들 수 있다. "내 연구는 위험에 처한 중학생들에 관한 것이다." 혹은 "내 연구는 대학교수가 보다 나은 연구자가 될 수 있도록 도움을 주는 것이다." 연구설계 단계에서는 다른 연구자가 내 연구 프로젝트가 무엇인지 쉽게 이해할 수 있도록 질문에 대한 답을 잘 준비할 필요가 있다. 초보 연구자가 가지고 있는 공통적인 문제점은 이들이 자신의 연구를 너무 복잡하게 설명하고 또 이해하기 힘든 말을 지나치게 많이 사용한다는 것이다. 이러한 점은 자신의 연구물을 투고하기 전에 많은 수정을 거쳐 발간된 논문들을 읽었기 때문이라 여겨진다. 훌륭하고 내실 있는 연구는 간단명료한 생각과 함께 출발하는 것이 좋으며, 그래야 읽기 쉽고 이해하기 쉬운 작품을 만들 수 있다. 여러분이 최근에 읽은 저널논문을 생각해 보기 바란다. 그 논문을 읽었을 때 쉽게 이해할 수 있었고 또 빨리 읽을 수 있었다면, 그 논문은 명확하고 간결한 연구설계와 개념화를 통해 독자들이 쉽게 이해할 수 있는 일반적 언어를 사용해 쓴 글일 것이다.

Wilkinson(1991)은 논문 제목을 정할 때, "간단하게 그리고 군더더기 말은 없애라."고 조언한다. '…에 대한 접근방법', '…에 관한 연구' 등과 같은 불필요한 말은 과감하게 버리라고 한다. 한 가지 혹은 두 가지 제목을 사용하라고 한다. 두 가지 제목의 예로, '민족지학 : 아동의 전쟁인식에 대한 이해'를 들고 있다. Wilkinson의 견해에 덧붙여 말한다면 제목에 12개 단어를 초과해 사용하지 말고, 대부분의 관사나 전치사는 빼는 것이 좋다. 그리고 제목이 연구의 초점이나 주제를 포함하고 있는지 확인할 필요가 있다.

주제를 진전시키는 또 다른 전략은 주제를 간단한 질문으로 만들어 보는 것이다. 계획하고 있는 연구에 어떤 질문을 만들어 볼까? 연구자는 "우울증을 이겨낼 수 있는 가장 좋은 처방은 어떤 것일까?", "오늘날 미국사회에서 아랍(Arabic)은 어떤 의미를 가지고 있는가?", "미국 중서부의 관광지가 왜 각광을 받게 되었는가?"와 같은 질문을 만들었을 때 연구의 주요 길잡이가 되는 질문에 핵심주제를 맞추기 바란다. 연구를 보다 잘 설명할 수 있도록 이 질문들이 어떻게 확장되어 가는가는 나중에 살펴보기로 한다(목적 진술과 연구질문, 가설에 대한 것은 제6장과 제7장 참조).

연구주제를 강조함으로써 그 주제가 실행될 수 있는 것인지, 또 연구할 필요가 있는 것인지를 재검토할 수 있다. 연구자가 그 연구에 기꺼이 참여할 사람을 확보할 수 있다면 그 주제는 연구 가능한 것이다. 또한 연구자가 컴퓨터 프로그램과 같은 것을 통해 어느 정도 지속적으로 자료(data)를 수집하고 정보를 분석할 수 있는 자원을 가지고 있다면 그 주제는 연구 가능한 것이라 할 수 있다.

연구의 필요성 문제는 좀 더 복잡하다. 그래서 이 문제를 결정하는 데 여러 가지 요소를 검토할 필요가 있다. 가장 중요한 고려사항으로 이 주제가 기존 지식을 확장시키는 데 도움을 주는지, 이전의 연구를 반복하는 것인지, 저평가된 집단이나 개인의 입장을 적절히 반영하고 있는지, 사회적 정의 실현에 도움을 주는지, 혹은 연구자의 아이디어와 신념을 일관성 있게 나타내고 있는지 등을 들 수 있다.

연구의 첫 단계는 도서관에 가서 충분한 시간을 투자해 주제와 관련된 자료를 찾아보는 것이다(도서관을 이용하여 자료를 효과적으로 찾는 방법에 대해서는 이 장의 후반부에 기술되어 있다). 이 점은 아무리 강조해도 지나치지 않다. 연구를 시작할 때 연구자가 연구질문의 명료화, 자료 수집에 대한 이해, 그리고 통계분석의 정교함 등 여러 가지 요소를 잘 갖추고 있을 때 연구가 더욱 진전될 수 있다. 하지만 연구자의 연구가 기존 연구에 도움이 되는 새로운 것이 거의 없다는 이유로 논문심사위원회나 학회로부터 지원받지 못할 수도 있다. "이 프로젝트가 기존의 연구문헌에 어떤 도움이 될까?"를 자문해 보기 바란다. 이 연구가 선행연구를 진전시킬 수 있을지, 새로운 부분을 포함시킴으로써 논의를 확장시킬 수 있을지, 혹은 새로운 상황이나 새 참여자와 함께 반복연구를 할 수 있는지를 고려할 필요가 있다. 문헌에 공헌한다는 것은 또한 연구가 어떻게 이론에 대한 이해를 추가하거나 이론을 확장하는지(제3장 참조), 또는 연구가 어떻게 기존 문헌에 새로운 관점이나 '각도'를 제공하는지를 의미할 수 있다. 예를 들어, 다음과 같이 함으로써 말이다.

- 특이한 위치(예 : 미국 시골) 공부하기

- 특이한 참가자 그룹(예 : 난민) 조사하기
- 예상될 수 없고 예상을 뒤집는 관점 취하기(예 : 결혼이 효과가 없는 것이 아니라 효과가 있는 이유)
- 새로운 자료 수집 수단(예 : 소리 수집) 제공하기
- 특이한 방식으로 결과 제시하기(예 : 지리적 위치를 나타내는 그래프)
- 시의적절한 주제(예 : 이민 문제) 공부하기 (Creswell, 2016)

연구의 필요성과 관련된 문제는 연구자 자신이 현재 관계하고 있는 조직이나 분야에 속하지 않는 사람이 연구주제에 관심을 가지고 있는가와 연관이 있다. 특정 지역 이익과 관련된 주제와 국가 이익과 관련된 주제 가운데 하나를 선택할 경우 후자, 즉 국가 이익과 관련된 주제를 택할 것이다. 왜냐하면 그것이 보다 많은 독자들의 관심을 끌 수 있기 때문이다. 저널편집자, 논문심사위원회, 학회, 그리고 연구비 지원기관은 모두 다양한 독자들을 확보할 수 있는 연구를 선호한다. 마지막으로 연구의 필요성 문제는 또한 연구자 개인의 목적과 관련이 있다. 하나의 연구를 끝내고 이를 수정하며 또 그 결과를 널리 알리는 시간을 고려해 보기 바란다. 모든 연구자는 연구 과정에 투자한 많은 것들이 자신의 연구경력에 어떠한 영향을 줄 것인가를 생각한다. 또한 연구자는 이러한 연구활동이 미칠 사항, 즉 보다 나은 연구, 승진, 혹은 학위취득 등을 고려한다.

연구계획서나 연구를 진행하기 전에 연구자는 이러한 요소들을 따져 보아야 하고, 또 현재 고려 중이 주제를 다른 사람에게 설명하여 이들의 반응을 살펴볼 필요가 있다. 동료, 그 분야의 권위자, 관련 교수, 논문심사위원회의 반응을 잘 살펴보기 바란다.

문헌 고찰

연구자가 실제적으로 연구가 가능한 그리고 연구할 가치가 있는 주제를 정했다면 주제와 관련된 문헌부터 먼저 찾아보기 바란다. 문헌 고찰은 여러 가지 목적을 가지고 있다. 문헌 고찰을 통해 현재 진행 중인 연구주제와 관련 있는 연구물을 찾을 수

있다. 이를 통해 연구자가 진행시킬 연구와 기존 연구물과의 연결고리를 유지할 수 있고 기존에 연구되지 않은 부분을 찾아 채워 넣을 수 있으며 기존 연구물을 확장시킬 수 있다(Cooper, 2010; Marshall & Rossman, 2011). 또한 문헌 고찰은 다른 연구물과 비교할 수 있는 기준을 제공할 뿐만 아니라 연구의 중요성을 제시하는 틀을 제공해 주기도 한다. 이런 이유 때문에 학술적 문헌을 연구에 많이 이용하고 있다(연구에서 문헌 고찰을 포함해야 하는 이유에 대한 보다 자세한 논의는 Boote & Beile, 2016 참조). 연구에서 문헌 고찰은 별도의 장으로 구성될 필요가 있으며, 연구계획서에서 문헌 고찰의 장은 일반적으로 바로 연구의 방법으로 이끄는 보다 큰 문제에서 보다 작은 문제의 순서로 배열된다.

문헌의 이용

관련 문헌을 고찰하는 이유를 따지는 것과 함께 연구를 할 때 문헌을 어떻게 이용할 것인가 역시 또 하나의 고려사항이다. 문헌을 이용하는 방법에는 여러 가지가 있다. 지도교수나 다른 교수들이 연구 관련 문헌에 대해 이야기할 때 이들의 의견을 적극적으로 수용하기 바란다. 일반적으로 논문계획서 수립 단계에서는 문헌 고찰을 개략적으로 해도 좋은데, 연구문제와 관련된 주요 문헌을 개괄해 보기 바란다. 즉 이 단계에서는 문헌 고찰이 완벽하게 이루어질 필요는 없다. 논문계획서를 발표할 때 교수들이 이런 저런 조언을 통해 연구내용을 수정하도록 주문할 수 있기 때문이다. 정리하자면 이 단계에서 문헌 고찰은 간략하게 하고(20쪽 정도) 주제와 관련된 문헌과 최근의 관련 저작물은 어떤 것이 있는지 잘 알아야 한다. 다른 하나의 접근방법으로 주제와 관련된 참고자료의 개요를 상세하게 정리해 보는 것이다. 즉 정리한 것을 나중에 하나의 장으로 독립시켜 보통 20쪽 내지 60쪽 정도의 '문헌 고찰'이라는 제목의 장을 만드는 방법도 있다.

학술지 논문의 문헌 고찰은 박사학위논문이나 석사학위논문의 문헌을 축약시킨 형태로 되어 있다. 일반적으로 문헌 고찰 부분은 '관련 문헌'이라고 하는 곳에 들어가 있는데, 보통 서론 다음에 있다. 이것은 저널의 양적 연구논문에서 나타나는 유형이라 할 수 있다. 질적 연구논문에서 문헌 고찰 부분은 독립된 장으로 되어 있거나 서론에 포함되어 있거나 혹은 연구논문 전체에 고루 분포되어 있다. 이러한 형식과는 별도로 또 하나 고려해야 할 사항은 문헌 고찰 방법에 관한 것이다. 다시 말해서 질적 방법, 양적 방법, 혹은 혼합적 방법 중 연구자가 어떤 연구방법을 선택하는가에 따라 문헌 고찰 방법이 달라진다.

일반적으로 문헌 고찰은 여러 형태를 취할 수 있다. Cooper(2010)는 (1) 다른 사람들이 행하거나 말한 것을 통합하기, (2) 이전에 수행된 연구를 비판하기, (3) 관련 주제들 간의 연결 짓기, (4) 어떤 분야에서의 주된 논쟁점 확인하기와 같은 네 가지 형태의 문헌 고찰을 논의하였다. 이전에 수행된 연구 비판하기를 제외한 대다수의 문헌 고찰에서 석·박사학위논문들은 문헌을 통합하고 일련의 관련 주제로(종종 큰 주제에서 작은 주제로) 조직하고, 주된 논쟁점을 지적함으로써 문헌을 요약하는 데 도움이 된다.

질적 연구에서는 연구자 자신이 가지고 있는 질문을 해결하기 위해 문헌을 이용하기보다는, 연구참여자로부터 얻은 가정과 어느 정도 유사한 점이 있다고 생각되는 문헌을 찾아 이용한다. 질적 연구를 행하는 중요한 이유 중 하나는 그 연구가 아직 그다지 많은 연구가 이루어지지 않았기 때문이다. 이 말은 보통 지금까지 수행된 연구의 주제나 연구자의 수가 많지 않다는 것을 의미한다. 그래서 연구자는 연구참여자의 말을 경청하고 이들의 말을 기초로 하여 주제에 대한 이해를 넓혀나갈 필요가 있다.

그런데 질적 연구에서 문헌은 상당히 다양하게 이용된다. 민족지학적 연구나 비평 민족지학적 연구와 같은 이론 위주의 연구에서는 문화적 개념이나 비평이론에 관한 문헌이 보고서나 연구계획서를 작성하는 초기에 방향 설정을 위한 틀로서 제시된다. 근거이론, 사례연구, 현상학적 연구의 초기 단계에서는 문헌 고찰을 별로 이용하지 않는다.

참여자의 활동과 연구형태의 변화로부터 얻은 지식에 근거한 접근방법과 함께 문헌 고찰을 질적 연구에 구체화하는 몇 가지 모델이 있다. 우리는 세 가지를 제시하고 있는데, 이 세 가지 모두를 이용하거나 어느 하나를 이용해도 좋다. 표 2.1에서 보듯이 연구의 서론 부분에 문헌 고찰을 포함시킬 수 있다. 문헌 고찰을 서론 부분에 배치할 경우 문헌은 연구에 필요한 문제나 이슈를 해결하는 유용한 단서를 제공한다. 즉 누가 연구에 대해 집필했는지, 연구한 사람은 누구인지, 그리고 누가 연

표 2.1 질적 연구에서 문헌의 이용		
문헌의 이용	기준	적절한 전략 유형의 예
문헌은 연구의 서론 부분에서 문제를 구성할 때 이용된다.	이용 가능한 문헌이 어느 정도 존재한다.	일반적으로 문헌은 유형에 상관없이 질적 연구에 모두 이용된다.
문헌 고찰과 같이 독립된 부분에 제시되어 있다.	이 접근방법은 문헌 고찰에 있어 전통적인 후기 실증주의 접근방법에 가장 친숙한 독자가 잘 받아들인다.	이 접근방법은 민족지학적 연구와 비판이론 연구와 같이, 연구 초기에 유력한 이론과 문헌배경을 선택한 연구에 이용된다.
문헌은 끝부분에 제시되어 있다. 문헌은 질적 연구의 결과물을 비교 대조하는 기초가 된다.	이 접근방법은 질적 연구의 귀납적 과정에 가장 적합하다. 문헌은 연구를 이끌거나 지시하지 않지만 유형이나 범주를 정할 때 도움이 된다.	이 접근방법은 모든 유형의 질적 설계에 이용되지만, 하나의 이론과 문헌에서 발견한 다른 이론을 대조하고 비교하는 근거이론에 가장 잘 이용된다.

구의 중요성을 지적했는지와 같은 것을 문헌을 통해 알 수 있다. 연구문제의 해결은 이러한 문헌을 어떻게 이용하는가에 달려 있다. 이 모델은 여러 유형의 탐구전략을 이용한 많은 질적 연구에서 찾아볼 수 있다.

두 번째 형태는 양적 연구에서 일반적으로 이용하는 모델로서, 문헌검토 부분을 독립된 장에 두는 것이다. 이것은 양적 방법을 택한 저널에서 자주 발견된다. 민족지학, 비판이론과 같은 이론 중심의 질적 연구의 경우나 좀 새롭게 변화를 줄 목적으로 연구자가 연구 초기부터 이론에 대한 논의와 문헌 고찰을 독립된 장에 배치할 수도 있다. 세 번째 형태는 마지막 장에 관련 문헌을 통합해서 검토하는 것인데, 이 것은 연구결과물(혹은 주제나 범주)을 비교 대조하기 위해 문헌을 이용하는 모델이다. 이 모델은 특히 근거이론 연구에 유용하다. 그래서 문헌을 귀납적으로 이용할 경우 이 모델을 추천하고자 한다.

한편 양적 연구에서는 연구를 시작할 때 연구질문이나 가설의 방향을 정하기 위해 다양한 문헌을 이용하고 있다. 또한 문헌은 '관련 문헌' 혹은 '문헌 고찰'이나 다른 유사한 용어로 표시된 장에서 연구문제를 이끌어 내거나 기존 문헌을 상세하게 검토하는 데 이용된다. 문헌 고찰을 통해 이론, 즉 예측되는 관계성에 대한 설명(제3장 참조)을 끄집어 낼 수 있고, 이용할 이론에 대해 기술할 수 있으며, 왜 그것이 유용한 이론인지를 제시할 수 있게 된다. 연구를 마무리할 때 연구자는 문헌에 대한 재검토 작업을 하게 되며, 연구결과와 이미 문헌에 나와 있는 결과물을 비교하게 된다. 이 모델에서 양적 방법을 선택한 연구자는 연구질문이나 가설을 위한 틀로서 연역적으로 문헌을 이용한다.

혼합적 연구방법에 있어서 연구자는 연구목표의 달성을 위해 이용한 전략 유형에 따라 문헌을 다루는 방법으로 질적 혹은 양적 방법 중 하나를 이용한다. 순차적 접근방법의 경우 문헌은 이용한 방법과 일치하도록 각 단계에서 제시된다. 예를 들어, 양적 방법의 경우 연구자는 연구질문이나 가설을 위한 이론적 근거를 마련하는 데 도움이 되는 중요한 문헌을 포함시킬 것이다. 질적 방법의 경우 검토한 문헌의 양은 양적 연구방법과 비교해 볼 때 상대적으로 적을 것이다. 따라서 연구자는 연구의 끝부분에 문헌 고찰을 포함시키는데, 이것을 귀납적 방법이라 할 수 있다. 연구자가 질적 자료와 양적 자료 둘 다 같은 비중과 중요성을 가지는 연구를 진행한다면 문헌의 형태는 질적 혹은 양적 형태 어느 것이라도 좋다. 어떤 유형을 사용할지에 대한 결정은 연구자에 따라, 그리고 대학원위원회와 위원회의 지도를 가장 잘 받아들일 수 있는가, 없는가에 따라 이루어진다. 요컨대 혼합적 연구방법에서 문헌 고찰 형태는 연구자의 전략과 질적 연구 혹은 양적 연구 중 상대적으로 어느 쪽에 더 비중을 두고 있는가에 달려 있다.

질적·양적 혹은 혼합적 연구방법과 관련된 문헌 이용에 대해 몇 가지 제언을 하면 다음과 같다.

- 질적 연구의 경우 연구를 시작할 때 연구설계 유형이 다양한 문헌 접근을 필요로 하는 것이 아니라면 귀납적 설계를 따르기 위해 처음에는 문헌을 적게 이용하기 바란다.
- 질적 연구에서 문헌을 배치할 가장 적절한 위치를 찾아보기 바란다. 그리고 연구에 대해 독자가 어떻게 생각하는지 관심을 가지면 좋겠다. 다음 몇 가지 방안을 유념하기 바란다. 즉 연구문제를 구상하기 시작할 때 문헌 고찰 부분을 넣을 것인지, 독립된 장으로 배치할 것인지, 그리고 결과물을 비교 대조하도록 마지막 부분에 둘 것인지를 선택할 필요가 있다.

- 양적 연구의 경우 연구질문이나 가설을 진전시키기 위한 기초로서 연역적으로 문헌을 이용할 필요가 있다.
- 양적 연구를 계획할 때 연구 시작에 필요한 문헌을 이용하고, 독립된 장에 관련 문헌을 기술하며, 기존 연구물을 비교하기 위해 문헌을 이용하기 바란다.
- 혼합적 연구방법에서는 주요 전략 유형과 일치하고 또 연구설계에서 보편화된 질적 혹은 양적 방법과 일치하는 방법으로 문헌을 이용하기 바란다.
- 연구 유형이 어떠하든 간에 문헌 고찰의 유형을 주제 간에 통합적 · 비판적 조합이나 핵심문제의 확인처럼 처리하기 바란다.

연구설계 기법

어떤 연구 유형이든 간에 문헌을 고찰하기 위해서는 몇 가지 필요한 단계가 있다.

문헌 고찰을 시행하는 단계

문헌 고찰이란 연구주제에 관한 연구물을 찾아보고 이를 요약하는 것을 의미한다. (지금 연구를 진행하고 있는 경우) 이 요약이 때때로 연구의 한 부분이 된다. 그렇지만 이 요약에는 주제를 위한 틀을 제공하는 개념적 항목이나 단편적 생각들이 포함될 수 있다. 문헌 고찰을 행하는 데는 여러 가지 방법이 있지만 많은 학자들은 문헌을 찾아서 평가하고 요약하는 체계적인 방법으로 연구를 진행한다. 여기서는 문헌고찰을 위한 방법 한 가지를 소개하고자 한다.

1. 먼저 대학도서관에 소장되어 있는 자료를 찾는 데 도움이 되는 핵심단어를 정하기 바란다. 이 핵심단어는 주제를 정할 때 떠오르기도 하고 이전에 읽은 자료를 통해 생각해 낼 수 있다.
2. 이 핵심단어를 염두에 둔 후, 다음으로 도서관에 가서 혹은 가정의 컴퓨터를 이용해서 저널과 책의 목록을 찾아보기 바란다. 대부분의 주요 도서관은 자료를 데이터베이스화해 놓고 있으므로 우선 주제와 관련된 저널과 책을 찾아보길 권한다. Google Scholar, Web of Science, EBSCO, ProQuest, JSTOR를 포함한 일반적인 데이터베이스는 여러 학문분야에서 이용된다. ERIC, Sociofile, 혹

은 PsycINFO와 같은 다른 데이터베이스는 특정 학문분야에서 이용된다.

3. 먼저 주제와 관련된 논문이나 책을 50가지 정도 찾아보기 바란다. 저널에 실린 논문이나 책은 찾기 쉽고 자료를 구하기 쉽기 때문에 우선적으로 찾아본다. 여러분이 이용하는 도서관에 논문과 책이 있는지, 도서관 상호대출제도를 통해 필요한 자료를 얻을 수 있는지 또는 서점에서 구매할 수 있는지 확인하기 바란다.

4. 이 기본적인 논문이나 장들을 개략적으로 훑어본 후 연구주제와 밀접한 관련이 있는 자료를 복사한다. 이 과정을 통해 이들 자료가 연구자가 문헌을 이해하는 데 도움이 되는지, 되지 않는지를 개략적으로 알 수 있다.

5. 필요한 문헌을 찾은 후, 문헌지도(나중에 더 자세히 논의할 것이다) 설계를 시작하기 바란다. 문헌지도는 주제와 관련된 문헌을 분류하여 쉽게 이해할 수 있도록 만든 시각적 그림이다. 이를 통해 진행하고 있는 연구가 전체적으로 어느 정도의 위치를 점하고 있는지를 알 수 있고, 또 이 연구가 문헌에 어떤 기여를 하고 있는지 확인할 수 있다.

6. 문헌지도를 구성하게 되면 가장 관련성이 깊은 논문을 요약하기 바란다. 이 요약은 논문계획서나 연구논문을 위해 작성하는 최종적인 문헌 고찰과 합쳐진다. 미국심리학회 논문작성법(Publication Manual of the American Psychological Association; APA, 2010)과 같은 적절한 논문작성법을 이용해 문헌과 관련된 구체적인 참고문헌을 포함시키기 바란다. 이렇게 함으로써 연구계획서나 연구를 마무리할 때 사용할 완전한 참고문헌을 만들 수 있다.

7. 문헌을 요약한 후 이를 주제별로 구분하거나 중요한 개념을 중심으로 조직하여 문헌 고찰한 것을 정리한다. 중요한 주제를 요약함으로써 문헌 고찰을 마무리하기 바란다. 그리고 연구가 문헌에 어떤 공헌을 하는지 논지 사이에 문제가 없는지에 대해 생각해 보기 바란다. 이 요약은 문헌에 추가하기 위해 착수할 필요가 있는 방법(즉 자료의 수집과 분석)을 지적해야 한다. 또한 이전 문헌에 대해 비판할 수 있고 이들 문헌의 단점과 방법상의 문제 등을 지적할 수 있다(Boote & Beile, 2005 참조).

컴퓨터로 처리된 데이터베이스 검색

연관된 자료를 쉽게 수집하는 방법으로 데이터베이스를 통해 신속하게 문헌에 접근하는 몇 가지 기법이 있다. 문헌의 컴퓨터 데이터베이스는 최근에 와서 학술 도서관과 인터넷을 통해 이용할 수 있다. 이를 통해 수많은 논문, 학회논문을 비롯해 다양한 주제와 관련된 자료를 쉽게 찾아볼 수 있다. 많은 주요 대학의 도서관에서는 공용 데이터베이스뿐만 아니라 상용 데이터베이스를 구비하고 있다. 이들 가운데 몇몇 중요한 데이터베이스만 여기에서 검토하겠지만, 이들 데이터베이스는 연구주제와 관련해 어떤 문헌이 유용한지를 결정하는 저널과 문서의 주요한 출처가 된다.

ERIC은 무료로 이용할 수 있는 온라인 디지털 교육연구정보도서관인데, 현재 미국 교육부의 IES(교육과학연구원)에서 후원하고 있다. 이 데이터베이스는 http://www.eric.ed.gov를 통해 이용할 수 있으며, ERIC은 1966년 이래 색인화된 120만 개 정도의 항목을 제공하고 있다. 여기에는 학회지논문, 책, 연구종합 자료, 학회발표 논문, 과학기술 관련 보고서, 정책 관련 글, 그리고 다른 교육 관련 자료가 포함되어 있다. ERIC에는 수많은 저널이 색인화되어 있으며, 자료들 중 대부분이 원문을 모두 복사할 수 있도록 링크되어 있다. ERIC을 효과적으로 잘 이용하는 방법으로, 논문이나 문서를 분류하기 위해 색인 작성자가 사용한 용어, 즉 주제에 맞는 색인용어를 확인하는 것이 중요하다. 연구자는 ERIC 정보색인(ERIC, 1975)이나 온라인 정보색인을 통해 검색할 수 있다. ERIC을 보다 잘 이용할 수 있는 연구 팁(research tip) 중 하나는 주제와 관련된 최근의 저널과 문서를 찾아내는 것이다. 온라인 정보색인으로부터 기술어를 이용하여 예비검색을 하고 또 주제와 관련된 저널이나 문서를 찾음으로써 보다 능률적인 작업을 할 수 있다. 이어 이 논문과 문서에서 사용된 기술어를 자세히 살펴보고, 또 이 용어를 사용해 다른 자료를 찾아보기 바란다. 이 절차는 문헌 고찰을 통해 주제와 관련된 유익한 논문목록을 찾는 데 아주 유용하다.

또 하나 무료로 검색 가능한 데이터베이스는 Google Scholar이다. 이것을 통해 학술지 발행사, 전문 학회, 대학, 그리고 여러 학술단체에서 발간한 서평, 학위논문, 책, 초록, 논문 등과 같은 다양한 학문 분야와 출처를 포함한 문헌을 폭넓게 검색할 수 있다. 어떤 논문을 Google Scholar를 통해 검색하면 이 논문의 초록, 관련 논문 그리고 연구자가 이용하는 도서관과 제휴하고 있는 전자논문판과 링크해 놓고 있다. 또한 웹 정보 검색을 하고, 논문 원문 모두를 구매할 수 있도록 링크해 놓고 있다.

연구자는 무료로 PubMed를 통해 보건학 관련 간행물 초록을 얻을 수 있다. 이 데이터베이스는 미국 국립의학도서관에서 서비스하고 있으며, 이 데이터베이스 안에는 MEDLINE과 1950년대에 시작된 다른 생물의학 논문과 관련된 생명과학 저널이 제공하는 1,700만 개가 넘는 인용문이 포함되어 있다(www.ncbi.nlm.nih.gov). PubMed에는 (학술도서관에 들어와 있는) 논문 원문 전부 및 다른 관련 자료와 링크되어 있다. PubMed를 이용할 때 연구자는 MeSH(Medical Subject Headings, 의학주제 제목) 용어를 사용하는데, 이것은 MEDLINE/PubMed 이용을 위해 논문을 색인화하는 데 사용된 미국의학도서관에서 관리하는 정보색인이다. 이 MeSH 용어집은 다른 용어를 사용하여 기술할 수 있는 주제에 관한 정보를 일관성 있게 처리해 주는 수단을 제공하고 있다.

인터넷에서 다른 문헌 검색 프로그램으로 이동할 수도 있다. 그 하나의 예로, ProQuest(http://proquest.com)를 들 수 있는데, 이것을 통해 수많은 다양한 데이터베이스를 검색할 수 있다. 그리고 이것은 세계에서 가장 큰 온라인 내용저장소(content repository) 중 하나이다. 또 다른 하나는 EBSCO 출판이다. 이것은 원문제공 데이터베이스, 주제 색인, 주요 의학 관련 자료, 디지털화된 역사기록 자료, 그리고 e-book을 포함한 유료 온라인 조사연구 서비스 회사이다. 이것은 350개 이상의 데이터베이스와 30만 권 가량의 e-book 서비스를 제공하고 있다. 또한 학술도서관에서는 ERIC, PsycINFO, 박사학위논문 초록, 정기간행물 색인, Health and Medical Complete, 그리고 다양하게 한층 전문화된 데이터베이스(예 : International Index to Black Periodicals)를 검색할 수 있다. 그러므로 EBSCO가 많은 데이터베이스를 검색할 수 있기 때문에 보다 전문화된 데이터베이스를 이용하기 전에 사용할 수 있는 검색도구가 될 수 있다.

또 하나 많은 학술도서관에서 이용할 수 있는 상용 데이터베이스는 Sociological Abstracts(Cambridge Scientific Abstracts, http://www.csa.com)이다. 이 데이터베이스에는 2,000개 이상의 저널, 학회논문, 박사학위논문 목록, 책 비평, 그리고 사회학, 사회사업, 관련 학술 분야의 책들이 색인화되어 있다. 심리학과 심리학 관련 분야의 문헌을 검색하는 데 유용한 또 하나의 상용 데이터베이스는 PsycINFO(http://www.apa.org)이다. 이 데이터베이스에는 2,150개의 저널명, 책, 외국의 박사학위논문이 색인화되어 있다. 이를 통해 심리학뿐만 아니라 생리학, 언어학, 인류학, 경영학, 법학 등을 포함한 심리학 관련 학문 분야를 검색할 수 있다. 이것은 문헌 검색에 유용하게 사용할 수 있도록 심리학 색인용어집을 가지고 있다.

미국심리학회(Psychological Abstracts, APA, 1927~)와 PsycINFO(apa.org)는 심리학과 관련된 광범위한 주제에 관한 연구논문을 검색하기 위한 중요한 자원이다. PsycINFO 데이터베이스는 도서관을 통해 이용할 수 있으며 EBSCO, Ovid, 혹은 ProQuest와 같은 다른 서비스를 통해서도 접근 가능하다. PsycINFO는 22개 범주에 걸쳐 2,500개의 논문을 색인에 넣고 있으며 인용한 참고문헌, 연구논문의 초록, 박사학위논문, 기술 보고, 출간된 책, 책의 장을 제시하고 있다. ERIC 기록과 유사하게 PsycINFO로부터의 요약은 저자, 제목, 출처, 논문의 간단한 요약을 포함하고 있을 뿐만 아니라 주요 구절을 식별할 수 있도록 되어 있다.

도서관에서 이용할 수 있는 또 다른 상용 데이터베이스는 Social Sciences Citation Index(SSCI; Web of Knowledge, Thomson Scientific, http://isiwebofknowledge.com)이다. 여기에는 50여 개 학문 분야에 걸쳐 1,700여 저널이 색인화되어 있으며, 3,300개가 넘는 과학기술 저널에서 선별된 항목이 색인화되어 있다. 이것은 주제에 대한 연구를 행하는 과정에서 필요한 논문이나 저자를 찾을 때 유용하다. 특히 주요 연구에 필요한 연구물을 검색할 때 유용하게 이용할 수 있다. SSCI는 중요한 연구발표 이후에 이 연구를 인용한 모든 연구물을 추적할 수 있게 되어 있다. 이 시스템을 이용함으로써 연대기적 참고문헌 목록을 만들 수 있다. 이 연대기적 목록을 통해 주제에 대한 문헌 고찰 관련 아이디어의 진전 과정을 유용하게 추적할 수 있다.

컴퓨터 데이터베이스를 검색하는 데 유용한 방안을 요약하여 소개하면 다음과 같다.

- 학술 도서관뿐만 아니라 무료 온라인 문헌 데이터베이스를 이용하기 바란다.
- 주제가 교육학 분야와 딱 들어맞지 않더라도 ERIC을 이용하면 유용하다. 또 주제가 심리학 분야와 완전히 일치하지 않는 것이라도 PsycINFO를 이용해 검

색할 수 있으므로, 다양한 데이터베이스를 이용하면 좋다. ERIC과 PsycINFO을 통해 교육학 및 심리학과 관련된 여러 가지 용어를 검색할 수 있다.

- 가능하다면 정보색인과 같이 논문을 찾기 위해 용어안내편람을 이용하기 바란다.
- 주제와 밀접한 관련이 있는 논문을 찾아 그 논문에서 사용한 용어를 찾아 이를 검색하는 데 이용하기 바란다.
- 필요한 논문을 검색하여 복사하는 시간을 줄이기 위해 되도록 논문 내용 전부를 (학술도서관, 도서관 인터넷 연결을 통해서 혹은 무료로) 한꺼번에 복사할 수 있는 데이터베이스를 이용하기 바란다.

문헌자료를 선택할 때 고려할 사항

연구자가 문헌을 검색할 때 검색 우선순위를 만들어 이용하면 도움이 될 것이다. 어떤 유형의 문헌을 고찰할지 그리고 그때 고려사항은 무엇인지를 생각하면서 다음 사항을 참고하기 바란다.

1. 처음으로 주제를 검토할 때, 그리고 주제 관련 연구자료에 대해 모른다면 우선 백과사전(예 : Aikin, 1992; Keeves, 1988)에서 볼 수 있는 총람과 같이 문헌자료를 광범위하게 수집하기 바란다. 저널논문이나 초록시리즈(예 : *Annual Review of Psychology*, 1950~)에 나타난 주제 관련 문헌의 초록을 찾아보도록 한다.

2. 그런 다음, 좋은 연구물을 많이 발표하는 저명한 국내저널의 논문에 관심을 가지기 바란다. 논문저자는 논문을 통해 질문이나 가설을 만들고 자료를 수집하며, 그 질문과 가설에 대한 답을 찾기 위해 노력하기 때문이다. 여러분의 연구분야에서 널리 읽히는 저널이 있을 것인데, 이들은 일반적으로 미국이나 해외여러 나라의 관련 분야 학자로 구성된 수준 높은 논문편집위원회의 심의를 거쳐 발간된다. 저널의 첫 몇 쪽을 보면 편집위원회의 명단을 찾을 수 있다. 이를 통해 편집위원회가 단일국가의 위원으로 구성되어 있는지 혹은 여러 국가의 위원으로 구성되어 있는지를 알 수 있다. 가장 최근에 발간된 저널을 확인해

보고 연구주제와 관련된 자료를 찾아본 후, 이전에 발간된 저널을 찾아보기 바란다. 더 많은 자료를 찾으려면 논문 끝에 있는 참고문헌을 보면 된다.

3. 연구주제와 관련 있는 책을 찾아보기 바란다. 학술적 문헌을 요약한 전공논문을 우선 찾아본 후, 한 주제에 대해 쓴 단행본이나 여러 저자들이 각각 장을 나누어 쓴 책을 찾아보기 바란다.

4. 연구주제와 관련된 최근의 학회논문을 찾아본다. 이어 국내의 주요 학회에서 발표된 논문을 찾아보기 바란다. 학회에서 발표한 논문에는 연구주제에 대해 가장 최근에 이루어진 후속 내용이 때때로 포함되어 있다. 대부분의 주요 학회는 논문을 제출하는 저자에게 컴퓨터로 검색할 수 있는 색인을 포함시키도록 요구하거나 요청하기도 한다. 관련 연구를 수행한 저자와 연락을 취해 본다. 학회가 열릴 때 이들 저자를 만나 보기 바란다. 이들 저자가 수행하고 있는 연구가 자신이 하고 있는 주제와 관련된 연구라는 것을 알 수 있도록 편지를 쓰거나 전화로 물어보기 바란다. 이와 함께 자신의 연구에 사용할 수 있거나 수정해 사용할 자료를 이들이 가지고 있는지 알아볼 필요가 있다.

5. 시간이 허락한다면 박사학위논문 초록(University Microfilms, 1938~)의 항목을 찾아보기 바란다. 박사학위논문은 질적인 차이가 많이 나기 때문에 선별해서 검토할 필요가 있다. 초록 검색을 통해 연구주제와 관련한 1~2개의 박사학위논문을 찾을 수 있을 것이다. 해당 논문을 찾았다면 도서관 상호대출제도를 통해서나 미시간대학교의 마이크로필름 도서관을 통해 이를 복사할 수 있다.

6. 웹은 문헌 고찰을 하는 데 유용한 자료를 제공한다. 웹은 논문 내용 전문(全文)에 쉽게 접속해서 이를 받아볼 수 있게 하기 때문에 효용성이 높다. 하지만 논문의 질을 따져 보면서 이용하기 바란다. 그리고 이들 논문이 문헌 고찰할 가치가 있는, 정확하며 깊이 있고 체계적인 연구물인지 확인해 볼 필요가 있다. 그와 반면에 온라인저널은 저널편집위원회의 엄격한 검토를 거친 논문이 상대적으로 많다. 저널이 원고를 검토하는 편집위원회를 운영하고 있는지 그리고 편집위원회 규정에 원고게재 여부를 결정하는 기준을 공개적으로 밝히고 있는지 확인할 필요가 있다.

요컨대 우리는 저널논문이 가장 찾기 쉽고 복사가 용이하기 때문에 이들을 가장 높은 순위에 둔다. 또한 이 논문들은 주제에 대한 탐구 과정을 나타낸다. 박사학위 논문은 저널논문보다 우선순위가 낮다. 왜냐하면 이들은 질적으로 상당한 차이가 있으며, 찾기도 어렵고 복사하기 힘든 자료이기 때문이다. 그리고 저널논문이 온라인저널에 올라와 있지 않다면 웹상에서 저널논문을 선택할 때 신중을 기할 필요가 있다.

연구의 문헌지도

새 주제를 탐구하는 연구자가 첫 번째로 고려해야 할 과제는 문헌자료를 편성하는 일이다. 앞에서 언급한 것처럼 이렇게 문헌자료를 편성함으로써, 계획하고 있는 연구가 이미 완료된 연구를 추가하는 것인지, 확장하는 것인지 혹은 반복하는 연구인지를 이해할 수 있게 해 준다.

이 단계에서 유용한 접근방법은 연구주제에 대한 문헌지도를 만드는 것이다. 이 것은 우리가 여러 해 전부터 시도한 아이디어인데, 문헌지도는 대학원논문위원회에서 논문발표 준비를 위해 문헌자료를 편성할 때 혹은 학술발표나 저널에 논문을 실을 경우 문헌을 요약할 때 유용한 도구가 될 수 있다.

이 문헌지도는 다른 연구자들이 해 왔던 연구를 시각적으로 요약한 것으로서 대개 그림으로 되어 있다. 문헌지도는 여러 가지 방법으로 조합할 수 있다. 그중 하나의 방법은 문헌지도를 하향식의 위계적 구조로 만드는 것이다. 이 경우 진행 중인 연구는 가장 아래쪽에 위치해 있게 된다. 다른 방법은 독자들이 문헌을 이해하기 쉽도록 흐름도와 비슷하게 만드는 방법이다. 즉 이 문헌지도는 연구를 진전시킴에 따라 왼편에서 오른편으로 전개시켜 나가는 것을 말하는데, 가장 최근의 연구일수록 오른편에 위치한다. 또 다른 방법은 원 그림인데, 이것은 각 문헌을 하나의 원으로 표시하며, 이때 원과 원이 교차하는 부분은 앞으로 연구해야 할 부분을 나타낸다. 우리는 여러 가지 예에서 이러한 방법이 가능함을 확인했으며, 각각의 방법이 나름대로 유용하다고 생각한다.

문헌지도를 그리기 위해 우선적으로 해야 할 중요한 아이디어는 연구자가 주제와 관련된 기존 연구를 시각적 그림으로 나타내는 것이다. 이 문헌지도는 기존 문헌의 개괄적 상황을 나타내고 있다. 그림 2.1은 조직학 연구에서 절차적 정의와 관련된 기존 문헌을 나타내 주는 설명도이다(Janovec, 2001). Janovec의 문헌지도는 위계적 설계를 나타내고 있는데, 그녀는 문헌지도 설계를 위한 몇 가지 유용한 원칙을 제시하고 있다.

- Janovec은 문헌지도의 가장 윗부분 상자에 주제를 두고 있다.
- 그다음, 컴퓨터 검색을 통해 찾은 연구물을 복사해 이들을 세 가지 하위주제로 구분해 문헌지도에 넣고 있다(즉 정의 인지 형성, 정의 효과, 그리고 조직 변화에서 정의). 또한 연구자는 주제의 범위와 주제 관련 출판물에 따라 네 가지 주요 범주보다 더 많거나 더 적게 구분하는 문헌지도를 그릴 수도 있다.
- 각 상자에는 그 연구의 특징을 기술한 문구가 들어 있다(즉 결과).
- 또한 각 상자에는 그 내용을 설명하는 데 많이 인용된 참고문헌이 들어 있다. 진행 중인 주제가 들어 있는 상자를 설명하는 참고문헌을 이용하고, APA와 같이 적절한 스타일로 참고문헌을 간략히 명시하여 사용하면 도움이 된다(APA, 2010).
- 문헌지도의 각각의 단계를 고려하기 바란다. 다시 말해서 핵심주제는 하위주제를 이끌고, 하위주제는 다른 하위주제를 이끈다.
- 문헌지도 흐름도의 몇몇 가지 부분은 다른 가지 부분보다 보다 더 진전되어 있다. 이러한 진전은 활용할 수 있는 문헌의 양과 연구자의 문헌탐구의 정도에 달려 있다.
- 문헌을 도표로 표시한 후, Janovec(2001)은 그림의 가지가 연구의 출발점이 된다고 생각했다. 그녀는 문헌지도의 가장 밑 부분에 연구의 필요(혹은 계획하고 있는 연구)를 배치하고 계획하고 있는 연구(절차적 정의와 문화)의 특징을 간략히 서술하였다. 그리고 연구를 확장하는 데 필요한 기존 문헌에 선을 연결하였다. Janovec은 다른 연구자들이 미래연구를 위한 장에서 사용한 아이디어를 바탕으로 하여 이 연구를 제안했다.
- 문헌지도에 양적 · 질적 · 혼합적 연구방법을 같이 포함시키기 바란다.
- 대학원위원회에 필요하거나 논문발표를 위해 문헌지도를 이야기 형식으로 작

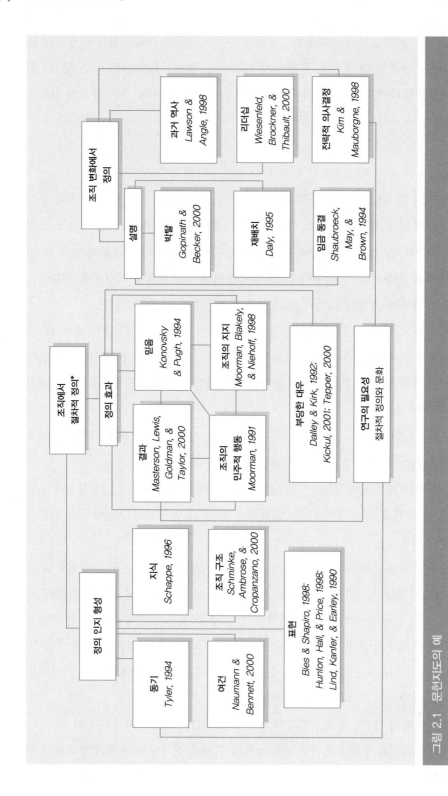

그림 2.1 문헌지도의 예

*경영상의 공정성과 결정에 대한 '고용자'의 관심.

출처 : Janovec(2001). 저자의 허락하에 게재.

성하기 바란다. 즉 논문주제로부터 시작하여(제일 위의 상자), 찾아본 데이터베이스, 문헌을 점점 포괄적 주제로 구분하고, 연구하고자 계획한 구체적 주제(가장 아래의 상자)를 서술한다. 그리고 그 주제가 문헌에서 여러 가지 부분에 어떻게 연결되는지를 써 본다(연결선은 지금하고 있는 연구가 어떤 문헌으로부터 그리고 어떻게 도움을 받고 있는지를 의미한다).

문헌지도를 만드는 것은 해볼 만한 일이다. 이 지도를 살펴보는 사람들은 문헌을 체계화하고 또 연구에 필요한 사례를 만드는 접근방법에 익숙하지 않을 것이다. 그들은 문헌지도가 만들어진 의도에 대해 듣는 것이 좋다. 지도를 보다 낫게 진전시키고 문헌을 지도 안에 넣는 데는 시간이 필요하다. 우리는 예비지도를 만들기 위해 25개의 연구물을 수집하면 좋겠다고 생각한다. 학위논문을 위한 문헌지도를 작성하기 위해서는 적어도 100개 정도의 연구물을 가지고 지도를 발전시킬 필요가 있다. 연구 과정에 문헌을 어떻게 추가하는가를 이해하는 데는 어느 정도 시간이 필요하다. 문헌지도를 만드는 데 여러 가지 연결고리가 추가될 수 있다. 우리는 세분화하는 것, 1개 혹은 2개로 구분하는 것을 자제하길 바란다. 포괄적 주제가 지도의 맨 위에 위치하는 것을 이해하는 것도 도전할 만한 일이다. 이것이 문헌지도에서 추가되어야 할 주제이다. 문헌에 대해 알고 있는 사람에게 물어보기 바란다. 그리고 연구물이 문헌의 종합에 어떻게 그룹화되는지 알아보고, 문헌의 어떤 부분이 연구에 도움이 되는지 계속적으로 살펴보기 바란다. 지도를 정리하기 전에 지도의 여러 버전으로 진전시킬 수도 있다. 지도를 발전시키고, 그 과정을 작성해 보며, 그것을 다른 사람들과 확인해 보기 바란다.

연구물의 요약

연구자는 진행 중인 연구의 문헌 고찰 부분을 작성할 때 문헌 고찰에 포함시킬 논문을 찾아 그들 논문의 초록을 간략히 정리해 놓는 것이 좋다. 초록은 독자가 논문의 기본적 특징을 이해할 수 있도록 핵심적인 요소를 간추린 문헌 고찰(일반적으로 짧은 단락으로 되어 있다)을 말한다. 초록을 효과적으로 이용하기 위해 연구자는 어떤 부분을 발췌할 것인가를 고려해야 하는데, 이는 모든 연구물은 아니더라도 비교적

많은 연구물을 검토할 때 유용하게 이용할 수 있는 중요한 정보라 할 수 있다. 저널에 발표된 연구논문을 잘 정리한 초록은 다음 몇 가지 사항을 포함하고 있다.

- 논의하고 있는 문제에 대해 언급한다.
- 연구의 주요한 목적이나 핵심을 명시한다.
- 표본, 모집단, 혹은 연구대상에 대한 정보를 간략히 기술한다.
- 진행 중인 연구와 관련된 주요 결과물을 검토한다.
- 비평이나 방법적 고찰인 경우(Cooper, 2010), 연구의 기술적 · 방법론적 단점을 확인한다.

연구물을 요약 · 검토할 때 몇 가지 고려해야 할 부분이 있다. 질적으로 우수한 저널논문의 경우 연구문제와 목적이 서문에 명확히 나타나 있다. 표본, 모집단, 혹은 연구대상에 관한 정보는 방법(혹은 절차) 부분에 나와 있다. 그리고 결론은 대부분 마지막 부분에 들어 있다. 결론 부분에는 연구자가 연구질문이나 가설에 대해 답을 하거나 논의한 내용을 기술하고 있다. 책으로 발간할 정도의 긴 연구에서도 위와 같은 점을 찾아볼 수 있다. 다음의 예를 고려해 보기 바란다.

| 예 2.1 | **양적 연구에서 문헌 고찰 요약**

여기에 양적 연구의 주요한 구성요소를 요약한 단락이 있는데(Creswell, Seagren, & Henry, 1979), 이것은 박사학위논문이나 저널논문의 문헌 고찰 부분에 들어 있는 것과 유사하다. 이 단락은 초록에 필요한 핵심 구성요소를 제시하고 있다.

Creswell과 그의 동료들(1979)은 Biglan 모델을 검증하였다. 이 모델은 36개의 학문분야를 실용적 분야 혹은 이론적 분야, 순수 분야 혹은 응용 분야, 생물 분야 혹은 무생물 분야로 묶어 놓은 3차원 모델로서, 각 학문분야 학과장들이 예상하는 전문성 개발 요구를 고려한 모델이다. 중서부 주에 위치한 4개의 주립대학과 1개의 대학교에 소속된 80개 학과의 학과장들이 이 연구에 참여하였다. 그 결과, 학문 분야가 다르면 학문의 전문성 개발 요구의 내용도 다르다는 것을 참여한 학과장을 통해 확인할 수 있었다. 이 연구결과물을 근거로 연구자들은 현직연수 프로그램을 개발할 때 학문 간에 차이가 있다는 점을 고려하도록 권고하고 있다.

Creswell과 그의 동료들은 미국심리학회 논문작성법(APA, 2010) 형식에 맞게 먼저 본문 안에 참고문헌을 달았다. 그다음에 연구의 중심 목적을 검토했고 데이터 수집에 관한 정보를 찾아 확인해 보았다. 이 연구의 초록은 핵심 결과를 언급하고, 또 이 결과의 실제적인 함의를 제시하면서 끝을 맺고 있다.

소논문, 의견서, 유형학, 그리고 이전 연구를 종합한 글 등은 조사연구가 아니므로, 어떤 방식으로 요약할 수 있는가? 경험적 연구가 아닌 연구물은 다음과 같은 방식으로 요약할 수 있다.

- 논문이나 책에서 논의한 문제에 대해 언급한다.
- 연구의 핵심주제를 확인한다.
- 이 주제와 관련된 주요 결론을 명시한다.
- 검토 유형이 방법론적이라면 추론, 논리, 논증 등에 관한 단점을 언급한다.

예 2.2는 이러한 관점들을 포함하고 있다.

| 예 2.2 | **유형학 관련 연구의 문헌 고찰**

Sudduth(1992)는 시골병원의 전략적 적응의 이용이라는 주제를 가지고 정치학 박사학위논문을 완성했다. 그는 연구를 시작할 때 주제와 관련된 몇몇 자료를 검토하였다. Sudduth는 유형학을 발전시킨 한 연구자료를 발췌했는데, 그는 연구문제, 주제, 유형학을 다음과 같이 요약하였다.

Ginter, Duncan, Richardson, 그리고 Swayne(1991)은 병원이 변화를 시도할 때 병원의 역량이 외부환경으로부터 어느 정도 영향을 받는지를 알아보았다. 이들은 환경 분석이라고 부르는 과정을 제시했는데, 이 과정은 병원이 환경의 변화에 최선의 전략적 대응을 하도록 하는 것을 말한다. 그러나 환경 분석을 위해 이용한 여러 가지 기법을 검토했지만 환경적 문제를 완벽히 분석할 수 있는 포괄적 인 개념적 도식이나 컴퓨터 모델이 없다는 것을 알았다(Ginter et al., 1991). 이 결과는 중요한 전략적 변화를 필요로 한다는 것을 나타낸다. 즉 계량화되지 않은 판단 과정에 주로 의존한다는 데 문제가 있다는 것이다. 병원경영자가 외부환경을 면밀하게 검토하고 평가하는 것을 돕기 위해 Ginter와 그의 동료들(1991)은 그림 2.1에 나타난 유형학을 개발하였다. (p. 44)

이 예에서 Ginter 등은 본문 내 참고문헌에 대한 연구를 검토하였고, 연구문제(변화에 적용할 수 있는 병원의 역량)를 언급하였으며, 핵심주제(환경 분석이라고 부르는 과정)를 명확히 했다. 그리고 이들은 이 주제(예 : '포괄적 개념 모델이 없음'과 '유형학 개발')와 관련한 결론을 내렸다.

논문작성법

앞의 두 가지 예는 참고한 논문을 요약하는 데 적절한 APA 형식을 이용한 아이디어를 소개한 것이다. 논문작성법은 참고문헌을 인용하고 제목을 정하며, 표와 그림을 나타내고, 편파적이지 않은 언어를 사용하는 것과 같이 학술적 형식의 원고를 만드는 지침을 제시하고 있다. 문헌을 고찰하는 기본원칙은 처음부터 끝까지 적절하고 일관성 있는 참고문헌 형식을 이용하는 것이다. 유용한 자료를 발견하면 적합한 형식을 이용하여 이 자료를 완벽하게 참고자료로 이용할 수 있도록 정리한다. 박사학위 논문계획서를 작성할 때 대학원생은 교수, 논문심사위원회 혹은 학과나 대학의 직원으로부터 참고자료 인용에 사용할 논문작성법에 대해 조언을 구할 필요가 있다.

미국심리학회 논문작성법(APA, 2010)은 교육학 분야와 심리학 분야에서 사용되는 가장 널리 인정받고 있는 논문작성법이다. 시카고대학교 논문작성법(The Chicago Manual of Style; University of Chicago Press, 2010)도 나름대로 인정받고 있는 논문작성법이지만, 사회과학 분야에서는 APA보다 사용빈도가 적다. 몇몇 저널에서는 기존의 형식을 그들 저널에 맞게 변형시켜 사용하고 있다. 여러분도 제3자가 여러분의 글을 읽을 때 이해할 수 있는 논문작성법을 선택한 후 이것을 논문 계획 과정에 사용하기 바란다.

가장 중요하게 고려해야 할 부분은 본문 내 인용, 본문 끝 참고문헌, 장의 제목, 그리고 그림과 표를 이용할 때이다. 학술적인 글을 작성할 때 유용하게 이용할 논문작성법에 대해 몇 가지 참고할 수 있는 사항을 다음에 제시해 보기로 한다.

- 본문 내에 인용할 때 참고문헌의 형태를 생각하면서 여러 가지 인용서식을 면밀히 고려할 필요가 있다.
- 본문 끝에 참고문헌을 제시할 경우 논문작성법에 알파벳순으로 되어 있는지 혹은 번호를 매기도록 되어 있는지 유의할 필요가 있다. 또한 본문 내 인용이 본문 끝 참고문헌에 포함되어 있는지 확인해야 한다.
- 장의 제목은 학술논문에서는 단계에 따라 배치된다. 우선, 몇 단계의 제목을 연구논문에 넣을지 생각해 보기 바란다. 그다음, 단계별로 적절한 서식을 결정하기 위해 논문작성법을 참고해야 한다. 일반적으로 연구보고서에는 2개 내지 4개의 제목 단계가 들어간다.
- 주를 이용한다면 주를 어디에 달지 논문작성법을 참고하기 바란다. 몇 년 전에 비해 최근에는 학술논문에 주를 그다지 많이 달지 않는다. 주를 단다면 이것을 페이지 맨 아래에 달지, 각 장의 끝에 달지, 혹은 논문의 마지막 부분에 달지 생각해 보기 바란다.
- 논문작성법에는 표와 그림을 사용할 때 참조할 일정한 양식이 들어 있다. 그 예를 참고해서 굵은 선, 제목, 간격 등을 잘 맞추어야 한다.

요컨대 논문작성법을 이용하는 데 가장 중요한 점은 논문 전반에 걸쳐 논문작성법이 연구방법과 일치해야 한다는 것이다.

용어의 정의

문헌 고찰과 관련된 또 하나의 주제는 독자가 연구 프로젝트를 이해하는 데 도움이 되도록 용어의 정의를 하는 것이다. 용어의 정의 부분이 문헌 고찰 부분과 별도로 존재할 수 있고, 문헌 고찰 부분에 포함되어 있을 수 있으며, 또는 연구계획서 내 여러 부분에 나뉘어 들어갈 수 있다.

전문적 연구 분야에 문외한인 사람들이 이해하지 못하거나 일상적 언어가 아닌 용어를 사용할 때 그 뜻을 분명하게 할 필요가 있다(Locke, Spirduso, & Silverman, 2013). 용어를 정의해야 할지, 하지 않을지는 연구자의 판단에 달려 있지만 독자가 그 용어의 의미를 잘 알지 못할 것 같은 생각이 든다면 용어를 명확히 정의하는 것이 좋다. 또한 연구자는 논문계획서에 처음 용어가 등장할 때 그것을 정의할 필요가 있다. 그래야 독자가 용어의 의미 때문에 나타날 수 있는 혼란을 최소화할 수 있다. Wilkinson(1991)은 "과학자는 자기가 하고 있는 연구가 어떤 것인가를 밝히고 연구결과물과 아이디어를 정확하게 상호소통하기 위해 용어를 명확히 정의해야 한다."(p. 22)라고 지적하고 있다. Firestone(1987)은 용어를 정의한다는 것은 과학적 연구의 엄밀성을 더욱 높인다는 것을 의미한다고 하면서 다음과 같이 말하고 있다.

> 일상적 단어는 여러 가지 의미를 내포하고 있다. 상징도 마찬가지지만, 단어의 의미는 특정한 상황에 따라 그 의미가 달라질 수 있다. … 과학적 언어는 단어가 가지고 있는 의미를 정확하고 분명하게 정의한 것이다. 일상적 용어가 과학적 목적에 사용될 때 '기술적 의미'를 가지게 된다. (p. 17)

논문의 서론을 읽다 보면 용어의 정확성을 기하기 위해 정의한 용어를 발견할 수 있다. 학위논문계획서의 경우 일반적으로 특별히 표시된 부분에 용어가 정의되어 있다. 연구의 형식을 띤 글에서는 단어와 용어를 정확하게 사용해야 한다. 용어의 정의를 명확히 해야 한다는 생각을 가지고 있을 때 과학을 더욱 과학답게 만들 수 있다.

아래와 같이 연구계획의 각 부분에 소개되는 용어들을 정의하기 바란다.

- 연구제목
- 연구문제 진술
- 연구목적 진술
- 연구질문, 가설 혹은 목표
- 문헌 고찰
- 연구의 이론적 배경
- 연구방법

연구의 세 유형, 즉 (1) 질적, (2) 양적, (3) 혼합적 연구방법에서 정의할 필요가 있는 특별한 용어가 있다.

- 질적 연구에서는 방법론적 설계를 귀납적으로 전개시켜 나가야 하기 때문에 연구자는 임시로 용어를 정의할 때가 있지만 연구 초기에는 용어를 정의할 것이 별로 없다. 그 대신 주제(혹은 관점이나 범위)는 자료 분석을 통해 나타난다. 절차적으로 볼 때 연구하는 과정에 용어가 나오면 바로 이 용어를 정의한다. 이러한 접근방법은 용어가 등장할 때 용어를 정의하는 방법이다. 그런데 연구계획서상에는 이와 같은 용어의 정의 부분을 포함시키기 어렵다. 이러한 이유 때문에 질적 연구계획서에는 용어의 정의를 모은 독립된 부분이 거의 없는 편이다. 그렇지만 연구자는 본격적 연구를 하기 전에 임시로 만든 용어의 정의 부분을 만들어 놓는다.
- 한편 양적 연구(연구목표가 일정하게 정해져 있는 연역적 모델에서 더 잘 작동하는)에서는 연구계획서의 초기 단계에 용어를 많이 정의해 놓는다. 연구자는 용어를 명확하게 정의한 후 용어의 정의 부분을 독립된 부분에 둔다. 연구자는 연구를 시작할 때 필요한 모든 용어를 정의해 놓으며, 필요하다면 기존 연구물의 문헌에서 이미 사용되고 있는 용어의 정의를 이용하기도 한다.
- 혼합적 연구방법의 경우 연구자가 양적 자료 수집과 함께 연구를 시작한다면

독립된 부분에 용어의 정의가 들어갈 수 있다. 질적 자료 수집과 함께 연구를 시작하게 되면 연구하는 과정에 정의할 필요성이 있는 용어가 나타나지만, 연구자는 연구결과나 최종보고서의 결론 부분에서 이 용어를 정의한다. 양적 혹은 질적 자료 수집이 동시에 이루어진다면 연구자가 어느 쪽을 더 중시하는가에 따라 용어의 정의 방식이 결정된다. 하지만 모든 혼합적 연구방법에서는 독자에게 친숙하지 않은 용어가 있는데, 다시 말해 절차적 논의에서 혼합적 연구방법이라는 용어 자체의 정의가 그 한 예가 될 수 있다(제10장 참조). 또한 동시적 혹은 순차적과 같은 탐구 전략 그리고 이를 위한 구체적인 명칭과 관련된 용어를 명확히 정의할 필요가 있다(예 : 제10장에서 논의하고 있는 동시적 삼각검증 설계에서 '동시적'이라는 용어의 정의).

모든 연구방법에 통용되는 용어의 정의 방식은 없지만, 다음 몇 가지 사항을 참고하면 연구에 도움이 될 것이다(Locke et al., 2013 참조).

- 연구계획서상 처음 용어가 등장할 때 정의하기 바란다. 예를 들어, 독자가 서론을 읽으면서 연구문제와 연구질문 혹은 가설을 이해하는 데 도움이 될 것이라고 생각되는 용어가 나오면 그 용어를 정의할 필요가 있다.
- 구체적인 조작적 단계 혹은 응용 단계에서 용어를 정의하기 바란다. 조작적 정의는 추상적·관념적 언어가 아니라 구체적인 언어로 기술된다. 박사학위논문에서는 용어의 정의 부분을 통해 용어의 의미를 명확하게 할 수 있기 때문에 조작적 정의가 많이 이용된다.
- 일상적 언어로 용어를 정의하지 말기 바란다. 그 대신 기존 연구문헌에서 승인된 말을 사용하기 바란다. 이처럼 기존 연구문헌에서 사용하고 있던 용어가 재사용되며, 새로운 용어를 만들어 사용하는 경우는 거의 없다(Locke et al., 2013). 기존 연구문헌에 용어가 명확히 정의되지 않은 것도 있다. 그럴 경우 일상적 용어를 사용할 수도 있다. 이 경우 그 용어를 다시 정의한 후 연구계획과 연구 전반에 걸쳐 일관성 있게 그 용어를 사용할 필요가 있다(Wilkinson, 1991).

- 연구자는 여러 가지 목적을 이루기 위해 용어를 정의할 수 있다. 용어의 정의는 일상적인 말로 묘사할 수 있다(예 : 조직). 정의한다는 것은 범위를 설정하는 것을 의미하기도 한다(예 : 커리큘럼의 제한). 또 기준을 설정할 수 있으며(예 : 높은 평점), 용어를 조작적으로 정의할 수도 있다.

- 용어의 정의 부분을 연구의 어느 부분에 넣어야 할지에 대한 특별한 서식은 없지만, '용어의 정의'라고 부르는 독립된 장을 만드는 방법이 있다. 이것은 용어를 강조함으로써 용어의 정의 부분을 분명하게 드러나도록 하는 방법이다. 이렇게 하여 용어가 언제나 일정한 의미를 갖도록 한다(Locke et al., 2013). 용어의 정의 부분이 독립되어 있을 때 보통 그 양은 2~3쪽을 넘지 않는다.

예 2.3과 예 2.4는 용어의 정의에 대한 다양한 구조를 설명해 주고 있다.

| 예 2.3 |　독립변인 부분에서 용어의 정의

다음에 제시된 두 사례는 용어의 정의를 하는 축약 형태를 설명하고 있다. 첫째 예는 핵심용어의 조작적 정의를 나타내고 있고, 둘째 예는 핵심용어의 절차적 정의를 설명하고 있다. Vernon(1992)는 중년세대의 이혼이 손자나 손녀가 있는 조부모와의 관계에 어떠한 영향을 주는가를 연구했다. 이러한 정의는 독립변인 부분에 포함되어 있다.

손자나 손녀와의 친밀관계
손자나 손녀와의 친밀관계는 조부모가 외가 조부모인지, 친가 조부모인지와 관련이 있다. 선행연구(예 : Cherlin & Furstenberg, 1986)에서는 외가 조부모가 이들과 더 친밀함을 가지고 있다는 연구결과를 내 놓고 있다.

조부모의 성
조부모/손자 및 손녀와의 친밀관계에서 조부모가 '조모'인지, '조부'인지가 하나의 요인으로 작용하고 있음이 밝혀졌다[즉 조모는 조부보다 가족들과 더 밀접한 관계를 가지고 있는 것으로 나타났는데, 이는 여성의 가족관계 유지 역할과 관련이 있는 것 같다(예 : Hagestad, 1988, pp. 35-36)].

| 예 2.4 | 혼합적 연구방법을 사용한 논문에서 용어의 정의

첫 번째 예에서는 제1장의 독립된 부분에 혼합적 연구에서 사용한 용어의 정의를 자세하게 설명하고 있다. VanHorn-Grassmeyer(1998)는 각 대학의 학생과에 근무하는 119명의 학생담당 전문가가 개별적으로 혹은 집단적으로 반성회에 어떻게 참여하는지 연구해 보았다. 그녀는 이들 전문가들과의 심층면접을 통해 자세히 조사했다. 그녀는 이들 전문가들의 개별적 반성회와 집단적 반성회에 대해 연구했기 때문에 연구를 시작할 때 이 연구에 관련된 용어들을 구체적으로 정의해 놓았다. 그녀가 정의한 용어 2개를 다음에서 살펴보기로 한다. 그녀가 여러 문헌자료의 저자들이 정의해 놓은 용어의 의미를 어떻게 참고했는지 소개하고자 한다.

개인적 반성

Schon(1983)은 '반성적 사고, 반성적 행위, 그리고 반성적 실행'이라는 개념에 대한 책을 발간했다. Argyris(Argyris & Schon, 1978)와 공저로 10년 전에 발간된 책이 있었는데, 여기에 이 개념이 소개되고 있다. 이전에 발간된 책에서

는 개인적 반성을 직관적 행동으로 정의했지만, Schon은 개인적 반성이라는 용어를 정의하기가 쉽지 않았다고 생각했다. 그런데 이번 연구에서 개인적 반성이라는 용어의 의미를 가장 잘 나타낸 특징은 다음 세 가지였다. 즉 (1) 실행의 예술적 효과(Schon, 1983), (2) 직관적으로 인식한 것을 공개적으로 업무에 적용시키는 방법, (3) 학생담당 전문가가 깊이 있는 사고를 통해 업무 능력을 높이는 방법 등이다.

학생담당 전문가

전문가라는 용어를 여러 가지로 정의할 수 있다. 그중 하나는 축적된 풍부한 아이디어, 균형 잡힌 시각, 정보, 도덕적 규범, 습관(그리고 전문적 지식을 다루는)에 근거하여 고도의 독자적 판단을 하는 사람을 지칭한다(Baskett & Marsick, 1992, p. 3). 학생담당 전문가는 학생이 정규교육과정 및 정규교과와 병행하는 활동을 성공적으로 수행할 수 있게 지원하고 학생이 보다 나은 교육환경에서 교육받을 수 있도록 도와주는 사람을 의미한다. (pp. 11-12)

양적 혹은 혼합적 연구에서 문헌 고찰

문헌을 검토할 때 얼마나 많은 문헌을 고찰해야 할지 결정하기가 쉽지 않다. 우리는

이 문제를 풀기 위해 문헌연구와 관련된 지침을 제공하는 모델을 개발하였다. 특히 이 모델은 문헌 고찰 부분에서 일반적으로 사용하는 양적 혹은 혼합적 연구를 위해 설계된 것이다. 질적 연구에 있어서 문헌 고찰은 제기된 주요 현상의 특징을 탐구한 후, 이 주요 현상을 주제별로 나눈다. 하지만 앞에서 보았듯이 질적 연구에 있어서 문헌 고찰은 여러 가지 방식으로 연구계획서에 넣을 수 있다(예 : 연구문제의 이론적 근거, 독립된 부분, 연구 전반에 걸쳐 필요한 부분, 연구결과물과의 비교 등과 같은 방식으로).

양적 연구 또는 양적 요소를 가미한 혼합적 연구의 경우에는 주요 독립변인, 주요 종속변인과 관련된 문헌자료 부분이 들어 있는 문헌을 검토해 정리해 보고, 또 독립변인과 종속변인을 결부시킨 연구물을 검토해 정리해 본다(변인에 관한 논의는 제3장 참조). 이 방법은 박사학위논문을 쓰는 데 그리고 저널논문에서 소개된 문헌을 개념화하는 데 적절한 것 같다. 5개 요소로 구성된 문헌 고찰을 검토해 보기 바란다. (1) 서론, (2) 주제 1(독립변인에 관한 것), (3) 주제 2(종속변인에 관한 것), (4) 주제 3(독립변인과 종속변인 양자를 설명하는 연구물), (5) 요약으로 되어 있다. 다음에서 다섯 요소에 대해 자세히 살펴보기로 한다.

1. 서론 부분은 문헌 고찰에 포함된 각 장에 대해 독자에게 설명하면서 문헌을 소개하는 장이다. 이 부분은 장의 조직에 관한 것을 진술하는 영역이다.
2. 주제 1은 독립변인에 관한 학술적 문헌에 대해 논의하고 있다. 독립변인이 여러 개인 경우 장의 하위 부분을 고려하거나 가장 중요한 변인 하나에 초점을 맞추기 바란다. 독립변인을 설명하는 문헌에만 초점을 맞추는 것을 잊지 말기 바란다. 이 모델에서는 독립변인과 종속변인에 관한 문헌을 분리해 놓고 있다.
3. 주제 2는 종속변인에 관한 학술적 문헌에 대해 논의하고 있다. 종속변인이 여러 개일 경우 각 변인에 관한 하위 부분을 서술하거나 중요한 종속변인 하나에 초점을 맞추기 바란다.
4. 주제 3은 독립변인을 종속변인과 연결시키며, 학술적 문헌에 대해 논의하고 있다. 이 부분에 진행 중인 연구의 핵심이 있다. 이 부분은 비교적 짧게 서술되어야 하고, 진행 중인 연구주제와 아주 밀접한 관련 자료가 포함되어야 한다.

아마도 연구주제에 관해 서술된 곳은 이 부분 외에는 없을 것이다. 가능한 한 주제와 유사한 장을 만들거나 더 일반적 수준에서 주제에 대해 논의하고 있는 연구물을 검토하기 바란다.

5. 요약 부분에서는 가장 중요한 연구를 부각시키며, 주요 논제를 포함하고 있다. 주제에 대한 연구가 왜 더 필요한지를 제시하고 있고 진행 중인 연구가 이러한 요구를 어떻게 충족할지를 표시하고 있다.

이 모델은 문헌 고찰에 초점을 맞추고 있고, 이것은 또 문헌 고찰을 연구질문과 가설에 포함되어 있는 변인과 밀접한 관계를 갖게 한다. 그리고 이를 통해 연구의 범위를 상당히 좁힐 수 있으며 이 모델은 연구질문과 방법 부분을 논의하는 논리적인 출발점이 된다.

요약

문헌을 찾아보기 전에 간단한 제목을 만들거나 주요 연구질문을 진술하는 전략을 사용하면서 주제를 다시 확인해 보기 바란다. 그리고 이 주제가 연구참여자를 확보할 수 있는지 그리고 관련 자료에 접근할 수 있는지에 대한 검토를 통해 과연 실행 가능한 것인지 그리고 연구할 필요성이 있는 것인지를 확인해야 한다. 또한 이 주제가 앞으로의 연구에 도움을 줄 수 있는지, 다른 사람들에게 흥미를 가지게 할 수 있는 것인지, 그리고 개인적으로 추구하는 목적과 일치하는지를 고려하기 바란다.

연구자는 유사한 연구의 결과물을 알아보기 위해, 진행 중인 연구와 이전 문헌과의 관련성을 찾아보기 위해, 그리고 연구결과물을 다른 연구와 비교하는 틀을 제공하기 위해 학술적 문헌을 이용한다. 질적·양적·혼합적 연구설계를 고려해 볼 때 각각의 연구설계에 따라 문헌 고찰은 각기 다른 유용한 점을 제공하고 있다. 질적 연구에서 문헌은 연구문제를 구체화시키지만 연구참여자의 견해를 제한하시는 않는다. 이와 관련된 방법의 하나로 질적 연구를 시작할 때보다 마무리할 시점에 더 많은 문헌자료를 포함시키는 것이다. 양적 연구에서 문헌은 연구문제를 구체화시키는 데 유용할 뿐만 아니라 논의가 필요한 연구질문이나 가설을 제시하기도 한다. 일반적으로 양적 연구에서는 문헌 고찰 부분이 독립적으로 제시되어 있다. 혼합적 연구에서는 연구설계의 유형과 질적 관점과 양적 관점에 들어 있는 중요도에 따라 문헌의 이용 정도가 달라진다.

문헌 고찰을 할 때 문헌 검색에 필요한 핵심단어를 확인해야 한다. 이어 ERIC, EBSCO, ProQuest, Google Scholar, PubMed와 같은 온라인 데이터베이스를 검색하기 바란다. 또한 PsycINFO, Sociofile, SSCI와 같은 더 전문적인 데이터베이스를 검색할 필요가 있다. 그리고 논문과 책을 검색하되 일차적으로 저널논문을 찾아본 다음에 책을 검색해 보기 바란다. 문헌 고찰에 도움이 될 만한 참고자료를 확인할 필요가 있다. 참고문헌을 몇 개의 주요 범주로 구분하여 이를 나타내는 문헌지도를 만들기 바란다. 진행 중인 연구를 문헌지도 안의 적절한 곳에 넣기 바란다. 선행

연구물들을 요약하되, 논문작성법(예 : APA, 2010)에 따라 참고문헌을 완성시킬 필요가 있다. 그리고 연구문제, 연구질문, 자료의 수집과 분석, 마지막 연구결과물이 들어 있는 연구정보를 정리하기 바란다.

주요 용어를 정의할 필요가 있다. 그리고 연구계획서의 용어의 정의 부분을 진전시키거나 용어의 정의 부분을 문헌 고찰 속에 포함시키기 바란다. 마지막으로 전체적인 틀을 고려하여 이 자료를 편성하기 바란다. 어떤 양적 연구모델은 주요 변인(양적 연구방법)에 따라 혹은 중심 현상(질적 연구방법)의 핵심 하위주제에 따라 문헌 고찰 부분을 나누고 있다.

연습문제

1. 주제에 관한 문헌지도를 개발하라. 문헌지도에 진행 중인 연구를 포함시키고, 진행 중인 연구에서 시작하여 다른 범주의 연구까지 선을 연결하라. 그래서 독자가 기존의 문헌을 얼마나 확장시켰는지 쉽게 이해할 수 있도록 하라.

2. 양적 연구에 적합한 문헌 고찰 부분을 만들고, 연구의 변인들을 반영하는 문헌을 정할 수 있는 모델을 만들어라. 그 외 하나의 대안적 방법으로 질적 연구에 적합한 문헌 고찰 부분을 만들고, 연구문제에 대한 이론적 근거로서 문헌 고찰 부분을 서론에 포함하라.

3. 주제와 관련된 문헌을 검색하기 위해 온라인 컴퓨터 데이터베이스를 꾸준히 이용하라. 연구주제와 가능한 한 근접한 논문을 발견할 수 있도록 수시로 문헌을 검색하라. 이어 이 논문에서 언급한 기술어를 이용하여 추가 검색하라. 문헌 고찰을 위해 10편의 논문을 찾아 요약하라.

4. 연습문제 3에서 나온 검색 결과에 근거하여 온라인 검색에서 찾은 두 연구, 즉 양적 연구요약문 하나와 질적 연구요약문 하나를 작성하라. 작성한 문헌 요약에 구성요소가 포함되도록 이 장에서 제공한 지침을 이용하라.

더 읽을거리

American Psychological Association. (2010). *Publication Manual of the Ameican Psychological Association* (6th ed.). Washington, DC: Author.

가장 최근의 미국심리학회 논문작성법은 모든 연구자들의 필독서이다. 여기에는 자료를 어떻게 인용하는지에 대해 여러 가지 예를 들면서 설명하는 장이 있다. 여기에는 저널(혹은 정기간행물)에서부터 특허 관련 사항까지 다양한 예가 제시되어 있다. 그리고 표와 그림을 나타내는 가이드라인도 유용한 예를 들면서 잘 이용할 수 있게 제공하고 있다. 또한 이 매뉴얼에는 전문 저술에 도움이 되는 장이 있고 이러한 저술에 사용되는 양식이 있다. 여기에는 발간할 때 고려해야 할 연구윤리 문제뿐만 아니라 원고의 기본요소에 대해서도 유용한 정보가 포함되어 있다.

Boote, D. N., & Beile, P. (2005). Scholars before researchers: On the centrality of the dissertation literature review in research preparation. *Educational Researcher*, 34(6), 3–15.

David Boote와 Penny Beile은 정교한 문헌 고찰을 필요로 하는 박사학위논문 준비 학생들에게 문헌 고찰의 중요성에 대해 논의하고 있다. 이들은 정확한 문헌 고찰을 위한 다섯 가지 기준을 제시한다. 논문저자는 문헌을 왜 포함시켰는지 혹은 제외시켰는지에 대해 대응해야 한다(범위). 연구 분야를 비판적으로 점검해야 하며, 주제를 더 포괄적인 문헌자료 가운데 어디에 위치시킬 것인가를 확인해야 하고, 주제의 바뀐 과정을 점검해야 하며, 정의의 모호성과 문헌의 모호성 문제에 관심을 가져야 하고, 그리고 새로운 관점을 제시할 필요가 있다(종합). 또한 연구의 실제적, 학술적 중요성에 대해 주목해야 하고(중요도), 연구방법에 대해서도 검토해야 한다(방법론). 또한 문장도 통일된 양식으로 작성되어야 한다(문장론).

Locke, L. F., Spirduso, W. W., & Silverman, S. J. (2010). *Proposals that work: A guide for planning dissertations and grant proposals* (6th ed.) Thousand Oaks, CA: Sage.

Locke, Spirduso, Silverman은 문헌 고찰 과정을 여러 단계로 제시하고 있다. 즉 연구의 이론적 근거를 마련하는 개념 개발, 주요 개념의 하위주제 개발, 그리고 주요 개념을 뒷받침해 주는 가장 중요한 참고문헌 확보가 그것이다. 이들은 학술연구에서 용어의 정의에 도움이 되는 다섯 가지 원칙을 제시하고 있다. 이들 원칙은 (1) 새로운 용어를 만들지 말 것, (2) 연구계획서 시작 부분에 용어 개념을 정의할 것, (3) 일상적 언어를 사용하지 말 것, (4) 처음 용어가 나올 때 그 용어의 개념을 정의할 것, (5) 단어를 명확하게 정의해 사용할 것 등이다.

Punch, K. F. (2014). *Introduction to social research: Quantitative and qualitative approaches* (3rd ed.). Thousand Oaks, CA: Sage.

Punch는 양적 그리고 질적 방법에 같이 사용할 수 있는 사회과학 연구에 필요한 지침을 제공하고 있다. 그는 이 두 연구방법을 구분하는 주요 쟁점의 개념화를 통해 이 둘 간의 중요한 차이점을 알 수 있도록 한다. Punch 는 연구계획서나 보고서를 작성할 때 참고문헌의 어떤 점에 관심을 가져야 할지는 연구의 형식에 따라 달라진다고 하였다. 연구의 형식과 총체적인 연구 전략에 따라, 그리고 진행하고 있는 연구가 기존 문헌의 연구방향을 얼마나 충실히 따르고 있는가에 따라 양적 혹은 질적 연구방법을 결정하는 데 영향을 미친다.

$SAGE edge™

https://edge.sagepub.com/creswellrd5e

학습자와 교수자는 연구설계와 방법에 관한 비디오 영상, 논문, 퀴즈와 활동, 각종 도구가 필요하면 위의 사이트를 방문하기 바란다.

CHAPTER 3

이론의 활용

학술연구의 연구질문을 탐색할 때 어떤 이론을 활용할 것인가를 결정하는 것은 문헌 고찰의 중요한 요소이다. '양적 연구'에서 연구자들은 종종 여러 개의 이론을 시험하면서 그들의 연구질문에 대한 답을 설명하려 한다. 양적 연구의 논문에서는 연구계획서의 모든 장에 걸쳐서 그 연구를 위한 이론을 다뤄야 할 때도 있다. 이와 반대로 이론의 활용이 다양해지는 '질적 연구'에서는 근거이론과 같이 연구자가 연구결과로서 하나의 이론을 생성하여 그 이론을 프로젝트 끝에 기술할 수도 있다. 한편 민족지학적 연구, 변형적 연구 등과 같은 다른 질적 연구에서는 해당 이론을 앞서 기술하여 논점과 조사대상이 무엇인지를 결정하게 해 준다. 혼합적 연구에서는 연구자들이 이론을 검증할 수도 있고 이론을 생성할 수도 있다. 거기다가 혼합적 연구는 양적 자료와 질적 자료가 모두 수집되는 이론적 틀을 포함할 수 있다. 이러한 틀은 페미니스트적, 인종적, 계층적, 혹은 그 밖의 다른 관점으로부터 도출되어 전체를 이끌어가게 된다.

이론은 양적·질적 그리고 혼합적 연구에서 활용될 수 있다. 양적 연구에서의 이론의 정의, 변인의 활용, 이론의 배치, 글쓰기 계획에서 취할 수 있는 다양한 형식을 먼저 살펴보고, 이론을 기술하는 절차를 설명하였다. 끝으로 연구제안서의 이론적 관점 부분을 기술하는 스크립트를 소개하였다. 이어서 질적 연구에서의 이론의 활용을 설명하였는데, 질적 연구자들은 연구에서 사용된 광범위한 설명 혹은 해석을 이론이란 단어 대신 '패턴', '이론적 시각' 혹은 '자연주의적 일반화' 등과 같은 용어를 이용한다. 이 단원에서는 질적 연구자가 시도할 수 있는 선택적 방법을 예를 들어 설명하였고, 마지막으로 혼합적 연구에서의 이론의 활용과 그러한 연구에서 사회과학과 변형적 이론의 활용을 끝으로 다루면서 이 장을 마무리하였다.

양적 연구에서 이론의 활용

양적 연구에서 인과적 주장의 검증

양적 연구에서 변인, 그 유형 및 사용에 대해 논의하기 전에 먼저 양적 연구에서 인과관계의 개념을 살펴볼 필요가 있다. 이 분야의 대표적인 작가는 Blalock(1991)이다. 인과관계란 변인 X가 변인 Y를 유발할 것으로 예상한다는 것을 의미한다. 간단한 예를 들어, 매일 적포도주 한 잔을 마시면 심장마비 위험이 감소하는가? 이 경우 일일 와인 소비량은 X 변인이고 심장마비 위험은 Y 변인이 된다. 인과관계 주장 (적포도주 소비의 예와 같이)을 평가할 때 매우 중요한 고려사항 중 하나는 측정되지 않은 세 번째 변인(Z)이 측정하고자 하는 결과의 원인일 수 있는지 여부이다. 예를 들어, 적당한 적포도주 소비와 심장마비 모두와 정적 상관관계가 있는 Z 변인 (예 : 매일 운동)이 있을 수 있으며, 이 Z 변인이 심장마비를 줄이는 원인이 될 수 있다(적당한 적포도주 소비가 아니다!). 양적 연구에서 이 세 번째 변인을 **오염변인** (confounding variable)이라고 하며, 이 오염변인이 측정되지 않은 경우 인과관계 수립에 상당히 문제가 될 수 있다. 와인 소비가 심장마비를 줄이는 데 인과관계 역할을 하지 않는다면, 적당한 와인 소비가 심장 건강을 촉진한다는 잘못된 추론을 하지 않게 될 것이다. 양적 연구에서 둘 이상의 변인 간 관계에 대한 인과적 주장을 검증하려는 경우, 최선의 선택은 잠재적인 오염변인을 더 잘 통제할 수 있는 실제 실험을 수행하는 것이다(제8장 참조). 인과적 주장을 검증하는 데 덜 관심이 있거나 실험을 수행할 수 없는 경우, 조사방법을 사용하여 가정된 변인 간의 연관성에 대한 주장을 검증할 수 있다(제8장 참조). 예를 들어, 상관분석에서 적당한 일일 적포도주 소비와 심장질환 위험의 임상지표 사이에는 정적 연관성이 있다. 실제로, 많은 건강 역학적 연구는 적당한 일일 적포도주 소비(하루에 1~2잔)와 심장병 위험의 20% 감소 간에는 정적 연관성이 있다는 것을 강조하고 있다(예 : Szmitko & Verma, 2005).

양적 연구의 변인

양적 연구에서의 이론을 논의하기 이전에 먼저 이론을 형성하는 변인을 이해하는 것이 중요하다. 변인이란 각 개인이나 조직의 측정 혹은 관찰될 수 있는 다양한 특징, 성격 혹은 속성을 말한다. 이러한 다양성은 주어진 상황에서의 점수가 적어도 2개의 상호 배타적인 범주로 나누어진다는 것을 의미한다(Thompson, 2006). 심리학자들은 변인 대신 다른 관념적인 용어로 구인(construct)을 사용하기도 하지만, 여기서는 사회과학자들이 일반적으로 사용하는 용어인 변인을 사용한다. 연구에서 주로 측정되는 변인은 나이, 사회적 및 경제적 지위, 사고방식과 행동(인종주의, 사회통제, 정치력, 지도력 등), 성별과 같은 특징 혹은 속성이다. 변인의 분류와 측정하는 방법은 Isaac과 Michael(1981), Keppel(1991), Kerlinger(1979), Thompson(2006), Thorndike(1997)과 같은 몇몇 책에서 상세히 논의되었다. 변인은 크게 시간적인 순서와 측정(관찰)되는 값 등 2개 특징으로 구별된다.

시간적 순서란 어떤 변인이 다른 변인을 시간상으로 앞선다는 것을 의미한다. 시간적 순서가 있기 때문에 어떤 변인이 다른 변인의 원인이 되거나 혹은 다른 변인에 영향을 준다고 볼 수 있다. 시간적 순서는 또한 양적 연구자가 변인을 좌에서 우로 순차적으로 생각한다는 것을 뜻하며(Punch, 2014), 좌에서 우로 및 원인·결과를 표현하는 시각적인 모델, 목적 진술, 연구질문 등에서 변인의 순서를 정한다. 변인의 유형은 다음과 같다.

- **독립변인**(independent variable)은 확률적으로 결과의 원인이 되거나 혹은 결과에 영향을 미치는 변인이다. 독립변인은 실험에서 조작되어 다른 모든 영향과 독립적인 변수이기 때문에 '독립적'이라고 기술된다. 앞의 예를 사용하여 설명하면, 참가자들에게 매일 적포도주 한 잔(적포도주 집단)을 마시도록 요청하고 비교집단의 다른 참가자들은 정상적인 소비 패턴을 유지하도록 지시하는 8주간의 실험연구를 실행하기로 결정할 수 있다(통제집단). 여기서 적포도주 소비를 체계적으로 조작하고 있으므로 적당한 적포도주 소비는 이 연구에서 독립변인이 된다. 독립변인은 일반적으로 실험연구에서 처치변인(treatment variable) 또는 조작변인(manipulated variable)이라고 일컬어진다.
- **종속변인**(dependent variable)은 독립변인에 의존하는 변인으로, 독립변인의 영향을 받은 결과이다. 실험연구에서 여러 종속변인을 측정하는 것을 목표로 하는 것이 권장된다. 적포도주 예에서 연구자는 심장마비 발병률, 뇌졸중 및/또는 동맥 죽상 경화성 플라크 형성의 양과 같은 종속변인 측정을 고려할 수 있다.
- **예측변인**(predictor variable)은 선행변인(antecedent variable)이라고도 불리는데, 조사방법의 연구에서 관심을 두고 있는 결과를 예측하기 위해 사용되는 변인이다. 예측변인은 연구의 결과에 영향을 미치는 것에 대해 가설을 세운다는 점에서 독립변인과 유사하다. 그러나 연구자는 예측변인을 체계적으로 조작

할 수 없기 때문에 독립변인과 다르다. 개인들을 적포도주 소비 또는 통제집단(독립변인으로)에 할당하는 것이 불가능하거나 실현 가능하지 않을 수 있지만, 지역사회 표본에서 자연적으로 발생하는 적포도주 소비를 예측변인으로 측정하는 것은 가능할 수 있다.

- 결과변인(outcome variable)은 준거변인(criterion variable) 혹은 반응변인(response variable)이라고도 불리는데, 조사방법 연구에서 예측변인의 결과로 여겨지는 변인이다. 결과변인은 독립변인과 같은 속성을 공유한다(위에서 설명한 바와 같이).

다른 유형의 변인들은 양적 연구에서 지원 캐스트를 제공하며, 따라서 우리는 연구자가 양적 연구를 할 때 이러한 변인을 식별하고 측정하기 위해 노력할 것을 권장한다.

- 중개변인(intervening) 혹은 매개변인(mediating variable)은 독립변인과 종속변인 사이에 위치하는데, 종속변인에 대한 독립변인의 영향을 전달하는 역할을 한다(MacKinnon, Fairchild, & Fritz, 2007 참조). 매개변인은 다양한 종류의 통계적 매개 분석을 사용하여 검증할 수 있으며(일부 예는 Mackinnon et al., 2007 참조), 독립변인이 종속변인에 어떻게 영향을 미치는가(조사방법의 연구에서는 예측변인이 관심 있는 결과변인에 어떻게 영향을 미치는가)에 대한 양적 평가를 제공한다. 한 가지 주요 아이디어는 적포도주에 함유된 폴리페놀 화합물이 적당한 적포도주 소비의 건강상의 이점을 주도하고 있으므로(예 : Szmitko & Verma, 2005) 적포도주 소비 연구에서 발생하는 폴리페놀의 양을 매개변인으로 측정하는 것일 수 있다. 연구자들은 통계적 절차(예 : 이러한 변인을 통제하기 위한 공분산분석[ANCOVA])를 사용한다.
- 조정변인(moderating variable)은 독립변인과 종속변인의 상관관계가 갖는 방향 및/혹은 강도에 영향을 미치는 독립변인이다(Thompson, 2006). 이러한 조정변인은 독립변인에 작용하거나 교차하며 독립변인과 함께 종속변인에 영향을 준다. 조정변인은 관심을 두고 있는 효과의 잠재적 경계 조건(예 : 참가자 성

별, 심장마비에 대한 적당한 적포도주의 소비 효과가 여성에 비해 남성의 경
우 훨씬 더 큰가?)을 식별할 수 있다는 점에서 강력하다.

양적 연구에서 변인은 연구질문에 답하는 것과 관련이 있으며, 단순히 적포도주
와 심장병의 관계에 대해 논의를 집중했지만 이러한 변인과 연결은 우리가 이해하
려는 다른 많은 현상으로 확장될 수 있다(예 : "자존감이 청소년의 우정 형성에 어
떤 영향을 미치는가?", "야외 근무 시간이 간호사의 피로를 더 많이 유발하는가?").
특히, 우리는 갖고 있는 이론을 사용하여 가설을 생성하기 위해 변인을 구체화한
다. 가설(hypothesis)은 특정 사건이나 변인 간의 관계에 대한 예측이다.

양적 연구에서 이론의 정의

앞에서 살펴본 변인을 이용하여 양적 연구에서 이론의 활용에 관하여 살펴보
자. 양적 연구에서는 이론을 연구자가 발견하고자 하는 것에 대한 과학적 예측이
나 설명으로 간주하는 선례들이 있다(이론을 개념화하는 여러 가지 방식과 이론
이 사고를 어떻게 구속하는가에 대해서는 Thomas, 1997 참조). 이를테면 아직도
Kerlinger(1979)가 내린 이론의 정의가 여전히 유효한 것으로 보이는데, 그는 이론을
"자연적인 현상을 설명할 의도로 변인 사이의 관계를 구체화함으로써 현상에 대한
체계적인 시각을 표현하는 상호 관련된 구인(변인), 정의, 명제들의 집합이다."라고
정의하였다(p. 64).

이 정의에 따르면 양적 연구에서의 이론이란 변인 사이의 관계(이를테면 크기와
방향)를 명시하는 명제나 가설로 구체화되는 변인 간의 상호 연관된 하나의 집합을
말한다. 연구에서 이론은 논쟁, 토의, 논점, 혹은 근거가 되므로 세상에서 일어나는
현상을 설명하거나 예측하는 데 도움이 될 수 있다. Labovitz와 Hagedorn(1971)은 이
론의 정의에 이론적 근거(theoretical rationale)라는 개념을 추가하였는데, 그것은 "변
인 및 관련된 주장들이 어떻게 그리고 왜 상호 연관되는가?"를 기술하는 것이다(p.
17). 왜 독립변인 X가 종속변인 Y에 영향을 미치는가? 이론은 이러한 기대나 예측
에 대하여 설명할 것이다. 이러한 이론에 관한 논의는 연구계획서의 문헌 고찰이나
이론적 근거, 이론적 배경, 이론적 관점, 혹은 개념적 틀이라고 불리는 부분에서 나타

난다. 미국교육연구협회(American Educational Research Association) 회의에서 연구자들이 연구논문을 발표할 때 연구계획서에 반드시 들어가야 하는 부분으로 이론적 관점(theoretical perspective)이란 용어를 널리 사용하여 왔는데, 따라서 우리도 이론적 관점이란 용어를 선호한다.

여기서 무지개에 관한 비유를 통하여 이론이 어떤 역할을 하는가를 알아보자. 연구에서 무지개가 독립변인과 종속변인(혹은 구인)을 연결하는 다리 역할을 한다고 가정한자. 그러면 이 무지개는 변인을 서로 묶어서 종속변인을 설명 또는 예측하기 위한 독립변인을 연구자가 어떻게 그리고 왜 기대하는지에 대한 중요한 설명을 제공한다. 이론은 연구자가 하나의 예측을 여러 번 반복해서 검증할 때 발전된다.

여기서 하나의 이론이 발전하는 과정을 살펴보자. 연구자들은 독립변인과 매개변인을 연구질문으로 결합한다. 이러한 연구질문은 관계의 유형(긍정, 부정, 또는 불확실)과 그의 크기(높음 또는 낮음) 등에 관한 정보를 제공한다. 이러한 정보를 하나의 예측문(가설)으로 표현하면 "지도자에게 권력 집중이 클수록 추종자의 권리 박탈은 더욱 커진다."와 같이 표현된다. 이처럼 연구자들이 서로 상이한 환경과 집단(예 : 보이스카우트, 장로회 교회, 로터리 클럽, 고등학생 등)에 대하여 가설을 검증하면 하나의 이론이 나오게 되고, 누군가 그 이론에 하나의 이름을 부여할 수 있을 것이다(예 : 속성이론). 따라서 이론은 특정한 분야의 지식을 발전시키기 위한 설명을 개발하는 것이다(Thomas, 1997).

이론의 또 다른 면은 해당 이론이 적용되는 범위 안에서 가변적이라는 것이다. Neuman(2009)은 이론을 세 단계의 수준, 즉 (1) 미시적 수준, (2) 중간 수준, (3) 거시적 수준으로 분류하였다. 미시 단계 이론은 시간, 공간, 사람의 수 등이 아주 작은 단위로 제한된 것을 설명하는 것인데, 이 이론의 예는 사람들이 상호작용하는 동안에 어떻게 예의를 지키는지를 설명하는 체면에 관한 Goffman의 이론을 들 수 있다. 중간 단계 이론은 미시 단계와 거시 단계를 연결하는 것인데, 조직 통제에 관한 Collins의 이론처럼 조직, 사회운동, 공동체 등에 관한 이론을 말한다. 거시 단계 이론은 사회 제도, 문화 체계나 사회 전체 등과 같이 좀 더 크고 종합적인 것을 설명한다. 예를 들면, Lenski는 사회적 계층화에 관한 거시 단계 이론에서 하나의 사회가 발달함에 따라 그 사회의 과잉 생산물의 양이 어떻게 증가하는지를 설명한다.

이론은 심리학, 사회학, 인류학, 교육학, 경제학 등의 사회과학 분야에서도 찾을 수 있다. 이러한 이론에 관하여 파악하고 읽기 위해서 데이터베이스화된 문헌 자료를 검색하거나(예 : 심리학 초록집, 사회학 초록집) 또는 이론에 관한 문헌안내 자료를 검토하는 것이 필요하다(예 : Webb, Beals, White, 1986 참조).

양적 연구에서 이론의 형태

연구자는 연구계획서 혹은 연구제안서에서 '만약 ~하다면'의 논리문, 혹은 시각적 모델 등과 같은 일련의 가설을 통하여 다양한 방식으로 이론을 기술한다. 첫째, 연구자는 상호 연관된 가설의 형태로 이론을 진술할 수 있다. 예를 들면, Hopkins(1964)는 영향력에 관한 그의 이론을 15개 가설로 제시하였는데, 그중 일부는 다음과 같다(이러한 가설은 성별 명칭을 없애기 위하여 약간 변경하였다).

1. 사람의 지위가 높을수록 중심적 역할도 커진다.
2. 사람의 중심적 역할이 클수록 관찰력도 커진다.
3. 사람의 지위가 높을수록 관찰력도 커진다.
4. 사람의 중심적 역할이 클수록 적응도도 커진다.
5. 사람의 지위가 높을수록 적응도도 커진다.
6. 사람의 관찰력이 클수록 적응도도 커진다.
7. 사람의 적응도가 클수록 관찰력도 커진다. (p. 51)

둘째, 이론을 진술하는 두 번째 형태는 독립변인이 왜 종속변인에 영향을 미치거나 그 원인이 될 것이라고 생각하는지를 설명하는 일련의 '만약 ~하다면' 논리문을 기술하는 것이다. 예를 들어 Homans(1950)는 상호작용 이론을 다음과 같이 설명했다.

만약 2명 혹은 그 이상 사람 간의 상호작용 빈도가 증가한다면 서로에 대한 호감도도 증가할 것이다. 만약 사람들이 서로에 대해 호감을 느낀다면 행동이나 행동 외적인 형태로 그들의 감정을 표현하며, 그러한 감정 표현은 다시 서로에 대한 호감을 더욱 강화할 것이다. 만약 사람들의 상호작용 빈도가 높다면 어떤 측면에서는 그들의 행동과 공유하는 감정이 점차 비슷해지게 될 것이다. (pp. 112, 118, 120)

셋째, 이론을 기술하는 세 번째 방법으로 어떤 저자는 이론을 시각적 모델로써 표현한다. 변인을 하나의 그림으로 전환하여 나타내는 것은 매우 유용하다. Blalock(1969, 1985, 1991)은 인과적 모델을 신뢰하였는데, 독자가 변인 간의 상호관계를 시각적으로 볼 수 있도록 말로 표현된 이론을 인과적 모델로 재구성하여 제시하였다. 여기서 간단한 두 예를 들어 보자. 그림 3.1에서 알 수 있듯이 3개의 독립변인이 1개의 종속변인에 영향을 미치고, 여기에 2개의 중개변인이 개입하고 있음을 알 수 있다. 이와 같은 다이어그램은 구조방정식 모델(Kline, 1998 참조)에서 알 수 있는 다중변인 측정법을 사용하는 고등 분석법과 경로분석을 통한 모델링에서 존재할 수 있는 변인 간의 인과적 순서를 보여 준다. Duncan(1985)은 기초 단계의 시각적인 인과적 다이어그램을 구성하는 데 필요한 유용한 표기법을 제안하였다.

● 다이어그램에서 종속변인은 오른쪽에, 독립변인은 왼쪽에 표기한다.

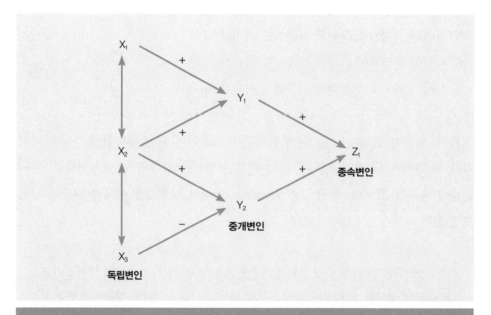

그림 3.1 하나의 종속변인에 영향을 미치는 세 독립변인(두 중개변인이 매개 역할)

- 화살표는 독립변인에서 종속변인으로 나아가는 한 방향으로 사용한다.
- 경로상에 부호를 이용하여 변인관계의 '강도'를 나타내는데, 관계를 가정하거나 추론하기 위해 +, − 기호를 사용한다.
- 모델 안에서 다른 관계에 종속되지 않은 변인 간의 미분석 관계를 표시하기 위해 양방향 화살표를 사용한다.

부가적인 표기법을 이용해서 더욱 복잡한 인과적 다이어그램을 그릴 수도 있지만, 여기서 제시한 것은 조사연구에서 볼 수 있는 전형적인 것으로 제한된 변인을 이용한 기본적인 모델이다.

이러한 주제에서는 결과를 나타내는 종속변인에 대하여 통제집단과 실험집단에서 비교되는 하나의 독립변인을 갖는다. 그림 3.2에서 볼 수 있듯이 변인 X상의 두 집단이 영향을 미치는 종속변인 Y에 대하여 상호 비교된다. 이 설계는 집단 간 실험설계이며(제8장 참조), 앞서 논의한 표기법을 똑같이 적용한다.

이러한 두 모델은 단지 이론을 구현하기 위해 독립변인과 종속변인을 어떻게 연결해야 하는지를 소개하기 위한 것이다. 정교한 인과관계 모델은 여러 개의 독립변인과 종속변인을 활용한 더 복잡한 설계를 사용한다(Blalock, 1969, 1985). 예를 들어 Jungnickel(1990)은 약학대학 교수들의 연구 성과에 관한 박사학위 청구논문 계

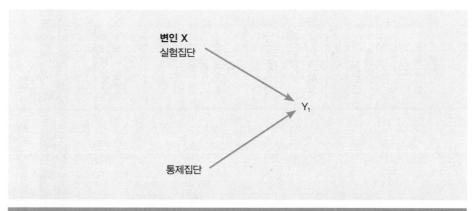

변인 X
실험집단

Y_1

통제집단

그림 3.2 변인 X에 대하여 서로 다른 처치를 받는 두 그룹이 변인 Y값으로 비교된다

출처 : Jungnickel(1990). 저자의 허락하에 게재.

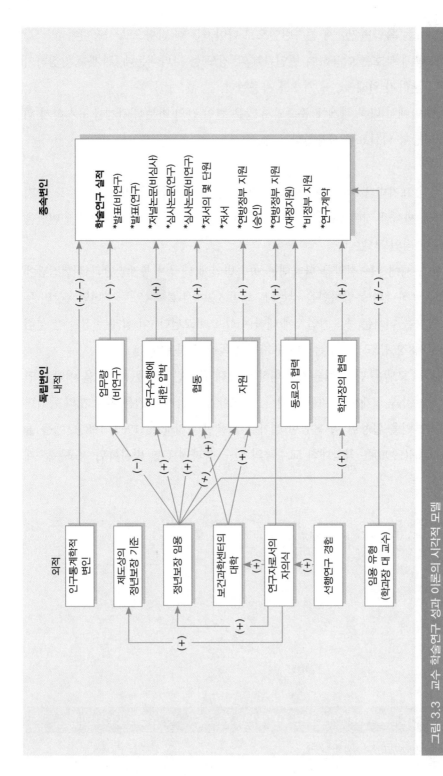

그림 3.3 교수 학술연구 성과 이론의 시각적 모델

출처 : Jungnickel(1990). 저자의 허락하에 게재.

획서에서 그림 3.3과 같은 복잡한 시각적 모델을 제시하였다. Jungnickel은 교수들의 학술연구 성과에 어떤 요소들이 영향을 미치는지를 조사하였는데, 그는 문헌을 통하여 이러한 요소들을 확인한 후에 간호학에서 확립된 이론적 틀을 채택하였다 (Megel, Langston, Creswell, 1987). 그는 앞서 소개한 시각적 모델 작성 표기법에 따라 이러한 요소 간의 관계를 그림으로 나타내어 시각적 모델로 발전시켰다. 이 모델에서 그는 가장 왼쪽에 독립변인, 가운데는 중개변인, 그리고 오른쪽에는 종속변인을 위치시켰으며, 왼쪽에서 오른쪽으로 영향을 미치는 방향을 표기하고 가설의 방향을 강조하기 위해 플러스나 마이너스 부호를 사용하였다.

양적 연구에서 이론의 위치

연구자는 양적 연구에서 이론을 연역적으로 활용하며 연구의 앞부분에 위치시킨다. 양적 연구에서 연구자는 이론을 발전시키기보다는 검증하거나 증명할 목적으로 이론을 먼저 제기한 후에 이를 검증할 자료를 수집하여 연구결과에 의한 해당 이론의 확증 혹은 반증을 나타낸다. 이론은 전체 연구의 뼈대가 되고, 연구질문이나 가설 그리고 자료 수집 절차에 관한 조직 모델이 된다. 양적 연구에서 사용되는 사고의 연역적 모델은 그림 3.4와 같다. 연구자는 이론으로부터 도출된 가설이나 연구질문을 조사하여 이론을 시험하거나 검증한다. 이러한 가설이나 연구문제는 연구자가 정의해야 하는 변인을 포함하는데, 대안적으로 문헌에서 적절한 정의를 발견할 수도 있다. 여기서부터 연구자는 연구참여자의 태도나 행동을 측정ㆍ관찰하는 데 도구를 사용할 수 있고, 그 후 해당 이론을 확증하거나 반증하기 위해 이 도구를 활용하여 측정 자료를 수집한다.

이러한 양적 접근에서의 연역적 접근법은 양적 방법을 활용한 연구에서 **이론의 위치**에 대한 묵시적인 정보를 제공한다(표 3.1 참조).

일반적으로 계획 단계에서 먼저 이론을 소개하는데, 이는 도입 부분, 문헌 고찰 부분, 가설 혹은 연구질문 바로 뒤(변인 간의 관련성에 대한 근거로), 혹은 연구의 독립된 부분 등이 될 수 있다. 각 배치방법은 각각의 장단점이 있다.

다음은 한 가지 **연구 팁**(research tip)이다. 우리는 사람들이 연구계획서의 다른 항목과 이론을 구분할 수 있도록 하기 위해 이론을 독립된 부분으로 나누어 쓰는 것

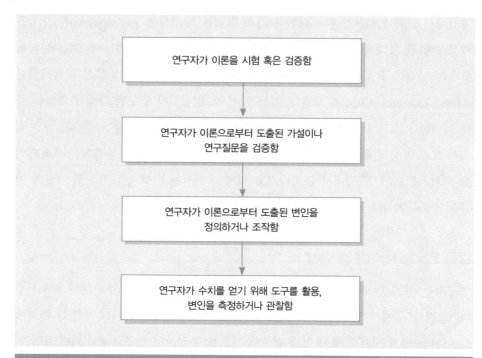

연구자가 이론을 시험 혹은 검증함

연구자가 이론으로부터 도출된 가설이나
연구질문을 검증함

연구자가 이론으로부터 도출된 변인을
정의하거나 조작함

연구자가 수치를 얻기 위해 도구를 활용,
변인을 측정하거나 관찰함

그림 3.4 양적 연구에서 일반적으로 활용되는 연역적 접근법

표 3.1 양적 연구에서 이론의 위치 선택

위치	장점	단점
도입 부분	저널 논문에서 자주 볼 수 있는 접근 방법으로 독자에게 친숙하다. 연역적 접근법이 적용된다.	독자가 연구 과정의 다른 요소에 기초한 이론을 구별하거나 분리하기 어렵다.
문헌 고찰 부분	문헌에서 이론을 찾을 수 있고, 문헌 고찰에서의 이론 내포는 논리적 확장이 되거나 이론이 문헌의 일부가 된다.	독자가 이론을 문헌의 학술적 고찰로부터 분리하여 이해하기 어렵다.
가설·연구질문의 뒷부분	변인들이 왜, 어떻게 연관되는지 설명함으로써 이론에 대한 논의가 가설·연구질문의 논리 정연한 확장 형태가 된다.	저자가 이론적 근거를 가설이나 연구질문 뒤에 포함시킴으로써 이론의 근원이나 활용에 관한 논의를 생략할 수도 있다.
독립된 부분	이러한 접근법은 이론을 연구 과정의 다른 구성 요소로부터 분리시켜 독자가 해당 연구에 대한 이론적 근거를 더 잘 이해할 수 있다.	이론에 대한 논의가 분리됨으로써 독자가 연구 과정의 다른 요소와 이론을 쉽게 관련시키기 어려울 수 있다.

을 좋아한다. 이러한 분리된 문장은 이론에 관한 완전한 설명과 그 활용법을 제공하며, 해당 이론이 제안서의 연구와 어떻게 연관되는지를 알려 준다.

양적 연구에서 이론적 관점의 작성

다음에서는 양적 연구의 계획서에서 이론적 관점 영역을 작성하는 하나의 모델을 제안한다. 이것의 목표가 독립변인과 종속변인의 상관관계를 설명하는 하나의 이론을 알아보기 위한 것이라고 가정하자. 다음의 절차를 살펴보자.

1. 이론을 위한 관련된 분야의 문헌을 조사한다. 변인들에 대한 분석 단위가 개인이라면 심리학적 문헌을, 집단이나 조직을 연구하기 위해서라면 사회학적 문헌을 조사한다. 만일 프로젝트가 개인과 집단 모두를 조사하는 것이라면 사회심리학적 문헌을 고려한다. 물론 다른 분야의 이론으로부터 얻은 이론도 유용할 수 있다(예 : 경제적 이슈를 연구하는 데 필요한 이론은 경제학에서 차용할 수 있다).

2. 해당 주제를 강조하거나 또는 이와 밀접하게 관련된 주제를 언급한 선행연구를 고찰한다. 다른 연구자들이 어떤 이론들을 활용하였는가를 살펴보고, 이론의 수를 줄여서 연구의 핵심이 되는 가설이나 연구문제를 설명하는 하나의 중요한 이론을 찾도록 노력한다.

3. 앞에서 이미 언급한 무지개 비유와 같이, 독립변인과 종속변인을 연결하는 질문을 한다. 독립변인이 왜 종속변인에 영향을 미치는가?

4. 이론 영역의 스크립트를 기술한다. 시작 부분을 다음과 같이 따라해 본다. "내가 사용할 이론은 _____ (이론의 이름)이다. 이 이론은 _____ (이론의 근원이나 원천, 개발자를 언급)에 의해 개발되었으며, _____ (이론이 적용될 주제를 명확히)를 연구하기 위해 사용한다. 이 이론은 _____ (이론에서의 명제나 가설을 확인)을 보여 준다. 이 연구에서 이 이론을 적용할 때, _____ (이론의 논리에 기초한 이론적 근거를 기술)이기 때문에 이 연구에서 제시되는 독립변인 _____ (독립변인을 언급)은 종속변인 _____ (종속변인을 언급)에 영향을 미칠 것이다."

따라서 양적 연구에서 이론에 포함되는 주제들은 대개 활용될 이론, 이론의 핵심적 가설 혹은 명제, 기존에 활용된 이론과 그 응용에 관한 정보, 어떻게 그 이론이 제안된 연구와 관련되는지 등에 대한 기술이 될 것이다. Crutchfield(1986)의 박사학위논문에서 가져온 예 3.1은 이 모델이 어떻게 사용되는지를 보여 준다.

| 예 3.1 | 양적 연구에서의 이론 영역

Crutchfield(1986)는 '통제소재(Locus of Control), 개인 간 신뢰, 학술적인 생산성'이라는 주제로 박사학위논문을 제출하였다. 그는 간호학 교육자에 대한 조사연구를 통하여 통제의 소재나 개인 간 신뢰가 교수들의 출판물 수준에 영향을 미치는가를 연구하고자 하였다. 연구자는 논문의 서론 부분에 '이론적 관점'이라는 제목을 독립된 부분으로 서술하였는데, 다음과 같은 요소를 포함하였다.

- 활용하려고 계획하는 이론
- 이론의 핵심적 가설
- 누가 그 이론을 이용하거나 응용하였는지에 대한 정보
- '만약 ~하다면' 논리를 활용한 연구에서의 변인에 대한 그 이론의 적응

우리는 다음에서 핵심적인 부분을 대괄호 안에 주석으로 표시하였다.

이론적 관점
사회적 학습이론은 교수진의 학문적

생산성에 관한 연구의 이론적 관점을 정립할 때 하나의 유용한 원형을 제공한다. 이 행동 개념은 행동수정 원리와 인지심리학을 조화롭게 통합하려고 시도한다(Bower & Hilgard, 1981). 기본적으로 이 통합 이론적 구조는 "인지적, 행동적, 환경적 요소 간의 연속적인(상호적인) 상호작용 측면에서 인간행동을 설명"한다(Bandura, 1977, p. vii). [연구자는 연구를 위한 이론을 확인한다].

사회적 학습이론은 형성원리와 같은 강화작용의 응용을 수용하는 반면, 보상의 역할을 최적 반응에 대한 정보를 전달하는 것과 주어진 행동에 대한 동기부여를 제공하는 것 두 가지로 보는 경향이 있다. 더구나 이 이론의 학습원리는 대리적, 상징적, 자기조절 과정이 중요한 역할을 수행한다고 강조한다(Bandura, 1971).

사회적 학습이론은 학습을 다룰 뿐만 아니라 학습이 일어날 때 사회적 집단과 개인적 속성(인성)이 사회적 조건으로부터 어떻게 진화되는지를 기술한다. 그리고 사회적 학습이론은 인성 평가 기술(Mischel, 1968), 임상적 및 교

육적 배경에서의 행동수정(Bandura, 1977; Bower & Hilgard, 1981; Rotter, 1954) 등을 강조한다. [연구자는 사회적 학습이론을 기술한다.]

나아가 사회적 학습이론의 원리는 사회적 행동에 관한 더 폭넓은 영역, 즉 경쟁, 공격성, 성 역할, 사회적 일탈, 병리적 행동 등에도 적용되어 왔다(Bandura & Walters, 1963; Bandura, 1977; Mischel, 1968; Miller & Dollard, 1941; Rotter, 1954; Staats, 1975). [연구자는 이론의 활용에 대하여 기술한다.]

Rotter(1954)는 사회적 학습이론을 설명할 때 행동, 기대, 강화, 심리적 상황 등과 같은 네 가지 유형의 변인을 반드시 고려해야 한다고 지적했다. 일반적인 행동 공식(formula for behavior)은 다음과 같이 제안할 수 있다. "어떤 특정 심리적 상황에서 하나의 행동이 일어날 잠재성은 해당 상황에서 그 행동이 특별한 강화로 이어질 것이라는 기대치와 그러한 강화가 갖는 가치와의 상관관계이다"(Rotter, 1975, p. 57). 이 형식에서 기대치란 일반적으로 행동과 보상 간에 인과관계가 존재한다는 확실성(혹은 가능성)의 정도를 말한다. 이러한 일반화된 기대치 구인(construct)은 내적 통제소재(internal locus of control) 혹은 외적 통제소재(external locus of control)로 정의하였는데, 강화가 특정한 행동의 영향이라고 믿을 때는 '내적 통제소재', 그리고 영향이 행운, 운명 또는 강력한 다른 무

엇이라고 믿을 때는 '외적 통제 재'라고 정의한다. 인과관계의 인지는 절대적이지는 않지만 과거의 경험이나 상황의 복잡성 등에 의존하는 연속성 정도에 따라 변화하는 경향이 있다(Rotter, 1966). [연구자는 이론에서 변인들을 설명한다.]

사회적 학습이론을 학문의 생산성에 관한 이 연구에 적용할 때, Rotter(1954)가 정의한 네 가지 유형의 변인은 다음과 같다.

1. 학문적 생산 활동은 바람직하며 희망하는 행동 혹은 행위이다.
2. 통제소재는 보상이 특별한 행동에 의존하는지 혹은 아닌지와 같은 일반화된 기대치이다.
3. 강화는 학술적 활동에서 오는 보상이며 이러한 보상에 따르는 가치이다.
4. 교육제도는 학술적 생산성에 대하여 보상을 제공하는 심리학적 상황이다.

이러한 특정 변인들과 함께 Rotter(1975)가 개발한 행동 공식은 다음과 같다. 하나의 교육제도 안에서 일어나는 학술적 행동에 대한 잠재성은 해당 활동이 특정한 보상으로 이어질 것이라는 기대와 교수진이 이러한 보상에 부여하는 가치와 상호 관련되어 있다. 거기에 통제소재와 개인 간 신뢰의 상호작용은 Rotter(1967)의 다음 진술에

서 권장하는 행동에 대한 보상 기대와 관련하여 반드시 고려되어야 한다. 끝으로 교육적 준비성, 나이, 박사후 과정의 장학금, 정년보장, 정규직과 비정규직 등과 같은 특정 요소는 다른 학과의 경우와 유사하게 간호학 교수의 학술적 생산성과도 연관시킬 수 있다. [연구자는 자신의 연구에 해당 개념을 적용한다.]

다음의 진술은 이 연구를 설계하고 수행하는 데 필요한 근본 논리를 나타

낸다. 만일 교수가 (1) 연구결과를 도출한 자신의 노력과 행동이 보상받을 것 (통제소재), (2) 다른 사람들도 상호 약속을 지킬 것이라는 것(개인 간 신뢰), (3) 학술 활동에 대한 보상이 가치 있다는 것(보상의 가치), (4) 학문 분야나 제도 안에서 보상이 있다는 것(제도적 환경) 등을 믿는다면 높은 수준의 학문적 생산성을 나타낼 것이다(pp. 12-16). [저자는 독립변인을 종속변인에 관련짓는 '만약 ~하다면' 논리로써 결론을 내렸다.]

질적 연구에서 이론의 활용

질적 연구에서 이론 활용의 다양성

질적 연구자는 그들의 연구에서 다양한 방법으로 이론을 활용한다. 첫째, 연구자는 질적 연구에서도 양적 연구에서와 마찬가지로 이론을 행동이나 태도를 폭넓게 설명할 때 활용하는데, 이러한 이론은 변인, 구인, 그리고 가설로서 완성된다. 예를 들어, 민족지학적 연구자들은 사회통제, 언어, 안정과 변화, 또는 친족관계나 가족(2008년 Wolcott의 민족지학적 연구에서 문화적 주제를 다룬 문서 참조)과 같은 사회적 조직 등의 질적 연구 프로젝트를 위해 문화와 관련된 주제나 '문화의 측면 (aspects of culture)'을 유용하게 이용한다. 주제가 문헌으로부터 검증된 일련의 준비된 가설들을 제공하는 것은 이와 같은 맥락에서이다. 비록 이론으로서 언급하지 않더라도 연구자는 인류학자가 문화를 공유한 사람들의 행동과 태도를 연구하기 위해 이용하는 광범위한 설명을 제공한다. 이러한 접근법은 보건실습의 채택, 이상적인 삶의 질 등과 같은 이론적 모델을 갖고 연구하는 보건과학의 질적 연구에서 많이 사용한다.

둘째, 질적 연구자는 연구하려는 성, 계층, 그리고 인종(혹은 소외된 집단의 다

른 이슈들) 등의 연구질문에 관한 전반적인 방향을 제공하는 질적 연구에서의 이론
적 시각 혹은 관점을 점차적으로 더 많이 사용한다. 이러한 이론적 시각은 하고자 하
는 질문의 형태를 구체화시키고, 자료를 수집하고 분석하는 방법을 알려 주며, 어
떤 조치나 변화에 대한 지향적 관점이 된다. 1980년대의 질적 연구는 이러한 이론
적 시각을 포함하도록 탐구 범위를 확장하기 위한 전환을 거쳤다. 이론적 시각은
연구자로 하여금 어떤 이슈(예 : 사회적 소외, 권한 위임)를 연구해야 하는가와 어
떤 사람들(예 : 여성, 무주택자, 소수집단 등)을 대상으로 연구해야 하는지를 안내
해 준다. 또한 이론적 시각은 연구자가 질적 연구에서 자신을 어디에 위치시킬 것인
가(예 : 개인적·문화적·역사적 맥락에서 전면에 나서거나 한편으로 편향되는 것)
와 최종 출판물을 어떻게 기술해야 하는가(예 : 참여자들의 협동으로 더 이상의 소
외된 개인이 없도록)를 연구자에게 시사한다. 또한 개인의 삶과 사회를 향상시키기
위한 변화를 어떻게 제안할 것인지를 연구자에게 시사한다. 비평적 민족지학적 연
구에서는 연구자가 자신의 연구를 나타내는 하나의 이론을 먼저 제시하는 것으로
연구를 시작하는데, 이와 같은 인과적 이론은 해방이나 억압 중의 하나일 수 있다
(Thomas, 1993).

다음은 연구자에게 적용 가능한 이러한 질적 연구에서의 이론적 관점 중 일부
이다.

- 페미니스트 관점(feminist perspective)은 문제가 있는 여성의 다양한 상황과 그
  상황들이 고착된 제도를 본다. 연구자의 주제는 구체적인 맥락으로 여성을 위
  한 사회적 공정성을 실현하는 것과 관계된 정책 또는 여성을 억압하는 상황에
  대한 지식을 포함할 수 있다(Olesen, 2000).
- 인종적 담론(racialized discourse)은 지식의 생산과 통제, 특히 사람과 인종 사회
  에 대한 중요한 질문들을 제기한다(Ladson-Billings, 2000).
- 비판이론(critical theory) 관점은 인종, 계층, 성별에 의해서 자신에게 일어나는
  제약들을 초월하는 권력자에 관한 관점이다(Fay, 1987).
- 성소수자이론(queer theory, 이 문헌에서 사용된 용어)은 레즈비언, 게이, 양성애
  자, 또는 성전환자 등의 개인에 초점을 맞춘다. 개인 인격을 무시하지 않는 이

러한 접근법을 활용하는 연구는 문화적 및 정치적 방법과 관련이 있으며, 억압되어 온 개인의 경험과 목소리를 전한다(Gamson, 2000).

- **장애 연구**(disability inquiry)는 장애에 대한 생물학적 이해보다 장애인들이 자신의 삶을 통제할 수 있도록 허용하는 사회문화적 관점에 대한 이해를 다룬다 (Mertens, 2009).

Rossman과 Rallis(2012)는 질적 연구에서 비판적이고 포스트모던 관점의 이론을 다음과 같은 의미로 설명하였다.

> 20세기 말에 가까워지면서 당시 입증된 비판적·포스트모던 관점이 연구 수행의 전통적 규범과 객관주의 가정들에 도전함에 따라 전통적인 사회과학은 점진적으로 검증과 공격을 받게 되었다. 사회과학 분야에서 비판적인 전통은 여전히 남아 있고 강력하다. 포스트모던주의자들은 지식은 확정적이고 한정적이라는 생각에 반대한다. 이러한 공격의 핵심은 다음과 같은 상호 연관된 네 가지 개념이다. (1) 연구는 기본적으로 권력에 관한 이슈를 포함한다. (2) 연구보고서는 투명하지 않고 오히려 인종, 성, 계층, 정치적인 성향을 갖는 개인에 의해 좌우된다. (3) 인종, 계층, 그리고 성(무엇보다도 성적 취향, 건강한 신체, 모국어를 추가하고자 하는 공인된 세 요소)이 경험을 이해하는 데 중요한 요소이다. (4) 역사적·전통적 연구는 사회적으로 소외되고 억압받는 구성원에 대해서는 침묵을 지켜 왔다. (p. 91)

셋째, 이러한 이론적 방향과 구별하여 이론(어떤 경우는 폭넓은 설명)이 최종적인 연구 도달점이 되는 것이 질적 연구이다. 이것은 자료를 폭넓게 주제화하여 일반화된 모델이나 이론화를 형성해 나가는 귀납적 과정이다(Punch, 2014 참조). 그림 3.5는 이러한 귀납적 접근의 논리를 보여 주고 있다.

연구자는 연구참여자로부터 상세한 정보를 수집하는 것으로 연구를 시작하여, 이 수집한 정보를 주제화하거나 범주화한다. 연구자는 이러한 주제나 범주를 개인적인 경험이나 그 주제에 관한 기존의 문헌과 비교하여 폭넓은 패턴, 이론, 일반화 등으로 발전시킨다.

연구에서 범주나 주제가 패턴, 이론, 일반화 등으로 발전된다는 것은 질적 연구

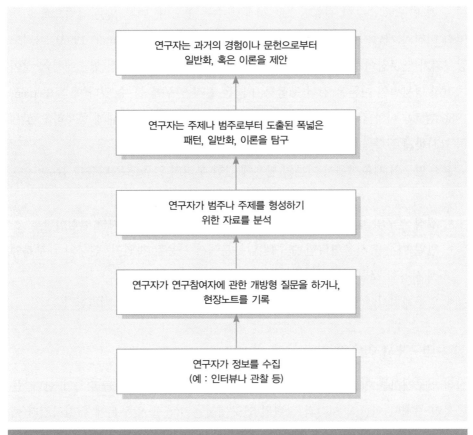

연구자는 과거의 경험이나 문헌으로부터
일반화, 혹은 이론을 제안

↑

연구자는 주제나 범주로부터 도출된 폭넓은
패턴, 일반화, 이론을 탐구

↑

연구자가 범주나 주제를 형성하기
위한 자료를 분석

↑

연구자가 연구참여자에 관한 개방형 질문을 하거나,
현장노트를 기록

↑

연구자가 정보를 수집
(예 : 인터뷰나 관찰 등)

그림 3.5 질적 연구에서 연구의 귀납적 논리

에서의 다양한 도달점을 시사한다. 연구사례를 보면 Stake(1995)는 **명제적 일반화**(propositional generalization, 연구자의 해석이나 주장에 관한 요약)를 주장하였는데, 이것은 '자연주의적 일반화(naturalistic generalization)'라고 하는 연구자의 개인적 경험에 추가되는 것이다(p. 86). 다른 예로서 근거이론은 연구의 또 다른 목표를 제공하는데, 연구자는 연구참여자로부터 얻은 정보에서 근거가 되는 근거이론을 발견하고자 노력한다(Strauss & Corbin, 1998). Lincoln과 Guba(1985)는 자연주의적 연구 혹은 질적 연구를 수행하는 동안에 발전된 '패턴이론(pattern theory)'을 언급했다. 양적 연구에서 발견된 연역적인 형태보다 이러한 패턴이론이나 일반화는 전체에 연결되어 있는 부분들과 상호 연관된 생각을 나타낸다.

마지막 넷째로, 몇몇 질적 연구는 어떤 명시적인 이론도 사용하지 않는다. 하지만 어떤 질적 연구도 순수한 관찰만으로 시작될 수는 없으며, 이론 혹은 방법으로 이루어진 이전의 개념 구조가 모든 관찰의 시작점을 제공한다(Schwandt, 1993). 아직도 탐구자가 연구참여자로부터 경험의 핵심을 구축하려는 현상학적 연구에서와 같이 여전히 명시적인 이론을 전혀 포함하지 않은 질적 연구를 볼 수 있다(예 : Riemen, 1986 참조). 이와 같은 연구에서는 탐구자가 핵심적인 현상에 대해 풍부하고 상세히 묘사하게 된다.

질적 연구의 계획서에서 이론의 활용에 관한 우리의 연구 팁은 다음과 같다.

- 질적 연구의 계획서(혹은 제안서)에서 이론을 사용할 것인지를 결정한다.
- 만일 이론을 사용한다면 연구의 앞부분에서 사용할 것인지, 연구의 끝부분에서 사용할 것인지, 혹은 지원용으로 사용할 것인지를 정한다.
- 연구계획서에 제시된 이론을 연구의 앞부분 혹은 끝부분에 배치한다.

질적 연구에서 이론의 위치

질적 연구에서는 이론을 어떻게 활용하는가에 따라 이론의 배치를 다르게 한다. 문화적인 주제나 이론적 시각과 관련된 연구에서는 이론을 앞부분에 위치시킨다(예 3.2 참조). 생성적인 질적 탐구설계와 같은 경우에는 이론을 앞부분에 미리 제시하여 이후 연구참여자의 관점에 따라 조절하거나 수정할 수 있다. Lather(1986)는 비평적 민족지학적 연구와 같은 대부분의 이론 지향적인 질적 연구설계에서도 이론의 활용에 대히여 다옴괴 같은 단서를 달았디.

경험적으로 근거이론을 형성하는 것은 자료와 이론 사이의 상호적인 관계를 필요로 한다. 연구자가 선험적인 이론적 틀을 사용할 수 있는 변증법적 방법으로 명제들을 생성할 때는 반드시 자료를 이용할 수 있어야 한다. 하지만 이때 하나의 특정 틀이 단순히 자료만 포함하지 않도록 한다. (p. 267)

| 예 3.2 | **질적 연구에서 이론을 앞부분에 활용한 경우**

Murguia, Padilla와 Pavel(1991)은 대학 캠퍼스에서의 사회제도와 연계해서 24 명의 히스패닉계와 토착 미국인 학생들의 통합에 관한 연구를 진행하였다. 연구자들은 민족성이 어떻게 사회적 통합에 영향을 미치는가에 호기심을 갖고, 사회적 통합에 관한 이론적 모델인 Tinto 모델과 연구참여자의 경험을 상호 관련시켜 연구하였다. 그들은 Tinto 모델이 "불완전하게 개념화되었으며 그 결과 부정확하게 이해되고 측정되었다."고 생각하였다(p. 433).

그래서 연구자들은 그 모델을 수정하였는데, 연구 끝부분에서 저자들은 Tinto의 모델을 다듬어 민족성이 어떤 기능을 하는지를 묘사한 수정안을 내놓았다. 이러한 접근방법에 반하여 이론(예 : 근거이론), 패턴, 일반화 등을 뒤쪽에 배치한 질적 연구에서는 이론이 연구의 끝부분에서 나온다. 이 경우 이론은 개념 간의 관계를 나타내는 시각적 표현인 논리적 다이어그램으로 제시될 수 있다.

| 예 3.3 | **질적 연구에서 이론을 끝부분에 사용하는 경우**

우리(Creswell & Brown, 1992)는 대학의 학과장들을 대상으로 한 33개의 면접 데이터베이스를 이용해서 교수의 학술성과에 영향을 미치는 학과장 변인(혹은 범주)을 상호 연관시키는 근거이론을 개발했다. 우리는 면접대상자로부터 얻은 정보를 범주화해서 귀납적으로 발전시킨 이론의 시각적 모델을 논문의 마지막 장에 제시했다. 추가적으로 그 모델로부터 논리적으로 얻어진 지시적 가설을 제시하였다. 더구나 우리는 모델과 가설을 다룬 장에서 다른 연구나 문헌의 이론적 고찰로부터 얻어진 결과와 이 연구의 참여자로

부터 얻은 결과를 비교하였다. 예를 들면, 우리는 다음과 같이 기술하였다.

이 명제와 그 하위 명제, 심지어 반증조차도 우리의 예상과는 달리 나타났다. 명제 2.1과는 반대로 우리는 사람의 경력 단계는 이슈의 유형(type)이 아니라 이슈의 범위(range)와 관련되어 있을 것이라고 예상했다. 대신 우리는 정년 보장 후의 교수에 관한 이슈들이 앞으로 제기될 수 있는 거의 모든 문제들을 포함하고 있음을 알았다. 왜 정

> 년 보장 교수들의 요구는 비정
> 년 교수보다도 다양한가? 연구
> 생산성에 관련된 문헌들은 연
> 구성과가 정년 보장으로 인해
> 줄어들지 않는다는 것을 제시
> 하였다(Holley, 1977). 아마 정
> 년 보장 후 교수의 직업적 목표
>
> 가 광범위해지면 이슈들의 범
> 위뿐만 아니라 이슈의 '유형'도
> 증가할 것이다. 아무튼 이 하위
> 명제는 Furniss(1981)가 더 자세
> 한 조사의 필요성을 상기시키
> 고 있는 대체 직업군에 초점을
> 둔다. (p. 58)

예 3.3에서와 같이 연구자들은 변인을 상호 연결시켜 주는 시각적 모델을 개발하였다. 정보제공자의 진술로부터 이 모델을 귀납적으로 도출하여 연구의 끝부분에 배치하였는데, 거기의 중심적 명제들을 기존의 이론이나 문헌들과 비교할 수 있도록 하였다.

혼합적 연구에서 이론의 활용

혼합적 연구에서 이론의 활용은 양적 연구의 이론 검증과 타당도에서와 같이 연역적으로 활용할 수도 있고 혹은 최근의 질적 연구의 이론이나 패턴에서와 같이 귀납적으로 활용할 수도 있다. 게다가 연구자들이 다양한 혼합적 연구방법의 설계를 활용하여 양적 자료와 질적 자료를 수집, 분석, 통합하는 혼합적 연구 속으로 이론을 통합하는 여러 독특한 방법들이 있다. 이러한 방법들은 크게 (1) 사회과학 이론(social science theory)의 활용과, (2) 변형적 이론(transformative theory)의 활용이라는 두 가지 형태를 취해 왔다. 이러한 형태들은 모두 과거 5~10년에 걸쳐 혼합적 연구방법의 문헌들에서 제시되어 왔다(Creswell & Plano Clark, 2011 참조).

사회과학 이론의 활용

사회과학 이론은 혼합적 연구를 위한 매우 중요한 틀(framework)이 될 수 있다. 사회과학 이론은 리더십, 경제학, 정치학, 마케팅, 행동 변화, 채택 혹은 융합 등과 같은 사회과학 분야에 토대를 둔 다양한 이론들로부터 도출될 수 있다. 사회과학 이론은 문헌 고찰로서, 개념적 모델로서, 혹은 연구자가 밝히고자 하는 것을 설명하는 데 도움이 되는 이론으로서 제시될 수 있다.

　혼합적 연구에서 사회과학 이론의 도입은 이 장 초반부에서 설명한 양적 연구에서 이론의 활용을 위한 절차를 사용한다. 사회과학 이론의 활용을 위한 주요 사항은 다음과 같다.

- 연구의 문제/가설을 안내하기 위한 선험적(priori) 틀로서 논문의 서론 부분에 이론(모델 혹은 개념적 틀)을 제시한다.
- 이론에 관해 기술할 때 이론의 명칭을 먼저 제시한 다음 혼합적 연구에서 이론이 양적 요소와 질적 요소에 어떻게 정보를 주는지에 대해 설명한다. 여기에는 적어도 연구의 주요 변인들 간의 관계에 대한 설명이 있어야만 한다. 이론을 활용했던 연구들, 특히 이 연구에서 검토되어야 할 주제와 관련이 있는 연구들에 대해 논의한다.
- 이론에서 가능한 인과적 관계를 방향을 제시하는 이론의 도식과 이론의 주요 개념이나 변인을 포함시킨다.
- 이론이 연구에서 양적 및 질적 자료를 수집하기 위한 노력을 보여 주는 틀을 제공할 수 있도록 한다.
- 연구가 끝나갈 때 이론으로 되돌아가 연구결과에 어떤 정보를 주는가를 검토하고 다른 연구들에서 이론의 활용과 비교해 본다.

　사회과학 이론을 활용한 예는 Kennett, O'Hagan 및 Cezer(2008)가 수행한 만성적 고통과 학습된 문제해결력을 통한 고통 관리에 관한 혼합적 연구에서 찾아볼 수 있다. 연구자들은 학습된 문제해결력이 환자 개인들에게 어떻게 큰 도움이 되는지를 이해하기 위한 혼합적 연구를 제시하였다. 이 연구에서 연구자들은 Rosenbaum의 자아통제척도(SCS)를 이용하여 양적 측정치를 수집하였고 환자들이 만성적 고통에 어떻게 대처하고 있는지에 대해 면담을 실시하였다. 연구의 서론에서 연구자들은 연구목적을 다음과 같이 전개시켰다.

Rosenbaum(1990, 2000)의 자아통제 모형에 위한 현실 비판적 관점을 취하여 우리
는 학습된 문제해결력의 양적 측정을 문재해결력이 높은 (그리고 낮은) 환자들이
다양한 모형의 고통 처치 프로그램을 통해 고통을 자기 관리하는 과정을 특징짓기
위한 질적 텍스트 분석과 혼합한다. (p. 318)

이 구절에 이어서 연구자들은 그들의 연구를 안내할 학습된 문제해결력 모형을
발전시켰다. 연구자들은 Rosenbaum의 모형에서의 주요 구성요소들을 소개하였다.
이 구성요소들을 소개하기 앞서 건전한 행동을 채택하는 주요 예측인자로서 그리
고 문제해결력과 고통 대처와의 관계에 관한 Rosenbaum의 실험에 대한 논의의 하
나로서 문제해결력에 관한 선행연구의 고찰이 있었다. 다음 연구자들은 자기통제
로 이어지는 모형의 요소들, 즉 과정조정 조건(예 : 가족과 친구를 지지하기), 대처
전략(예 : 주의 분산하기와 고통 재해석하기와 같은 고통에 대처하는 능력), 프로
그램의 지속적 참여(혹은 중도 탈락)와 같은 요소들을 논의하였다. 이 시점에서 연
구자들은 자기통제에 영향을 미치는 요소들에 대해 명백히 하기 위해 이론의 도식
을 도출할 수 있었을 것이다. 그러나 연구자들은 인지행동적 만성적 고통 관리 프로
그램이 자기관리에 미치는 영향과 문제해결력 및 자기주도성이 만성적 고통을 위
한 자기관리기술에 어떻게 영향을 미치는가를 조사하기 위한 이 연구를 안내했던
Rosenbaum의 모형과 문헌 고찰로부터 도출된 일련의 질문을 제시하였다. 이 연구
의 끝부분에 가서 연구자들은 자기관리를 이끄는 요소들을 다시 논의하였고 가장
중요한 요소들의 도식을 제안하였다.

참여-사회적 정의 이론의 활용

혼합적 연구에서 변형적 이론들의 활용과 채택은 지난 10년 동안 증가해 왔다. 의
심할 바 없이 이러한 추세에 큰 영향을 미친 것은 Mertens(2003, 2009)의 연구 때문
이다. 그녀는 변형적 이론의 주요 목적뿐만 아니라 이 이론이 일반적 연구 과정이
나 혼합적 연구에 어떻게 통합될 수 있는지를 제시하였다. Journal of Mixed Methods
Research에 게재된 수많은 경험적 연구들은 혼합적 연구에서 변형적 이론의 활용
을 잘 보여 주고 있다. 여성의 과학에 대한 관심(Buck, Cook, Quigley, Eastwood, &

Lucas, 2009), 여성의 사회적 자본(Hodgkin, 2008)에 관한 연구가 그 예라 할 수 있다. Sweetman(2008)이 수행한 논문은 변형적 틀을 활용한 혼합적 연구가 34편이라고 밝혔다. 2010년에 Sweetman, Badiee 및 Creswell(2010)은 혼합적 연구에 통합될 수 있는 변형적 준거―Mertens(2003, 2009)가 도출한―에 대해 논의하였고, 이 준거의 요소를 포함한 13편의 연구를 조사하였다.

　변형적 틀과 혼합적 연구의 활용에 관한 문헌이 점차 증가하고 있다. 이는 특히 세상 어디에서나 발생할 수 있는 지역사회 건강과 주변인 집단의 문제에 관한 연구에 적용할 수 있기 때문인 것 같다. 이러한 이론적 방향을 뒷받침하는 것은 제1장에서 논의된 바와 같이 보다 광범위한 철학적 입장, 변형적 틀이 될 것이다. 제1장에서는 양적·질적 및 혼합적 연구방법에 정보를 제공할 네 가지 기본 세계관 중 하나로 변형적 세계관을 논의했다. 실제로, 변형적 틀이 한 연구에서 배우고 설명할 수 있는 내용을 알려 주는 광범위하고 철학적인 세계관 수준에 있는지 또는 더 좁고 이론적인 수준에 있는지 여부에 대해 질문할 수 있다. 다음 2개의 문제는 혼합적 연구에서 변형적 틀의 활용에 관한 논의에서 대부분을 차지한다. (1) 변형적 틀이란 무엇인가? (2) 혼합적 연구자들은 변형적 틀을 어떻게 엄격하고 복잡한 혼합적 연구에 통합할 수 있는가? 여기서는 혼합적 연구 프로젝트에 포함될 수 있고 또한 정보를 제공해 줄 수 있는 이론적 틀로서 논의하고자 한다.

　변형적 혼합 연구의 틀(또한 변형적 연구 패러다임으로 불림, Mertens 2009)은 연구에서 사용되는 일련의 가정이요 절차이다. 공통의 주제는 다음과 같다.

- 연구참여자의 윤리적 입장과 억압적인 사회구조의 저항에 의지하는 기본 가정
- 신뢰를 구축하고 목표와 전략을 투명하게 만들기 위해 고안된 사회에의 투입 과정
- 결과의 활용을 장려하고 사회정의와 인권을 강화하는 방식으로 연구결과의 보급(p. 5)

더욱이 변형적 접근은 인종/민족, 장애, 이민자 지위, 정치적 갈등, 성적 지향, 빈곤, 성, 연령을 포함하여 차별과 억압을 경험하는 사람들에게 적용한다(Mertens,

2010).

이러한 변형적 틀이 혼합적 연구에 통합되는 방법은 여전히 발전 중에 있지만, Mertens(2003)은 변형적 틀의 여러 요소를 확인하여 연구의 과정에서 단계들과 어떻게 관련이 되는가를 제시하였다. 이들 요소는 글상자 3.1에 언급되어 있다. 이들 요소와 관련한 질문들을 읽으면 차별과 억압의 문제를 연구하고 연구참여자들의 다양성을 인정하는 것이 중요하다는 것을 인식할 수 있다. 이들 질문은 또한 자료를 수집하고 의사소통을 하는 과정에서 그리고 사회적 변화와 관계를 변화시킬 수 있도록 연구결과를 보고하는 과정에서 개인들을 존중하며 다루어야 한다는 것을 강조한다.

이들 질문은 변형적 이론의 사고를 혼합적 연구에 포함시키는 것을 평가하기 위해 사용할 수 있는 다음과 같은 일련의 10가지 준거(와 질문)로서 더욱 조작적으로 이루어진다(Sweetman et al., 2010).

1. 연구자들은 문제를 사회의 관심사와 널리 관련시켰는가?
2. 연구자들은 이론적 시각을 널리 선언하였는가?
3. 연구질문은 옹호적 시각을 갖고 기술되었는가?
4. 문헌 고찰에서 다양성과 억압에 대한 논의가 다루어졌는가?
5. 연구자들은 참여자들의 명칭을 적절히 논의하였는가?
6. 자료 수집과 결과는 사회에 도움이 되었는가?
7. 참여자들은 연구에 솔선하여 참여했으며 프로젝트에 적극 관여하였는가?
8. 연구결과는 강력한 관계를 이끌어 냈는가?
9. 연구결과는 사회적 변화를 촉진하였는가?
10. 연구자들은 변형적 틀의 활용을 분명하게 진술하였는가?

이들 질문은 연구의 질을 높이는 기준이 되며, Sweetman과 그의 동료들(2010)에 의해 수행된 13편의 연구에 대한 검토는 혼합적 연구에서 10개의 준거를 모두 포함시키지 못하는 것으로 나타났으며 연구마다 충족한 준거가 달랐다. 13편의 연구 중에서 단지 2편의 연구만이 사용된 틀을 '변형적'이라고 분명히 언급하였다. 그러나

글상자 3.1 혼합적 연구의 연구자를 위한 변형적·해방적 연구질문

연구문제 정의 및 문헌 검색

• 차별과 억압에 관한 이슈와 다양한 집단과 관련된 문헌을 신중하게 검색해 보았는가?

• 연구문제가 관련 있는 공동체로부터 제기되었는가?

• 이러한 공동체와 좋은 관계를 유지하여 혼합적 연구의 접근 방법이 이루어졌는가? (즉 신뢰를 구축하였는가? 결함 있는 모델이 아닌 적절한 이론적 틀을 사용하는가? 연구질문을 긍정적·부정적 면에서 균형 있게 개발하였는가? 변형적 해답을 유도할 수 있는 연구질문을 기관이나 공동체에서의 권력관계와 권한에 초점을 맞춘 문제들처럼 개발하였는가?)

연구설계 확인

• 여러분의 연구설계가 어떤 다른 집단에 대하여 해를 미칠 가능성이 있는가? 그리고 연구참여자의 윤리적 고려사항을 준수하는가?

자료의 출처 확인과 연구참여자 선정

• 각 집단의 연구참여자들이 차별이나 억압과 관련이 있는가?

• 연구참여자들이 적절히 표시되어 있는가?

• 표적 모집단(target population) 내에서 다양성이 존재하는가?

• 전통적인 소외집단을 보다 더 적절하고 정확하게 표현할 수 있도록 하기 위해서 어떻게 표집을 할 것인가?

자료 수집을 위한 도구와 방법 확인

• 자료 수집 과정과 연구결과가 공동체에 이익이 될 것인가?

• 연구결과가 공동체에 신뢰를 주는가?

• 공동체와의 의사소통이 효과적으로 이루어지는가?

• 자료 수집에 대한 참여의 폭을 사회적 변화 과정에서 완전히 개방할 것인가?

분석, 해석, 보고하기와 결과의 활용

• 연구결과가 새로운 가설을 세우는가?

• 다양한 집단에 대한 서로 다른 효과를 분석하기 위해 연구가 하위집단(즉 다양한 수준의 분석)을 조사할 것인가?

• 연구결과가 권력관계를 이해하거나 설명하는 데 도움이 될 것인가?

• 연구결과가 사회적 변화를 촉진할 것인가?

출처 : Mertens(2003). 저자의 허락하에 게재.

13편의 연구는 혼합적 연구를 수행하는 연구자들에게 그들의 연구가 변형적 틀 내에서 어떻게 하면 최고의 위치를 점할 수 있는지를 아는 데 도움이 될 것이다. 다음과 같이 행함으로써 최고의 위치를 점할 수 있다.

● 연구의 서론 부분에서 변형적 틀이 사용된다는 것을 명시한다.

- 연구에서 일찍 이러한 변형적 틀을 언급한다. 변형적 틀이 소외집단 혹은 억압집단과 관련이 되며 또한 그 집단이 직면한 특별한 문제와 관련이 된다는 것을 언급한다.
- 페미니스트 문헌 혹은 인종적 문헌과 같이 문헌의 이론적 고찰 내에 변형적 틀을 제시한다.
- 연구의 과정에서(예 : 자료 수집) 사회의 관심사를 포함시킨다.
- 연구의 질문을 통해 입장을 취한다. 연구의 지향점을 옹호한다(예 : 불평등이 존재하며 이 연구에서 그것을 구체적으로 드러내고자 한다).
- 변형적 틀 내에서 양적 및 질적 자료의 수집, 분석 및 통합의 설계를 발전적으로 제시한다.
- 연구자로서의 경험과 배경이 참여자들과 사회문제를 이해하는 데 어떻게 도움이 되었는가에 대해 언급한다.
- 연구와 사회문제에 관련이 있는 사람들에게 도움이 되기 위한 변화를 제시하고 이를 옹호함으로써 연구의 끝을 맺는다.

변형적 틀을 혼합적 연구에 통합하기 위한 방법을 학습하는 가장 좋은 방법 중 하나는 저널에 게재된 논문과 연구를 검토하여 변형적 틀이 연구의 과정에 어떻게 통합되고 있는가를 살펴보는 것이다. 변형적 틀을 잘 사용한 최근 논문을 하나 예시하면 예 3.4와 같다.

| 예 3.4 | 변형적 혼합 연구에서의 이론

*Journal of Mixed Methods Research*에 게재된 Hodgkin(2008)의 논문은 혼합적 연구에서 여성해방론적 시각의 활용을 잘 보여 주고 있다. Hodgkin은 오스트레일리아에서 남성과 여성이 다른 사회적 자본 프로필을 갖고 있는지의 여부와 여성이 시민 활동보다는 사회와 공동체 활동에 더 많이 참여하는 이유를 조사하였다. 그녀가 진술한 연구의 목적은 "페미니스트 연구에서 혼합적 연구의 사용을 증명하는 것"이었다 (p. 296). 논문의 서론 부분에서 그녀는

사회적 자본의 연구에서 성에 대한 초점이 결여되어 있다는 주의를 불러일으키기, 여성의 경험을 표현하기 위해 질적 및 양적 연구를 활용하기, 그녀의 연구를 변형적 패러다임 내에 두기와 같은 페미니스트 연구의 요소를 논의하였다. 양적 연구를 통해서 그녀는 사회적 자본에 있어서 남녀 간에 차이가 있다는 것을 발견했으며, 그리하여

그다음 두 번째 단계에서 비공식적 사회 및 공동체 참여에 대한 여성의 견해를 탐색하였다. 여성들의 시민적 수준에서의 참여는 낮았으며, 여성들로부터 언급된 주제들은 '좋은 어머니'가 되고 싶은 것, 사회적 고립을 피하고 싶은 것, 그리고 활발한 시민이 되고 싶은 것과 관련이 있었다.

요약

이론은 양적·질적·혼합적 연구방법에서 각 그 위치에 맞게 기술하게 된다. 양적 연구에서는 연구자가 변인 사이의 관계를 설명하거나 예측하기 위한 목적으로 이론을 활용한다. 따라서 이론은 연구질문과 가설을 형성하는 변인들의 사용과 본질에 있어서 핵심적 토대가 되며, 변인들이 상호 간에 어떻게 그리고 왜 관련되는지를 변인 간 혹은 변인 사이를 연결하는 다리 역할로서 설명한다. 연구에서 이론은 그 범위를 축소하거나 확장할 수 있는데, 연구자는 '만약 ~하다면' 논리의 진술과 같은 일련의 가설, 시각적 모델 등의 몇 가지 방법으로 이론을 기술한다. 연구자가 이론을 연역적으로 활용할 때는 연구 시작 부분의 문헌 고찰에 이론을 제시하며, 또한 이론을 가설이나 연구질문과 함께 기술할 수 있고, 독

립적인 장에서 분리하여 다루기도 한다. 연구계획서(혹은 연구제안서)를 만들 때 하나의 스크립트를 이용하면 이론을 기술하는 장을 설계할 때 도움이 된다.

민족지학적 연구와 같은 질적 연구에서도 연구자는 양적 연구에서와 같이 폭넓게 이론을 활용한다. 또한 이론은 성별, 계층, 인종, 또는 이들의 조합 등과 관련된 연구질문을 만드는 이론적 시각이나 관점이 될 수도 있다. 질적 연구에서 이론은 자료 수집과 분석을 통하여 귀납적으로 생성되는 일반화, 패턴, 새로운 이론 등의 연구결과로 나타나기도 한다. 이를테면 근거이론가는 연구참여자들의 관점에 기반을 둔 하나의 이론을 생성하여, 그 이론을 연구의 결론 부분에 위치시키는 것이다. 어떤 질적 연구는 명시적 이론을 포함하지 않

고 핵심적 현상을 기술하는 것으로 연구를 진행하기도 한다.

혼합적 연구에서 연구자는 양적 자료와 질적 자료를 수집, 분석, 해석할 때 연구설계의 여러 측면에 정보를 제공하는 틀로서 이론을 활용한다. 이 틀은 (1) 사회과학적 틀 혹은, (2) 참여-사회적 정의 틀이라는 두 가지 형태를 취한다. 사회과학적 틀은 연구의 앞부분에 위치하여 연구의 양적 그리고 (아마도) 질적 요소(예 : 자료 수집, 분석, 해석)들에 대해 설명해 주며 연구결과를 처리할 수 있는 근거를 제공한다. 혼합적 연구에서의 참여-사회적 정의 이론은 최근에 대두된 틀이다. 그것은 지식의 비중립성, 인간의 흥미와 관심이 지속

적으로 미치는 영향, 권력과 사회적 관계와 같은 쟁점들을 인식하면서 문제를 조명하는 렌즈라고 할 수 있다. 참여-사회적 정의 틀을 활용하는 혼합적 연구는 인간과 사회가 향상되도록 도와준다. 종종 이러한 연구는 페미니스트, 다양한 민족/인종 집단, 장애를 가진 사람들, 그리고 레즈비언, 게이, 양성애자, 성전환자, 그리고 성소수자 집단을 지원한다. 혼합적 연구방법을 활용하는 연구자들은 서론, 연구문제, 자료 수집, 변화를 요하는 해석 등의 다양한 연구 수행 과정에 이 틀을 적용한다. 오늘날에는 참여-사회적 정의 틀을 혼합적 연구에 어떻게 적용할 것인지에 대한 준거가 개발되어 있다.

연습문제

1. 이 장에서 제시한 양적 연구에서의 이론 활용을 위한 스크립트에 따라 여러분의 연구 계획에 대한 이론적 관점을 이루는 장을 작성하라.

2. 이 장에서 제기한 인과적 모델 설계절차를 이용하여, 당신이 계획하고 있는 양적 연구 계획서를 위한 이론의 변인들에 대한 시각적 모델을 그려 보라.

3. 다음과 같은 질적 연구 저널논문을 찾아보라.

　a. 연구가 진행되는 동안에 수정된 선험적 이론을 활용한 논문

　b. 연구의 끝부분에서 이론을 생성하거나 발전시킨 논문

　c. 명시적인 이론적 모델을 활용하지 않고 기술적 연구(descriptive research)를 제시한 논문

4. 페미니스트, 민족적/인종적, 계층적 관점 등의 이론적 시각을 활용한 혼합적 연구방법의 논문을 찾으라. 글상자 3.1을 활용해서 그러한 이론적 시각이 어떻게 연구 과정의 각 단계를 형성하는지 알아보라.

더 읽을거리

Bachman, R, D, & Schutt, R. K. (2017). *Fundamentals of research in criminology and criminal justice* (4th ed.). Los Angeles, CA: Sage.

Ronet Bachman과 Russell Schutt는 이 책에서 인과성과 실험시행에 대한 이해하기 쉬운 장을 포함하고 있다. 그들은 인과성의 의미, 그것을 성취하기 위한 준거, 이러한 정보를 인과적 결론에 도달하기 위해 사용하는 방법에 대해 논의하고 있다. 특히 인과성을 결정하는 데 필요한 조건들에 대한 논의가 유용하다.

Blalock, H. (1991). Are there any constructive alter-natives to causal modeling? *Sociological Methodology*, 21, 325-333.

수년 동안 저자들은 사회적 연구에서 인과성의 의미를 수립하기 위해 Herbart Blalock의 아이디어를 사용해 왔다. 사려 깊은 이 글에서 Blalock는 상관적 방법은 인과성과 동일한 것이 아니라고 진술했다. 그는 인과성을 이해함에 있어서 '지연' 효과의 잠재성, 시간에 따라 나타나며 구체화하기 어려울 수 있는 변인들에 대해 말했다. 그는 또한 실험설계에서 인과적 기제를 명백히 할 수 있는 가정을 설정해야 한다고 주장했다. 이러한 점을 염두에 두면서 Blalock는 사회적 연구에서 중요한 질문을 검증하기 위해서는 보다 복잡한 인과적 모델을 사용해야 한다고 주장했다.

Flinders, D. J., & Mills, G. E. (Eds) (1993). *Theory and concepts in qualitative research: Perspectives from the field*. New York: Columbia University, Teachers College Press.

David Flinders와 Geoffrey Mills는 여러 질적 연구자의 글을 기술하고 있는 'theory at work'라는 현장으로부터의 관점에 관한 책을 편집하였다. 이 책에서 연구자들은 이론을 정의하는 것, 그리고 그것이 도덕적인가 그렇지 않은가 등의 설명에서 일치된 의견을 나타내지는 않는다. 그리고 형식적 이론, 인식론적 이론, 방법론적 이론, 메타 이론 등과 같이 연구의 다양한 수준에서 이론을 적용하였다. 이 책은 이러한 다양성에 있어서 질적 연구의 연구현장에 대한 실제적 이론을 이해하는 데 적합하다. 또한 비평적 · 개인적 · 형식적 · 교육적 비판으로부터의 실행을 설명하고 있다.

Mertens, D. M. (2003). Mixed methods and the politics of human research: The transformative-emancipatory perspective. In A. Tashakkori & C. Teddlie (Eds.), *Handbook of mixed methods in social and behavioral research* (pp. 135 – 164). Thousand Oaks, CA: Sage.

Donna Mertens는 연구방법이 역사적으로 연구의 정치적 이슈 및 사회 정의와는 아무런 관련이 없다고 인식하였다. 저자는 이 연구에서 혼합 연구방법을 위한 이론적 시각이나 틀로서 변형적 · 해방적 패러다임을 조사하였는데, 당시에 다양한 민족 · 인종 집단, 장애인, 페미니스트 등에 대하여 많은 학자들이 혼합연구를 진행하기 시작하였다. Mertens의 연구에서 독창적인 측면은 이러한 사고의 패러다임과 혼합 연구 과정의 단계를 상호 어떻게 연결하느냐 하는 것이다.

Thomas, G. (1997). What's the use of theory? *Harvard Educational Review*, 67(1), 75 – 104.

Gary Thomas는 교육적 탐구에서 이론의 활용에 관한 근거 있는 비평을 제시하였다. 저자는 이론에 대한 다양한 정의를 언급하고, 많이 사용되는 다음과 같은 네 가지 이론의 활용을 상세히 기술하였다. (1) 사고와 반성으로서의 이론, (2) 보다 강한 가설 혹은 보다 느슨한 가설로서의 이론, (3) 서로 다른 분야의 지식에 부가하는 설명으로서의 이론, (4) 과학 분야에서 형식적으로 표현하는 진술로서의 이론 등이다. Thomas는 이러한 폭넓은 활용에 주목하여 이론이 사고를 불필요하게 구조화하거나 제약하는 논문까지도 수용하였다. 대신에 아이디어들은 반드시 일관성 있는 흐름을 유지해야 하고 Toffler가 특성화한 것처럼 '가변적(ad hocery)'이어야 한다.

$\circledS$SAGE edge™

https://edge.sagepub.com/creswellrd5e

학습자와 교수자는 연구설계와 방법에 관한 비디오 영상, 논문, 퀴즈와 활동, 각종 도구가 필요하면 위의 사이트를 방문하기 바란다.

글쓰기 전략과 윤리적 고려사항

연구계획서를 설계하기 전에 일반적인 구조나 주제의 개요, 주제의 목차 등에 관한 아이디어를 갖는 것이 중요하다. 구조는 연구자가 양적 · 질적 혹은 혼합적 연구방법 등 어떤 방법을 쓸 것인지에 따라 달라질 것이다. 다른 또 하나의 일반적인 고려사항은 일관된 그리고 읽기에 아주 편한 연구계획서(그리고 연구물)를 보증할 수 있는, 좋은 글쓰기를 인식하는 일이다. 연구 수행에 앞서 윤리적 문제가 생길 것을 예상하여 윤리적 실천을 하는 게 중요하다. 이 장은 연구계획서를 쓸 때 고려할 필요가 있는 윤리적 쟁점과 연구계획서를 쉽게 읽을 수 있는 글쓰기 활동, 말하자면 연구계획서의 전체적 구조에 대한 개요를 제공하는 데 있다.

연구계획서 쓰기

연구계획서에 제시될 쟁점

연구를 구상하면서 연구계획서에서 언급할 필요가 있는 주요 사항들을 일찌감치 고려하는 것은 유익하다. 이러한 사항들(혹은 주제들)은 상호 관련될 필요가 있고 연구물 전반에 걸쳐 정연한 모양새를 갖춰야 한다. 우리에겐 연구가 질적이건 양적이건 혹은 혼합적 연구이건, 이러한 주제들이 모든 연구계획서의 전체적인 얼개를 짜고 있는 것으로 보인다. 먼저 어떤 연구계획서이건 그것을 전개하는 데 필요한 핵심적인 쟁점으로 Maxwell(2013)이 제시한 목록을 살펴보면서 시작하는 것이 좋겠다. 다음은 그러한 내용을 우리 방식으로 정리, 요약한 것이다.

1. 주제 이해를 보다 더 편하게 하기 위해 독자에게 필요한 것은 무엇인가?
2. 주제에 대해 독자들이 알아야 하는 것은 무엇인가?
3. 연구에서 제안하고 있는 것은 무엇인가?
4. 연구의 장치는 무엇이고 그 대상은 누구인가?
5. 자료 수집을 위해 사용하고자 하는 방법은 무엇인가?

6. 자료를 어떻게 분석할 것인가?

7. 연구의 결과를 어떻게 타당화할 것인가?

8. 연구에서 야기되는 윤리적 문제는 무엇인가?

9. 제안한 연구 가치와 그 실현 가능성을 보여 줄 수 있는 예비결과는 무엇인가?

이 아홉 가지 각 물음에 대해 한 묶음으로 묶어 충분히 설명할 수 있다면 훌륭한 연구를 수행하는 데 토대를 마련할 수 있을 것이다. 게다가 타당성이 함의된 연구 결과 윤리적 고려사항(간략히 표현), 예비연구의 필요성, 실제적 유의미성의 초기 증거 등은 연구물의 논의 과정에서 흔히 지나치기 쉬운 중심요소에 있어서 독자로부터 관심을 집중시킬 수 있다.

질적 연구계획서의 양식

이러한 아홉 가지 질문 이외에 연구계획서에 포함될 주제에 대한 전반적인 개요 혹은 포괄적인 구조를 구축하는 것 역시 유익하다. 질적 연구에서 어떤 특정 구조가 질적 연구계획서를 지배하지 않는다는 것은 자명하다. 그러나 몇 가지 전반적인 개요가 특히 논문을 써 본 적이 없는 학생들에게는 도움이 될 것이라고 생각된다. 여기에 대안적인 두 모델을 제안하고자 한다. 예 4.1은 구성주의자/해석주의자의 관점에 기초한 것이고, 예 4.2는 질적 연구의 변형적 모델에 보다 더 근거하고 있다.

| 예 4.1 |　**구성주의/해석주의의 질적 연구 체제**

서론	절차
연구문제의 진술(연구문제에 대한 기존 연구 문헌, 문헌의 부족함, 연구가 독자들에게 가지는 의미를 포함한다)	질적 연구의 철학적 가정 혹은 세계관
	질적 설계(예 : 민족지학적 연구, 사례연구)
연구목적	연구자 역할
연구질문	자료 수집 절차
	자료 분석 절차

연구결과 타당화 전략   기대 효과 및 연구의 의의
연구에 제안한 서사 구조
예상되는 윤리적 문제   참고문헌

사전 예비연구의 결과(이용할 수   부록 : 면담질문, 관찰 양식, 연구 일
있다면)   정, 예산안, 최종 연구물의 각 장별 예
                                        상 내용 요약

예 4.1에서 우리는 서론, 절차, 윤리적 문제, 예비조사 결과, 그리고 기대 효과를
포함시키고 있다. 문헌 고찰이 별도로 포함될 수 있다. 하지만 그것은 제3장에서 논
의한 바와 같이 선택사항이다. 몇 가지 부록들은 특이하게 보일 수도 있다. 연구일
정을 짜고 예산안을 제시하는 것은 비록 연구계획서에 반드시 제시되어야 하는 것
들이 아니라 할지라도 대학원위원회에 유익한 정보를 제공해 준다. 또한 질적 연구
에서는 장(chapter)의 수와 유형이 대단히 다양하기 때문에 최종 연구물의 각 장별
예상 내용 요약도 유용할 것이다.

| 예 4.2 | 질적인 변형적 양식

서론   질적 연구 전략
  연구문제의 진술(권력 · 억압 · 차별   연구자 역할
  등 다루게 될 쟁점, 문제에 대한 기   자료 수집 절차(연구참여자와 함께
  존 문헌, 문헌의 부족, 연구가 독자   한 협동적인 접근에 의한 자료를 포
  에게 가지는 의의 등을 포함한다)   함한다.)
  연구목적   자료 분석 절차
  연구질문   연구결과 타당화 전략
                                        제안된 이야기(narrative) 구조
절차   예상되는 윤리적 문제
  철학적 가정 혹은 세계관

사전 예비연구의 결과(이용할 수 있다면) 연구의 의의 및 예상되는 변화	참고문헌 부록 : 면접 질문지, 관찰 형식, 일정표, 예산안 및 예상되는 최종 연구물의 장별 요약

　예 4.2의 연구 형식은 구성주의자/해석주의자의 그것과 유사한 바, 연구자가 연구에서 다루는 변형적 문제(예 : 억압, 차별, 지역사회 참여)를 확인하거나 자료 수집에 협동적인 형태를 이뤄지는 것, 그리고 연구로 예상되는 변화를 언급하는 것 등을 제외하면 그렇다는 말이다.

양적 연구계획서의 양식

양적 연구의 경우 그 체제는 저널논문에 보고된 전형적인 양적 연구물 체제에 맞춘다. 일반적으로 형식은 서론, 문헌 고찰, 연구방법, 연구결과, 논의 등의 모델을 거친다. 양적 연구로 학위논문계획서를 설계할 때 다음 아래의 전체적 구성 체제를 고려하여 완성해 보라(예 4.3 참조).

│예4.3│ 양적 연구의 양식	
서론 　문제의 진술(쟁점, 문제에 대한 기존 문헌, 문헌의 부족, 연구가 독자에게 갖는 의의) 　연구목적 　연구질문 혹은 가설 　이론적 관점	문헌 고찰(이론이 서론에서가 아니라 이 부분에서 포함될 수도 있다) 연구방법 　연구설계의 형태(예 : 실험, 조사) 　모집단, 표본, 참여자 　자료 수집 도구, 변인, 자료

자료 분석 절차 예비연구 혹은 사전검사

연구에 예견되는 윤리적 문제

부록 : 도구, 일정표, 예산안

예 4.3은 장의 배열이 특히 이론과 문헌의 활용에 있어 연구마다 다양하긴 하지만(예 : Rudestam & Newton, 2014 참조), 사회과학 연구의 한 표준적인 틀이다(Miller & Salkind, 2002 참조). 그러나 이 틀은 양적 연구계획서의 전형적인 주제 배열 순서를 보여준다.

혼합적 방법 연구계획서의 양식

혼합적 방법 연구 설계자는 양적 · 질적 연구접근 형식을 함께 사용한다. 그 형식의 예는 예 4.4와 같다(Creswell & Plano Clark, 2011, 2018에서 인용). 유사한 요소들이 미국심리학회(Levitt et al., 출판중)에서 제시하고 있는 혼합적 연구물을 출간하기 위한 일련의 기준에서도 발견된다.

| 예 4.4 | 혼합적 연구의 양식

서론
　연구문제(문제에 대한 기존 연구, 문헌의 부족, 연구가 독자에게 갖는 의의)
　연구의 목표 또는 목적, 혼합적 연구를 하는 이유
　연구질문 및 가설(양적 연구를 위한 물음 또는 가설, 질적 및 혼합적 연구를 위한 물음)
　혼합적 연구법을 사용하는 철학적 토대

문헌 고찰(양적 · 질적 및 혼합적 연구에 대한 문헌 검토)

연구방법
　혼합적 연구법의 정의
　사용한 설계의 유형 및 그 정의
　사용한 설계에 대한 도전과 그 표현의 방식
　사용하는 설계유형의 예
　연구절차의 도식
　양적 자료 수집과 분석(혼합적 방법

설계에 맞는 순서로)   잠재하고 있는 윤리적 문제

질적 자료 수집과 분석

혼합적 방법 자료 분석 절차   참고문헌

양적 및 질적 연구방법 사용의 타

당성   부록 : 도구, 프로토콜, 도해, 일정, 예

산, 각 장별 주요 내용 요약

혼합적 연구 수행을 위한 연구자의 자

원과 기술

이 체제는 연구자가 연구목적 진술과 연구의 질문, 이 둘 모두에 양적이고 질적인 요소뿐만 아니라 혼합적 요소도 함께 수용하고 있음을 보여 준다. 연구계획서를 쓰는 초기에 혼합적 방법으로 접근하는 이유(근거)를 명료히 밝히는 것이 중요하다. 게다가 혼합적 방법 연구의 유형과 연구절차의 시각화, 양적 및 질적 자료를 수집하는 절차와 분석 등 연구설계의 중요한 요소들을 확인하는 것이 중요하다. 이 모든 부분들 때문에 혼합적 연구계획서는 질적 연구나 양적 연구의 계획서보다 길어질 수 있다.

연구계획서 설계하기

우리가 학생들에게 연구계획서의 전체적 구조를 설계하는 데 제공하는 몇 가지 연구 팁이 있는데 다음과 같다.

- 연구계획서 설계 초기에 섹션을 명세화한다. 하나의 섹션에서 이뤄진 일은 다른 섹션에서도 좋은 생각을 빈번하게 촉진시킬 수 있다. 맨 처음 윤곽을 상상하고 그러고 나서 백지에 떠오르는 어떤 생각을 각 섹션에 그대로 빠르게 쓴다. 그런 다음 각 섹션에 더 상세한 정보를 생각하여 섹션을 정련한다.
- 담당 지도교수 밑에서 논문을 썼었던 다른 학생들의 연구계획서를 찾아본다. 그리고 그 계획서를 확실하게 탐구한다. 담당 지도교수에게 연구계획서의 참고물을 구하기 위해 문의한다. 대학원위원회로부터 특별히 학술적 성과라고

호평을 받은 연구계획서의 참고물을 구하기 위해 담당 지도교수에게 질문한
다. 연구계획서 구성의 수준뿐만 아니라 그 배열, 드러낸 주제를 공부한다.

- 자신이 몸담고 있는 학과 혹은 학회가 연구계획서 개발에 어느 정도 유사한 주
제를 제공할 것인지 알아본다. 학과 혹은 학회 활동은 여러분의 논문계획서에
좋은 생각을 낳게 할 수 있는 개별적인 제공물일 뿐만 아니라 자신의 프로젝트
를 위한 지원체제로서도 아주 유익할 것이다.

- 담당 지도교수 곁에 앉아서 그/그녀가 선호하는 연구계획서 형식을 잘 살펴본
다. 지도교수에게 지침이 될 만한 연구계획서 견본을 요청한다. 출판된 저널
논문을 연구계획서의 모델로 사용하는 것에 대해서는 신중할 필요가 있다. 지
도교수나 대학원위원회가 원하는 정보를 제공하지 않을 수 있기 때문이다.

글쓰기 아이디어

수년에 걸쳐 John은 글쓰기 방법에 관한 책을 수집했으며 일반적으로 연구 프로젝
트를 진행하는 동안 새로운 책을 읽고 있다. 최근 몇 년 동안 그는 글쓰기 자체에 관
한 책을 점점 더 적게 구입하는 대신 글쓰기 요령에 대한 생각을 끌어낼 수 있는 좋
은 소설과 논픽션 작품을 구입했다. 그는 정기적으로 뉴욕타임스 상위 10위권에 드
는 책과 인기 있는 소설과 논픽션 도서를 읽는다(소설과 관련해서는 Harding, 2009
참조). 그는 글쓰기 요점을 설명하기 위해 공유할 책의 부분을 연구방법으로 가져온
다. 이것은 그의 문학적 통찰력으로 다른 사람들을 감동시키려는 것이 아니다. 작
가로서 연구자들이 청중에게 다가가도록 격려하고, 말을 함부로 하지 않고 정확하
고 간결하고 요점에 맞도록 하며, 단순히 그것에 대해 이야기하기보다는 글쓰기를
생산하도록 하기 위함이다. 이 절은 John이 가장 좋아하는 글쓰기 책의 콜라주와 우
리 모두가 학술적 글쓰기에 유용하다고 찾은 팁을 제시한다.

사유하는 글쓰기

글쓰기에 서투른 사람의 징후 중 하나는 제안한 연구물에 대해 쓰기보다 오히려 그

것에 대해 이야기하기를 더 좋아하는 것이다. Stephen King(2000)의 조언처럼 정리가 덜 되었더라도 연구계획서는 일단 빨리 써 보는 것이 도움이 된다. 다음과 같은 내용을 추천한다.

- 연구 과정의 초기에는 아이디어에 대해 말하기보다 오히려 떠오르는 생각을 써 내려간다. 글쓰기 전문가는 사유하는 글쓰기를 한다(Bailey, 1984). Zinsser(1983)는 우리의 머릿속에 있는 것을 단어로 종이 위에 옮길 필요가 있다고 말한다. 지도교수는 학생들 혹은 동료들과 함께 연구주제에 대해 듣고 토론할 때보다 종이에 있는 아이디어를 읽을 때 훨씬 더 좋은 반응을 보인다. 연구자가 종이에 아이디어를 표현할 때 독자는 최종 결과물을 시각화할 수 있는, 실제적인 최종 결과물을 보는 방법을 볼 수 있으며, 또한 아이디어를 명료화할 수 있다. 아이디어를 종이에 옮기는 활동은 경험이 많은 작가들에게서도 잘 알려진 사실이다. 연구계획서를 설계하기 전에 프로젝트의 개요를 1~2쪽으로 초안하여 지도교수로부터 연구의 방향을 승인받아라. 이 초안은 필수적인 정보, 즉 연구문제의 표현, 연구의 목적, 탐구할 중심질문, 자료의 원천, 다른 독자를 위한 프로젝트의 유의미성 등을 포괄해야 한다. 그것은 또한 다른 주제들에 대해서도 1~2쪽의 진술을 초안하는 데 유익할 수도 있으며, 그리고 지도교수가 가장 호감을 갖는 사람으로 비치는 데에도 일조할 것이며, 해당 영역에서 가장 훌륭한 기여를 하리라는 느낌을 갖게 하는 데에도 도움이 될 것이다.

- 맨 처음의 초안 하나만을 다듬기 위해 애쓰기보다 몇 번의 초안을 거치도록 애쓴다. 이는 사람들이 종이 위에서 어떻게 사유하는가를 분명히 보여 주는 것이다. Zinsser(1983)는 글 쓰는 사람들의 두 가지 유형, 즉 (1) 한 문단에서 다음의 문단으로 나아가기 전에 모든 문단을 하나하나 정확히 다듬는, '무너지지 않게 하나하나 쌓는 벽돌공'과 같은 방식으로 글을 쓰는 사람과, (2) '맨 처음의 초안에 내심을 감추지 않고 솔직하게 모든 것을 내놓기' 방식으로 글을 쓰는 사람을 제시하고 있다. 이는 쓴 글이 얼마나 조잡한지 혹은 서툰지를 생각하지 않고 초안 전체를 쓰는 사람이다. 이 두 방식 사이에 Peter Elbow(1973)와 같은 사람이 있을 수 있는 바, 그는 쓰고 검토하고 다시 쓰는, 반복적인 과정을 거치

기를 주문한다. 그는 다음과 같은 예를 인용한다. 즉 1시간에 1소절만 쓴다면 시간당 하나의 초안(대개 마지막 15분에)을 쓰기보다 네 가지 초안(매 15분마다 1개)을 써라. 대부분 경험이 많은 연구자들은 초안을 다듬는 수고를 거치지 않고 신중하게 글을 쓴다. 초안을 다듬는 과정은 글 쓰는 과정 중 상대적으로 나중에 이루어진다.

- 너무 이른 초고 단계에서 연구계획서를 편집하지 않는다. 그 대신 Franklin(1986)의 3단계 모델을 활용해 본다. 이 방법은 우리가 논문계획을 세우고 학술적인 글쓰기를 할 때 유용했었다.

1. 우선 개요를 구상한다. 하나의 문장 혹은 단어의 얼개, 시각적 지도 등으로 구성한다.
2. 초안을 다 쓰고 나면 원고의 전체적 문단을 옮기는 과정에서 아이디어를 수정하고 분류한다.
3. 마지막으로 각 문장을 편집하고 다듬는다.

글쓰기 습관

연구계획을 수행하는 동안 규칙적으로 꾸준한 글쓰기 습관 혹은 규율을 세운다. 완성된 초고를 한동안 밀쳐 두는 것은 최종 퇴고 전에 한 번 더 검토해 볼 수 있는 안목을 제공하기도 하지만 글쓰기를 하다 말다 하는 것은 작업의 흐름에 혼란을 줄 수 있다. 어쩌면 좋은 연구자들을 소위 '주말 작가'로 변신하게 할지도 모른다. 주 중에 많은 일을 한 연후에, 간신히 주말에야 연구 활동을 유일하게 갖는 사람, 즉 소위 주말 작가 말이다. 연구계획서에 따라 꾸준하게 작업한다는 건 날마다 혹은 적어도 하루하루에 계획한 사유 과정, 자료 수집, 원고 검토, 연구계획의 결과물 등을 조금씩이라도 쓰는 것이다. 어떤 사람들은 다른 사람들에 비해 글을 쓰고자 하는 열망이 더 강한 것 같다. 이러한 열망은 자신을 표현할 필요에서 오는 것일 수도 있고 혹은 자기표현이나 단순히 훈련에 대해 얼마나 편안하게 느끼는가에 기인할 수도 있다.

하루 중 시간을 할애하여 최선을 다하려면 매일 정해진 시간에 글 쓰는 규율을 정한다. Boice(1990, pp. 77-78)는 다음과 같은 좋은 글쓰기 습관을 기르는 데 도움이 되는 아이디어를 제공한다.

- 하루 중 글쓰기를 최우선 생활 원리로 두어 기분에 개의치 않고 또 쓸 준비성에 구애받지 않고 하루 활동을 써 본다.
- 규칙적인 글쓰기 시간을 할애할 수 없다면 주간표 또는 2시간 30분 간격으로 일과표를 작성해 본다.
- 맑은 정신일 때 쓴다.
- 술 마시고 쓰지 않는다.
- 조금씩 일정한 양을 쓴다.
- 각 절(節)마다, 특히 다루기 편한 부분을 계획하여 글쓰기 과업을 계획한다.
- 매일 도표화하여 관리한다. 적어도 세 가지, 즉 (1) 글을 쓰며 보내는 시간, (2) 끝마친 쪽수의 상당량, (3) 계획량 대비 완성량의 백분율을 그래프로 나타낸다.
- 매일 목표를 초과하는 계획을 세운다.
- 발표할 준비가 됐다는 느낌이 들 때까지 도움을 주는 동료들과 함께 글쓰기를 공유한다.
- 특정 연구물에 부담을 갖고 있지 않다면 두 가지 혹은 세 가지 연구물을 동시에 써 본다.

또한 제대로 된 글쓰기는 시간이 걸린다는 점과 쉽게 써야 한다는 점을 인식하는게 중요하다. 육상선수가 달리기를 하기 전에 스트레칭을 하듯이 글을 쓰는 사람은 마음과 손가락을 부드럽게 할 필요가 있다. 여기서 피아노 연주자 한 사람이 생각나는데, 그 사람은 손을 비틀어야 칠 수 있는 어려운 작품 연습에 앞서 손가락 스트레칭을 하곤 했었다. 친구에게 편지를 쓰고, 컴퓨터에서 브레인스토밍을 즐기고, 좋은 글쓰기 책을 읽고, 좋아하는 시를 감상하는 등, 이와 같은 여유 있는 활동들은 글쓰기를 보다 더 쉽게 한다. 나는 한 소설의 일지: 에덴의 동쪽에 관한 서한(Journal of a Novel: The East of Eden Letters)에서 자세히 기술한 John Steinbeck(1969)의 '준비시기'(p. 42)를 상기한다. Steinbeck은 편집자이면서 가까운 친구인 Pascal Covici에게 편지 한 통을 쓰면서, 그에게 얻은 공책에 글쓰기를 시작한다.

글쓰기를 준비하는 데 또 다른 예시도 유익할 수 있다. Carroll(1990)은 기술적(記述的)·정서적인 구절을 넘어 글 쓰는 이의 조정력을 향상시킬 수 있는 다음과 같은 몇 가지 예를 제시하고 있다.

- 먼저 대상의 이름을 말하지 말고 대상의 부분과 규모로 대상을 기술한다.
- 극적이거나 흥미를 자아내는 주제에 대해서 두 사람 간에 나누는 대화를 써 본다.
- 복잡한 문제에 대해 해결 방향을 정해 본다.
- 하나의 주제를 정하고 그 주제에 관해 세 가지 다른 접근방식을 써 본다(pp. 113-116).

마지막 이 연습은 다양한 코드와 테마에 대한 자료를 분석하려는 질적 연구자를 위해 적절한 듯하다(질적 자료의 분석에 대해서는 제9장 참조).

글쓰기의 단련 과정에 도움이 되는 도구와 물리적 장소에 대해서도 생각해 보라. 도구는 이를테면 컴퓨터, 노란 규격사이즈 종이철, 맘에 드는 펜, 연필, 심지어 커피와 과자(Wolcott, 2009)와 같은 것인 바, 이들은 글을 쓸 때 글을 쓰는 이가 편안한 방식을 선택하면 된다. 물리적인 환경도 도움을 줄 수 있다. 퓰리처상을 수상한 소설가 Annie Dillard(1989)는 지나치게 화려한 일터를 피했다.

> 소설가는 바깥 풍경이 없는 방을 원하는 바, 상상은 어둠 속에서 기억을 만날 수 있음이로다. 한 작품의 모양새가 갖추어졌던 7년 전, 나는 빈 벽에 긴 책상을 밀어 붙여 놓아 창문조차도 볼 수 없었다. 15년 전에, 또 한 번 나는 주차장의 위쪽에 콘크리트 블록으로 만든 작은 독방에서 글을 썼다. 건너편 타르에 자갈을 이갠 지붕이 내려다보였다. 수목 아래 소나무로 지은 이 오두막집은 연구하기에 콘크리트 블록집과 아주 같지는 않았지만, 그래도 할 만했었다. (pp. 26-27)

원고의 가독성(可讀性)

연구계획서 쓰기를 시작하기 전에 다른 사람들이 그것을 읽기 편하도록 하는 방법을 생각해야 한다. 미국심리학회 논문작성법(APA, 2001)은 아이디어와 단어로의 전환 사이에 관련성을 드러내는 정연한 표현을 주문한다. 더욱이 아이디어의 각색화와 예시화(foreshadowing), 일관된 계획 세우기 등 일관된 용어의 사용이 중요하다.

● **연구계획서에 일관된 용어를 사용한다.** 양적 연구에서 언급되는 변인 혹은 질적 연구에서의 중심 현상을 매번 동일한 용어로 사용한다. 독자가 아이디어의 의미를 제대로 알 수 있게 애써야 하고 이해할 수 없는 의미 변화를 감지해야 하는 문제가 야기될 수 있는, 이러한 유사어의 사용을 가급적 삼간다. 용어가 바뀌면 아주 미세하게 바뀌더라도 독자들은 혼란스러워하고 여러분의 아이디어에 대해 의문을 갖게 된다.

● 내러티브 사고(narrative thought)의 상이한 유형을 독자에게 안내할 방법을 고민해 본다. Tarshis(1982)는 글의 각 부분에는 목적이 있고, 그 목적은 서로 차원이 다르다는 것을 글 쓰는 사람이라면 유념해야 한다고 주장하였다. 그에 의하면 네 가지 유형이 있다고 한다.

1. 포괄적 사고(umbrella thought) : 연구주제를 분명히 드러내고자 하는 핵심 아이디어
2. 큰 사고(big thought) : 포괄적인 사고 범위 내에 속한, 그러나 뚜렷한 아이디어나 이미지, 그리고 포괄적인 사고를 바탕으로 더 강화하거나 명료화하거나 정교화히는 것을 돕는 뚜렷한 아이디어나 이미지
3. 작은 사고(little thoughts) : 큰 사고를 강화하는 것이 주요 기능인 아이디어나 이미지
4. 관심 혹은 흥미 사고(attention or interest thought) : 독자가 아이디어를 조직하는 전체 과정에, 그리고 특정 부분에 관심을 기울이는 것이 목적인 아이디어

처음 시작하는 연구자는 포괄적 사고와 관심 사고를 가지고 대개 고민한다. 연구계획서는 핵심 아이디어를 지지할 수 있을 만큼 충분히 세분화되지 않은 내용으로,

포괄적인 아이디어를 지나치게 많이 포함할 수도 있다. 이것은 연구자가 큰 규모의 문헌을 함께 묶어 큰 장으로 만들기보다 작은 섹션으로 문헌검토를 할 필요성을 말해 주는 것이다. 이 문제의 분명한 점은 원고를 쓸 때 하나의 주요한 아이디어에서 다른 아이디어로의 계속적인 변환이라는 것이다. 우리는 전문기자가 쓴 신문기사처럼, 연구계획서의 도입 부분에 짧은 문단을 흔히 접할 수 있다. 포괄적인 아이디어를 뒷받침하기 위해 상세한 서사의 관점에서 사유하는 것은 이 문제를 해결하는 데 도움이 될 수도 있다.

독자에게 조직적인 진술을 제공하기 위해서는 관심 사고를 안내할 필요가 있다. 독자들은 하나의 주요한 아이디어에서 그다음의 아이디어에 이르기까지 그들을 안내할 연구 표지판이 필요하다(이 책의 제6장과 제7장은 연구목적 진술, 연구질문, 가설과 같은 연구의 주요 표지판에 대해 논한다). 문단의 조직은 시종일관 문헌 고찰에 필요한 것이다. 독자들은 서론의 문단을 통해 대략적인 아이디어의 조직을 이해할 필요가 있으며, 또 독자들이 기억해야 하는 아주 특별한 점을 요약 부분에 언급할 필요가 있다.

- 원고의 가독성을 높이기 위해 **일관성을 유지한다.** 일관된 글쓰기(coherence in writing)는 아이디어를 함께 묶어내고 또 한 문장에서 다른 문장으로, 한 문단에서 다른 문단으로의 흐름이 논리적인 것을 의미한다. 예를 들면, 양적 연구에 있어서 제목에 동일한 변인어의 반복, 연구목적 진술, 연구의 질문들, 문헌고찰 등은 이와 같은 생각을 보여 준다. 이러한 접근은 연구에 일관성을 유지시켜 준다. 또한 독립변인과 종속변인을 언급할 때마다 일관된 정렬을 강조하는 것도 이러한 글쓰기 아이디어를 강화시켜 준다.

보다 상세한 차원에서 원고의 문장과 문단을 관련시킬 때 일관성은 높아진다. 모든 문장은 그 앞의 문장과 논리적 계열성이 유지돼야 한다고 Zinsser(1983)는 역설한다. '중심 아이디어 고리걸기(hook-and-eye)' 활동은 모든 문장, 모든 문단의 아이디어를 연결하기에 좋다(Wilkinson, 1991). 그 기본적인 아이디어는, 한 문장은 다음 문장을 염두에 두고 쓰여야 하고, 한 문단을 구성하는 문장들은 다음 문단으로 이어져야 한다는 것이다. 이를 가능하게 하는 것은 연계성을 제공하는 특정 단어의 사용이다.

예 4.5의 한 학생이 쓴 연구계획서 초고는 높은 일관성의 수준을 보여 준다. 이 연구계획서는 '위기에 처한 학생들(at-risk-students)'이라는 질적 연구를 활용한 박사 학위논문 작성을 위한 초고 중 서론이다. 이 '위기에 처한 학생들'이라는 예시 글에 모든 문장과 모든 문단의 아이디어를 연결하는 '중심 아이디어(eye)'를 찾아 둥글게 그려 보고 또 화살표로 '고리걸기(hook)' 활동을 자유롭게 하도록 한다. 이미 언급한 바와 같이 이 '중심 아이디어 고리걸기' 활동(Wilkinson, 1991)의 목표는 각 문장과 문단의 중요 사고(그리고 어휘)를 관련시키는 데 있다. 그러한 고리걸기가 잘되지 않는다면 그 글은 일관성이 부족하고 아이디어와 주제가 흔들리며 독자는 확실한 관련을 짓기 위해 연결하는 단어, 어구, 문장을 추가해야 한다. 또한 독자는 아이디어가 연구에서 어떻게 구축되어 가는지 이해할 수가 없다.

연구계획서 쓰기에 관한 수업을 할 때, 우리는 누군가 쓴 한 연구계획서의 서론 중 한 부분을 학생들에게 제공한다. 그리고 학생들에게 문장의 중심 아이디어 부분에 동그란 고리 모양을 그려 넣어 문장을 연결 지으라고 요구한다. 또 모든 문장의 중심 아이디어들을 각각 연결하는 줄긋기를 요구한다. 연구계획서가 시작하는 첫 페이지에서 일관성을 찾는 것은 중요하다. 우리는 처음에 학생들에게 아무런 표시가 없는 글을 주고 나서, 한참 후에 표시된 예시 글을 제공한다. 한 문장의 중심 아이디어는 그다음 문장의 중심 아이디어와 연결돼야 하기에 학생들은 예시 글에서 이같은 관계를 표시할 필요성을 느낀다. 만일 문장의 연결이 잘 안된다면, 다른 말로 바꿔 넣을 필요가 있다. 또한 우리는 학생들에게 문단은 각 문장의 중심 아이디어를 찾는 것뿐만 아니라 그것을 고리로 걸어 연결하는 활동을 확실히 하도록 요구한다.

| 예 4.5 | **중심 아이디어 고리걸기 기법의 예시**

그들은 자신이 원한 게 아니라 자신들에게 배치된 자리였기에 교실의 뒤편에 앉는다. 대부분의 교실에는 눈에 보이지 않는 장벽이 교실을 나누고 학생을 분리한다.

교실의 앞쪽에는 '모범' 학생이 자리하는 바, 그들은 즉석에서 주목을 끌기 위해 거수한 채 기다린다. 운동선수와 그들을 따르는 학생들은 교육 올가미에 걸린 거대한 곤충처럼 몸을 웅크린 채, 교실의 한 가운데를 차지한다. 교실 내에서 지위와 그들 스스로 확신이 결여된 학생은 교실의 뒤쪽에서 학생들을 빙 둘러앉는다.

중심으로부터 비켜 있었던 학생은 여러 이유로 미국의 공교육 체제에서 성공하지 못한 채 일정한 인구를 구성하고 있다. 그들은 언제나 학생집단의 일정한 부분이 돼 왔다. 그들은 과거에 불우아, 부진아, 지진아, 빈곤아, 굼뜬 아이 등 여러 이름으로 불려 왔다(Cuban, 1989; Presseisen, 1988). 요즈음 그들을 '위기에 처한 학생'으로 부른다. 그들의 표정은 변하고 있으며 도시에서 그들의 수는 늘어나고 있다(Hodgkinson, 1985).

지난 8년간, '위기에 처한 학생들'과 교육 수월성의 그 필요에 대한 많은 양의 연구가 전례 없이 있어 왔다. 1983년 정부는 '위기에 처한 국가(A Nation At-Risk)'라는 개혁안을 발표한 바 있다. 이 문건에는 미국 교육체제의 문제점을 그대로 드러내어 개혁을 강하게 요구했다. 개혁 초기의 대부분에는 보다 활발한 교육과정과 학생들의 성취 수준을 보다 제고시키는 데 역점을 두었다(Barber, 1987). 교육수월성에 열을 올리고 있는 와중에, 있다는 존재를 느낄 수 없는, 비켜 있는 학생들의 요구는 뚜렷해진다. 모든 학생은 질적으로 공정한 교육기회를 담보해야 한다는 문제에 거의 주목하지 못했다(Hamilton, 1987 ; Toch, 1984). 교육수월성의 제고에 대한 노력만큼이나 '위기에 처한 학생들'에 대한 필요성이 더 뚜렷해졌다.

초기 연구의 대부분은 '위기에 처한 학생들'의 특징을 확인하는 데 역점을 두었다(OERI, 1987; Barber & McClellan, 1987; Hahn, 1987; Rumberger, 1987), 반면에 다른 교육연구물은 개혁을 요구하고 '위기에 처한 학생들'을 위한 프로그램을 개발한 것이다(Mann, 1987; Presseisen, 1988; Whelage, 1988; Whelege & Lipman, 1988; Stocklinski, 1991; Levin, 1991). 이 문제에 대한 탐구와 연구는 많은 교육기관뿐만 아니라 교육, 기업, 산업 등의 분야에서 전문가가 수행했다.

'위기에 처한 학생들'의 특징을 확인하고 그들의 요구를 충족시키는 프로그램 개발이 진전해 왔지만, '위기에 처한' 쟁점의 본질은 미국 학교교육 시스템을 여전히 괴롭히고 있다. 몇몇 교육자들은 더 연구할 필요성이 없다고 생각한다(DeBlois, 1989; Hahn, 1987). 또 다른 연구자는 산업과 교육 사이에 더 강력한 네트워크를 요구한다(DeBlois, 1989; Mann, 1987; Whelege, 1988). 그들은 여전히 교육시스템 전반의 재구조화를 요구한다(OERI, 1987; Gainer, 1987; Levin, 1988; McCune, 1988).

결국 전문가에 의해 이루어진 연구를 통해서 보면, 여전히 교육의 주변부에 맴도는 학생들이 있다. 이 연구의 독자성은 교육원인과 교육과정에서 학생에게로 그 관심의 초점이 옮겨진다는 점이다. 이제 학생들에게 물음을 던지고 그들의 반응에 대해 귀 기울일 때이다. 이러한 부가적인 활동이 연구에 대한 보다 깊은 이해를 낳게 할 것이며, 더 심오한 개선으로 이끌게 될 것이다. 학생들의 학습과정을 저해하는 공교육 내의 공통요소가 있다면, 낙오자와 잠재적 낙오자를 더 심층 면담해야 할 것이다. 이러한 정보는 교육에 새로운 접근을 끊임없이 시도하는 연구자에게나 매일 학생들과 함께 공부하는 교사에게 모두 유익할 것이다.

태, 시제, 군더더기

우리는 광범위한 사고와 문단을 다루는 것에서 단어와 문장을 써 내려가는 단계로 이행하고자 한다. 문법과 문장 구성 문제는 미국심리학회 논문작성법(APA, 2010)에서 제시하는 바와 유사하다. 그렇지만 우리는 학생들의 연구계획서와 내 자신의 글쓰기에서 보았던, 즉 공통문법 문제 중 가장 중요한 부분을 이 절에서 말하고자 한다.

Franklin(1986)의 말을 빌리면 글을 '다듬는' 단계인 바, 그쪽으로 관심을 기울여야 한다는 게 우리의 생각이다. 이는 글 쓰는 과정에서 마지막 단계로 표현될 수 있다. 좋은 문장 구성과 좋은 단어 선택과 관련된, 규칙과 원리에 따라 쓰인 문학작품과 연구물들은 흔하게 찾아볼 수 있다. 가령 질적인 민족지학적 학자인 Wolcott(2009)는 다음과 같은 편집 기술을 익혀야 한다고 말한다. 즉 불필요한 단어를 제거하고(핵심 단어는 유지하면서), 수동태를 줄이고(능동태를 활용하고), 수식어를 남용하지 않고(수식어는 하나 이상 사용하지 않도록), 구절을 남용하지 않고 (이런 것들은 완전히 없애 버리고), 과도한 인용과 이탤릭체 사용 및 괄호 안의 설명 하는 말(좋은 학문적인 글의 제반 요소들이지만)을 줄여야 한다는 점이다. 능동태, 동사의 시제, 그리고 군더더기를 줄이는 것에 관한 다음의 아이디어는 학위논문이 나 그 연구계획서 작성에 있어 보다 학술적인 글쓰기를, 또 보다 생동감 있는 글쓰 기를 가능하게 할 것이다.

- 학술적인 글쓰기에서 가능하면 **능동태**를 사용한다(APA, 2010). 문학가 Ross-Larson(1982)에 따르면, "주어가 능동적이면 태는 능동을, 주어가 피동적이 면 태는 수동태를 쓴다"(p. 29). 게다가 수동적 구성의 징후는 '~였다(was)' 와 같은 조동사의 변형에서 알 수 있다. '~될 것이다(wll be)', '되어 왔다(have been)', '존재하고 있다(is being)'와 같은 존재동사(be)의 변형이 그 예이다. 글을 쓰는 사람은 행위 하는 사람이 논리적으로 문장의 바깥에 놓여 있을 때, 그리 고 나머지 문단의 주어가 피동일 때 수동 구성을 사용할 수 있다(Ross-Larson, 1982).

- 글에 적합한 강한 **능동형 동사**를 활용한다. 상태 동사는 움직임이 결여되어 있 는, is나 was 같은 흔히 말하는 be동사, 혹은 형용사나 부사로 전환될 수 있는 동사를 가리킨다.

- 동사 시제에 각별히 유의한다. 문헌 고찰을 하거나 선행연구 결과를 언급할 때는 과거 시제를 사용하는 것이 일반적이다. 과거 시제는 양적 연구에서 흔 히 발견되는 형태이다. 미래 시제는 연구가 미래에 수행될 것임을 나타내므 로, 따라서 연구계획서의 주된 동사 형태이다. 연구에 생기를 불어넣으려면, 특히 서론에서는 현재 시제를 사용한다. 현재 시제는 질적 연구에서 흔히 발 견된다. 혼합적 연구에서는 연구자들이 현재 혹은 과거 시제를 사용하는데, 어떤 시제가 적절한가는 흔히 주로 지향하는 바가 양적인지 질적인지에 따 라 결정된다(이 점은 혼합적 연구에 관한 제10장에서 두 접근에서의 '우선권' 이라는 개념으로 다루어질 것이다). 미국심리학회 논문작성법(APA, 2010)은 과 거 시제(예 : 'Jones가 보고한') 혹은 현재 완료형 시제(예 : '연구자가 보고해 왔

던'), 과거의 사건에 근거한 문헌 검토나 절차, 결과를 기술(記述)하기 위한 과거 시제(예 : '겸손을 강조하기 위해'), 그리고 결과를 논의하고 결론을 드러내기 위한 현재 시제(예 : '질적인 성과물을 보여 준다') 등을 추천하고 있다. 우리는 이 같은 것들이 엄정한 규칙으로서가 아니라 유용한 지침임을 말하고자 한 것이다.

● 군더더기를 다듬기 위한 초안의 수정과 편집을 예상하라. 군더더기는 아이디어의 의미를 전달하는 데 불필요하게 덧붙여져서 편집될 필요가 있는 단어들을 가리킨다. 초안의 다양한 글쓰기는 글을 아주 훌륭히 쓰는 사람이 되기 위한 실천적 준거이다. 그 전형적 과정은 글을 쓰고, 비평하고 편집하는 것으로 이루어진다. 문장의 지나친 단어, 과장된 수식어, 부적절한 전치사, 쓸데없이 불필요한 말을 덧붙이는[예 : '~에 관한 연구(the study of)'] 구성 등을 편집의 과정에서 다듬는다(Ross-Larson, 1982). 다음과 같이 Bunge(1985)가 언급한 글쓰기 예는 불필요한 산문을 상기하게 한다.

요즈음 여러분은 목하(目下) 문장을 굳이 복잡하게 쓰려고 애쓰는, 영특하다 할 만한 사람을 볼 수 있다. 내 친구 한 사람은 대학의 행정가인데, 이따금씩 복잡한 문장으로 말한다. 그는 "나는 여러분들이 ~을 할 수 있기를 소망한다."와 같이 시작해 놓고선 곤경에 빠진다. 처음 만났을 때 그는 이 같은 식으로 결코 말하지 않았다. 심지어 청소년 시절 위기의식에서 벗어나자 그는 젊은 시절 나이에 맞지 않게 건방지게 말한다. (p. 172)

질적 · 양적 · 혼합적 방법 연구설계를 활용한 훌륭한 글쓰기 공부를 시작해 보자. 좋은 글을 쓰려면 눈은 한 구절에 멈추지 말아야 하고 마음도 한 구절에 얽매이지 않아야 한다. 이 책에서 나는 *Administrative Science Quarterly, American Educational Research Journal, American Journal of Sociology, Image, Journal of Applied Psychology, Journal of Mixed Methods Research, Journal of Nursing Scholarship, Sociology of Education*과 같은 인문과학 및 사회과학 논문집에서 좋은 글을 발췌했다. 질적 연구 영역에서의 좋은 문헌은 명료한 글과 상세한 구절을 예시하는 데 도움이 된다. 질적 연구를 가르

치는 사람은 읽기자료로 모비딕, 주홍글자, 허영의 불꽃 등과 같은 유명한 작품을 읽혀야 한다(Webb & Glesne, 1992). *Journal of Contemporary Ethnography, Qualitative Family Research, Qualitative Health Research, Qualitative Inquiry, Qualitative Research* 등은 질적 연구 분야에서 참고할 만한 좋은 학술지이다. 혼합적 연구방법을 활용할 때는 *Journal of Mixed Methods Research, Field Methods*, 그리고 *Quality and Quantity, International Journal of Social Research Methodology*와 같은 여러 사회과학 논문집에 게재된 질적 · 양적 연구방법과 자료로 이뤄진 연구보고서들을 면밀히 살펴보라. *SAGE Handbook of Mixed Methods in the Social & Behavioral Research*(Tashakkori & Teddlie, 2010)과 *The Mixed Methods Reader*(Plano Clark & Creswell, 2008)에 인용된 수많은 저널논문을 상세히 살펴보라.

예상되는 윤리적 문제

연구계획서를 작성하는 과정을 개념화하는 것과 더불어 연구자는 연구의 과정에 발생할 윤리적 문제를 예상할 필요가 있다(Berg, 2001; Hesse-Biber & Leavy, 2011; Punch, 2005; Sieber, 1998). 연구자는 인간에 관한, 인간으로부터 자료를 수집한다(Punch, 2014). 예상되는 이러한 윤리적인 문제에 대해 적어 보는 것은 연구계획서 형식상 요구되는 주요 주제이기도 하지만 연구의 필요성을 주장하기 위해서도 필요하다. 연구자는 연구참여자를 보호해야 하고, 그들을 신뢰해야 하고, 연구의 흠결이 없도록 해야 하며, 연구참여자의 조직과 시설의 위법이나 오용에 대해 안내해야 하며, 새롭게 나타날 문제를 극복해야 한다(Israel & Hay, 2006). 최근 윤리적 문제의 논점은 연구보고서의 사생활 폭로와 진실성과 신뢰성, 다른 문화에 대한 연구자 역할과 같은 문제, 인터넷 자료를 수집하는 과정에 빚어지는 사생활 문제가 뚜렷이 부각되고 있다(Israel & Hay, 2006).

　오늘날에는 연구의 윤리적 문제에 더 각별한 주의를 기울여야 한다. 미리 예상해 보아야 하는 윤리적 고려사항은 광범위하고 연구 과정 전반에 영향을 미친다. 이러한 문제는 양적 · 질적 그리고 혼합적 연구에 관련되고 연구의 모든 국면에 걸쳐 있다. 연구계획서 작성자는 그러한 문제를 예측하고 연구설계 시 적극적으로 다루어

표 4.1 양적·질적 및 혼합적 연구에서의 윤리적 문제		
연구 과정 중 어디에서 윤리적 문제가 발생하는가	윤리적 문제의 유형	문제를 어떻게 다룰 것인가
연구 수행에 앞서	• 전문 협회의 규정 검토하기 • 대학 캠퍼스의 생명윤리위원회(IRB)를 통해 승인 구하기 • 사이트와 참여자로부터 해당 연구에 대한 허락받기 • 연구결과에 따른 수혜 여부가 없는 사이트 구하기 • 출판에 따른 저작권 협상하기	• 해당 분야 전문 협회의 윤리강령을 참조하라. • IRB의 승인을 요청하는 연구계획서를 제출하라. • 해당 연구에 필요한 승인사항을 확인하고 승인 과정을 거치라. 담당자 혹은 협조를 구할 수 있는 핵심 인사를 찾아라. • 연구자들과 권력 문제를 일으키지 않을 사이트를 구하라. • 연구 프로젝트에 기여한 공적을 인정하라. 향후 출판될 논문에서 저자 순서를 정하라.
연구를 시작하면서	• 참여자들에게 도움이 되는 연구문제 찾기 • 연구목적 공개하기 • 참여자들에게 동의서 서명 강요하지 않기 • 지역 사회의 고유한 규준과 기준을 존중하기 • 약자 집단의 요구를 세심하게 배려하기	• 참여자들의 요구에 대해 요구 분석을 하거나 혹은 그들과 비공식적인 대화를 하라. • 참여자들과 접촉하여 그들에게 연구의 전반적인 목적을 알려 주라. • 참여자들에게 동의서에 서명하지 않아도 됨을 알려 주라. • 문화적·종교적·성적 차이 등을 알고 존중하라. • 적절한 동의를 구하라(예 : 어린이들뿐 아니라 그 부모).
자료를 수집하면서	• 연구 장소를 존중하고 가능한 혼란스럽게 하지 않기 • 모든 참여자가 동등하게 대우받도록 하기 • 참여자를 기만하지 않기 • 잠재적인 힘의 불균형과 참여자 이용(예 : 인터뷰, 관찰)에 대해 신중하기 • 자료를 수집하고 현장을 떠나버림으로써 참여자를 '이용'하지 말기 • 유해한 정보의 수집을 피하기	• 신뢰를 구축하고, 전근 과정에서 예상되는 혼란의 정도를 알게 하라. • 처치를 통제할 수 있도록 대기자 규정을 마련하라. • 연구목적과 자료 활용에 대해 토론하라. • 유도 질문을 피하라. 개인적인 느낌을 공유하지 말라. 민감한 정보를 공개하지 말라. 참여자로 하여금 협력자가 되게 하라. • 참여에 대한 보상을 하라. • 면담 프로토콜에 기술된 질문을 벗어나지 말라.

표 4.1 양적·질적 및 혼합적 연구에서의 윤리적 문제(계속)		
연구 과정 중 어디에서 윤리적 문제가 발생하는가	윤리적 문제의 유형	문제를 어떻게 다룰 것인가
자료를 분석하면서	• 참여자의 편에 서지(원주민이 되지) 말기 • 긍정적인 결과만 공개하지 말기 • 참여자의 프라이버시와 익명성을 존중하기	• 다양한 관점을 보고하라. • 상반되는 결과를 보고하라. • 가명 혹은 별명을 부여하라. 참여자에 대한 종합적인 프로파일을 만들라.
자료를 보고·공유·축적하면서	• 저작권, 증거, 자료, 결과, 결론을 조작하지 말기 • 표절하지 말기 • 참여자에게 해를 끼칠 수 있는 정보는 공개하지 말기 • 명료하고 직설적이며 적절한 언어로 의사소통하기 • 다른 사람과 자료를 공유하기 • 원자료 및 다른 자료를 보존하기(예 : 세부 절차, 도구) • 연구물을 자기표절하거나 조금씩 분할해서 발표하지 말기 • 윤리적인 문제를 해결하고 이해 관계의 상충이 없음을 입증하기 • 자료의 소유권이 누구에게 있는지 확실히 하기	• 정직하게 보고하라. • 다른 연구의 재생이나 원용을 위해 필요한 허가를 얻기에 관한 APA(2010)의 가이드라인을 참조하라. • 개인의 신원이 드러나지 않도록 복합적인 이야기를 활용하라. • 연구의 독자들에게 적합한 선입견이 배제된 언어를 사용하라. • 참여자와 이해당사자에게 보고서를 배포하라. 연구 결과를 다른 연구자와 공유하라. 웹사이트를 이용한 배포를 고려하라. • 관련 자료는 5년간 보존하라(APA, 2010). • 같은 자료는 2회 이상의 발표에 사용하지 말라. • 연구 지원 기관을 공개하라. 연구 수혜자를 공개하라. • 연구자, 참여자, 자문위원의 업적을 인정하라.

출처 : APA(2010), Creswell(2013), Lincoln(2009), Mertens & Ginsberg(2009), Salmons(2010).

야 한다. 따라서 연구의 다양한 국면에서 관련이 있을 때마다 거론하는 것이 도움이 된다. 표 4.1에서 보는 바와 같이 연구를 수행하기 전에, 연구를 시작할 때, 자료를 수집하고 분석하는 중에, 그리고 자료를 보고하고 공유하며 정장할 때 윤리적 문제에 주의를 기울일 필요가 있다.

연구의 시작에 앞서

- 윤리강령을 살펴본다. 연구계획서를 구상할 때는 일찌감치 해당 분야 전문 학회의 윤리강령을 검토한다. 문헌에서는 연구자들의 전문적인 연구 수행에 대해 논의하고 윤리적인 딜레마 및 그 가능한 해결책에 대해 언급할 때 윤리적인 문제가 발생한다(Punch, 2014). 다수의 국가 수준 전문 학회에서는 웹사이트에 윤리강령 및 규정을 게재해 두었다. 예를 들면 다음과 같은 웹사이트들이 있다.

  ○ 미국심리학회 심리학자 윤리원칙 및 행동강령. 2010년 수정 내용 포함. (www.apa.org/ethics/code/index.aspx)

  ○ 미국사회학회 윤리강령. 1997년 채택됨. (www.asanet.org/images/asa/docs/pdf/CodeofEthics.pdf)

  ○ 미국인류학회 윤리강령. 2009년 2월. (www.aaanet.org/issues/policy-advocacy/Code-of-Ethics.cfm)

  ○ 미국교육연구협회 윤리규정 2011. (www.aera.net/AboutAERA/AERARulesPolicies/CodeofEthics/tabid/10200/Default.asp)

  ○ 미국간호학회 간호 윤리강령. 2001년 6월 승인 규정. (www.nursingworld.org/codeofethics)

- 생명윤리위원회(institutional review board, IRB)에 신청한다. 연구자들은 대학 캠퍼스 내에 있는 생명윤리위원회에서 자신들의 연구계획서를 검토하게 할 필요가 있다. 캠퍼스에는 인권 침해로부터 보호해야 한다는 연방정부의 규정에 따라 IRB가 존재한다. IRB는 연구자들로 하여금 연구참여자들에게 가해질 수 있는 잠재적 위험성, 가령 신체적·심리적·사회적·경제적 혹은 법적인 손상을 평가하게 한다(Sieber, 1998). 또한 연구자는 미성년자(19세 이하), 정신적으로 온전하지 못한 참여자, 희생자들, 신경 손상을 입은 사람들, 임산부 혹은 태아, 죄수, 그리고 AIDS 질환자와 같은 취약 계층의 특수한 요구를 고려해야 한다. 연구자로서 여러분은 참여자들에 대한 고지에 입각한 동의서를 IRB에 제출하여 그들로 하여금 연구 과정에서 참여자들이 얼마나 위험에 노출될

지 심사할 수 있도록 해야 한다. 그 밖에도 참여자들이 자료를 제공하기 전에 연구조건을 충분히 숙지한 다음 동의서에 서명하도록 해야 한다. 동의서에는 인권 보호를 보장하는 기본적인 요소들이 포함된다. 다음과 같은 사항들이다 (Sarantakos, 2005).

- ○ 연구자 인적사항
- ○ 지원 기관 확인사항
- ○ 연구목적
- ○ 참여자에게 주어지는 혜택
- ○ 참여자의 참여 유형 및 수준
- ○ 참여자에게 가해질 수 있는 잠재적 위험
- ○ 참여자의 비밀보장
- ○ 참여자는 언제든 참여를 중단할 수 있다는 확인
- ○ 질문사항에 대해 연락할 수 있는 사람의 명단

● **필요한 허가를 받는다.** 연구에 앞서 연구자들은 현장접근을 결정하는 권력을 가진 사람(예 : 출입관리자)의 승인을 받고 참여자들을 연구할 필요가 있다. 이러한 과정에는 종종 소요 시간, 연구의 잠재적 영향 및 결과를 명시한 편지 발송이 포함된다. 전자 인터뷰 혹은 전자 설문조사를 통해 얻은 인터넷상의 응답을 사용하려면 참여자의 허락이 필요하다. 이것은 먼저 허락을 받은 다음 면담지나 조사지를 보냄으로써 가능하다.

● **기득권이 없는 연구현장을 선정한다.** 그 결과에 개인적인 이해가 관련되어 있는 연구현장을 선정한다는 것은 좋지 않은 생각이다. 그것은 양적 연구에 요구되는 객관성을 담보하지 않고, 질적 연구에 요구되는 다양한 관점을 충분히 제시하도록 허용하지 않는다.

● **출판과 관련된 저작권을 협의한다.** 연구결과를 출판할 계획(논문의 경우에는 흔히 그러한데)이라면 연구 개시 전에 협의해야 할 중요한 문제 가운데 하나가 연구참여자의 저작권 문제이다. 저자 순서는 처음부터 언급해서 기여한 바에 따라 정당한 대우를 받도록 해야 한다. Israel과 Hay(2006)는 원고 작성에 기여하지 않은 유령 저자에게 소위 '저작권 상납'이 이뤄지고, 반면 실제로 중요한

기여를 한 젊은 연구진은 저자 명단에서 누락되는 비윤리적인 관행에 대해 언급하였다. 저자의 참여 및 저작권 순서는 연구가 진행되면서 바뀔 수도 있지만 프로젝트 초반에 기본적인 이해를 해두는 것이 출판에 임박해서 이 문제를 거론할 때 도움이 된다.

연구를 시작할 때

- 연구문제가 어떤 이점을 갖는지 확인한다. 연구문제를 확인하는 과정에서 그 문제가 연구대상이 되는 사람들에게 어떤 이익을 주는지, 즉 연구자 이외의 사람들에게 어떤 의미가 있는지 확인하는 것이 중요하다(Punch, 2014). Hesse-Biber와 Leavy(2011)는 "연구문제 선정 과정에서 윤리적인 문제는 어떻게 작용하는가?"(p. 86)라는 문제를 제기하였다. 이와 관련하여 연구자들이 연구 진행 과정에서 참여자들을 고려하지 않는 일이 일어나지 않도록 연구계획서 작성자는 예비 프로젝트를 수행하고 요구분석을 실시하거나, 혹은 참여자들과 신뢰와 존경을 구축하는 비공식적인 대화를 할 수 있다.

- 연구목적을 공개한다. 연구목적, 핵심적인 취지, 연구문제 등을 기술할 때 연구계획서 작성자는 참여자들을 염두에 두고 제시할 필요가 있다(Sarantakos, 2005). 연구자가 마음에 두고 있는 목적이 참여자들이 알고 있는 목적과 다르다면 일종의 기만인 셈이다. 연구자가 연구의 후원자를 명시적으로 밝히는 것도 중요하다. 예컨대, 설문조사지의 표지를 디자인함에 있어 후원자는 우편조사인 경우 신뢰 구축의 중요한 요소가 된다.

- 참여자들에게 동의서에 서명하도록 압력을 행사하지 않는다. 연구에 대한 동의를 구할 때 연구자는 참여자들로 하여금 동의서의 내용을 설명한 다음 서명하도록 압력을 넣어서는 안 된다. 참여자는 자발적인 의사결정자로 간주되어야 하고, 따라서 연구자는 동의서에 대한 안내를 하면서 연구에 참여하지 않는다는 결정을 할 수도 있음을 설명해야 한다.

- 토착 문화의 규범과 규준을 존중한다. 연구자는 참여자와 현장에 문화적, 종교적, 성적 혹은 다른 차이들이 존재할 수 있음을 예상하고 어떠한 차이라도 존중해야 한다. 미국 인디언 부족과 같은 토착민들의 규범과 규준에 대한 최근

논의들이 준수될 필요가 있다(LaFrance & Crazy Bull, 2009). 미국 인디언 부족은 부족원들에게 종교 의식을 집전할 때 어떤 연구가 수행될지, 연구의 결과가 토착 문화와 규준에 민감하다면 어떻게 보고될 것인지 결정하는 권리를 되찾을 수 있다.

자료 수집 과정에서

- 현장을 존중하고 가능한 혼란스럽게 만들지 않는다. 연구자들은 연구현장을 존중하고 연구 종료 후에 현장이 동요되지 않도록 해야 한다. 그러기 위해 조사자들은 특히 현장에서의 오랜 관찰과 면담을 수반하는 질적 연구에서 그 영향을 인식하고 물리적 환경의 파괴적인 영향을 최소화하도록 해야 한다. 예를 들어, 참여자들의 활동 흐름이 방해받지 않도록 방문 시간을 정할 수 있다. 또한 많은 기관들은 환경을 교란하지 않고 연구를 수행하도록 유도하는 지침을 보유하고 있다.

- 모든 참여자들에게 확실히 혜택이 돌아가게 한다. 실험연구에서는 연구자가 실험집단뿐 아니라 모든 참여자들이 실험으로부터 혜택을 받을 수 있는 방식으로 자료를 수집해야 한다. 그러려면 모든 집단 혹은 실험의 모든 단계에서 일정한 처치가 이루어져서 궁극적으로는 모든 집단이 이로운 처치를 받도록 해야 할 것이다(예 : 대기자 명단). 나아가 연구자와 참여자 모두가 연구로부터 혜택을 받아야 한다. 어떤 상황에서는 힘이 오용되어서 참여자들이 프로젝트에 매몰될 수 있다. 개인들이 연구에 협력적으로 참여하는 것은 상호적이다. 질적 연구에서 흔히 발견되는 극히 협력적인 연구에서는 설계, 자료의 수집과 분석, 보고서 작성, 그리고 연구결과의 보급과 같은 연구의 전 과정에 걸쳐 참여자들이 공동연구자 역할을 수행한다(Patton, 2002).

- 연구참여자들을 기만하지 않는다. 참여자들이 연구에 적극적으로 참여하고 있음을 알아야 한다. 이 문제를 상쇄하기 위해서는 참여자들에게 연구의 목적을 상기시켜 주는 지시문을 배포한다.

- 힘의 불균형이 있더라도 그것을 존중한다. 질적 연구에서 면담이 도덕적 탐구로 간주되는 경향이 커지고 있다(Kvale, 2007). 양적 연구와 혼합적 연구에서도

그렇게 간주될 수 있을 것이다. 그렇다면 참여자들이 자신들의 발화가 어떻게 해석되는지, 피면담자에게 얼마나 비판적인 질문이 주어지는지, 면담의 결과가 피면담자와 그들이 속한 집단에 어떤 영향을 미치는지에 대해 발언할 기회가 있건 없건 간에, 면담자는 어떻게 하면 면담을 통해 인간들이 처한 상황(과학적인 지식뿐 아니라)을 개선할 수 있을지, 민감한 면담자와 피면담자의 상호작용이 참여자들에게 얼마나 스트레스를 가져다줄지를 고려할 필요가 있다. 면담(그리고 관찰)은 자료 수집가와 참여자 사이에 힘의 불균형이 존재한다는 전제에서 출발해야 한다.

- **연구참여자들을 이용하지 않는다.** 참여자들에게는 연구에 참여한 것에 대한 반대 급부가 있어야 한다. 참여에 대한 작은 보상일 수도 있고, 최종 연구 보고에 동참하는 것일 수도 있고, 혹은 그들을 공동연구자로 포함시키는 것일 수도 있다. 지금까지는 일부 연구자들이 자료 수집을 위해 참여자들을 '이용'하고는 돌연히 사라져 버리는 경우들이 있었다. 이것은 참여자 착취라 할 수 있고, 보상과 감사만이 연구에 소중한 자료를 제공한 사람들에게 존경과 보답이 될 수 있다.

- **유해한 정보는 수집하지 않는다.** 연구자들은 또한 자료 수집 과정에서 유해하고 사사로운 정보가 노출될 가능성이 있음을 예상해야 한다. 면담 중 혹은 면담 후에 이러한 정보의 영향을 예상하고 대비책을 마련하기는 어렵다(Patton, 2002). 예를 들어, 학생이 부모의 학대에 대해 논의하거나 죄수가 탈옥에 대해 이야기할 수 있다. 이러한 상황에서는 연구자의 윤리강령(학교인가, 교도소인가에 따라 다르겠지만)에 따라 참여자의 사생활을 보호하고 연구에 관여한 모든 사람들에게 이 내용을 전달하는 것이 전형적인 관례이다.

자료를 분석할 때

- **원주민이 되는 것을 피한다.** 연구참여자들의 관점을 지지하고 포용하기 쉽다. 질적 연구에서는 '편을 들어서' 참여자들에게 유리한 결과만을 다루는 것을 의미한다. 양적 연구에서는 연구자가 가지고 있는 개인적인 가설을 입증하거나 혹은 반증하는 자료를 고려하지 않음을 의미한다.

- 긍정적인 결과만 공개하지 않는다. 중요한 결과를 유보하거나 참여자나 연구자가 원하는 결과를 공개하는 것은 학문적으로 정직하지 못하다. 질적 연구에서는 연구자가 연구주제와 상치되는 결과를 포함하여 모든 연구결과를 보고해야 한다는 것을 의미한다. 좋은 질적 연구의 특징은 주제에 관한 다양한 관점들을 보고한다는 것이다. 양적 연구에서는 자료를 분석할 때 통계적인 검증이 제대로 반영되어야 함을 의미한다.

- **참여자의 사생활을 존중한다.** 프로젝트에 참여한 개인, 그들의 역할, 여러 가지 사건들의 익명성을 어떻게 보호할 것인가? 가령 조사연구에서 조사자는 코딩 및 기록 과정에서 응답자의 이름을 삭제한다. 질적 연구에서는 조사가 인명이나 지명에 대해 가명 혹은 별명을 사용함으로써 참여자의 신원을 보호한다.

자료를 보고, 공유 및 저장할 때

- **저작권, 증거, 자료, 결과 혹은 결론을 조작하지 않는다.** 자료를 해석할 때 연구자는 정보를 정확하게 전달해야 한다. 이런 정확성을 위해 양적 연구의 경우 연구자와 참여자 사이에 일종의 결과 보고회 같은 것이 있을 수 있다(Berg, 2001). 질적 연구에서는 타당화 전략을 통해 참여자 혹은 다양한 자료 제공원과 함께 자료의 정확성을 검증하는 전략 한두 가지가 사용될 수도 있다. 연구결과 보고와 관련된 다른 윤리적 문제에는 연구자 혹은 독자의 요구를 충족시키기 위한 연구결과의 은폐, 조작 혹은 위조 가능성이 포함된다. 이러한 기만적인 행위는 전문적인 연구위원회에서는 용인되지 않고, 과학적 부정에 해당한다(Neuman, 2009). 연구계획서에는 이러한 행위에 가담하지 않겠다는 연구자의 사전 다짐이 담겨 있을 수 있다.

- **표절하지 않는다.** 다른 연구물의 상당 부분을 베끼는 것은 윤리적 문제이다. 연구자는 다른 연구자의 업적을 인정해야 하고, 인용 부호를 사용해서 다른 연구물에서 그대로 따온 것임을 표시해야 한다. 요컨대 다른 사람의 업적을 자신의 것인 양 발표해서는 안 된다는 것이다(APA, 2010). 설령 표현을 바꾼다하더라도 그 공은 원래 연구자에게 돌아가야 한다. 학술지들은 저작권에 대한 사용료를 지불하지 않고 다른 연구물로부터 어느 정도까지 인용할 수 있는지

에 대한 지침을 제공하는 것이 일반적이다.

- **참여자에게 해를 끼칠 수 있는 정보는 공개하지 않는다.** 기밀 유지와 관련하여 예상할 수 있는 한 가지 문제는 일부 참여자들이 자신의 신분이 비공개되는 것을 원하지 않을 수도 있다는 것이다. 이를 받아들이게 되면 연구자는 참여자들이 자신의 목소리를 내고 독자적으로 의사 결정하도록 허용하게 된다. 그러나 참여자들에게 기밀 사항 공개가 유발할 수 있는 위험성, 가령 원하지 않는 연구결과가 나오더라도 거기에 자신의 이름이 포함된다거나 비공개로 남아 있어야 할 다른 사람의 권리를 침해할 수도 있다는 점 등에 대해 충분히 설명해 줘야 한다(Giordano, O'Reilly, Taylor, & Dogra, 2007). 연구를 계획할 때 연구 수행이 특정 독자들에게 미치는 영향을 예상하고 연구결과가 이런저런 집단의 이익에 위배되게 사용하지 않도록 하는 것이 중요하다.

- **명료하고 직설적이며 적절한 언어로 의사소통한다.** 어떻게 하면 연구자가 성별, 성적 취향, 인종이나 민족 집단, 장애 혹은 연령과 관련하여 편향된 언어 혹은 어휘를 사용하지 않을 수 있을지에 대해 토론한다. 미국심리학회 논문작성법(APA, 2010)에 제시된 편향적 언어에 대한 세 가지 지침을 살펴본다. 한정적으로 지칭함에 있어 적절한 수준에서 비편향적 언어를 제시한다[예 : "그 고객의 행동은 전형적인 남성형이었다."라기보다는 "그 고객의 행동은 _____ (구체적으로 묘사)"라고 한다]. 칭호를 세심하게 배려한 언어를 사용한다(예 : '400명의 히스패닉'보다는 '400명의 멕시코 사람, 스페인 사람, 푸에르토리코 사람'이라고 지칭한다). 연구참여자들을 인정하라(예 : '연구대상'보다는 '연구참여자'를, '여성 의사'보다는 '의사' 혹은 '내과 의사'라는 표현을 사용한다).

- **다른 사람과 자료를 공유한다.** 연구설계와 함께 연구의 세부적인 사항들을 공표하여 연구자들이 그 연구의 공적을 스스로 평가할 수 있도록 하는 것이 중요하다(Neuman, 2009). 양적·질적 그리고 혼합적 연구의 상세한 절차는 다음 장에서 강조될 것이다. 공유 전략으로는 연구보고서를 참여자와 이해당사자들에게 배포하기, 연구보고서를 웹사이트에 탑재하기, 필요하다면 연구보고서를 여러 언어로 출판하기 등이 있다.

- 원자료 및 다른 자료들을 보존한다(예 : 세부 절차, 도구). 일단 분석된 자료는 일
  정 기간 보존될 필요가 있다(예 : Sieber, 1998은 5~10년 추천, APA는 5년 추
  천). 이 기간이 경과하면 연구자는 자료를 폐기해서 다른 연구자 손에 들어가
  오용되는 일이 없도록 해야 한다.

- 연구물을 자기표절하거나 조금씩 분할해서 발표하지 않는다. 또한 연구자는 동일
  한 자료, 논의, 결론을 제시하고 새로운 내용을 담고 있지 않은 논문을 발표하
  는 자기표절 혹은 이중게재 등을 하지 말아야 한다. 생물의학 분야의 일부 학
  술지들은 저자들로 하여금 투고한 원고와 밀접하게 연관된 논문을 이미 발표
  했거나 혹은 발표 준비 중인지 여부를 분명히 밝히도록 요구하고 있다.

- 윤리적 문제를 해결하고 이해관계의 상충이 없음을 입증한다. 일부 고등교육기관
  에서는 저자들에게 연구결과를 발표함에 있어 이해관계가 상충하는 바가 없음
  을 서약하도록 요구하고 있다. 그러한 갈등은 연구비 지급, 자료 공개에 따른
  기득권 문제와 관련될 수도 있고, 혹은 개인적인 이유로 연구를 활용하는 것을
  정당화하는 것과 관련될 수도 있다. 연구자로서 여러분은 연구와 관련하여 이
  해관계의 상충이 발생할 수도 있음을 밝혀야 한다는 요구를 준수해야 한다.

- 자료의 소유권이 누구에게 있는지 확실히 한다. 일단 수집되고 분석된 자료의 소
  유권이 누구에게 있는지에 대한 문제 또한 연구 팀을 분열시키고 관련된 사람
  들끼리 반목하게 할 소지가 있다. 연구계획서에서 가령 연구자, 참여자, 그리
  고 자문위원들 간에 분명히 이해할 수 있도록 소유권 문제와 이 문제를 어떻게
  해결할 것인지를 언급해야 할 것이다(Punch, 2014). Berg(2001)는 개별 동의서
  를 활용하여 연구자료의 소유권을 명시하도록 권유하고 있다.

요약

실제로 연구의 과정을 수행하기 전에 연구계획서 작성법을 살펴보는 것은 유익하다. 계획서에 포함되어야 할 주요 요소로서

Maxwell(2005)이 제시한 아홉 가지 논점을 고려해 보고 질적·양적·혼합적 방법의 연구계획서 초고를 작성하기 위해 제공된 네 가지

주제 개요 중 하나를 이용하도록 한다.

연구계획서를 작성할 때 생각나는 대로 종이에 단어들을 써 내려가고, 규칙적인 글쓰기 습관을 기르고, 일관성 있는 용어의 활용과 다양한 수준의 이야기식 사고와 글쓰기를 강화하기 위한 일관성을 유지하는 전략을 사용한다. 능동태로 글을 쓰고 강한 동사를 사용하며, 게다가 수정하고 편집하는 것도 글쓰기에 도움이 될 것이다.

연구계획서를 쓰기 전에 연구계획서에 예상되고 기술될 수 있는 윤리적 문제를 고려하는 것은 유익하다. 이러한 문제들은 연구 과정의 모든 국면에 관련되어 있다. 연구참여자, 연구현장, 그리고 잠재적인 독자들을 고려한 연구는 윤리적 실천에 좋은 설계가 될 수 있다.

연습문제

1. 양적 · 질적 혹은 혼합적 방법의 연구계획서 전체적 얼개를 구상하라. 이 장의 예시에서처럼 중요 주제를 포함하라.

2. 질적 · 양적 혹은 혼합적 방법의 연구가 게재된 저널을 찾아라. 논문의 서론을 조사하고 이 장에서 제시한 '중심 아이디어 고리 걸기' 방법을 이용하여 문장에서 문장으로, 단락에서 단락으로 이어지는 아이디어의 흐름에서 부족한 점을 밝혀라.

3. 다음에서 연구자가 직면한 윤리적 딜레마를 생각해 보라. 문제를 예상할 수 있는 방법을 기술하고 연구계획서에 이를 적극 밝혀라.

a. 여러분이 인터뷰하고 있는 죄수가 그날 밤에 탈옥에 대해 말한다. 여러분은 어떻게 하겠는가?

b. 여러분 연구팀의 한 연구자가 다른 연구물의 문장을 그대로 베껴 프로젝트의 최종보고서에 집어넣었다. 여러분은 어떻게 하겠는가?

c. 한 학생은 프로젝트를 위해 여러분이 살고 있는 도시의 여러 가구들을 인터뷰한 후 몇 사람으로부터 자료를 수집하였다. 네 번의 인터뷰를 마친 후에 그 학생은 대학의 연구심의위원회로부터 승인을 얻지 못했다고 말한다. 여러분은 어떻게 하겠는가?

더 읽을거리

American Psychological Association. (2010). *Publication Manual of the American Psychological Association* (6th ed.). Washington, DC: Author.

논문 양식에 대한 이 매뉴얼은 연구자에게는 필수적인 도구이다. 그것은 질적 연구논문 작성과 관련하여 윤리적 문제 및 출판을 위한 법적 기준을 개관하고 있다. 명확하고 간결하게 기술하는 문제를 다루고 또한 연속성, 어조, 정확성 및 명료성, 문체를 개선하기 위한 전략 등의 주제를 다루고 있다. 학문적 연구보고서에서 선입견을 어떻게 줄일 수 있는지에 대해 풍부한 예시를 제공하고 있다. 구두점, 철자, 대문자화, 생략형과 같은 글쓰기의 기계적인 측면도 다루고 있다. 이러한 것들은 연구자들에게 필요한 몇 가지 글쓰기 비결이다.

Israel, M., & Hay, I. (2006). *Research ethics for social scientists: Between ethical conduct and regulatory compliance.* Thousand Oaks, CA: Sage.

Mark Israel과 Iain Hay는 사회과학에서 윤리적 행위란 어떤 것인지에 대해 진지하고 체계적으로 사유하는 것의 실제적인 가치를 사려 깊게 분석하고 있다. 필연론적 접근 및 비필연론적 접근, 미덕으로서의 윤리와 같은 윤리에 대한 상이한 이론, 윤리적 행위에 대한 규범적 접근과 보호 지향적 접근을 개괄하고 있다. 또한 세계 여러 나라의 윤리적인 관행을 역사적으로 살펴봄으로써 세계적인 관점을 제시하고 있다. 책 전반에 걸쳐 실제적인 사례 및 연구자들이 그러한 사례를 윤리적으로 다룰 수 있는 방법 등을 제시하고 있다. 부록에서는 세 가지 사례를 제공하고 세계적인 학자들에게 그들이라면 윤리적인 문제에 어떻게 접근할 것인지에 대해 언급하게 하고 있다.

Maxwell, J. (2013). *Qualitative research design: An interactive approach.* (3nd ed.). Thousand Oaks,
CA: Sage.

Joe Maxwell은 양적·혼합적 연구방법에도 여러 방식으로 적용할 수 있는 질적 연구의 계획서 작성 과정에 좋은 개관을 제시하고 있다. 그는 연구계획서는 연구 수행의 논점이라 피력하며 아홉 가지 필수 단계를 기술하는 예를 제시하고 있다. 더욱이 그는 여기서 질적 연구방법의 완전한 연구계획서를 포함하고 있으며, 따라가야 할 훌륭한 모델의 예시를 분석하고 있다.

Sieber, J. E. (1998). Planning ethically responsible research. In L. Bickman & D. J. Rog (Eds.), *Handbook of applied social research methods* (pp. l27–156). Thousand Oaks, CA: Sage.

Joan Sieber는 연구설계의 과정에 통합적으로 나타나는 윤리적 측면의 중요성을 논의하고 있다. 이 장에서 그녀는 IRB, 비공식적 동의서, 사생활권, 비밀보장, 익명성, 위험요소, 취약한 모집단 등과 같은 윤리적 문제와 관련된 여러 주제에 대해 포괄적 검토를 하고 있다. 그녀의 연구는 광범위하며 권장하고 싶은 전략도 많다.

Wolcott, H. F. (2009). *Writing up qualitative research* (3rd ed.). Thousand Oaks, CA: Sage.

Harry Wolcott는 교육민족지학적 학자로서 질적 연구의 글쓰기 과정의 여러 측면을 지적하는 아주 좋은 지침서를 제공해 주고 있다. 이 책은 글쓰기 시작 단계, 상세화 단계, 문헌과 이론 및 방법의 연결, 수정과 편집의 강화, 논문제목 및 부록과 같은 마무리 단계까지 유용한 여러 기술이 개관되어 있다. 연구방법이 질적이든, 양적이든, 혼합적이든 상관없이 연구를 열망하는 사람에게는 꼭 필요한 책이다.

---

⑤SAGE edge™

https://edge.sagepub.com/creswellrd5e

학습자와 교수자는 연구설계와 방법에 관한 비디오 영상, 논문, 퀴즈와 활동, 각종 도구가 필요하면 위의 사이트를 방문하기 바란다.

연구설계

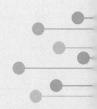

제 2부에서는 세 가지 연구설계, 즉 양적·질적 및 혼합적 연구방법을 연구 과정에서의 절차와 관련짓고 있다. 각 장은 이러한 양적·질적 및 혼합적 연구 과정에서의 절차(단계)에 대해서 다루고 있다.

서론

질 적·양적 혹은 혼합적 연구방법의 하나를 선택한 후 예비 문헌 연구를 수행하고 연구계획서의 형식을 결정하고 나면 다음 단계는 연구를 설계하고 계획하는 것이다. 생각을 조직하고 써 나가는 과정이 시작되는데, 그 출발점은 연구계획서의 서론을 구안하는 것이다. 이 장은 학문적 서론의 작성을 논하고, 세 가지 설계 유형에 따른 서론 작성의 차이를 검토하는 내용으로 이루어진다. 그런 다음에는 좋은 서론의 다섯 가지 요소, 즉 (1) 연구를 추진하게 만든 필요성 제기하기, (2) 연구문제와 관련된 문헌 개관하기, (3) 연구문제를 다룬 선행연구에서 결여된 부분 확인하기, (4) 독자를 가늠하고 그 독자들에게 있어 연구문제가 가지는 의미 언급하기, (5) 제안된 연구의 목적 확인하기를 다룬다. 이러한 요소들이 서론 작성의 '사회과학 결손 모델'을 구성하는데, 그 까닭은 서론의 주된 요소 가운데 하나가 선행연구에서 결여된 부분을 지적하는 것이기 때문이다. 이 모델을 예시하기 위하여 이미 출간된 연구의 서문이 원문 그대로 제시되고 분석된다.

서론의 중요성

서론은 학술지 논문, 학위논문, 혹은 학문적 연구의 첫 통로이다. 전체 연구를 위한 무대를 제공하는 것이다. Wilkinson(1991)은 다음과 같이 언급하고 있다.

> 서론은 논문에서 보고되는 연구의 배경 지식을 독자에게 전달하는 부분이다. 그 목적은 연구의 틀을 제공하고, 그리하여 독자가 그 연구가 다른 연구와 어떻게 관련지어지는지 이해할 수 있게 해 주는 것이다. (p. 96)

서론은 연구문제에 대한 정보를 제공함으로써 연구를 촉발하게 된 이슈나 관심사를 설정해 준다. 연구나 계획서의 첫 번째 통로이기 때문에 작성에 특별한 관심을 기울일 필요가 있다. 서론은 독자로 하여금 연구주제에 대한 관심을 불러일으키고, 연구를 촉발하게 된 문제를 설정할 필요가 있다. 또한 보다 큰 관련 연구문헌의 맥락에서 이 연구가 차지하는 위치를 설정하며, 구체적인 독자를 지향할 필요가 있다. 이 모든 것이 몇 페이지로 압축된 부분에서 이루어진다. 전달해야 할 메시지가 있고 지면의 제약이 있는 만큼 서론은 작성하는 쪽이나 이해하는 쪽 모두에게 도전감을 불러일으킨다.

연구문제란 연구의 필요성을 야기하는 문제 혹은 이슈이다. 그것은 다양한 잠재적 출처로부터 도출될 수 있다. 연구자 개인의 삶의 체험 혹은 근무지에서의 체험에서 유래될 수도 있고, 문헌에 나타난 광범위한 논쟁으로부터 유래될 수도 있다. 문헌에는 설명되어야 할 부분, 해결되어야 할 다른 견해, 혹은 검토되어야 할 영역이 있다. 더구나 연구문제는 정부의, 혹은 고위 경영자 사이의 정책적인 논쟁에서 비롯될 수도 있다. 흔히 문제의 출처는 다중적이다. 연구문제를 적시하고 기술하는 것은 쉽지 않다. 예를 들어, 10대 임신이라는 이슈를 확인하는 것은 여성과 사회 전반의 문제를 지적하는 것이다. 불행히도 너무나 많은 논문 작성자가 연구문제를 명확하게 적시하지 않는다. 연구문제가 분명하지 않으면 연구의 모든 다른 관점, 특히 연구의 의미를 이해하기가 어려워진다. 게다가 연구문제는 흔히 연구질문, 즉 연구조사자가 연구문제를 이해하거나 설명하기 위해서 응답하고자 하는 질문과 혼동된다. 이러한 복잡함 이외에도 서론은 독자로 하여금 더 많은 관련 문헌을 읽고 연구의 의미를 찾도록 고무해야 한다.

다행스럽게도 질 높고 학술적인 사회과학 분야의 연구 서론이 있다. 이 모범적인 예를 소개하기 전에 유용한 초록을 만들기 위해 간략히 논의하고, 질적·양적·혼합적 연구방법 사이의 미세한 차이를 구분할 필요가 있다.

연구의 초록

초록은 연구내용의 간략한 요약이고 연구의 필수 요소들을 독자들이 빨리 파악할 수 있게 해 준다. 초록은 논문의 시작 부분에 위치하고 있으며, 논문을 작성하기 전인 연구제안 단계와 논문의 완성 단계에서 유용하게 사용된다. 미국심리학회 논문작성법(APA, 2010)에서 초록은 논문에서 가장 중요한 하나의 문단이라고 밝히고 있다. 초록은 정확해야 하고, 비평가적이어야 하며(연구의 범위를 벗어난 견해를 추가할 때가 있기 때문에), 일관성 있고, 읽기 쉽고, 간결해야 한다. 초록의 길이는 다양하지만, 몇몇 대학교는 적절한 길이를 요구하기도 한다(예 : 250단어). 미국심리학회 논문작성법(APA, 2010)의 지침에는 대부분의 초록은 150~250단어가 적절하다고 되어 있다.

우리는 초록에 포함시킬 중요한 구성요소들을 들고 있다. 초록의 내용은 보고서, 문헌연구, 이론 기반의 논문, 그리고 방법론적 논문에 따라 달라진다. 여기서는 경험적인 연구의 연구제안서를 위한 초록에 초점을 맞추려고 한다. 우리는 초록의 필수 구성요소가 있다고 생각하고 있으며, 이것은 양적·질적·혼합적 연구방법에 상관없이 동일하다. 그리고 우리는 실제 초록을 쓸 때 나열하는 순서로 구성요소를 제시하고자 한다.

1. 연구의 필요성을 이끄는 쟁점이나 문제로부터 시작한다. 이 문제는 더 많은 문헌 자료를 필요로 한다고 여겨진다. 하지만 우리는 AIDS 전파, 10대 임신, 대학을 중퇴하는 학생 혹은 몇몇 직장에서 여성 직원 수의 부족과 같이 논의할 필요가 있는 실제 생활관련 문제에 대해 생각해 보는 것을 좋아한다. 여기에서 문제가 되는 것은 선행연구에서 결여된 것들이다. 차이, 주제의 확장 요구, 혹은 연구물 간의 견해 차 해결 등이 그것이다. 이 '문제'에 관해 한 가지 혹은 두 가지 참고문헌을 예시할 수 있지만, 일반적으로 초록에는 많은 참고문헌을 포함시킬 수 있다.

2. 연구의 목적을 제시한다. 목적이라는 단어를 사용한다. 그리고 탐구할 중심현상, 연구에 참여하는 사람, 그리고 연구가 이루어질 장소에 대해 논의한다.

3. 다음으로 이 목적을 설명하기 위해 **어떤 자료를 수집할지**에 대해 진술한다. 자료의 유형, 연구참여자 그리고 자료의 수집 장소에 대해 알려 준다.

4. 그리고 나서 연구를 통해 나타날 주제나 **통계적 결과**를 제시한다. 프로젝트를 계획하는 초기 단계에서는 어떤 결과가 나타날지 알 수 없기 때문에 그 결과를 추측해야만 할 것이다. 가능하다면 4개 혹은 5개의 주제, 중요한 통계적 결과, 혹은 통합적인 혼합적 방법 연구의 통찰을 제시한다.

5. 연구의 실제적 시사점을 언급하면서 초록을 마무리한다. 프로젝트를 통해 도움을 받게 될 사람들을 밝히고 그들에게 왜 도움이 되는지를 설명한다.

여기에 질적 연구 가운데 다섯 가지 요소를 포함하고 있는 짧은 초록의 예를 들어 보기로 한다.

이 연구에서 말하고자 하는 핵심은 무술경기에 참가하는 여성이 적다는 것이다. 이 연구의 목적은 태권도 경기에 여성을 많이 참가하게 하도록 하는 동기부여에 대해 조사하는 것이다. 이 연구를 위한 자료를 수집하기 위해 태권도 선수권대회에 참가 했던 4명의 여성을 인터뷰했다. 이 인터뷰가 복사되고 분석되었다. 이 자료는 다음 세 가지 주제, 즉 사회적 지지, 자기효능감, 그리고 목표지향을 이끌고 있다. 이들 주제는 여성무술경기자들의 동기부여를 증진시키는 최적의 방법을 찾는 데 유용하 게 작용할 것이다. (Witte, 2011, 개인적 소통)

질적 · 양적 · 혼합적 방법 연구의 서론

모든 서론을 전반적으로 살펴보면 유사한 패턴을 따르고 있음을 알 수 있다. 즉 논문 작성자는 문제를 제시하고 왜 그것이 연구될 필요가 있는지 밝히고 있다. 서론에 제시된 문제의 유형은 접근방법에 따라 다양하다(제1장 참조). 대체로 질적 프로젝트에서 기술되는 연구문제는 어떤 개념이나 현상을 탐구함으로써 가장 잘 이해될 수 있는 것이다. 우리는 질적 연구가 탐구적이고, 변인과 이론적 바탕이 알려져 있지 않을 때 특정 주제를 탐구하기 위하여 질적 연구방법을 사용하게 된다는 사실을 언급한 바 있다. 가령 Morse(1991)는 이렇게 말하고 있다.

질적 연구문제의 특징은 다음과 같다. (1) 확실한 이론이나 선행연구가 없어서 그 개념이 '미숙'하거나, (2) 활용 가능한 이론이 부정확하고 부적절하거나 혹은 편향 적인 개념이거나, (3) 현상을 탐구, 기술하고 이론을 개발할 필요가 있거나, 혹은 (4) 그 현상의 특성상 양적 측정이 적합하지 않다. (p. 120)

예를 들어, 도시 팽창(연구문제)은 한 국가의 일정 지역에서 면밀하게 조사된 바 가 없기 때문에 탐구될 필요가 있다. 혹은 초등학교 교실의 어린이는 학습에 방해가 되는 불안감을 가지고 있는데, 이 문제를 탐구하는 최선의 방법은 학교를 방문해서 교사와 학생들을 직접 만나 보는 것이다. 일부 질적 연구자들은 연구문제를 살펴볼 변형시킬 힘이 있는 렌즈(예 : 급여에 있어서 남녀 불평등 혹은 고속도로 운전자 분류에서의 인종차별적 태도)를 가지고 있기도 하다. Thomas(1993)는 "비판적인 연구자들은 모든 문화인들이 통제와 저항 사이에 항상 존재하는 긴장의 끈을 놓지 않는 삶을 산다는 전제에서 출발한다."(p. 9)고 언급하고 있다. 이런 이론적 동향이 서론의 구조를 형성한다. 예를 들면, Beisel(1990)은 미국 3개 도시 가운데 한 곳에서 반(反)차석제운동이 성공하지 못한 것에 대해서 계급정치 이론이 어떻게 설명하는지 검토할 것을 제안하였다. 이처럼 일부 질적 연구의 경우 서론에 제시된 접근방법이 여전히 대부분의 질적 연구처럼 참여자의 관점에 의존하기는 하지만 상대적으로 귀납적 성격이 약할 수도 있다. 게다가 현상학적 연구에서 보이듯 질적 서론은 논문 작성자의 개인적 경험에 관한 진술에서 시작할 수도 있다(Moustakas, 1994). 또한 연구자가 직접 화자가 되어 1인칭 시점에서 주관적이고 개인적인 필체로 질적 서론을 기술할 수도 있다.

　양적 연구의 경우 변이형이 그만큼 많지 않다. 양적 프로젝트에서는 어떤 요인과 변인들이 산출에 영향을 미치는지를 파악하는 것이 연구문제에 가장 잘 접근하는 길이다. 예를 들면, 인원 감축(모든 피고용인들의 문제)에 대하여 연구조사자는 어떤 요인이 사업 축소에 영향을 미쳤는지 알아보고자 할 수 있다. 또 다른 연구자는 기혼자의 높은 이혼율을 분석하고, 경제적인 문제가 이혼과 관련이 있는지를 살펴볼 수도 있다. 두 경우 모두 연구결과를 설명하거나 관련이 있는 요인을 파악하는 것이 연구조사자가 그 문제를 이해하고 설명하도록 도와주는 최선의 방법이다. 게다가 양적 서론에서는 연구자가 때때로 검증할 필요가 있는 이론을 제시하고, 답을 구하는 연구질문을 제기하기 위하여 상당한 문헌연구 개관을 포함하기도 한다. 양적 서론은 객관성을 확보하기 위하여 탈개인적인 관점에서 과거 시제로 기술되는 경향이 있다.

　혼합적 연구는 서론 작성 시 질적 혹은 양적 접근(혹은 어느 정도의 혼용)에 의존한다. 혼합적 연구에서는 질적 연구와 양적 연구의 어느 하나가 강조되는 경향이 있고, 서론은 그런 점을 반영하고 있다. 다른 유형의 혼합적 프로젝트에서는 질적 연구와 양적 연구가 같은 비중을 차지할 수도 있다. 이 경우 연구문제는 어떤 상황을 구성하는 변인 사이의 관계를 이해하면서 또 그 주제를 더욱 깊이 있게 탐구할 필요가 있는 그런 성격을 띤다. 혼합적 프로젝트에서는 먼저 흡연과 사춘기 우울증의 함수관계를 설명한 다음 사춘기 청소년의 의견을 면밀히 살펴보고 상이한 유형의 흡연과 우울증을 제시할 수 있다. 이 프로젝트의 첫 번째 국면과 관련하여 서론에서는 이러한 관련성을 예측하는 이론과 상당한 분량의 문헌연구를 포함하는 양적 접근이 강조될 것이다.

서론을 위한 모델

다양한 접근방법 사이의 이러한 차이는 그다지 크지 않고, 대체로 질적 · 양적 · 혼합적 연구에서 다루는 문제의 상이한 유형과 관련되어 있다. 연구자들이 어떤 접근방법을 택하든 상관없이 활용하게 될 서론설계 및 작성법의 예시는 도움이 될 것이다.

서론의 결손 모델은 문헌에 존재하는 차이를 나타내는 연구의 서론을 작성하는 접근방법이다. 이것은 연구문제의 진술, 연구문제를 다룬 선행연구의 고찰, 선행연구에서 결여된 부분의 제시, 그리고 연구목적의 부각 등의 요소를 포함하고 있다. 서론의 결손 모델은 좋은 서론 작성의 일반적인 틀이 될 수 있다. 그것은 사회과학 분야에서 널리 활용되는 접근방법이고, 그래서 일단 그 구조를 알고 나면 독자는 그것이 이미 발표된 많은 연구에 반복적으로 등장했음을 알게 될 것이다(여기에 제시한 순서대로 항상 제시되는 것은 아니다). 그것은 다음의 다섯 부분으로 구성되어 있고, 두 쪽가량 되는 서론의 경우 각 부분에 하나의 단락이 힐애될 수 있다.

1. 연구문제 진술
2. 연구문제를 다룬 선행연구 고찰
3. 선행연구에서 결여된 부분 제시
4. 특정 독자에게 부여하는 연구의 중요성 부각
5. 연구목적 진술 제시

예시

각 부분을 살펴보기에 앞서 Terenzini, Cabrera, Colbeck, Bjorklund와 Parente(2001)가 *The Journal of Higher Education*에 '교실에서의 인종 및 민족의 다양성'이라는 제목으로 발표한 양적 연구에서 (저자의 허락을 받고) 발췌한 우수한 예를 여기에 제시한다. 예시된 서론에서는 주요 부분에 맞춰 각각의 구성요소가 간략하게 표시된다.

1964년의 시민평등권법과 1965년의 고등교육법 제정 이래 미국의 대학은 학생과 교수 요원의 인종적·민족적 다양성을 높이고자 노력해 왔고, '여성 및 소수민족의 교육, 고용 평등 추진 계획'이 그러한 이질성을 달성하기 위한 우선 추진 정책이 되었다. [매혹적인 글 첫머리로 독자를 끌어들인다.] 그러나 이러한 정책은 지금 열띤 국가적 논쟁의 중심에 자리 잡고 있다. 교육 및 고용 평등 정책을 위한 현재의 법적 근거는 1978년의 캘리포니아대학교 이사회와 Bakke 사이의 소송 사례에 의존하고 있는데, 그 사건과 관련하여 William Powell 판사는 인종이 입학 허가 결정에 작용하는 요소 가운데 하나가 될 수 있다고 주장한 바 있다. 그러나 최근 제5차 순회 상고법원이 1996년의 Hopwood와 텍사스 주의 소송 건에서 Powell의 주장이 온전하지 못하다고 판결하였다. 평등 정책을 지지하지 않는 법원의 결정에 잇따라 캘리포니아, 플로리다, 루이지애나, 메인, 매사추세츠, 미시간, 미시시피, 뉴햄프셔, 로드아일랜드, 푸에르토리코에서 투표, 입법, 관련 법령 등을 통하여 인종과 관련한 입학 및 고용을 금지하거나 현저히 감축하기 시작하였다(Healy, 1998a, 1998b, 1999).

이에 대하여 교육자를 비롯한 반대집단에서는 평등법을 지원하는 교육적 관점을 피력하고 다양한 학생 구성이 동질적인 구성보다 교육적으로 더 효과적이라고 주장해 왔다. 하버드대학교의 Neil Rudenstine 총장은 "고등교육에서의 다양한 학생 구성은 본질적으로 교육적 가치(에 근거한다)"라고 주장한다(Rudenstine, 1999, p. 1). Rudenstine과 맞먹는 미시간대학교의 Lee Bollinger는 "다양한 인종의 대표가 참여하지 않는 강의실에서 이루어지는 토론은 빈약하다."(Schmidt, 1998, p. A32)고 주장해 왔다. 이들 두 총장만이 이러한 신념을 추종하는 것이 아니다. 미국대학협회에서 발표하고, 62개 연구 중심 대학의 총장들이 지지를 밝힌 성명서는 다

음과 같이 천명하고 있다. "우리는 무엇보다도 먼저 교육자로서의 입장을 밝히고
자 한다. 우리는 학생들이 다양한 인적 구성으로 이루어지는 교육으로부터 큰 혜
택을 받는다고 믿는다"(1997년 4월 27일자 뉴욕타임스 p. A27에 게재된 'On the
Importance of Diversity in University Admissions'). [다양성의 필요성에 대한 연구문제를
확인한다.]

다양성이 학생의 교육적 성취에 미치는 영향을 다루는 연구는 학생이 '다양성'에 접
하는 방식에 접근함에 있어 세 가지 연구방법 가운데 어느 것이든 가리지 않는 경
향이 있다. 그 수가 많지는 않지만 일부 연구는 대체로 학생이 '다양성'에 접하는 현
상을 캠퍼스 내 학생의 인종적 · 민족적 · 성적 혼합 비율 혹은 수치의 함수로 다루
고 있다(예 : Chang 1996, 1999a; Kanter, 1997; Sax, 1996). … 꽤 많은 수에 달하는
두 번째 유형의 연구는 어느 정도의 구조적 다양성을 당연한 것으로 간주하고, 인
종적 · 민족적으로 자신과 다른 동료들과 마주치는 경우의 빈도와 성격을 이용하여
학생들이 다양성에 접하는 현상을 다루고 있다. … 세 번째 유형의 연구는 학생들
로 하여금 인종적 · 민족적 · 성적 '다양성'을 끌어안도록 도와주는 유목적적 · 제도
적 프로그램을 관념과 종족이라는 형식을 통해 살펴보고 있다.

광범위한 영역에 걸쳐 학생의 교육적 성취에 대한 다양성의 효과를 살펴보기 위하
여 이처럼 다양한 접근법이 사용되었다. 수집된 자료는 인종적 · 민족적 혹은 성적
으로 다양성을 가진 사회의 학생, 혹은 다양성 관련 활동에 참여한 학생들이 긍정
적이고 폭넓은 교육적 혜택을 보고 있음을 거의 일관되게 보여 준다. [그 문제를 다
룬 선행연구를 언급한다.]

다만 소수의 연구(예 : Chang, 1996, 1999a; Sax, 1996)는 전공 영역에서건 강의실
에서건 캠퍼스 내 학생의 인종적 · 민족적 혹은 성적 구성(즉 구조적 다양성)이 교육적
강점이 있는지 여부를 구체적으로 조사하고… 그러나 캠퍼스 혹은 강의실의 인종
적 다양성의 정도가 학습결과에 직접적인 효과가 있는지 여부는 아직 밝혀지지 않
았다고 하였다. [선행연구의 결함과 제한점을 언급한다.]

캠퍼스 혹은 강의실의 다양성이 가져다주는 교육적 효과에 대한 정보가 결여되었

음은 유감스럽다. 왜냐하면 그것은 소수민족 우대입학 정책 지지를 위해 필요하다 고 판단되어 법정에서 요구하는 증거이기 때문이다. [연구가 독자에게 갖는 의미를 언 급한다.]

이 연구는 강의실의 구조적 다양성이 학생들의 학문적 · 인지적 기술 발달에 미치 는 영향을 탐구함으로써 기초 지식에 기여하고자 하는 취지에서 비롯되었다. … 이 연구는 강의실의 다양성이 학문적/인지적 성취에 직접적으로 미치는 영향에는 무 엇이 있는지, 그리고 그러한 영향 가운데 어떤 부분이 능동적이고 협동적인 강의방 법의 정도에 따라 변화될 수 있는지를 함께 살펴보고자 한다. [연구목적을 제시한다.] (*The Journal of Higher Education*의 허락하에 510~512쪽 게재)

연구문제

Terenzini와 동료들(2001)의 논문에서는 첫 문장이 (1) 연구에 대한 흥미를 자극하 고, (2) 분명한 연구문제 혹은 이슈를 전달한다는 서론의 두 가지 중요한 목표를 달 성하고 있다. 이 문장은 어떤 효과가 있었던 것일까? 독자로 하여금 계속해서 읽도 록 부추겼을까? 광범위한 청중이 이해할 수 있는 문체로 진술되었던 것일까? 서두 의 문장들과 관련하여 이러한 질문들은 중요하고, 그래서 서술 고리라고 불린다. 이 것은 영작문에서 유래한 용어로서 독자들을 연구로 끌어들이고, 유인하며, 고리를 거는 데 기여하는 말들을 의미한다. 어떻게 하면 좋은 서술 고리를 쓸 수 있는지를 배우려면 상이한 분야의 대표적인 학술지에 게재된 논문의 첫 문장들을 검토하라. 종종 저널리스트들은 신문이나 잡지 기사의 서두 문장을 통해 좋은 예를 보여 준다. 다음은 사회과학 학술지의 서두 문장을 예시한 것이다.

- "유명한 성전환자이자 민족지학자인 Agnes는 성전환 수술을 받기 거의 3년 전 에 자신의 정체성을 변경하였다."(Cahill, 1989, p. 281)
- "최고 경영자 승계 과정을 통제하는 것은 누구인가?"(Boeker, 1992, p. 400)
- "지도제작법(최근의 요약 논문은 Buttenfield, 1985)과 지도제작의 보편화 (McMaster, 1987)에 관한 방대한 연구문헌이 있다."(Carstensen, 1989, p. 181)

이 세 문장은 모두 많은 독자들이 쉽게 이해할 수 있는 정보를 제시한다. 최초의 두 문장(질적 연구의 서론)은 어떻게 하면 한 사람을 언급함으로써, 그리고 질문을 제기함으로써 독자들의 흥미를 불러일으킬 수 있는지를 보여 준다. 양적 실험연구인 세 번째 예는 어떻게 하면 참고문헌에서부터 시작할 수 있는지를 보여 준다. 3개의 예시 모두 첫 문장이 어떻게 독자로 하여금 자질구레한 생각의 늪에 빠지지 않고 주제로 자연스럽게 다가서게 할 수 있는지를 잘 보여 주고 있다.

여기서는 물통을 우물 속에 빠뜨리는 작가라는 은유를 사용하고자 한다. 초보 작가는 물통(독자)을 깊은 우물(연구논문) 속으로 집어던진다. 독자는 낯선 물질만 보게 된다. **노련한 작가**는 물통(다시 독자)을 천천히 내려 보냄으로써 독자로 하여금 그 깊은 곳(연구)에 순응하게 해 준다. 이런 식으로 물통을 내려 보낸다는 것은 먼저 충분한 보편성이라는 서술 고리를 제공하여 독자가 그것을 이해하고 주제와 관련지을 수 있게 해 줌을 의미한다.

첫 문장 다음에는 연구의 필요성을 촉발하는 문제(들) 혹은 이슈(들)를 분명하게 드러내는 것이 중요하다. Terenzini와 동료들(2001)은 미국 대학 캠퍼스의 인종적 · 민족적 다양성 증진 노력이라는 분명한 문제를 논의했다. 다양성 증진 정책이 '국가적 논쟁의 중심'에 있음을 언급했다(p. 509).

응용사회과학 연구에서는 이슈, 난관, 실생활에 존재하는 현재의 관행으로부터 연구문제가 도출된다. 연구문제는 연구자가 "이 연구의 필요성은 무엇인가?" 혹은 "이 연구를 수행할 필요성에 영향을 미친 것은 어떤 문제인가?"라는 질문을 제기할 때 분명해지기 시작한다. 가령 학교에서 다문화적인 지침을 실행하지 않았을 수 있고, 대학교수 요원들이 소속 학과에서 전문성 신장 활동에 참여할 필요가 있을 수 있으며, 소수민족 학생들의 대학 접근성이 좀 더 개선될 필요가 있거나 사회공동체가 초기 여성 선구자의 기여를 좀 더 잘 이해할 필요가 있을 수 있다. 이들 모두는 후속연구를 수행할 만하고 논의할 필요가 있는 실제적 이슈 혹은 관심사를 제기하는 중요한 연구문제이다. 연구문제를 포함하는 연구계획서의 첫 단락을 구상할 때는 다음의 연구 팁을 유념하라.

- 첫 문장은 독자의 흥미를 자극하고 광범위한 청중들이 관련되는 이슈를 전달

할 수 있도록 쓴다.

- 일반적으로 첫 문장에서는 인용, 특히 긴 길이의 인용은 사용하지 않도록 한다. 왜냐하면 보여 주려고 하는 핵심 아이디어를 독자가 파악하기 어렵기 때문이다. 인용은 여러 가지 해석 가능성을 제기하고 그리하여 불분명한 서두가 될 수 있다. 그러나 몇몇 질적 연구에서 보이는 것처럼 인용이 독자의 흥미를 불러일으킬 수도 있다.

- 관용적 표현이나 진부한 어구(예 : "대부분의 대학 강사 사이에서 강의는 여전히 '신성불가침'이다.")는 피한다.

- 강한 인상을 주기 위하여 수적인 정보 활용을 고려한다(예 : "해마다 약 500만 명의 미국인들은 직계 가족의 죽음을 겪는다.").

- 연구를 수행하게 만든 연구문제(즉 딜레마, 이슈)를 명확하게 드러낸다. "연구문제를 명확하게 전달하는 특정 문장(들)이 있는가?"라는 질문을 스스로에게 던져 본다.

- 연구를 수행하게 만든 필요성을 정당화하는 참고문헌을 많이 열거함으로써 연구문제가 왜 중요한지 드러내도록 한다. 연구계획서의 첫 페이지에 10개 남짓한 참고문헌이 인용되어 있지 않다면 학술적인 연구를 한 것이 아니라고 우리는 짐짓 진지한 태도로 학생에게 말하곤 한다.

- 반드시 연구문제가 연구에 사용된 접근방법에 부합하도록 틀을 짜도록 한다(예 : 질적 연구라면 탐구적으로, 양적 연구라면 관계나 예측인자를 조사하는 방식으로, 그리고 혼합적 방법의 연구라면 둘 중 어느 하나로).

- 제안된 연구문제가 하나인지, 혹은 연구의 필요성을 촉발한 문제가 여러 개인지를 깊이 생각하고 그에 관해 기술한다. 흔히 연구에서는 복수의 연구문제가 다루어지는 경향이 있다.

연구문제를 다룬 선행연구

앞에서 연구문제를 설정한 후에 Terenzini와 동료들(2001)은 그 이슈를 이미 다룬 연구문헌을 개관함으로써 그 중요성을 입증하고 있다. 여기서 문헌 개관이라고 함에 있어 주의를 요하는데, 그 이유는 서론에서 연구문헌을 완전히 섭렵할 것을 염두에 두고 있지 않기 때문이다. 연구문헌을 철저하게 섭렵하는 것은 나중에 연구계획서의 문헌 고찰 부분에서이다. 서론에서의 연구문헌 개관은 개별 연구가 아니라 큼직한 연구 뭉치를 요약하는 방식이어야 한다. 필자는 학생들에게 연구문헌 지도(제2장 참조)를 찬찬히 살펴보고, 연구문헌을 분류, 배치한 꼭대기의 범주를 요약하라고 한다. 우리가 연구계획서 서론의 연구문헌 개관이라고 지칭하는 것은 이렇게 넓은 범주를 의미하는 것이다.

서론에서 연구를 개관하는 목적은 연구의 중요성을 정당화하면서 선행연구와 현재 제안하는 연구를 차별화하기 위함이다. 이 부분은 '문헌을 통해 지속적으로 이루어지는 대화 틀 내에 연구문제 자리 잡아 주기'라고 불릴 수 있을 것이다. 연구자들은 다른 연구자가 이미 검토한 것을 그대로 복사하는 연구를 수행하고 싶어 하지 않는다. 새로운 연구는 문헌을 추가하거나 다른 연구가 살펴본 것을 확대 혹은 수정할 필요가 있다. 이런 방식으로 연구의 틀을 정하는 능력이 초보자와 노련한 연구자를 구분 짓는다. 노련한 연구자는 문헌 개관을 통해 그 분야의 주제 혹은 특정 문제에 대해 어떤 내용이 집필되었는지를 이해한다. 이러한 지식은 문제를 개발하고 그에 수반된 문헌을 읽는 수년간의 경험에서 우러나오게 된다.

종종 어떤 유형의 문헌을 개관할 것인가라는 문제가 제기된다. 최고의 조언은 논문 작성자가 연구질문을 제기하고 그에 답하기 위해 자료를 제시하는 연구를 개관하라는 것이다(즉 경험적 연구논문). 이러한 연구는 질적 · 양적 혹은 혼합적 연구가 될 것이다. 중요한 것은 문헌이 논문계획서에서 거론하고 있는 연구문제에 관한 선행연구를 제공한다는 점이다. 초보 연구자들은 종종 "내가 지금 무엇을 하고 있는 거지? 이 주제에 관해 수행된 연구가 없네."라는 질문을 던지고는 한다. 물론 제한된 범위로 수행된 연구 혹은 최신의 탐구적 프로젝트에는 연구문제를 문서화한 문헌이 존재하지 않는다. 또한 수행된 연구가 거의 없다는 바로 그 이유 때문에 어떤 주제가 연구대상으로 제안되고 있다는 것도 말이 된다. 이러한 진술에 대하여 우리는 종종 조사연구자가 문헌에 대해 생각할 때 역삼각형 이미지를 활용할 것을 제안한다. 역삼각형의 꼭지점에 현재 제안하고 있는 연구가 자리 잡고 있다. 이 연구는 그 영역이 수렴되어 있고, 특정 문제에 초점을 맞추고 있다(그에 관한 선행연구는 없을 것이다). 역삼각형의 밑변 쪽으로 문헌을 확대해 올라가면 비록 현재 다루고 있는 연구로부터 어느 정도 거리가 있을지라도 관련 문헌이 찾아질 수 있다. 예를 들면, 위기 상황의 초등학교에서 아프리카계 미국인이라는 좁은 주제는 연구된 적이 없을 것이다. 연구자는 보다 일반적인 문헌을 요약한 후 위기에 처한 초등학교 수준의 아프리카계 미국인 학생을 살펴보는 연구의 필요성에 관한 언급으로 끝맺을 수 있을 것이다.

연구계획서의 서론에 필요한 연구문제 관련 문헌을 개관하기 위하여 다음과 같은 연구 팁을 고려하라.

- 문헌을 언급할 때는 개별 연구가 아니라 연구 뭉치를 요약한다(제2장의 통합 개관에서 개별 연구에 초점을 두는 것과는 달리). 폭넓은 연구 분야를 설정한다는 의도가 반영된 것이어야 한다.
- 개별 연구의 중요성을 희석시키기 위해 단락 끝 혹은 몇 가지 연구에 관한 요약의 끝에 참고문헌을 표시한다.
- 질적 · 양적 혹은 혼합적 연구방법을 사용한 연구를 개관한다.
- 최근 10년 내 발표된 것처럼 최근 연구문헌을 찾아 요약한다. 오래된 연구는 다른 연구자에 의해 널리 참조되었으므로 그럴 만한 가치가 있을 때만 인용한다.

선행연구에서 결여된 부분

문제를 제기하고 그에 관한 문헌을 개관하고 나면 연구자는 이들 문헌에서 **빠진 부분**을 확인한다. 이 때문에 우리는 이 틀을 서론 쓰기 **결손 모델**이라고 부른다. 결여된 부분의 성격은 연구마다 다르다. 선행연구에서 결여된 부분이 존재하는 까닭은 연구주제가 적용되지 않은 집단, 표본 혹은 모집단이 있기 때문일 것이다. 다른 사람 혹은 장소를 대상으로 하더라도 같은 결과가 발견될 수 있는지 살펴보려면 연구가 복제되거나 반복될 필요가 있을 것이다. 혹은 충분한 비율로 표본추출이 되지 못한 집단의 목소리가 이미 발표된 기존 연구에 반영되지 못했을 수도 있다. 어떤 연구에서건 연구자들은 이렇게 빠진 부분을 한 가지 혹은 그 이상 언급하는 경향이 있다. 결여된 부분은 학술지 논문의 '후속연구 제안'에서 언급되는 경우가 많은데, 이를 통해 연구계획서 작성자는 이러한 아이디어들을 참조하기 쉽게 제시하면서 또한 자신이 제안하는 연구의 타당성을 한층 더 강화할 수 있게 된다.

연구계획서 작성자는 결여된 부분을 언급하는 데 그치지 않고 제안하는 연구가 이러한 결손 부분을 어떻게 보완하고 어떻게 접근할 것인지를 밝힐 필요가 있다. 예를 들면, 선행연구가 어떤 중요한 변인을 간과하였기 때문에 그것을 포함하고 그 효과를 분석할 것이라고 할 수 있다. 가령 선행연구가 미국 원주민들을 하나의 문화집단으로 조사하는 것을 간과했으므로 연구 프로젝트의 참여자로 포함시킬 것이라고 할 수 있다.

예 5.1과 예 5.2에서 연구계획서 작성자는 기존 문헌의 빈 틈 혹은 불충분한 점을 지적하고 있다. 불충분한 점을 나타내기 위해 사용하는 주요 구절, 즉 '향후 연구과제(what remains to be explored)', "경험적 연구가 거의 없다(little empirical research)", "연구가 거의 없다(very few studies)." 등을 주목해 보라.

| 예 5.1 | **문헌에서 결손된 부분 : 요구되는 연구**

이러한 이유로 전쟁과 평화의 의미가 사회과학자들에 의해 광범위하게 탐구되었다(Cooper, 1965; Alvik, 1968; Rosell, 1968; Svancarova & Svancarova, 1967–68; Haavedsrud, 1970). 그러나 과거에 전쟁을 치른 재향 군인들이 앞으로 생생하게 펼쳐지는 새로운 전쟁 상황에 어떻게 반응할 것인지는 향후 연구과제로 남아 있다.

(Ziller, 1990. pp. 85–86)

| 예 5.2 | **문헌에서 결손된 부분 : 연구의 부재**

미시정치학에 대한 관심이 증대되었음에도 불구하고 그것을 주제로 한 경험적 연구, 무엇보다도 하부의 관점에서 수행된 경험적 연구가 거의 없음은 놀라운 일이다. 특히 교육적 맥락에서의 정치적 연구는 찾아보기 힘들다. 교사가 교장과 전략적으로 상호작용하기 위하여 어떻게 힘을 사

용하는가, 그리고 이것이 기술적으 로, 관념적으로 의미하는 바가 무엇 인지에 초점을 맞춘 연구는 거의 찾 아보기 어려운 실정이다(Ball, 1987; Hoyle, 1986; Pratt, 1984).

(Blase, 1989, p. 381)

요약하자면 선행연구에서 불충분한 부분을 확인함에 있어 연구계획서 제안자는 다음과 같은 연구 팁을 활용할 수 있을 것이다.

- 불충분한 부분을 몇 가지 언급함으로써 연구의 근거를 공고히 한다.
- 다른 연구의 불충분한 점을 구체적으로 제시한다(예 : 방법적 결함, 간과된 변인).
- 주제, 특이한 통계 처리, 중요한 시사점 등 선행연구가 간과한 영역에 관해 적 는다.
- 제안하는 연구가 어떻게 이런 불충분함을 보완하고 학술적 연구에 고유한 기 여를 할 수 있는지 논의한다.

이런 불충분한 부분들은 선행연구의 서너 가지 결함을 확인하는 일련의 짤막한 단락으로 언급되거나 혹은 Terenzini와 동료들(2001)의 서론에서 예시한 바처럼 하 나의 중요한 결함에 초점을 맞추어 언급될 수 있을 것이다.

연구가 독자에게 갖는 의미

학위논문의 경우 연구를 읽고 활용함으로써 혜택을 누리게 될 상이한 집단에게 문 제의 중요성을 전달하기 위하여 논문 작성자는 종종 연구의 의미를 기술하는 부분 을 포함시키는 경향이 있다. 이 부분을 포함시킴으로써 연구의 중요성에 대한 분명 한 근거를 만들어 내는 것이다. 보다 많은 독자들이 언급될수록 연구의 중요성이 커 지고 독자는 보다 널리 적용할 수 있게 될 것이다. 이 부분을 기획함에 있어 다음을 포함할 수 있을 것이다.

- 연구가 그 분야의 학술연구와 연구문헌에 추가하게 될 근거 서너 가지
- 연구가 실제적인 측면을 향상시키는 데 기여할 수 있는 근거 서너 가지
- 연구가 정책이나 의사결정을 개선할 수 있는 근거 서너 가지

예 5.3에서 논문 작성자는 학술지 논문의 시작 단락들에서 연구의 중요성을 진술하였다. Mascarenhas(1989)의 이 연구는 산업체의 소유권에 대해 조사하였다. 그는 의사결정자, 조직 구성원, 연구자를 연구의 독자로 명시적으로 밝히고 있다.

| 예 5.3 | 질적 연구의 서론에서 언급된 연구의 의미

조직 소유권과 그 영역-이 글에서는 관할 시장, 생산 범위, 소비자 동향, 적용하는 과학 기술로 정의됨(Abell & Hammond, 1979; Abell, 1980; Perry & Rainey, 1988)-에 대한 연구는 몇 가지 이유에서 중요하다. 첫째, 소유권과 영역의 관계에 대한 이해는 조직 활동의 기저 논리를 드러내는 데 도움을 줄 수 있고, 또 조직 구성원들이 전략을 평가하는 데 도움을 줄 수 있다. … 둘째, 모든 사회가 직면하고 있는 근본적인 결정은 활동 수행을 위해 권장하거나 채택해야 할 제도의 유형과 관련이 있고… 영역별로 상이한 소유권 유형에 대한 지식은 그러한 결정을 위한 입력이 될 수 있다. 셋째, 연구자들은 종종 한두 가지의 소유권 유형을 반영하는 조직을 연구해 왔지만 그 결과는 묵시적으로 모든 조직에 과잉 일반화되어 왔다.

(Mascarenhas, 1989, p. 582)

Terenzini와 그의 동료들(2001)은 법정이 어떻게 연구결과를 활용하여 대학들로 하여금 '인종 우대입학 정책'을 받아들이도록 요구할 수 있는지를 언급하면서 서론을 마무리하고 있다(p. 512). 연구자는 그 밖에 입학처, 지원 학생, 그리고 입학원서 심사위원회에게 이 연구가 갖는 의미를 언급할 수도 있었을 것이다.

마지막으로, 좋은 연구논문의 서론은 연구목적 혹은 의도를 기술하면서 마감된다. Terenzini와 그의 동료들(2001)은 구조적 다양성이 강의실에서 학생들에게 필요한 기술에 미치는 영향을 살펴보기로 한다는 사실을 전하면서 서론을 마감하였다.

다음 장인 제6장에서 그 목적이 다루어지고 있다.

요약

이 장은 학술연구의 서론을 구성하고 작성하는 데 대한 조언을 제공한다. 첫 번째 요소는 서론이 질적·양적·혼합적 연구방법과 연계된 연구문제를 어떻게 틀 속에 짜 넣는지를 고려하는 것이다. 이를 위해 활용될 수 있는 모델 혹은 틀로 다섯 부분으로 구성된 서론이 제안된다. 결손 모델이라고 불리는 그것은 먼저 연구문제(매혹적인 글 첫머리를 포함하여) 제시에 바탕을 둔다. 그리고 그 문제를 다룬

문헌을 간략하게 개관하고, 선행연구에서 한두 가지 누락된 부분을 드러내면서 연구가 이런 결손을 어떻게 수정 보완할 수 있는지 시사한다. 마지막으로 연구자는 문제를 다루는 연구로부터 도움을 받을 수 있는 독자를 구체적으로 언급하고, 서론에서는 연구 의도를 표명하는 목적 진술을 제시하면서 마무리한다(이는 다음 장에서 설명될 것이다).

연습문제

1. 연구 서론을 위한 몇 가지 글 첫머리의 초안을 작성하고, 그것이 독자를 끌어들이고 연구에 대한 흥미를 창출하며 독자가 관련지을 수 있는 수준으로 제시되었는지 동료들과 함께 검토하라.
2. 제안하는 연구의 서론을 작성하라. 연구문제, 문제에 대한 관련 연구, 문헌의 결손 부분, 연구에 흥미를 갖게 될 미래의 독자에 각각 한 단락씩을 할애하라.
3. 해당 학술 분야의 학술지에 발표된 연구들을 찾아보라. 서론을 개관하고, 연구자가 연구문제 혹은 이슈를 언급한 문장을 찾아보라.

더 읽을거리

Bem, D. J. (1987). Writing the empirical journal article. In M. P. Zanna & J. M. Darley (Eds.), *The compleat academic: A practical guide for the beginning social scientist* (pp. 171–201). New York: Random House.

Daryl Bem은 발표된 연구논문에서 서두 진술의 중요성을 강조하고 있다. 그는 서두 진술

을 위한 일련의 중요 규칙을 제시하면서, 명확하고 잘 읽히는 글을 쓰고, 독자를 단계적으로 문제 진술로 끌어가는 구조를 취할 것을 강조하고 있다. 만족스러운 서두 진술과 만족스럽지 못한 서두 진술의 예가 모두 제시된다. Bem은 비전문가도 다가갈 수 있으면서 동시에 전문화된 독자에게도 지루하지 않은 서두 진술을 요구하고 있다.

Creswell, J. W., & Gutterman, T. (in press). *Educational research: Designing, conducting, and evaluating qualitative and quantitative research* (6the ed.). Upper Saddle River, NJ: Pearson Education.

John Creswell과 Tim Gutterman은 교육연구방법을 소개하는 장을 포함하고 있다. 그들은 연구문제의 중요성을 수립하는 것에 대해 자세하게 설명하고 있으며, 연구의 좋은 서론을 작성하기 위한 결손 모델의 예를 제시하고 있다.

Maxwell, J. A. (2005). *Qualitative research design: An interactive approach* (2nd ed.). Thousand Oaks, CA: Sage.

Joe Maxwell은 질적 연구계획서의 복적을 성찰하고 있다. 계획서의 기본적인 요소 가운데 하나는 연구 프로젝트를 정당화하는 것이다. 독자로 하여금 연구자가 무엇을 하려고 하는지 뿐만 아니라 왜 그것을 하려고 하는지를 이해하게 하는 것이다. 그는 연구자가 다루고자 하는 이슈를 제시하고 그에 관한 연구가 왜 중요한지 보여 주는 것의 중요성을 언급하고 있다. 대학원생의 학위논문계획서를 예로 활용하면서 연구에 필요한 효과적인 논의를 창출하기 위하여 그 자신과 학생이 제기한 주요 이슈들을 함께 다루고 있다.

Wilkinson, A. M. (1991). *The scientist's handbook for writing papers and dissertations.* Englewood Cliffs, NJ: Prentice Hall.

Antoinette Wilkinson은 서론의 세 부분, 즉 (1) 문제의 유도 및 진술과 그 성격에 대한 논의, (2) 문제의 배경에 대한 논의, 그리고 (3) 연구질문의 진술을 식별하고 있다. 그녀의 책은 서론을 어떻게 쓰고 구성할 것인가에 대한 논의와 함께 이 세 부분을 보여 주는 많은 예를 제시하고 있다. 서론은 반드시 논리적이어야 하고 연구질문의 진술로 연결되어야 함을 강조하고 있다.

⑤SAGE edge™

https://edge.sagepub.com/creswellrd5e

학습자와 교수자는 연구설계와 방법에 관한 비디오 영상, 논문, 퀴즈와 활동, 각종 도구가 필요하면 위의 사이트를 방문하기 바란다.

연구목적 진술

제 5장에서 언급했듯이, 서론의 마지막 부분에는 연구의 의도를 나타내는 **연구목적 진술**이 제시되어 있다. 연구목적 진술은 연구에서 가장 중요한 부분이기 때문에 명확하고 구체적이며 유익할 필요가 있다. 연구는 연구목적 진술에서 언급한 내용에 따라 진행되며, 연구목적이 신중하게 진술되지 않으면 독자는 방황하게 될 것이다. 학술지 논문에서는 연구목적 진술이 서론의 마지막 부분에 제시되지만, 석·박사학위논문에서는 연구목적 진술이 별도로 마련된 부분에 언급되기도 한다.

이 장에서는 연구목적 진술에 대해 집중적으로 설명하고자 한다. 우리는 연구목적 진술을 전개해야 하는 이유, 연구목적 진술의 설계에 사용할 중요 원칙 그리고 연구계획서를 작성하는 데 사용할 모델의 예에 대해 논의하고자 한다.

연구목적 진술의 중요성과 의미

Locke, Spirduso와 Silverman(2013)에 의하면 연구목적 진술은 그 연구를 왜 하고자 하는지, 무엇을 달성하고 싶은지를 나타낸다고 한다. 유감스럽게도 일부 연구계획서는 연구목적 진술의 중요성을 경시하고 있으며, 연구방법론 관련 저자들도 연구질문이라든지 가설과 같은 주제에 연구목적 진술을 혼재하여 제시하기도 한다. 예를 들면, Wilkinson(1991)은 연구질문과 목표의 맥락 안에 연구목적 진술을 포함시키고 있다. 다른 저자들은 연구목적 진술을 연구문제의 한 측면으로 취급하여 나타낸다(Castetter & Heisler, 1977). 이 논의를 자세히 검토해 보면 이들은 연구목적 진술을 연구의 핵심이고, 연구의 중요한 아이디어로 취급하고 있음을 알 수 있다.

연구자의 연구계획서에 대한 전반적인 연구 의도가 한 문장 혹은 몇 개의 문장으로 제시된 부분이 있는데, 이 부분이 연구목적 진술에 해당한다. 연구자는 연구계획서에서 연구목적 진술, 연구문제 및 연구질문을 분명하게 구분할 수 있어야 한다. 연구목적 진술은 연구의 필요성을 유도하는 이슈나 문제를 설명하는 것이 아니라 연구를 수행하는 의도를 밝히는 것이다(제5장 참조). 연구목적 진술은 또한 수집된 자료를 근거로 답을 하는 연구질문이 아니라(제7장 참조), 연구나 연구계획서의 연구수행 목적을 수립하고 핵심 아이디어를 명확하게 기술하는 것이다. 이러한 아이디어는 연구의 필요성(연구문제)을 설정하게 하고, 구체적인 질문(연구질문)으로 정제되어 나타난다.

연구목적 진술의 중요성을 감안할 때, 독자가 쉽게 식별할 수 있도록 연구목적 진술 부분을 연구계획서나 실제 연구에서 별도로 구성하거나 한 단락이나 문장으로 구성하는 것도 도움이 될 것이다. 질적 · 양적 · 혼합적 연구의 세 가지 방법으로 유사한 주제를 각각 연구할 수 있지만, 각 연구방법에 맞추어 완벽하게 이용 가능한 연구목적 진술 작성법을 다음에서 스크립트를 통해 설명한다.

질적 연구에서의 연구목적 진술

질적 연구에서의 훌륭한 연구목적 진술은 질적 연구에 관련된 연구참여자, 연구장소, 연구 주요 현상에 대한 탐구 등의 정보를 포함하고 있다. 또한 연구설계의 발현 과정을 전달해 주고 질적 탐색의 언어로부터 연구용어를 가져온다(Schwandt, 2014). 따라서 연구목적 진술을 작성할 때 다음과 같이 연구설계의 기본적인 특징을 살펴볼 수 있다.

- 연구에서 핵심이 되는 아이디어를 지배하는 중심어로서, 연구목적 진술에 관심을 집중시킬 수 있는 **목적**, 의지, 혹은 **목표**와 같은 용어를 사용할 필요가 있다. "이 논문의 목적(의도 또는 목표)은 …이다(이었다 또는 일 것이다)."라는 형태로 별도의 문장이나 문단으로 연구목적 진술을 시작한다. 연구자는 일반적으로 연구논문이나 학위논문에서는 현재 시제나 과거 시제를 사용하고, 연구를 위한 계획을 제시하는 연구계획서의 경우에는 대체로 미래 시제를 사용한다.
- 하나의 현상(또는 개념이나 아이디어)에 초점을 둘 필요가 있다. 연구를 하나의 아이디어로 한정시켜 탐구하고 조사하도록 한다. 이 집중의 의미는 양적 연구에서 전형적으로 하고 있는 것처럼, 연구목적과 관련 있는 2~3개의 변인을 한꺼번에 조사하거나 관련 있는 2개 이상의 집단을 비교하라는 의미가 아

니고, 그 대신 하나의 현상을 전개시킨 다음에, 아이디어 간의 관계 또는 아이디어 간의 비교 탐구로 연구를 발전시켜 나가는 것이다. 질적 연구를 시작할 때는 어떤 것을 탐구하고 발견하며, 어떤 것을 비교하게 될 것인지 알 수 없다. 예를 들어, 어떤 연구에서는 교사는 어떤 존재인가에 대해, 그리고 어떤 특정한 학교에서 교사의 정체성을 약화시키는 요인이 무엇인가를 조사하면서 연구가 시작될 수도 있다(Huber & Whelan, 1999). 혹은 직장에 관한 연구로 야구문화의 의미와 야구경기장 고용인들의 이야기를 탐구함으로써 연구가 시작될 수도 있다(Trujillo, 1992). 또는 어떻게 개인들이 AIDS에 대한 인식을 표출하는지 탐구함으로써 연구가 시작될 수 있다(Anderson & Spencer, 2002). 이러한 예들은 모두 하나의 아이디어에 중점을 두는 경우이다.

● 학습이 어떻게 일어나는지를 알리는 행위동사를 사용할 필요가 있다. 이해하다, 발전하다, 탐구하다, 의미를 조사하다, 또는 발견하다 등과 같은 행동단어를 활용하여 탐구를 시작하고 진행될 방향을 알리도록 한다.

● 중립적인 단어와 어구를 사용한다. 예를 들어 "개인의 성공적인 자기표현을 탐구한다."보다는 "개인의 자기표현 경험을 탐구한다."와 같이 단어나 어구를 사용하여 직접적으로 단정하는 어법을 피한다. 그 밖의 어떤 특정한 결과(일어나든, 일어나지 않든)를 떠올릴 수 있는 단어, **유용한**, **긍정적인**, 그리고 유익한 등의 단어나 어구를 포함시켜 서술하는 것은 문제가 될 수도 있다. McCracken(1988)은 질적 연구의 면담자는 본인의 경험을 직접 기술하는 것이 필요하다고 주장하였다. 질적 연구에서 면담자(또는 연구목적 진술 저자)는 방향을 암시하는 지시어를 사용함으로써 '비지시어의 법칙'(McCracken, 1988, p. 21)을 종종 위반하기 쉽다.

● 특히 독자가 어떤 현상을 설명하는 용어를 잘 이해하지 못하는 경우, 중심 현상이나 아이디어를 설명할 때 일반적으로 사용되고 있는 정의(definition)를 이용할 필요가 있다. 질적 연구방법과 일맥상통하는 이 정의는 고정되어 변화될 수 없는 것이 아니라, 연구참여자로부터 얻는 지식을 통하여 연구 전반에 걸쳐서 변화되고 다듬어진다. 그러므로 우리는 "지금 이 시점에서 _____(중심 현상)에 대한 잠정적인 정의는 …이다."라고 말할 수 있다. 제2장 문헌 고

찰에서 논의되었던 용어의 상세한 정의와 이 정의를 혼동해서는 안 된다. 여기서의 핵심 의도는 계획서의 초기 단계나 조사연구에서 연구의 중심 현상의 일반적 의미를 독자에게 잘 전달하여 연구참여자와 원자료로부터 제기된 질문과 반응 유형을 이들이 보다 잘 이해할 수 있도록 하기 위함이다.

- 진행하고자 하는 연구가 민족지학적 연구, 근거이론, 사례연구, 현상학적 연구, 내러티브 연구, 혹은 다른 연구 전략을 이용하는지에 따라 자료의 수집, 분석, 그리고 연구 과정에 사용할 탐구전략을 나타내는 용어를 포함시킬 필요가 있다.
- 연구참여자가 1명인지, 다수인지, 집단인지 혹은 전체 조직의 모든 구성원인지를 알릴 필요가 있다.
- 연구가 이루어지는 장소가 가정, 교실, 단체, 프로그램 또는 특별한 행사 등 연구가 행해지는 장소를 명확하게 나타낼 필요가 있다. 연구를 위한 장소가 어디에 있는지를 독자들이 정확하게 알 수 있도록 충분히 기술한다.
- 연구목적 진술에서 마지막으로 고려해야 할 것은, 연구의 참여범위나 연구장소를 한정하는 설명을 포함시킬 필요가 있다는 것이다. 예를 들어, 어떤 연구는 여성이나 라틴계만을 대상으로 연구를 제한할 수 있다. 그리고 연구장소를 대도시 혹은 하나의 작은 지역으로 제한할 수도 있으며, 중심 현상을 어떤 팀에 참여하는 회사의 사원으로 한정할 수도 있다. 이러한 제한은 조사연구의 한계를 나타내는 데 도움이 된다.

어느 정도의 차이는 있을 수 있으나 훌륭한 연구계획서나 학위논문은 위에서 언급한 여러 가지 사항들을 연구목적 진술에 포함하고 있다.

여기에서 완벽한 연구목적 진술을 작성하는 데 도움이 될 수 있는 스크립트를 제시해 본다. 이 책에 제시된 스크립트는 중심단어와 연구목적 진술 아이디어를 포함하고 있으며, 연구자가 관련 정보를 넣을 수 있는 공간을 제공하고 있다.

이 _____ (민족지학적 연구, 사례연구, 혹은 기타 연구와 같은 <u>탐구전략</u>)와 같은 연구의 목적은 _____ (<u>연구현장</u>)에서 _____ (개

인, 그룹, 조직 등과 같은 참여자)에 대한 _____ (연구의 중심 현상)을
_____ (이해하는? 묘사하는? 개발하는? 발견하는?) _____ 것
이다(것이었다? 것이 될 것이다?). 이 연구에서는 _____ (연구대상이 되
는 중심 현상)은 일반적으로 _____ (일반적인 정의를 제시한다)라고 정
의된다.

예 6.1~6.4는 이 스크립트의 모든 요소를 완벽하게 설명한다고 할 수 없으나, 이
를 공부하고 열심히 따라 사용하면 도움이 될 적절한 모델이다.

| 예 6.1 | 질적 · 현상학적 연구에서의 연구목적 진술

Lauterbach(1993)는 임신 말기에 유산
한 경험이 있는 5명의 여성을 대상으로
유산의 경험과 기억을 연구하였다. 이
연구의 연구목적 진술은 다음과 같다.

> 이 연구는 의미를 밝혀내는 하
> 나의 방법인 현상학적인 연구
> 를 통하여 출산을 앞둔 아기의
> 죽음을 겪은 어머니들의 생생
> 한 경험에서 의미의 '본질'을 분
> 명히 한다. 페미니스트의 관점
> 으로 이 연구는 어머니의 기억
> 과 그들의 '그 후 이어지는 생

활'에 대한 경험에 집중했다. 이
러한 관점은 어머니의 경험을
둘러싸고 있는 침묵을 깨는 데
도움이 되었고, 또한 유산에 대
한 기억과 관련 이야기를 분명
하고 상세하게 서술할 수 있도
록 하였다. 이 연구의 탐구방법
은 어머니들의 경험에 대한 기
존의 조사연구와 창의적 기법
의 현상 조사연구에서 도출된
자료들에 대한 현상학적 성찰
을 포함하고 있다. (p. 134)

우리는 Lauterbach(1993)의 논문 시작 부분에서 연구목적 진술이 '연구목적'이라
는 제목으로 기술하였음을 발견하였다. 그러므로 이 연구목적은 진술에서 사람들
의 주의집중을 불러일으켰다. '어머니들의 생생한 경험'이 바로 질적 연구에서 탐구
하고자 하는 중심 현상이고, 연구자는 이들의 경험에 대한 의미(중립적 단어)를 극
적으로 표현하기 위해 행동단어를 사용하고 있다. 우리는 나아가서 '기억'과 '생생

한 경험'을 언급할 때, 그것이 어떤 경험을 조사했는지를 밝혔다. 이 문맥을 살펴볼 때 Lauterbach는 분명히 현상학적 전략을 사용했다고 할 수 있다. 또한 연구참여자가 어머니라는 것도 알 수 있고, 논문의 마무리에 집에서 사산한 경험이 있는 5명의 어머니들과 인터뷰를 실시하였던 것을 알 수 있다.

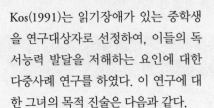

| 예 6.2 | **사례연구에서의 연구목적 진술**

Kos(1991)는 읽기장애가 있는 중학생을 연구대상자로 선정하여, 이들의 독서능력 발달을 저해하는 요인에 대한 다중사례 연구를 하였다. 이 연구에 대한 그녀의 목적 진술은 다음과 같다.

이 연구의 목적은 읽기장애가 있는 청소년 4명의 독서 발달에 방해가 되는 정서, 사회 및 교육적 요인을 찾아보는 것이다. 여러 해 동안의 학습에도 불구하고 왜 청소년들의 독서능력이 향상되지 않는지에 대한 설명을 찾고자 하였다. 이 연구는 중재 연구(intervention study)는 아니었으며 몇 학생들의 독서능력이 개선되었지만, 연구의 핵심은 독서능력의 향상이 아니었다. (pp. 876-877)

Kos(1991)의 연구에서 학생들의 독서능력 변화의 정도를 측정하는 양적 연구가 아니라는 것을 밝히고 있다. 그 대신에 탐구하다라는 단어를 사용함으로써 이 연구를 질적 연구 안에 분명히 포함시키고 있다. Kos는 '요인'이라는 중심 현상에 초점을 맞추었으며, '정서적·사회적 그리고 교육적 요인'과 같은 예를 언급하면서 잠정적 정의를 내리기도 하였다. Kos는 연구에 대한 주의를 불러일으키는, '연구목적'이라는 표제하에 연구목적 진술을 포함시켰고, 연구참여자도 언급하였다. 초록이나 연구방법 부분에서 독자는 사례연구의 탐구 전략이 사용되었고 교실에서 연구가 진행되었음을 알 수 있다.

대학의 분위기 개선을 위하여 실시된 질적 연구는 제3장에서 언급한 옹호적 연구의 한 분야에 속한다. 또한 이 연구목적 진술은 독자에게 연구목적을 알려 주기 위하여 연구 시작 부분에 제시된다. 이 연구의 중심 현상은 학생들의 필요사항을 확인하는 것이고, 우리는 동성애와 양성애 남학생들을 위하여 환경을 개선할 수 있는 영역을 확인하고자 한다. 우리는 또한 이 연구의 탐구전략이 민족지학적 방법이고, 또 규모가 큰 종합대학교(장소)의 남학생(연구참여자)임을 언급하였다. 이 단계에서 우리는 이들의 본질적 요구사항에 대한 추가적 정보를 언급하지 않았고 이 논문을 시작할 때 적용할 정의도 제시하지 않았다. 그렇지만 연구의 다음 절에서 그 용어에 대한 잠정적 의미를 부여하여 제공함을 알 수 있다.

| 예 6.3 | 민족지학적 연구에서의 연구목적 진술

Rhoads(1997)는 한 대학교에 재학하고 있는 동성애와 양성애 남학생에 대한 연구를 2년간 진행하였다. 연구는 이들에 대한 대학의 분위기를 어떻게 향상시킬 수 있는지에 관하여 민족지학적 연구방법으로 실시하였다. 논문의 첫 부분에 포함된 연구목적 진술은 다음과 같다.

> 이 연구는 동성애자와 양성애자 남학생에 대한 시각이 대학 내 어떤 영역에서 향상되었는지를 확인해 봄으로써, 이들에게 필요한 것이 무엇인지를 검토한 이전 문헌자료를 진전시키는 데 도움이 되고자 한다. 이 연구는 한 종합대학교에서 동성애자와 양성애자 남학생의 문화에 대하여 2년간의 민족지학적 연구로 진행되었다. 이러한 남학생에 대한 연구를 고려해 볼 때, 대학 내 동성애자와 양성애자 여학생의 문화에 대한 연구가 별도로 이루어지고 있음을 나타내고 있다. (p. 276)

예 6.4의 연구목적 진술에서 중심 현상은 직업적 발전인데, 독자는 이 중심 현상이 여성의 전문직 분야에서 결정적 영향을 미친다는 것을 알게 된다. 이 연구에서의 지시어인 성공은 중심 현상에 대한 연구를 제한하기보다는 연구대상을 규정하는 데 도움을 주고 있다. 저자들은 이 중심 현상을 탐구하고자 하고 있으며 독자는 모든 연구참여자가 각기 다른 직종에서 종사하는 여성이라는 것을 알 수 있다. 연구전략으로의 근거이론은 논문초록에서 언급되고 이후 절차에 관한 논의 부분에서 언급된다.

| 예 6.4 | 근거이론 연구에서의 연구목적 진술

Richie와 동료들(1997)은 미국 내 다양한 분야에서 성공적인 직장생활을 하고 있으며 뛰어난 업적을 내고 있는 18명의 흑인 및 백인 여성의 직업적 발전 이론을 진전시키기 위한 질적 연구를 실시하였다. 이 연구의 두 번째 단락에서 다음의 연구목적 진술을 제시하였다.

이 논문은 미국 내 8개의 직종에 걸쳐 성공적인 직장생활을 하고 있고 뛰어난 업적을 내고 있는 18명의 흑인 및 백인 여성의 직업적 발전에 관한 질적 연구를 기술하고 있다. 이 연구의 전체적인 목적은, 특히 전문직 분야에서 성공과 관련하여, 이 여성들의 직업적 발전에 결정적 영향을 끼친 것에 관하여 탐구 조사하는 것이었다. (p. 133)

양적 연구에서의 연구목적 진술

양적 연구에서의 연구목적 진술은 변인 및 구인을 상호 비교하고 관계를 밝히는 것에 초점을 맞추는 것, 그리고 사용하는 용어 등의 측면에서 질적 연구의 연구목적 진술과는 다르다. 제3장에서 다룬 주요 변인의 유형, 즉 독립변인, 매개변인, 조정변인, 종속변인을 상기해 보자.

양적 연구에서의 연구목적 진술은 연구의 변인과 그 변인과의 관계, 연구참여자, 연구장소를 포함한다. 양적 연구에서의 연구목적 진술은 양적 연구와 관련되는 표현, 그리고 관계나 이론에 대한 연역적 검증을 포함한다. 양적 연구에서의 연구목적 진술은 결과를 명확하게 확인할 수 있는 시각적 모델을 수반하고 연구에서 제시하는 중요한 변인(독립변인, 중개변인, 종속변인)을 확인하는 것과 그 변인을 어떻게 측정하고 관찰할 것인가를 열거하고 정하는 것으로 시작한다. 마지막으로 양적 연구에서 변인을 사용하는 의도는 전형적으로 조사연구에서처럼 변인을 서로 관련시키거나, 혹은 일반적인 실험연구에서 보듯이 결과에 대해 비교집단과 실험집단을 비교하는 것일 수도 있다. 양적 연구에서의 훌륭한 연구목적 진술의 주요 구성요소는 다음과 같다.

- 연구의 가장 중요한 의도를 나타내는 **목적, 의도, 목표**와 같은 용어들이 포함되어야 한다. 그리고 "이 연구의 목적(혹은 목표, 의도)은 …이다(이었다, 일 것이다)."로 시작한다.

- 연구에서의 이론, 모델, 개념적 틀을 검증할 필요가 있다. 이 시점에서 이러한 것을 자세히 기술할 필요는 없지만, 우리는 제3장의 '이론적 관점'이라는 부분에서 이 목표에 대한 것을 분리하여 서술할 수 있음을 제시했다. 그러한 것을 연구목적 진술에서 언급하는 것은 이론이 중요하다는 것을 강조하는 것이며, 이 이론이 연구에 사용됨을 암시하는 것이다.

- 연구에 활용되는 매개변인이나 조정변인, 통제변인뿐만 아니라 종속변인과 독립변인을 분명히 밝히는 것이 필요하다.

- 독립변인과 종속변인이 서로 관련되어 있다는 것을 나타내기 위해서 2개 혹은 더 많은 변인들의 '… 사이의 관계'라는 용어를 사용하고, 둘 혹은 그 이상의 많은 집단과의 '비교'라는 용어를 사용한다. 또한 연구목적 진술의 목적은 변인들을 '서술'하기 위한 것이기도 하다. 대부분의 양적 연구에서는 연구목적 진술에서 변인들을 논의하기 위한 방안으로 이 세 가지 중 하나를 선택한다. 또한 연속적인 독립변인은 물론 둘 이상의 처치집단을 갖는 두 요인실험과 같이 비교, 관계를 함께 조합하는 것도 가능하다. 양적 연구에서는 실험을 통하여 2개나 혹은 더 많은 그룹을 비교하는 것이 일반적이지만, 조사연구에서도 그룹을 비교하는 것이 가능하다.

- 연구목적 진술에서 독립변인은 좌측에, 종속변인은 우측에 위치시킨다. 독립변인과 종속변인 사이에 중개변인을 위치시킨다. 많은 연구자는 독립변인과 종속변인 사이에 매개변인을 위치시킨다. 실험에서 독립변인은 항상 조종할 수 있는 변인이다.

- 연구에서 사용한 특정한 탐구전략(조사연구, 실험연구와 같은)을 밝힐 필요가 있다. 이러한 정보를 밝힘으로써 연구자는 연구방법론에 대한 논의를 예측하게 되며, 독자들에게 탐구접근에 대한 연구변인들의 관계를 연관할 수 있도록 한다.

- 연구참여자(또는 분석의 단위)에 대하여 설명하고 연구장소를 언급한다.

● 이전의 문헌에서 대체적으로 받아들여지고 확립된 정의를 사용하여 각각의 핵심변인을 정의할 필요가 있다. 일반적 정의를 사용함으로써 독자들은 목적 진술을 잘 이해할 수 있다. 이러한 일반적 정의는 연구계획서의 나중에 위치하는 '용어의 정의'(어떻게 변인들을 측정할 것인가에 대한 구체성)에서의 구체적인 조작적 정의를 대신하지는 않는다. 그리고 자료 수집의 범위나 혹은 특정한 개인적인 한계 등과 같이 연구의 범위에 영향을 미치는 제한점을 언급한다.

이러한 점에 기초를 두고, 양적 연구에서의 연구목적 진술 스크립트는 다음과 같은 아이디어를 포함한다.

이 _____ (실험? 조사?)연구의 목적은 _____ (연구 현장)에서 _____ (연구참여자)에 대하여 _____ (통제변인)을 통제하면서, _____ (독립변인)과 _____ (종속변인)을 _____ (비교? 관련?)하는 _____ 의 이론을 검증하는 것이다(이었다? 일 것이다?). 독립변인은 _____ (일반적인 정의)으로 정의할 수 있다. 종속변인은 _____ (일반적 정의)으로 정의할 수 있고, 통제변인과 중개변인인 _____ (통제변인과 중개변인을 분명히 밝히며)은 _____ (일반적인 정의)로 정의할 수 있다.

예 6.5~6.7은 위의 스크립트에서 제공하는 많은 요소를 설명해 주고 있다. 첫 번째 두 연구는 조사연구이고 마지막 것은 실험연구이다.

| 예 6.5 | **출판된 조사연구에서의 연구목적 진술**

Kalof(2000)는 2년에 걸쳐 54개의 대학에 다니는 여대생들에게 성적 역할의 강요에 대한 그들의 태도와 경험에 대하여 연구하였다. 이들에게 설문조사를 실시하였고, 2년 후 똑같은 설문지에 응답하도록 하였다. 연구자는 연구목적 진술을 논문의 처음 부분에 연구문제와 함께 결합시켜서 다음과 같이 기술하였다.

이 연구는 여성의 성적 수모에 대한 경험과 성적 역할 태도 사이의 연관성을 명확하게 밝히고 상세하게 분석하는 것을 시도하는 것이다. 2년간 54개 대학의 여학생에게 다음과 같은 질문에 응답하도록 하였다. (1) 2년간 여학생들의 태도가 성적 강압에 대한 취약성에 영향을 주었는가? (2) 성적 희생을 경험한 후에 이들의 태도가 바뀌었는가? (3) 이전의 성적 희생이 나중에 다시 겪게 되는 경험의 위험을 감소시키는가 또는 증가시키는가? (p. 48)

위의 연구목적 진술에서 Kalof(2000)는 검증하고자 하는 이론에 대해서는 언급하지 않았지만, 독립변인(성적 역할 태도)과 종속변인(성적 수모)을 분명히 밝히고 있다. Kalof는 독립변인을 먼저 시작으로 종속변인을 위치시켰으며, 또한 이 두 변인 사이의 연결고리를 찾기 위해 관계보다는 연관성에 대하여 논의하였다. 그리고 연구에 참여하는 참여자(여성)와 연구되는 장소(대학의 환경)를 명확하게 밝혔으며, 연구방법 부분에서 설문지를 우편으로 받았음을 언급하였다. 그리고 비록 Kalof가 중심변인을 정의하지는 않았지만 연구질문에서 변인에 대한 구체적 측정방법에 관한 것을 제시하였다.

| 예 6.6 |　학위논문에서의 조사연구의 연구목적 진술

DeGraw(1984)는 '성인 교정시설에서의 교육자의 활동'이라는 주제로 교육학 분야에서 박사학위논문을 완료하였다. '연구문제의 진술'이라는 절에서 연구목적을 다음과 같이 명시하였다.

이 연구의 목적은 미국 내 몇 개 주의 성인을 교정하는 기관에서 가르치는 교육자의 개인적인 특징과 직업 동기 사이의 관계를 조사하는 것이다. 개인적인 특징을 응답자 배경에 대한 정보(즉 시설에 대한 정보, 교육 정도, 사전 교육 등)와 직업을 바꾸는 것에 대한 응답자 사고에 대한 정보로 나누었다. 배경 정보에 대한 조사는 이동과 동기부여라는 측면에서 중요한 차이점을 구별해 줄 수 있는 특징과 요소를 주므로 이 연구에서 중요하다. 이 연구의 두 번째 부분은 응답자에게 직업의 이러한 동기 요인을 나열하도록 하였다. 직업에 대한 동기는 교육작업 구성요소 연구(educational work components study, EWCS)라는 질문지(Miskel & Heller, 1973)에서 분류한 6개의 일반적인 요소로 정의하였다. 이 구성요소는 다음과 같다. 개인의 도전과 발달 가능성에 대한 잠재력, 경쟁력, 성공에 대한 소망과 보상, 일의 압박에도 불구한 인내력, 안전 보장, 불확실성과 기피성에도 불구하고 보상을 기꺼이 추구하는 의지력 등의 여섯 가지이다. (pp. 4-5)

이상의 진술은 훌륭한 연구목적 진술이라 할 수 있는 몇 개의 구성요소를 포함한다. 별도의 장으로 제시되고는 있지만 '관계'라는 단어를 사용하였고, 용어를 정의하였으며 그리고 연구대상을 언급하였다. 더 나아가 연구목적 진술에서 나타나는 변인의 순서에 따라 명확하게 독립변인과 종속변인을 정의하였다.

| 예 6.7 | 실험연구에서의 연구목적 진술

Booth-Kewley, Edwards, Rosenfeld (1992)는 사회적 측면에서 태도의 바람직함에 관하여 컴퓨터로 응답하는 방법과 종이와 연필을 이용하여 질문서에 응답하는 두 방법을 비교 연구하였다. 그들은 (1) 인상관리(impression management, IM)와, (2) 자기기만(self-deception, SD)이라는 두 영역으로 구성된 바람직한 반응의 균형 검사(Balanced Inventory of Desirable Responding : BIDR)를 통하여 연구 완료된 것을 대학생 대상으로 다시 재검사하였다.

우리는 종이와 연필만을 사용하거나 후에 수정할 수 있는 컴퓨터를 사용하거나 또는 수정 못하는 컴퓨터 사용하는 등의 세 조건하에서 인상관리와 자기기만에 관하여 해군 입대하는 신병들의 반응을 수집, 비교하는 연구를 설계하였다. 거의 절반 정도의 신병들은 자신의 이름을 밝히지 않고 답하였다. (p. 563)

예 6.7에는 훌륭한 연구목적 진술이 갖는 많은 특징을 반영하고 있다. 이 진술은 도입 부분에서 별도의 아이디어로 따로 문단으로 분리되어 비교할 것이라고 했고 실험의 참여자(즉 분석의 단위)를 분명히 밝혔다. 저자는 변인의 순서를 설명하면서 우리의 제안과는 달리 종속변인을 첫 번째로 놓고 있다(그러나 연구집단에 대해서도 명확히 하였다). 어떤 이론에 근거를 두고 있는지는 아직 밝히지 않았지만, 이 연구목적 진술보다 앞서 제시한 문단에서 선행연구의 결과에 대하여 기술하였다. 또한 저자들은 탐구전략을 제시하지는 않았지만, 특히 절차와 관계된 단락들에서 실험연구임을 확인할 수 있었다.

혼합적 연구에서의 연구목적 진술

혼합적 연구에서의 연구목적 진술은 연구의 전반적인 의도가 모두 포함되어 있고, 질적·양적 연구 동향에 관한 정보를 통합시키는 이유가 포함된다. 이 진술은 연구의 서론 부분에서 일찍 확인되어야 하고, 독자가 연구의 질적인 면과 양적인 면을 잘 인식할 수 있도록 명확하게 안내되어야 한다. 다음의 몇 가지 안내 지침은 혼합적 방법에서의 연구목적 진술에 대한 조직과 표현이다.

- '…의 목적은'이나 혹은 '…의 의도는'이라는 단어로 시작한다.
- 연구내용의 관점에서 "이 연구의 의도는 조직효과성을 학습하는 것이다.", "이 연구의 의도는 의붓아이들의 가정을 연구하는 것이다."와 같이 연구의 전반적인 목적을 나타내야 한다. 이런 식으로 독자는 연구 프로젝트를 질적 연구와 양적 연구로 나누어 접근하기 전에 전체적 연구를 잘 이해할 수 있다.
- 혼합적 방법 연구의 설계 유형이 수렴적 설계인지, 설명적 순차 설계인지, 탐색적 순차 설계인지, 또는 복합적 설계인지를 나타내야 한다(제10장에서 논의된 바와 같이).
- 질적 자료와 양적 자료를 함께 결합하는 이유를 논의한다. 이러한 이유는 다음의 하나가 될 수 있다(이들 이유에 대한 더 자세한 내용은 제10장 참조).

  ○ 양적 자료와 질적 자료를 수렴하고 두 데이터베이스를 비교함으로써 연구

문제를 완전하게 이해하도록 한다(수렴적 설계).

○ 조사연구와 같이 양적 데이터베이스의 설명을 돕기 위해 그와 관련된 질적 자료를 이용하여 더 세밀한 수준에서 자료를 이해하도록 한다(O'Cathain, Murphy, & Nicholl, 2007)(설명적 순차 설계).

○ 먼저 질적으로 탐구하고(예 : 면접을 통해), 큰 표본에 검증할 수 있는 도구를 설계하기 위한 정보를 이용함으로써 표본에 적합한 측정도구를 개발한다(탐색적 순차 설계).

○ 이러한 이유(및 설계)를 실험설계, 사례연구 또는 평가방법론, 참여적-사회적 정의 연구 이론(10장 참조)과 같은 더 큰 설계, 방법론 또는 이론에 통합한다.

이상과 같은 요소에 기초하여 세 가지 혼합적 방법인 수렴적 설계, 설명적 순차 설계, 탐색적 순차 설계의 연구목적 진술에 대한 스크립트의 예를 다음과 같이 소개한다(Creswell & Plano Clark, 2018). 혼합적 방법에서의 연구목적 진술의 첫 번째 예는 수렴적 혼합 방법 전략의 스크립트인데, 양적 자료와 질적 자료를 수집하여 각각 분석하며 연구문제를 잘 이해하기 위해 두 데이터베이스를 비교한다.

이 혼합적 방법의 연구는 _____ (내용 전체 목표)를 다룰 것이다. 수렴적 혼합 방법 설계가 이용될 것이며, 양적 자료와 질적 자료를 동시에 수집하여 각각 분석한 후 통합하는 설계 유형이다. 이 연구에서 _____ (양적 자료)는 _____ (이론 명)의 이론을 검증하기 위해 이용할 것인데, _____ (독립변인)은 _____ (장소)에서 _____ (연구참여자)의 _____ (종속변인)에 _____ (긍정적, 부정적) 영향을 미칠 것이다. _____ (질적 자료의 유형)은 _____ (장소)에서 _____ (연구참여자)의 _____ (종속변인)을 탐구할 것이다. 양적 자료와 질적 자료를 모두 수집하는 이유는 _____ (혼합하는 이유)이기 때문이다.

혼합적 방법에서의 연구목적 진술의 두 번째 예는 설명적 순차 설계의 스크립트인데, 이 설계의 의도는 양적 데이터베이스를 후속 질적 자료를 이용하여 더욱 깊은 수준에서 이해하기 위한 것이다.

　　이 연구는 ＿＿＿＿＿ (전체적 내용 목표)를 다룰 것이다. 설명적 순차 혼합 방법 설계가 이용될 것인데, 양적 자료를 먼저 수집한 후 양적 자료의 결과를 면밀한 질적 자료와 함께 설명하게 된다. 먼저 연구의 양적 단계에서는 ＿＿＿＿＿ (양적 도구) 자료가 ＿＿＿＿＿ (연구장소)에서 ＿＿＿＿＿ (연구참여자)로부터 수집될 것인데, 이는 ＿＿＿＿＿ (종속변인)이 ＿＿＿＿＿ (독립변인)과 관련이 있는지를 평가하여 ＿＿＿＿＿ (이론)을 검증하기 위한 것이다. 두 번째의 질적 단계는 양적 결과를 잘 설명하기 위해 양적 결과에 추가하여 수행하게 될 것이다. 이 뒤이은 설명에서 잠정적인 계획은 ＿＿＿＿＿ (연구장소)에서 ＿＿＿＿＿ (연구참여자)와 함께 ＿＿＿＿＿ (중심 현상)을 설명하는 것이다.

　　혼합적 방법에서의 연구목적 진술의 마지막 예는 탐색적 순차 설계의 스크립트인데, 이 설계의 의도는 질적 자료를 먼저 수집하여 표본에 적용하는 측정도구를 개발한 후 이것을 이용하여 모집단의 표본을 검증할 수 있는 측정도구를 설계하기 위한 것이다.

　　이 연구는 ＿＿＿＿＿ (내용 목표)를 다룬다. 탐색적 순차 설계의 목적은 작은 표본으로 질적 탐구를 먼저 한 다음 질적 결과를 큰 표본에 일반화할 것인지를 결정하는 것이다. 연구의 첫 번째 단계는 ＿＿＿＿＿ (중심 현상)의 질적 탐구를 하는 것인데, ＿＿＿＿＿ (자료 유형)은 ＿＿＿＿＿ (연구장소)에서 ＿＿＿＿＿ (연구참여자)로부터 수집하게 될 것이다. 이 첫 번째 탐구로부터의 질적 결과는 큰 표본을 다룰 수 있는 평가측정도구를 개발하는 데 이용될 것이다. 잠정적으로 계획된 양적 단계에서 ＿＿＿＿＿ (도구자료)는 ＿＿＿＿＿ (연구장소)에서 ＿＿＿＿＿ (연구참여자)로부터 수집하게 될 것이다.

　　내재적 설계, 변형적 설계, 다단계 설계와 같은 더욱 발전된 설계에 유용한 다른 예들은 Creswell & Plano Clark(2018)의 연구를 참고하기 바란다.

　　최근에 발표된 논문에서 찾아볼 수 있는 연구목적 진술의 몇 가지 예들을 잘 살펴보는 것은 도움이 된다. 비록 이러한 예들이 스크립트의 모든 요소들을 포함하는 것은 아니지만, 혼합적 방법 연구의 연구목적을 분명히 전달하는 합리적이고 완벽한 연구목적 진술의 예들을 제공하고 있다. 여기서는 (1) 수렴적 설계(예 6.8), (2) 설명적 순차 설계(예 6.9), (3) 탐색적 순차 설계(예 6.10)의 세 가지 핵심 설계 유형에 대해서만 논의할 것이다. 이들을 확장한 다른 설계들은 제10장에서 자세하게 설명할 것이다.

| 예 6.8 | 수렴적 혼합 방법의 연구목적 진술

Classen과 동료들(2007)은 노령 운전자 안전을 위한 건강 증진 모델을 개발하였다. 연구자들은 국가적 차원의 데이터베이스를 두 번에 걸쳐 분석을 수행하면서, 운전자들의 부상에 영향을 미치는 위험요인과 방어요인들을 검증하였다(양적 연구 단계). 그들은 또한 안전의 필요성과 관련된 내러티브 결과, 안전에 영향을 미치는 요인들, 노령 운전자 고용주들의 안전 우선순위를 결정하기 위해 여섯 가지 연구의 질적 메타분석을 수행하였다(질적 연구 단계). 다음에는 두 연구 자료들로부터의 결과를 통합하기 위해 두 데이터베이스를 비교하였다. 그들의 연구목적 진술은 다음과 같다.

이 연구는 가능한 원인 요인들의 상호관계를 설명하는 명시적인 사회생태학적 관점, 이 요인들을 종합한 결과 요약, 고령 운전자 안전을 증진시키기 위한 공공 건강 중재를 도모하기 위한 경험적 지침을 제공하는 것이다. 혼합적 방법 접근을 이용하여, 고용주의 관점을 갖는 국가 차량 충돌 자료들로부터의 주요 결과들을 비교하고 통합하게 된다. (p. 677)

이 구절은 초록에 쓰여 있었고, 아마 서론 부분에 들어가면 더 좋았을 것이다. 양적 자료와 질적 자료를 모두 이용하고 있음을 암시하였다. 비록 보다 자세한 설명이 이론을 확인하기 위해 주어져 있었지만(모델은 연구의 초반에 제시되었다), 구체적인 변인들이 분석되었고 연구의 질적 단계의 중심 현상이 드러나 있었다.

| 예 6.9 | **설명적 순차 혼합 방법의 연구목적 진술**

Ivankova와 Stick(2007)은 배포된 박사학위 프로그램(원격 온라인 학습)에서 학생들의 인내에 영향을 주는 요인들을 연구하였다. 연구자들은 처음에는 학생 인내를 예상할 만한 외적 및 내적 프로그램 요인들을 검증하기 위한 설문자료를 수집하였고, 다음에는 네 가지 범주의 인내집단별 학생들을 대상으로 질적 면접을 수행하였다. 연구자들은 네 가지 유형의 대학원생 인내자들에 대한 사례연구로 마무리하였다. 연구목적 진술은 다음과 같다.

> 이 설명적 순차 혼합 방법의 목적은 ELHE 프로그램에서 학생 인내에 영향을 주는 요인들을 확인하는 것이었다. 이를 위해 278명의 재학생 및 졸업생들의 설문조사로부터 양적 결과를 도출하였고, 이 결과들을 더욱 심층적으로 탐구하기 위해 4명을 의도적으로 선택하여 질적 사례연구 분석을 수행하였다.

첫째, 연구의 양적 단계에서는 프로그램에서 학생 인내에 대한 예언자로서 제공된 ELHE 프로그램에서의 내적 및 외적 변인들(프로그램 관련, 조언자 관련, 교직원 관련, 제도 관련, 학생 관련 요인들과 외적 요인들)에 대해 연구질문을 어떻게 선택할 것인가에 초점을 두었다. 둘째, 질적 단계에서는 서로 다른 연구참여자 집단으로부터의 네 가지 사례연구들이 통계적 검증의 결과들을 깊이 있게 탐구하였다. 이 단계에서 연구질문은 7개의 내적 및 외적 요인들을 다루었고, 프로그램, 온라인 학습 환경, 교직원, 학생 지원 서비스, 자기 동기부여, 가상 공동체, 학문적 조언자가 4개 집단을 구별하는 데 서로 다르게 기여하고 있음을 발견하였다. (p. 95).

이 예에서 연구목적 진술은 설명적 순차 설계를 위해 앞에서 제시된 스크립트를 거의 따랐다. 첫 번째 양적 단계를 확인하기 위해(검증된 구체적인 변인들을 포함하여) 개괄적인 연구의도 진술로 시작하였고, 다음에는 질적 후속 단계가 이어졌다. 통계적 검증의 결과를 더 탐구하기 위한 사례연구를 이용하기 위해 네 가지 사례연구와 혼합적 방법의 이유로 끝을 맺었다.

| 예 6.10 | **탐색적 순차 혼합 방법의 연구목적 진술**

Enosh와 동료들(2015년)은 사회사업과 인간서비스 학문 분야의 연구자들이다. 그들의 2015년 탐색적 순차 혼합 방법 연구의 주제는 사회복지사가 고객이 저지른 다양한 형태의 폭력에 노출되는 것을 조사하는 것이었다. 그들 연구의 전반적인 목적은 사회복지사의 고객 폭력 경험을 탐색하고, 고객 폭력을 측정하기 위한 도구를 개발하며, 다양한 상황에서 사회복지사의 고객 폭력에 대한 일반화된 정보를 얻는 것이었다. 그들의 연구목적 진술은 다음과 같다.

> 따라서 본 연구의 목적은 다양한 유형의 작업장, 서비스(건강, 관광), 부문(공공, 민간), 직업(사회복지사, 간호사, 은행원, 호텔 직원) 간 비교하는 데 유용할 수 있는 행동기반 도구를 개발하는 것이었다. 본 연구에서는 사회복지사라는 특정 집단을 위한 도구를 개발하고

타당화하는 것이었다.

이 연구의 목적을 달성하기 위해, Enosh 등(2015)은 그들의 탐색적 순차 혼합 방법 연구가 "연구의 구분되는 단계"(p. 283)를 명확히 했다고 보고하였다. 그들은 질적 인터뷰를 이용하여 고객 폭력에 대한 사회복지사의 경험에 대한 질적 탐구로 연구를 시작하였다. 연구의 두 번째 단계에서 연구자들은 고객 폭력 질문지(Client Violence Questionnaire, CVQ)를 개발하였다, 일단 도구가 개발되자마자 Enosh와 동료들은 탐색적 설계의 마지막 양적 단계를 시작하였다. 연구자들은 개발된 도구를 적용하고 검증하기 위해 두 가지 다른 조사 절차를 실행하였다. 비록 연구의 여러 섹션에서 연구자들이 연구목적을 알리고 있지만 전반적인 의도, 양적 및 질적 자료 수집, 그리고 두 가지 형태의 자료 수집 이유도 포함시켜 다루었다.

요약

이 장은 연구에서 목적 진술이 매우 중요함을 강조하였다. 이 목적 진술이 연구의 핵심 아이디어로 발전된다. 질적 연구의 목적 진술을 작성할 때, 연구자는 하나의 중심 현상을

찾아 그것에 대한 잠정적인 정의를 할 필요가 있다. 또한 연구자는 이 진술에 발견하다, 발달하다, 이해하다 등의 강한 행동단어를 사용하고, 비지시적 언어를 사용하며, 탐구전략, 연구참여자, 연구장소에 대해 밝힌다. 양적 연구의 목적 진술에서는 변인들과 그들의 설명, 관계나 비교뿐만 아니라 검증하고자 하는 이론에 대하여 언급한다. 독립변인을 먼저 제시하고, 종속변인을 나중에 다루는 것이 중요하다. 연구자는 연구참여자와 연구장소뿐만 아니라 탐구전략도 밝힐 필요가 있다. 어떤 목적 진술에서는 연구자들이 연구에 사용하는 중요변인을 정의하기도 한다. 혼합적 방법 연구에서의 연구목적 진술은 연구의도, 혼합적 방법 설계의 유형, 질적 및 양적 자료의 수집과 분석 형태, 두 가지 형태의 자료를 수집하는 이유를 포함한다.

연습문제

1. 질적 연구목적 진술 스크립트를 이용하여 빈칸을 채워 연구목적 진술문을 작성하되, 대략 3/4쪽 이내로 짧게 기술하라.
2. 양적 연구목적 진술 스크립트를 이용하여 빈칸을 채워 연구목적 진술문을 작성하되, 대략 3/4쪽 이내로 짧게 기술하라.
3. 혼합적 방법의 연구목적 진술 스크립트를 이용하여 빈칸을 채워 연구목적 진술문을 작성하라. 이때 반드시 양적 자료와 질적 자료를 혼합하는 이유를 밝히고, 질적·양적 연구목적 진술의 장점을 서로 통합하라.

더 읽을거리

Creswell, J. W., & Plano Clark, V. L. (2018). *Designing and conducting mixed methods research* (3rd ed.). Thousand Oaks, CA: Sage.

John W. Creswell과 Vicki L. Plano Clark는 서론 작성, 자료의 수집과 분석, 해석 및 혼합적 연구방법의 쓰기 등 연구의 전체 과정을 다룬 혼합적 연구방법에 대해 개론서를 집필하였다. 서론에 관한 장에서 그들은 질적·양적 및 혼합적 연구의 목적 진술에 대해 논의하고 있다. 이 책에서 저자들은 목적 진술 작성에 관한 전반적인 지침은 물론 혼합적 연구의 설계에 대한 각본과 예를 제시하고 있다.

Marshall, C., & Rossman, G. B. (2011). *Designing*

qualitative research (5th ed.). Thousand Oaks, CA: Sage.

Catherine Marshall과 Gretchen Rossman은 그들의 연구에서 연구의 목적에 대하여 커다란 의도를 가지고 연구하였다. 연구의 목적 진술 부분에서는 주로 연구주제에 대하여 논의하는데, 하나 또는 두 문장으로 압축해서 언급하였다. 그것은 연구의 결과가 무엇을 달성할 것인지 독자에게 말해 주는데, 저자들은 그 목적에 대하여 탐색적, 설명적, 기술적, 해방적인 등의 특징을 부여한다. 또한 연구목적 진술에서 분석 단위가 개인인지, 2명을 한 쌍으로 하는지, 아니면 어떤 집단인지를 언급한다.

Wilkinson, A. M. (1991). *The scientist's handbook for writing papers and dissertations*. Englewood Cliffs, NJ: Prentice Hall.

Antoinette Wilkinson은 연구목적 진술을 연구논문에서의 '직접적인 당면 목적'이라고 칭했다. 연구목적을 진술하는 목적은 연구문제에 답하는 것이라고 하였다. 거기에 연구목적이 비록 연구의 주제나 방법론에서 암시적으로 제시될 수도 있지만, 연구의 서론 부분에서 언급될 필요가 있다고 주장하였다. 연구목적을 명백하게 진술하려면 서론의 구성에 따라 다르겠지만, 서론의 논쟁 끝에 진술할 수도 있다. 또한 시작 단계나 혹은 중앙에서 진술할 수도 있는데, 서론의 구조에 따라 달라질 수 있다.

---

⑤SAGE edge™

https://edge.sagepub.com/creswellrd5e

학습자와 교수자는 연구설계와 방법에 관한 비디오 영상, 논문, 퀴즈와 활동, 각종 도구가 필요하면 위의 사이트를 방문하기 바란다.

CHAPTER 7

연구질문과 가설

연 구자는 독자로 하여금 연구계획을 완전히 실행할 수 있도록 이정표를 제시한다. 그 첫 번째 이정표가 연구의 중심 방향을 설정하는 목적 진술이다. 다음 이정표는 이런 목적 진술로부터 어떤 내용이 학습될 것인가에 대한 예측 혹은 연구에서 답을 얻고자 하는 질문으로 초점을 좁혀 나가는 연구질문(연구문제)이나 가설을 진술하는 것이다. 이 장에서는 먼저 질적 연구의 질문을 설계하는 것에 관한 여러 원리와 이러한 질문을 작성하는 데 도움이 되는 스크립트(script)에 대해서 짚어 본다. 이어서 양적 연구의 질문과 가설에 대한 설계와 작성에 대해 짚어 본다. 끝으로 혼합적 연구에서의 연구질문과 가설의 사용에 대해 짚어 보고, 연구에서의 양적 자료와 질적 자료를 함께 결합하거나 통합하는 새롭고 독특한 혼합적 연구의 질문 진술을 제시한다.

질적 연구의 질문

질적 연구에서 연구자는 목적(즉 구체적인 연구의 목적)이나 가설(즉 변인과 통계적 검증을 포함하는 예측)이 아닌 연구질문을 진술한다. 질적 연구에서의 연구질문은 두 가지 형태를 취하는데, 하나는 중심질문(central question)이고 다른 하나는 그와 연관된 하위질문이다.

- 1개 혹은 2개의 중심질문을 던진다. 중심질문은 연구에서 중심이 되는 현상이나 개념을 탐구하기 위해 연구자가 던지는 포괄적인 질문이다. 연구자는 탐구를 제한하지 않도록 일반적인 논점의 모습으로 질적 연구의 방법론과 일치하는 연구질문을 제시한다. 이러한 질문에 도달하기 위해서 "내가 연구에서 던질 수 있는 가장 포괄적인 질문은 무엇인가?"라고 묻는다. 양적 연구의 훈련을 받은 초보 연구자들은 일부 변인에 기초한 구체적이고 범위가 좁은 질문이나 가설을 확인하는 양적 접근에 익숙해 있기 때문에 질적 접근의 연구를 수행하는 데 어려움을 겪을 수도 있다. 질적 연구는 중심 현상을 둘러싸고 있는 복잡한

일련의 요인을 탐구하고 참여자가 갖고 있는 다양한 관점이나 의미를 제시하는 데 그 목적이 있다. 포괄적이고 질적인 연구질문을 작성하기 위한 지침을 제시하면 다음과 같다.

- **중심질문 외에도 5~7개의 하위질문을 던진다.** 각각의 일반적인 중심질문은 여러 개의 하위질문을 수반한다. 하위질문은 연구의 초점을 좁혀 가야 하지만 다른 질문의 여지는 남겨 두어야 한다. 이러한 접근법은 연구자가 중심질문과 하위질문을 모두 포함하여 12개의 질적 연구의 질문을 작성해야 한다고 제안했던 Miles와 Huberman(1994)에 의해 잘 설명되어 있다. 하위질문들은 면담 중에(혹은 관찰할 때, 혹은 기록을 살펴볼 때) 사용되는 구체적인 질문이 될 수도 있다. 예를 들어, 연구자는 면담 관찰기록안을 개발할 때 면담 초기에 침묵을 깨트리는 5개 정도의 하위질문이 수반되는 질문을 던질 수 있다(제9장 참조). 그런 다음 면담은 우리가 수행한 질적 사례연구인 "이 주제에 대해서 더 많이 학습해야 할 사람은 누구인가?"(Asmussen & Creswell, 1995)에서 했던 것처럼 부가적인 요약질문을 하는 것으로 끝을 맺을 수 있을 것이다.

- **중심질문을 탐구의 구체적인 질적 전략과 관련시킨다.** 예를 들어, 질문을 만드는 과정에서 민족지학적 연구의 질문과 다른 질적 연구의 질문과는 그 구체성에 있어서 차이가 있다. 민족지학적 연구에서 Spradley(1980)는 문화공유 집단의 단기간 여행, 경험, 토착 언어의 사용, 다른 문화집단과의 대비, 자료의 정확성을 증명하기 위한 질문 등을 포함하는 민족지학적 연구의 질문을 분류하였다. 비평적인 민족지학적 연구에서의 연구질문은 기존의 문헌들에 기초하여 형성될 수도 있다. 이러한 질문은 증명을 필요로 하는 것이라기보다는 실제로 적용할 수 있는 연구의 지침이 되는 것이다(Thomas, 1993, p. 35). 이와는 달리 현상학적 연구에서의 연구질문은 구체적으로 기존 문헌에 대한 참고와 특정 질문 형태에 얽매이지 않고 포괄적으로 진술될 수 있다. Moustakas(1994)는 연구참여자들이 무엇을 경험했고 그것을 경험한 맥락이나 상황에 대해서 질문하라고 한다. 현상학적 연구의 질문을 하나 예로 들면 "암으로 죽어 가고 있는 10대 자녀를 둔 어머니의 심정과 그 생활은 어떠할까?"(Nieswiadomy, 1993, p. 151)이다. 근거이론에서의 연구질문은 간호하는 사람과 환자가 병원 장면에

서 어떻게 상호작용하는가에 대한 과정을 탐구하는 것처럼 어떤 과정의 이론
을 생성하는 데 방향을 둘 수 있다. 질적 사례연구에서의 연구질문은 사례와
그 사례에 대한 연구를 통해 드러나는 삶의 주제를 기술한 것일 수 있다.

- 연구질문은 포괄적이고 개방적이라는 의미를 전달할 수 있는 무엇(what) 혹은 어떻
  게(how)라는 단어로 시작한다. 왜(why)라는 단어는 연구자가 무엇인가 발생하는
  이유를 애써 설명하고 있는 것을 의미할 때가 많다. 이것은 양적 연구와 연합
  된 인과관계의 사고 유형을 시사하며, 참여자의 관점에 열린 시각보다는 제한
  된 설명을 갖게 한다.

- 단일 현상이나 개념에 초점을 둔다. 연구가 진행됨에 따라 이러한 단일 현상에
  영향을 미칠 수 있는 요인이 나타나겠지만, 아주 상세하게 탐구하기 위해서는
  단일 현상이나 개념에 초점을 두고 연구를 시작한다. 필자는 종종 "여러분이
  탐색하기 원하는 한 가지 단일 개념은 무엇인가?"라고 질문한다.

- 연구를 설계하는 데 활용되는 언어를 나타내는 탐색적 동사를 사용한다. 이러한 동
  사는 독자에게 그 연구가 다음과 같은 것을 성취하고자 한다는 의미를 전달해
  준다.
  - 이야기를 보고한다(예 : 내러티브 연구).
  - 경험을 기술한다(예 : 현상학적 연구).
  - 발견한다(예 : 근거이론 연구).
  - 이해하려고 한다(예 : 민족지학적 연구).
  - 과정을 탐구한다(예 : 사례연구).

- 양적 연구를 암시하는 영향을 미치다, 결정하다, 초래하다, 관련되다와 같은
  방향을 지시하는 지향성의 단어보다는 비지향성의 탐색적 동사를 보다 많이
  사용한다.

- 연구가 진행되는 동안 생성되는 연구설계의 가정과 일치되는 방식으로 연구질문도
  발전하고 변화되기를 기대한다. 질적 연구에서 질문은 종종 계속적으로 검토되
  고 재형성된다(근거이론 연구에서처럼). 이러한 접근은 연구 전반을 통해서
  연구질문이 계속 고정되어 있어야 하는 양적 연구의 설계에 익숙한 사람들에
  게는 어려운 일이다.

- 질적 탐구전략에 의해 달리 언급되지 않으면 문헌이나 이론을 참고하지 말고 개방적인 질문을 사용한다.
- 목적 진술과 반복되는 것이 아니라면 연구를 위한 참여자와 장소를 구체화한다.

질적 연구의 중심질문을 위한 스크립트를 제시하면 다음과 같다.

_____ (연구장소)에서 _____ (연구참여자)를 위한 _____ (중심 현상)의 _____ (내러티브 연구에서의 '이야기', 현상학적 연구에서의 현상에 대한 '의미', 근거이론 연구에서의 '과정을 설명하는 이론', 민족지학적 연구에서의 '문화공유 패턴', 사례연구에서의 '사례의 문제')가 _____ 무엇인가(혹은 어떠한가)?

예 7.1과 7.2는 몇 가지 유형의 전략으로부터 이끌어 낸 질적 연구의 질문을 예시한 것이다.

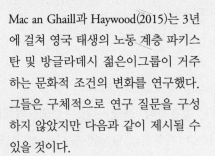

| 예 7.1 | **민족지학적 연구에서의 중심질문**

Mac an Ghaill과 Haywood(2015)는 3년에 걸쳐 영국 태생의 노동 계층 파키스탄 및 방글라데시 젊은이그룹이 거주하는 문화적 조건의 변화를 연구했다. 그들은 구체적으로 연구 질문을 구성하지 않았지만 다음과 같이 제시될 수 있을 것이다.

  3년 동안 영국 태생의 노동계급 파키스탄 및 방글라데시 젊은이 집단의 민족성, 종교 및 문화적 소속과 관련된 핵심 신념은 무엇이며, 젊은이들은 가족, 학교 및 사회생활의 지형학적 경험뿐만 아니라 급속히 변화하고 있는 영국 지역사회 내에서 어떻게 성장하고 상호작용하고 있는가?

이 질문은 젊은이들의 중심 현상인 핵심신념이 '무엇'이고 이것을 짚어내려고 했을 것이다. 젊은이들은 연구의 참여자이며, 민족지학으로서 이 연구는 파키스탄과 방글라데시 젊은이들의 문화적 신념을 명확히 조사하려고 시도하고 있다. 나아가 이 질문이 영국에서의 상황이라는 점을 알 수 있다.

| 예 7.2 | 사례연구에서의 중심질문

Padula와 Miller(1999)는 학교를 떠난 지 어느 정도 시간이 흐른 뒤에 다시 돌아와 미국 중서부의 한 큰 대학에서 박사과정으로 심리학을 전공하고 있는 여성의 경험을 기술하는 다중사례 연구를 수행하였다. 이 연구의 목적은 문헌에서 여성에 대한 성적 및 여성주의적 관점을 제공하는 여성의 경험을 기록하기 위한 것이었다. 저자들은 탐구를 이끌었던 세 가지 중심질문을 다음과 같이 구성하였다.

(1) 박사과정에서 심리학을 전공하는 이 여성은 다시 학교로 돌아가기로 결정한 것에 대하여 어떻게 기술하는가? (2) 박사과정에서 심리학을 전공하는 이 여성들은 학교에 다시 들어온 경험을 어떻게 기술하는가? (3) 대학원으로 돌아온 것이 이 여성들의 삶을 어떻게 변화시키는가? (p. 328)

이러한 세 가지 중심질문은 모두가 어떻게(how)라는 말과 함께 시작하고 있고, 기술하다(describe)와 같이 개방적인 동사를 포함하고 있으며, 박사과정 경험의 세 가지 측면(학교로 돌아온 것, 학교에 다시 들어온 것, 변화)에 초점을 두고 있다. 또한 미국 중서부의 한 큰 대학교에서 어느 특정 전공의 박사과정에 있는 여성이 연구참여자임을 언급하고 있다.

양적 연구의 질문과 가설

양적 연구에서 연구자는 연구목적을 구성하고 특히 그 목적에 초점을 두기 위해서 양적인 연구질문과 가설을 사용한다. 양적 연구에서의 질문은 연구자가 알고 싶어하는 변인 간의 관계를 다룬다. 이러한 연구질문은 종종 사회과학 연구에서 사용되며, 특히 조사연구에서 많이 쓰인다. 반면, 양적 연구에서의 가설은 연구자가 예상하는 변인 간의 관계에 대한 예측이다. 이러한 가설은 표본으로부터 수집된 자료에 기초하여 모집단의 값(모수치)에 대하여 수치적인 추정을 하는 것이다. 가설을 검증하기 위해서 연구자는 표본으로부터 모집단에 대한 추론을 이끌어 내는 통계적 절차를 사용한다(제8장 참조). 가설은 연구자가 실험집단과 통제집단을 비교하는 실험에서 흔히 사용된다. 학위논문과 같이 격식을 갖추어서 하는 공식적인 연구 프로젝트에서는 지도교수가 연구의 방향을 진술하기 위한 하나의 수단으로서 가설을 사용할 것을 권장하는 경우가 많다. 한편 연구목적은 연구를 수행하는 목적이나 성취하고자 하는 바를 나타내 준다. 연구목적은 재정지원을 받기 위한 연구계획서에서 흔히 볼 수 있지만, 오늘날 사회과학과 보건과학 연구에서는 잘 쓰이지 않고 있다. 그러므로 여기서는 연구질문과 가설에 초점을 두고자 한다.

변인 점수의 결과를 기술하는 양적 연구에서의 연구질문을 작성하기 위한 스크립트를 예시하면 다음과 같다.

연구에서 _____ (참여자)의 _____ 에 대한(변인 이름) 점수의 빈도와 변량은 어떠한가?

변인들 간의 관계에 초점을 둔 양적 연구에서의 연구질문을 작성하기 위한 스크립트를 예시하면 다음과 같다.

_____ (이론의 이름)은 _____ (통제변인)의 효과를 통제했을 때 _____(독립변인)과 _____ (종속변인) 간의 관계를 설명해 주는가?

연구질문 대신 가설을 설정할 수도 있는데, 양적 연구에서의 영가설(null hypothesis)을 형성하기 위한 스크립트를 예시하면 다음과 같다.

_____ (종속변인)에 대한 _____ (독립변인에 대한 통제집단과 실험집단) 간에는 유의한 차이가 없다.

양적 연구에서의 좋은 연구질문과 가설을 작성하기 위한 지침은 다음과 같다.

● 연구질문이나 가설에서 변인들의 사용은 전형적으로 세 가지 기본 접근방식

으로 제한되어 있다. 연구자는 독립변인이 종속변인에 미치는 효과를 알아보기 위해서 독립변인의 집단을 비교할 수 있다. 아니면 연구자는 하나 또는 몇 개의 독립변인과 종속변인을 관련시킬 수도 있다. 마지막으로 연구자는 독립변인, 매개변인, 종속변인에 대한 반응을 기술할 수도 있다. 대부분의 양적 연구는 이러한 세 가지 범주 중 어느 하나 혹은 2~3개에 속한다.

- 양적 연구의 가장 엄격한 형태는 이론을 검증하고(제3장 참조), 그 이론 안에 포함된 연구질문이나 가설을 구체화하는 것이다.
- 독립변인과 종속변인은 분리하여 측정되어야 한다. 이러한 절차는 양적 연구의 인과관계 논리를 강화한다.
- 중복되는 것을 피하기 위해서 가설이 연구질문에 기초하여 형성된 것이 아니라면 연구질문이나 가설 중에 어느 하나만을 작성하고 둘 다 작성하지 않도록 한다. 연구질문과 가설 중에 어느 것을 선택하여 작성할 것인가는 전통적인 방식을 따르거나, 지도교수나 논문심사위원이 추천하는 것을 따르거나, 아니면 선행연구가 결과에 대한 예측을 나타내 주는가의 여부에 따르면 된다.
- 만약 가설을 선택해서 사용할 경우 가설에는 영가설과 대립가설의 두 가지 형태가 있다. 영가설은 양적 연구에서 가설을 설정하는 전통적인 접근방식을 대표하는 것으로 전체적인 대상(모집단)에서 어떤 변인에 대한 두 집단 간에 어떤 관계나 유의한 차이가 없다고 예측하도록 해 준다. 영가설은 두 집단 간에 "차이(혹은 관계)가 없다."라고 작성한다. 예 7.3은 영가설을 하나 예시한 것이다.

| 예 7.3 | **영가설**

연구자는 자폐증 아동을 대상으로 언어적 단서, 보상, 무강화 등 세 가지 유형의 강화에 대해서 조사하고자 한다. 연구자는 자폐증 아동들과 그들의 형제자매와의 사회적 상호작용을 평가하기 위해서 관련 행동의 측정치를 수집한다. 여기서 다음과 같은 영가설이 설정될 수 있다.

자폐증 아동과 그들의 형제자

> 매와의 사회적 상호작용의 관
> 점에서 언어적 단서, 보상, 무
>
> 강화 사이에는 유의한 차이가
> 없다.

- 두 번째 형태는 전문 연구지의 논문에서 많이 사용되고 있는 대립가설
 (alternative hypothesis) 혹은 지시적 가설(directional hypothesis, 등가설 혹은 단
 측가설이라고도 함)이다. 연구자는 예상하는 잠정적인 결과를 제안하는 주제
 에 대한 이전의 문헌과 연구에 기초하여 예상되는 결과에 대해서 예측을 한
 다. 예를 들어, 연구자는 종속변인에 대하여 "집단 A의 점수가 집단 B보다 더
 높을 것이다."라거나 결과에 대하여 "집단 A가 집단 B보다 더 많이 변화할 것
 이다."라고 예측할 수 있다. 이러한 예는 예상되는 결과(예 : 더 높다, 더 많이
 변한다)를 이미 설정하였기 때문에 지시적 가설에 해당된다. 예 7.4는 지시적
 가설을 예시한 것이다.

| 예 7.4 |　지시적 가설

Mascarenhas(1989)는 금속가공산업 분
야에서 회사의 소유 형태(정부, 일반
대중, 개인)에 따른 차이점을 연구하였
다. 이 연구는 특히 국내 시장 점거율,
국제적 위상, 고객 유치의 측면에서 그
차이점을 조사하였다. 이 연구는 준실
험 절차를 사용하여 실시된 통제된 현
장연구였다.

　가설 1 : 일반 대중 소유의 회사
　는 개인 소유의 회사보다 더 많
　은 성장률을 보일 것이다.
　가설 2 : 일반 대중 소유의 회사

는 정부 소유와 개인 소유의 회
사보다 더 많은 국제적 교류를
할 것이다.
가설 3 : 정부 소유의 회사는 일
반 대중 소유의 회사나 개인 소
유의 회사보다 더 많은 비율로
국내시장을 보유할 것이다.
가설 4 : 일반 대중 소유의 회사
는 정부 소유의 회사나 개인 소
유의 회사보다 더 많은 종류의
제품에 대한 생산라인을 갖출
것이다.
가설 5 : 정부 소유의 회사는 해

외에 고객으로서 정부 소유의 기업을 소유할 것이다.

가설 6 : 정부 소유의 회사는 개인 소유의 회사보다 더 높은 고객 중심의 안전성을 유지할 것이다.

가설 7 : 덜 가시적인 맥락에서 볼 때 일반 대중 소유의 회사는 정부 소유의 회사와 개인 소유의 회사보다 더 발전된 기술을 활용할 것이다. (pp. 585-588)

● 대립가설의 다른 형태는 비지시적 가설(nondirectional hypothesis, 부등가설 혹은 양측가설이라고도 함)로, 이는 연구자가 예측을 하지만 이전의 문헌으로부터 예상될 수 있는 결과를 알지 못하기 때문에 그 차이(예 : 더 높다, 더 낮다, 더 많다, 더 적다)를 구체적으로 제시하지 못하는 가설이다. 따라서 연구자는 두 집단 간에 '차이가 있다'는 정도로만 가설을 작성하게 된다. 예 7.5는 두 유형의 가설, 즉 지시적 가설과 비지시적 가설을 합병한 것을 예시한 것이다.

| 예 7.5 | **지시적 가설과 비지시적 가설**

두 집단을 비교하기보다는 변인 간의 관계를 조사하기 위해서 종종 지시적 가설이 형성된다. 왜냐하면 연구자는 선행연구로부터 연구의 예상되는 결과에 대한 어떤 증거를 가지고 있기 때문이다. 예를 들어, Moore(2000)는 이스라엘 사회에서의 종교적이고 세속적인 유대 여성과 아랍 여성에 대한 성 정체성의 의미를 연구하였다. 유대 여성과 아랍 여성에 관한 전국적인 통계 표본에서 저자는 연구를 위해 3개의 가설을 설정하였다. 첫 번째 가설은 비지시적 가설이고, 나머지 2개의 가설은 지시적 가설이다.

가설 1 : 종교적이고 세속적인 유대 여성과 아랍 여성의 성 정체성은 그들이 갖고 있는 서로 다른 가치체계를 반영하는 서로 다른 사회정치적 규범과 관계가 있다.

가설 2 : 뚜렷한 성 정체성을 가진 종교적인 여성은 뚜렷한 성 정체성을 가진 세속적인 여성보다 사회정치적으로 덜 활동적이다.

> 가설 3 : 성 정체성, 종교성, 사회적 활동 사이의 관계는 유대 여성보다 아랍 여성 사이에서 더 약하다.

- 만약 연구에서 예측인자로서 인구통계학적 변인들을 의도적으로 사용하지 않는다면, 매개변인 혹은 조정변인으로서 비인구학적 변인(즉 태도나 행동)을 사용하라. 이것은 독립변인과 종속변인 사이에 가로놓여 있거나 독립변인이 종속변인에 미치는 영향을 조절하는 변인이다. 양적 연구는 이론들을 증명하려고 시도하기 때문에 양적 연구 모델에서 인구통계학적 변인(예 : 연령, 소득 수준, 교육 수준 등)은 전형적으로 중요한 독립변인 대신 중개변인(혹은 매개변인, 혹은 조정변인)으로 설정된다.

- 독자가 중요한 변인들을 쉽게 확인할 수 있도록 연구질문이나 가설에서 동일한 단어 순서의 패턴을 사용하라. 그러기 위해서는 중심이 되는 표현을 반복하고 먼저 왼쪽에 독립변인을 제시하며 오른쪽에 종속변인으로 결론짓는다(좋은 목적 진술에 관한 제6장에서 논의한 바와 같이). 예 7.6은 문장에서 먼저 독립변인을 진술한 것을 예시한 것이다.

| 예 7.6 | **가설에서 언어의 올바른 사용**

1. 나이 든 여대생의 별도로 보조하기 위한 지원 서비스의 활용과 학업에 대한 의욕과는 관계가 없다.
2. 나이 든 여대생의 가족 지원 체제와 학업에 대한 의욕과는 관계가 없다.
3. 나이 든 여대생의 별도로 보조하기 위한 지원 서비스와 가족 지원 체제와는 관계가 없다.

기술형 연구질문과 가설을 위한 모델

예 7.7은 추론형 연구질문이나 가설(표본으로부터 모집단에 대한 추론을 이끄는)을 수반하는 기술형 연구질문(무엇인가를 기술하는)을 작성하는 것에 기초하여 연구질문이나 가설을 작성하기 위한 모델을 예시한 것이다. 이러한 연구질문이나 가설은 독립변인과 종속변인을 모두 포함한다. 이 모델에서 연구자는 독립변인과 종속변인 그리고 중요한 중개변인 혹은 간섭변인에 대해서 각각 기술형 질문을 구체적으로 제시한다. 이러한 기술형 질문에 변인을 관련짓거나 집단을 비교하는 추론형 질문(혹은 가설)이 따라 나온다. 그리고 나서 마지막 단계에 변인들을 통제하는 추론형 질문이나 가설이 추가될 수 있다.

| 예 7.7 | **기술형과 추론형의 질문**

이러한 접근방법을 설명하기 위해서 한 연구자가 대도시의 한 학군에서 중학교 2학년 학생의 과학 학업성취도(성적을 기준으로 측정한 종속변인)와 비판적 사고기능(도구를 통하여 측정한 독립변인)과의 관계를 조사하길 원한다고 가정하자. 이때 연구자는 이전의 과학성적과 부모의 교육수준이라고 하는 중재 효과를 통제한다. 이러한 모델을 염두에 두면서 다음과 같은 연구질문을 작성할 수 있다.

기술형 질문

1. 학생들은 비판적 사고기능에 대해서 어떻게 평정하는가? (독립변인에 초점을 둔 기술형 질문)
2. 학생들의 과학 학업성취도(혹은 성적)는 어떠한가? (종속변인에 초점을 둔 기술형 질문)
3. 학생들의 이전 과학성적은 어떠한가? (이전 성적의 통제변인에 초점을 둔 기술형 질문)
4. 중학교 2학년 학생들의 부모의 교육수준은 어떠한가? (부모의 교육수준이라고 하는 또 다른 통제변인에 초점을 둔 기술형 질문)

추론형 질문

1. 비판적 사고능력은 학생들의 성취도와 어떤 관계가 있는가? (독립변인과 종속변인을 관련시키는 추론형 질문)
2. 비판적 사고능력과 이전의 점수가 학생들의 성취도에 어떤 영향을 미치는가? (비판적 사고능력과 이전의 점수를 학생들의 성취도와 관련시키는 추론형 질문)
3. 부모들의 교육수준이 미치는 효과를 통제했을 때 중학교 2학년 학생들의 비판적 사고능력 혹은 비판적 사고능력 및 이전의 성적과 성취도는 어떤 관계가 있는가? (2개의 통제변인이 미치는 효과를 통제하면서 독립변인과 종속변인을 관련시키는 추론형 질문)

앞의 예는 모든 연구질문을 어떻게 기술형 질문과 추론형 질문으로 구성하는가를 잘 보여 주고 있다. 또 다른 예에서 연구자는 집단을 비교하고 싶어 할 수도 있는데, 추론형 질문에 이러한 비교를 반영하기 위해서 언어를 변화시킬 수 있다. 또 다른 연구들에서 보다 많은 독립변인과 종속변인이 검증되어야 하는 모델이 제시될수도 있으며, 이에 따라 더 많은 기술형과 추론형의 질문들이 결과적으로 생겨날 수있다. 우리는 개인적으로 이러한 기술-추론적 모형(descriptive-inferential model)을추천한다. 앞의 예는 또한 관련시키기 위해서뿐만 아니라 기술하기 위해서 변인들을 사용하고 있음을 잘 보여 주고 있다. 연구질문의 첫 번째 자리에 독립변인이 오고, 두 번째 자리에 종속변인이 오고, 세 번째 자리에 통제변인이 온다는 것을 구체적으로 나타내주고 있다. 질문에서 중심이 되는 변인이라기보다는 오히려 통제변인으로서 인구통계학적 변인을 사용하고, 독자는 그 질문이 이론적 모델에서 비롯된다는 것을 가정할 필요가 있다.

혼합적 연구에서의 질문과 가설

연구방법에 관한 논의에서 연구자들은 특별히 혼합적 연구방법에 초점을 맞춘 질문이나 가설을 찾아보기 어렵다. 그러나 지금은 연구에서 새로운 유형의 연구질문—혼합적 연구방법에서의 질문—을 사용하고 있고, 혼합적 연구를 설계하는 방법에 대해 설명되고 있다(Creswell & Plano Clark, 2011, 2018; Tashakkori & Creswell, 2007 참조). 강력한 혼합적 연구는 적어도 세 가지 연구질문인 질적 질문, 양적 질문이나 가설, 혼합적 질문을 포함해야 한다. 이러한 혼합적 연구의 질문은 연구자가 양적 및 질적 자료의 통합과 결합에 관해서 무엇을 알아야 할 필요가 있는가를나타낸다. 혼합적 연구방법은 질적 연구나 양적 연구의 어느 하나에 전적으로 의존하는 것이 아니라 두 가지 탐구형식에 의존하기 때문에 이러한 통합과 결합은 필수적이다. 연구자들은 어떤 유형의 질문이 언제 제시되어야 하고 혼합적 연구의 특성을 전달하는 데 가장 필요한 정보가 무엇인가를 알려면 다음과 같은 점을 고려해야만 한다.

- 혼합적 연구에서는 목적 진술을 좁혀 나가고 목적 진술에 초점을 두기 위해서 질적 연구와 양적 연구의 질문(혹은 가설)이 모두 설정되어야 한다. 이러한 질 문이나 가설은 연구의 초기에 설정될 수도 있고 또는 연구의 후반부에 생성될 수도 있다. 예를 들어, 연구에서 양적 접근이 먼저 시작되면 가설을 연구 초반 에 형성할 수 있다. 연구의 후반에 질적 접근이 다루어질 때 질적 연구질문이 제시될 수 있다.

- 이러한 연구질문이나 가설을 작성할 때 이 장에서 언급한 양적 및 질적 연구에 서의 좋은 연구질문이나 가설을 입안하기 위한 지침을 따라야 한다.

- 연구질문과 가설을 제시하는 순서에 주의를 기울여야 한다. 그 순서는 제10장 에서 논의되는 혼합적 연구의 설계 유형에 맞게 이루어져야 할 것이다. 양적 및 질적 결과가 나타나는 한 가지 단계만을 취하는 혼합적 연구에서는 양적 질 문이나 질적 질문 중 어느 하나가 먼저 제시될 것이다. 두 단계를 취하는 연구 에서는 독자가 나중에 제안된 연구에서 언급되어야 할 것들을 순서대로 보여 주기 위해서 첫 번째 단계의 연구질문을 먼저 제시한 다음, 두 번째 단계의 연 구질문을 제시해야 할 것이다. 세 단계를 취하는 연구에서는 질적 질문을 먼 저 제시하고, 중간에 혼합적 질문을, 그리고 마지막에 양적 질문을 제시하는 경우가 많다. 이들 세 가지 혼합적 연구의 유형에 대해서는 혼합적 연구의 설 계에 대해서 구체적으로 다루고 있는 제10장에서 논의될 것이다.

- 양적 질문/가설과 질적 질문 외에도 연구의 양적 요소와 질적 요소를 혼합한 다는 것을 직접 언급하는 혼합적 연구에서의 연구질문을 포함시켜야 한다. 이 러한 질문이란 혼합에 기초한 연구에서 답이 이루어져야 할 질문이다(Creswell & Plano Clark, 2018 참조). 이러한 질문은 연구방법에서 새로운 형태의 질문 이며, Tashakkori와 Creswell(2007, p. 208)은 그것을 '혼합된' 혹은 '통합된' 질 문이라고 일컫고 있다.

- 혼합적 연구의 질문은 여러 가지 방식으로 작성될 수 있다. 첫째, 연구의 방법 이나 절차를 알리는 방식으로 작성하는 것이다(예 : 질적 자료는 앞의 양적 연 구에서 얻은 결과를 설명하는 데 도움이 되는가?). 둘째, 하나는 연구의 내용 을 알리는 방식으로 작성하는 것이다(예 : 사회적 지지의 주제는 일부 학생들

이 학교에서 남을 괴롭힘을 폭력아가 되는 이유를 설명하는 데 도움이 되는 가?)(Tashakkori & Creswell, 2007 참조). 셋째, 연구의 방법과 내용을 결합하는 것이다(예 : 학생 괴롭힘에 대한 질적 면담 내용은 양적으로 측정된 사회적 지지가 괴롭힘의 이유를 보다 잘 설명하고 있으며, 또한 괴롭힘 척도에서 측정된 괴롭힘을 약화시키는 경향이 있는가?)

- 양적 · 질적 · 혼합적 연구의 질문이 혼합적 방법의 연구 속에 제시되는 방법을 고려하라. 한 가지 이상적인 방법은 양적 질문 혹은 가설, 질적 질문, 혼합적 방법의 질문과 같이 연구질문을 별도로 구분하여 작성하는 것이다. 이러한 방식은 세 가지 형태의 모든 질문의 중요성을 강조하는 것이 되며, 독자로 하여금 혼합적 방법의 연구에서 결합(혹은 통합)되는 양적 접근과 질적 접근을 하나씩 별도로 주의를 기울이게 한다. 양적 질문이나 가설, 질적 질문을 분리하여 작성한 다음 혼합적 방법의 연구질문(방법에 대한 진술, 혹은 내용에 대한 진술, 혹은 방법과 내용을 다소 결합하여 진술)이 수반되도록 하라. 왜냐하면 혼합적 연구는 양적 연구와 질적 연구의 설계에 기초하기 때문이다.

예 7.8은 의도적으로 질적 인터뷰와 양적 자료를 통합하고 점수와 학생 수행의 관계에 초점을 둔 혼합 질문에 대한 좋은 예에 해당된다. 이 질문은 통합이 성취하고자 하는 바—포괄적이고 자세한 이해—가 무엇인지를 잘 나타내 주고 있다. 논문의 말미에서 저자들은 이러한 질문에 답하는 증거를 제시하였다.

| 예 7.8 | 혼합적 연구에서의 가설과 연구질문

Houtz(1995)는 양적 및 질적 연구의 가설과 질문이 분리되어 있는 두 단계의 연구에 대한 예를 제시하고 있는데, 각 단계를 소개하는 부분에서 가설과 연구질문이 언급되어 있다. 여기서 Houtz는 중학교 1학년(비전통적, 3년제 중학교)과 2학년(전통적, 중학교 2년 과정이 포함된 5년제 고등학교) 학생을 대상으로 전통적인 교수전략과 비전통적인 교수전략의 차이점과 과학에 대한 학생의 태도와 성취도를 조사하였다. 당시 미국에서는 고등학교 5년제 속에

중학교 2년 과정이 있는 학교에서 3년제 중학교로 이행되는 시점이었다. 두 단계를 취하는 이 연구에서 첫 번째 단계는 척도와 시험점수를 이용하여 태도와 성취도에 대한 사전검사와 사후검사를 실시하였다. Houtz는 양적 결과를 얻은 다음에 과학교사, 교장, 상담전문가와 질적인 인터뷰를 실시하였다. 이러한 두 번째 단계는 첫 번째 단계에서 나타난 두 가지 교수전략의 차이점과 유사점을 설명하는 데 도움이 되었다.

첫 번째 단계의 양적 연구에서 연구에 어떤 방향을 제시해 주는 가설에 대해서 Houtz(1995)는 다음과 같이 언급하였다.

> 전통적인 교수전략에 의해 학습하는 학생들과 비전통적인 교수전략에 의해 학습하는 학생들 간에 학교에서 배우는 한 교과목인 과학에 대한 태도에 있어서 유의한 차이가 없을 것이라는 가설을 설정하였다. 또한 이들 학생 간에 과학 교과목에 대한 성취도에 있어서 유의한 차이가 없을 것이라는 가설을 설정하였다. (p. 630)

이러한 가설들은 연구의 양적 단계에 대한 소개 부분으로서 연구의 초반부에 제시되었다. 질적 단계를 제시하기에 앞서 Houtz(1995)는 양적 결과를 보다 심도 있게 탐구하기 위한 질문을 제기하였다. Houtz는 성취도 검사 결과에 초점을 두면서 과학교사, 교장, 상담전문가와 인터뷰를 실시하였으며, 다음과 같은 세 가지 질문을 하였다.

> 이러한 전환기의 학교에서 전통적인 교수전략과 비전통적인 교수전략 사이에 어떤 차이점이 존재하는가? 이러한 학교의 전환기가 여러분 학생들의 과학 교과목에 대한 태도와 성취도에 어떤 영향을 미쳤는가? 교사들은 이러한 변화 과정에 대해 어떻게 느끼고 있는가? (p. 649)

혼합적 연구를 활용한 이 연구를 자세히 살펴보면 저자는 양적 연구 및 질적 연구에서의 질문을 모두 포함시켰고, 각 단계의 초반부에 그 질문을 구체적으로 제시하였으며, 양적 연구에서의 가설과 질적 연구에서의 연구질문을 작성하기 위한 중요한 요소들을 사용하였다. 만약 Houtz(1995)가 혼합적 연구질문을 개발하였다면 다음과 같이 절차적 관점에서 진술되었을 것이다.

> 교사, 교장, 상담전문가와의 인터뷰가 양적인 접근에 의해 조사된 이들 학생 간의 성취도에

대한 차이점을 설명하는 데 어 떤 도움이 되는가? (방법 지향)

아니면 다음과 같이 내용적 관점에 서 진술되었을 것이다.

교사들에 의해 언급된 주제가

전통적인 교수전략에 의해 학 습한 학생들보다 비전통적인 교수전략에 의해 학습한 학생 의 점수가 낮은 이유를 설명하 는 데 어떤 도움이 되는가? (내 용 지향)

예 7.9는 또 다른 혼합적 연구의 질문을 예시한 것이다.

| 예 7.9 | 혼합적 절차의 견지에서 작성된 혼합적 질문

학생들과 교사들에 대한 인터뷰가 CEEPT 점수와 학생의 학업 수행 간의 관계에 대한 이러한 예측을 보다 포괄

적이고 자세하게 이해하는 데 어느 정 도 그리고 어떤 식으로 도움이 되는가? (Lee & Greene, 2007, p. 369)

요약

연구질문과 가설은 목적 진술을 좁혀서 그 연 구를 읽는 독자에게 주요한 길잡이가 된다. 질적 연구를 수행하는 연구자는 적어도 하나 의 중심질문과 여러 개의 하위 질문을 제기한 다. 어떻게(how) 혹은 무엇(what)과 같은 말로 이러한 연구질문을 시작하고, 탐구한다 혹은 이해한다나 발견하다와 같은 탐색적 동사를 사용한다. 연구참여자가 그들의 아이디어를 잘 설명할 수 있도록 포괄적이고 일반적인 연

구질문을 먼저 제시한다. 또한 연구질문은 관 심을 두고 있는 한 가지 주요 현상에 초점을 맞춘다. 연구질문은 연구참여자와 연구장소 에 대해서 언급할 수도 있다.

양적 연구를 수행하는 연구자는 연구질문 이나 가설을 작성한다. 이러한 연구질문이나 가설은 변인을 포함하고 있는데, 연구자는 이 변인에 대하여 기술하고, 관련시키며, 비교 를 위하여 집단으로 분류하기도 하고, 독립변

인과 종속변인을 각각 측정하기도 한다. 많은 양적 연구의 계획서를 보면 연구자는 연구질문을 사용한다. 그러나 보다 공식적인 연구에서는 가설을 채택한다. 가설은 결과가 어떻게 될 것이라는 예측이며, 예상되는 정확한 결과(보다 많다 혹은 적다, 보다 높다 혹은 낮다)를 구체화하는 대립가설의 형태로 작성될 수 있다. 가설은 또한 종속변인에 대한 두 집단 간에 예상되는 차이가 없다거나 관계가 없다는 것을 나타내는 영가설의 형태로 진술될 수도 있다. 대체로 연구자는 연구질문이나 가설을 진술할 때 독립변인을 먼저 제시하고 종속변인을 나중에 제시한다. 양적 연구의 계획서에서 연구질문을 제시하는 순서에 대한 한 가지 모델은 기술형 질문을 먼저 제시하고 나서

변인을 관련짓거나 집단을 비교하는 추론형 질문을 제시하는 것이다.

우리는 혼합적 연구를 수행하는 연구자에게 양적 접근과 질적 접근을 분리하여 연구질문을 구성할 것을 권장한다. 혼합적 연구의 질문은 연구의 방법이나 내용에 강조를 두고 작성될 수 있으며, 서로 다른 지점에 배치될 수 있다. 이렇게 연구질문을 작성함으로써 연구자는 양적 요소와 질적 요소를 통합하거나 결합하는 것이 중요하다는 것을 전달하게 된다. 혼합적 연구의 질문을 작성하기 위한 이상적인 방법은 한 연구에서 세 가지 유형의 질문, 즉 양적 질문이나 가설, 질적 질문, 혼합 방법의 질문을 각각 따로 작성하는 것이다.

연습문제

1. 질적 연구를 위한 1~2개의 중심질문과 이에 따른 5~7개의 하위질문을 작성하라.
2. 양적 연구를 위한 두 가지 유형의 질문을 작성하라. 하나는 연구에서 다루는 독립변인과 종속변인에 관한 기술형 질문이어야 한다. 다른 하나는 독립변인과 종속변인을 관련짓는(혹은 비교하는) 추론형 질문이어야 한다. 기술형 질문과 추론형 질문을 결합하는 것에 대한 것은 이 장에서 제시된 모델을 따라 하라.
3. 혼합적 연구를 위한 질문을 작성하라. 내용은 물론 연구의 방법을 포함하는 질문을 작성하라.

더 읽을거리

Creswell, J. W. (2015). *Educational research: Planning, conducting, and evaluating quantitative and qualitative research* (5th ed.). Upper Saddle River, NJ: Pearson Education.

Creswell은 그의 교육연구 개론서에서 양적 가설과 연구질문, 그리고 질적 연구질문의 작성에 대해 소개하고 있다. 그는 목적 진술, 연구질문, 가설 및 목표가 어떻게 다른지 구분하여 설명하고 있다. 이러한 것들을 진술하는 것이 왜 중요한가를 살피고 있고, 또한 많은 예시를 통해 질문과 가설의 작성 구조에 대해 말하고 있다.

Morse, J. M. (1994). Designing funded qualitative research. In N. K. Denzin & Y. S. Lincoln (Eds.), *Handbook of qualitative research* (pp. 220–235). Thousand Oaks, CA: Sage.

간호 연구자인 Janice Morse는 질적 연구방법에 의한 프로젝트를 계획할 때 포함되는 중요한 설계에 대한 문제를 확인하여 설명하고 있다. 여기서 여러 가지 탐구 전략들을 서로 비교하고 있으며 각 전략에서 사용되는 연구질문의 유형을 자세히 설명하고 있다. 현상학적 연구와 민족지학적 연구에서는 의미와 기술형 질문에 관심을 기울인다. 근거이론에서의 연구질문은 과정에 대해서 언급할 필요가 있는 반면, 민족지학적 연구방법과 이야기 분석에서의 연구질문은 언어적 상호작용과 대화와 관련이 있다. Morse는 연구질문을 말로 표현하는 것은 연구의 초점과 영역을 결정한다고 말하고 있다.

Tashakkori, A., & Creswell, J. W. (2007). Exploring the nature of research questions in mixed methods research. [Editorial]. *Journal of Mixed Methods Research, 1*(3), 207–211.

이 논문은 혼합적 연구에서 연구질문의 사용과 성격에 대해서 다루고 있다. 연구 과정에서 연구질문이 중요하다는 것을 강조하고 있고, 혼합적 연구에서 연구질문의 사용에 대한 보다 나은 이해가 필요하다는 것을 논의하고 있다. "혼합적 연구에서 연구질문을 어떻게 만들어야 하는가?"(p. 207)라고 질문을 던지고 있다. 이 질문에 대한 답으로 세 가지 모델을 제시하고 있다. 첫째는 양적 질문과 질적 질문을 분리하여 작성하는 것이고, 둘째는 무엇보다 중요한 하나의 혼합적 질문을 작성하는 것이고, 셋째는 연구가 진행됨에 따라 각 단계에서 연구질문을 작성하는 것이다.

$ SAGE edge™

https://edge.sagepub.com/creswellrd5e

학습자와 교수자는 연구설계와 방법에 관한 비디오 영상, 논문, 퀴즈와 활동, 각종 도구가 필요하면 위의 사이트를 방문하기 바란다.

양적 연구방법

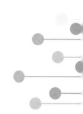

연구계획서를 작성하는 많은 사람에게 연구방법에 관한 단락(section)은 계획서의 가장 구체적이고 명확한 부분이다. 이 장에서는 조사연구나 실험연구 설계에 중점을 두고 연구계획서나 혹은 연구를 위한 양적 연구방법 설계에서 핵심이 되는 단계를 제시한다. 이런 연구설계는 제1장에서 논의한 후기 실증주의 철학적 가정을 반영하고 있다. 예를 들면, 변인과 변인 사이의 관련성을 다루는 결정론(determinism)은 조사연구와 실험연구를 통하여 연구문제나 가설에 대한 답을 해 주는 것이 핵심이다. 어떤 경우에 연구자는 아이들이 폭력 비디오 게임을 하는 것이 운동장에서의 공격성을 증가시키는가를 평가하는 데 관심을 둘 수 있다. 이때 상관적 가설을 세워 조사연구를 통해 평가해 볼 수 있다. 또 어떤 경우에 연구자는 폭력 비디오 게임이 공격적 행동을 유발하는 원인이 되는가를 평가하는 데 관심을 둘 수 있다. 이때 인과적 가설을 세워 실험연구의 진실험 설계를 통해 평가해 볼 수 있다. 각각의 경우에 이러한 양적 접근은 이론에 의해 유도된 연구질문과 가설에 답하기 위해 일련의 변인들에 대한 주의 깊은 측정(혹은 실험적 조작)에 초점을 둔다. 이 장에서는 조사연구와 실험연구를 위한 연구방법의 중요한 요소를 다루는 것이 핵심이다.

조사연구와 실험연구의 정의

조사연구 설계는 모집단에서 표본을 추출하여 연구함으로써 모집단의 견해나 태도, 경향성을 정량적으로 혹은 수치로 기술하거나 모집단 변인들 간의 관련성을 검증한다. 조사연구 설계는 모집단의 표본을 연구함으로써 모집단의 경향, 태도 및 의견을 양적으로 기술하거나 모집단의 변인들 사이의 관련성을 검증한다. 이 설계는 연구자들에게 세 가지 유형의 질문, 즉 (1) 기술적 질문(예 : 실제 간호사의 몇 퍼센트가 병원 낙태 서비스 제공을 지지하는가?), (2) 변인 간의 관계에 대한 질문(예 : 병원 낙태 서비스에 대한 지원과 간호사들의 호스피스 돌봄 구현지지 사이에 정적 관계가 있는가?), (3) 시간에 따른 변인 간의 예측적 관계에 대한 질문(예 : 병원 낙태 서비스에 대한 지원이 간호사들의 소진 상태를 더 크게 예측하는가?)에 대한 답을 얻도록 도와준다.

　　실험연구 설계는 한 가지 혹은 그 이상의 변인들을 체계적으로 조작하여 이러한 조작이 관심 있는 결과에 어떻게 영향을 미치는가를 평가한다. 한 집단은 처치를 받고 다른 집단은 처치를 받지 않는 경우(관심 있는 변인을 조작하게 되는), 실험자는 다른 요인이 결과에 영향을 미치지 않고 처치가 영향을 미치는지 여부를 분리할 수 있다. 예를 들어, 표현 쓰기 조작 프로그램을 실시한 1개월 후 직무 소진(job burn-out)을 줄이는지 여부를 평가하기 위해 표집된 간호사들은 3주 표현 쓰기 프로그램(자신의 가장 깊은 생각과 느낌에 대해 쓰기) 혹은 3주 통제 쓰기 프로그램(매일 아침 일과의 사실에 대해 쓰기)에 무작위로 할당될 수 있다(쓰기 조건은 관심 조작 변인이고 직무 소진은 관심 결과임). 양적 연구는 조사에 의해서 이루어지든 실험에 의해서 이루어지든 간에 두 접근 모두는 연구자가 변인들 간의 관계에 대해 추론하고, 표집집단의 결과를 가지고 관심을 갖고 있는 보다 광범위한 모집단에 일반화할 수 있도록 돕는 것을 목표로 한다.

조사방법 연구계획의 구성요소

조사방법의 연구설계는 표준 구성방식을 따른다. 표준 구성방식의 수많은 예시가 여러 학회지에 제시되어 있어서 이런 예시들이 유용한 모델을 제공해 준다. 여기서는 전형적인 구성요소들을 상세히 제시하고자 한다. 이런 구성요소들을 연구계획서에 포함시켜 연구설계를 준비하는 데 있어 일반적인 지침으로서 표 8.1에 제시된 점검질문을 고려하라.

표 8.1 조사연구 계획을 설계하기 위한 점검질문

＿＿＿＿＿＿	조사연구 설계의 목적이 진술되었는가?
＿＿＿＿＿＿	사용될 설계의 유형이 무엇이고 그 설계를 선택한 이유가 무엇인지 언급되었는가?
＿＿＿＿＿＿	조사연구의 특성(횡단적 연구, 종단적 연구)이 제시되었는가?
＿＿＿＿＿＿	모집단과 모집단의 크기가 제시되었는가?
＿＿＿＿＿＿	모집단이 유층화되었는가? 만약 되었다면 어떻게 되었는가?

	표 8.1 조사연구 계획을 설계하기 위한 점검질문(계속)
_____	표본에는 얼마나 많은 사람들이 들어 있는가? 표본의 크기는 무슨 근거로 선택되었는가?
_____	표본추출을 위한 절차는 무엇인가? (예 : 무선표집 혹은 비무선표집)
_____	조사연구를 위하여 어떤 측정도구가 사용될 것인가? 누가 그 도구를 개발하였는가? 조사연구에 사용된 내용 영역은 어떤 것인가? 어떤 척도(scale)인가?
_____	조사연구를 위한 예비조사나 현장검증은 어떤 절차가 사용될 것인가?
_____	조사연구를 수행하기 위한 일정표는?
_____	연구에서의 변인들은 무엇인가?
_____	이 변인은 조사연구에서 연구문제와 어떻게 상호관련이 되는가?
	자료 분석에서 취해진 구체적 단계들
(a) _____	응답지 분석을 했는가?
(b) _____	응답편향을 점검했는가?
(c) _____	기술 통계 분석을 했는가?
(d) _____	문항을 결합하여 척도로 구성했는가?
(e) _____	척도의 신뢰도를 점검했는가?
(f) _____	연구질문에 답하거나 결과의 실제적 시사점을 평가하기 위해 추론통계를 운용했는가?
_____	결과가 어떻게 해석될 것인가?

조사방법의 연구설계

조사방법 연구의 계획에서 첫 번째 부분은 독자들에게 조사연구를 위한 근본적인 목적과 합리적인 근거를 제시할 수 있어야 한다. 의도하고 있는 연구를 위한 조사연구의 목적과 합리적인 근거를 검토함으로써 이에 대한 논의를 시작한다. 이 논의는 다음과 같다.

● 조사연구의 목적을 명확히 한다. 그 주요 목적은 표본으로부터 연구자가 관심을 갖고 있는 변인들에 관한 질문에 답하는 것이다. 예를 들면 다음과 같다. "이 연구의 주된 목적은 초과 업무 시간량이 표집된 간호사들의 소진 증후를 예측하는가의 여부를 경험적으로 평가하기 위한 것이다."

- 왜 조사연구가 연구를 위한 자료 수집 절차의 선호하는 유형인지를 제시한다. 합리적인 논리 근거 제시에서, 연구설계의 경제성과 자료 수집에서 빠른 호전 (好轉)과 같은 조사연구 설계의 장점을 인식하는 것이 도움이 될 수 있다. 또한 다른 설계를 추구하는 것을 배제할 수밖에 없기 때문이라는 점을 고려한다. "초과 업무 시간량과 소진 증상 간의 관계를 살펴보기 위해 실험설계가 채택되지 않았다. 왜냐하면 간호사들을 서로 다른 초과 업무 시간량을 무작위로 할당하기가 매우 힘들고 윤리적이지 못한 가능성도 있기 때문이다."
- 조사연구가 동시적으로 자료가 수집되면 횡단적 연구가 될 수도 있고, 오랜 시간을 두고 자료가 수집되면 종단적 연구가 될 수 있음을 나타낸다.
- 자료 수집의 형태를 명시한다. Fowler(2014)는 자료 수집의 형태로 메일, 전화, 인터넷, 개인면담, 집단실시를 제시하였다(Fink, 2016; Krueger & Casey, 2014 참조). 여러 문헌(Nesbary, 2000; Sue & Ritter, 2012)에서는 자료 수집의 형태로 인터넷 조사를 활용하는 것과 온라인상의 실시에 대해서 널리 논의되어 왔다. 자료 수집의 형태에 상관없이 이것의 강점과 약점, 비용, 자료 이용 가능성, 편의성에 근거한 논거를 사용하여 절차에 대한 합리적인 근거를 제공해 준다.

모집단과 표본

양적 연구의 연구방법에서는 모집단의 특성과 표본추출 절차를 포함한 연구설계의 유형을 다룬다. 기본적인 표본추출 이론의 논리에 대한 훌륭한 논의들이 연구방법론자들에 의해 기술되어 왔다(예 : Babbie, 2007; Fowler, 2009). 여기서는 연구계획서에서 기술해야 할 필수적인 모집단과 표본의 특성에 대해서 알아본다.

- 모집단. 연구에서 모집단을 확인한다. 또한 모집단의 크기가 결정되면 모집단의 크기와 모집단 속의 각 개인을 식별하는 방법을 진술한다. 여기서 접근에 대한 문제가 제기되는데, 연구자는 표본추출 방법의 이용 가능성, 즉 메일이나 공표된 명단 등과 같은 모집단에서의 잠재적 응답자에 대해서 언급할 수도 있다.

- **표본설계.** 모집단을 위한 표본추출 설계가 단일 단계인지 아니면 다단계(군집 표집과 같은 것)인지를 확인한다. 군집표집은 모집단을 구성하는 요소들의 목록을 작성하기 불가능할 때 사용한다(Babbie, 2015). 단순 표본추출 절차는 연구자가 모집단의 각 개인에게 접근이 가능하여 직접 표본을 추출할 수 있는 경우에 실시한다. 다단계 군집 표본추출 절차는 연구자가 처음에 집단(그룹 혹은 조직)을 확인하고, 그 집단 내에 있는 각 개인의 명단을 확보하고 그들 내에서 표본을 추출한다.

- **표본의 유형.** 연구참여자를 위한 선발 과정을 확인하고 논의한다. 이상적으로는 모집단에 있는 각 개인이 선발될 확률이 똑같은(체계적 혹은 확률적 표집) 무선표집을 주로 사용한다. 그러나 많은 경우에 참여자를 무작위로 표집 한다는 것이 아주 어렵거나 불가능할 수 있다. 만약 개인들의 명단목록, 즉 모집단의 인원이 많을 경우 무선표집이 곤란할 수도 있다. 이때 대안적인 방법으로 동등한 무선표집이 정확하게 이루어질 수 있는 체계적 표집이 권장된다(Fowler, 2014). 체계적 표집 방법에서는 연구자가 모집단인 명단목록에서 한 사례를 무선 선정한 다음, 명단목록에서 그 사례로부터 매번 X번째 사례를 표집하게 된다. X번째 사례는 모집단의 사례수와 선정되어야 할 사례수에 의해 결정된다(예 : 매번 80번째마다 1명을 선정한다). 즉 체계적 표집은 모집단의 모든 사례를 어떤 순서로 나열하였을 때 필요한 표집 수를 일정한 X번째의 사례만을 표집하는 방법이다. 끝으로 비확률적 표집(혹은 임의표집)이 있는데, 이는 덜 바람직한 것으로 편리성과 이용 가능성에 의해 응답자들을 선정한다.

- **유층화.** 표본을 추출하기 전에 모집단을 유층화할 것인지를 확인한다. 이를 위해서는 표본추출을 하기 전에 먼저 모집단이 여러 층으로 구분될 수 있도록 모집단 구성원들의 특성이 알려져 있어야 한다(Fowler, 2014). 즉 유층표집은 모집단 안에 동일성을 갖는 여러 개의 하위집단이 있다고 가정할 때 모집단을 속성에 따라 계층으로 구분하고 각 계층에서 단순 무선표집을 하는 방법이다. 유층화는 개인들의 특수한 특성(예 : 성-여성과 남성)을 나타내는 것으로 어떤 특성에 따라 모집단에 있는 개인의 실제 특성 비율을 표본에 반영하여 나타내는 것을 의미한다. 모집단으로부터 무선표집을 한 경우에도 이런 특성들은

모집단과 똑같은 비율로 표본에 있을 수도 있고 있지 않을 수도 있는데, 유층화가 대표성을 보장해 준다. 또한 모집단 유층화에 사용된 특성(예 : 성, 소득 수준, 교육)을 확인한다. 각각의 유층 내에서 표본이 모집단 내에서 나타나는 특성들을 똑같은 비율로 포함하고 있는지를 확인한다.

- **표본의 크기 결정.** 표본에서 인원수를 표시하고 이를 계산하기 위해 사용된 절차를 밝힌다. 표본의 크기 결정은 핵심상 트레이드오프(tradeoff, 하나를 얻으면 다른 하나를 잃는 것)이다. 표본의 크기가 크면 보다 정확하게 추론을 하게 할 수 있지만, 많은 참여자를 모집하는 데는 시간소모와 비용부담이 크다. 조사연구에서 연구자들은 때때로 모집단의 일부(즉, 10%) 선발에 기초하여 표본의 크기를 선택하거나 대체로 선행연구에 기초하여 표본의 크기를 선택한다. 이러한 방법이 최상의 것은 아니며, 연구자의 분석 계획에 기초하여 표본의 크기를 결정해야 한다.

- **검정력 분석.** 분석 계획이 관심 변인들 간의 유의미한 연관성을 찾기 위한 것으로 구성된 경우, 검정력 분석을 통해 표본의 크기를 추정할 수 있다. 많은 무료 온라인 및 상용 검정력 분석 계산기를 이용할 수 있다(예 : G*Power; Faul, Erdfelder, Lang, & Buchner, 2007; Faul, Erdfelder, Buchner, & Lang 2009). 공식 검정력 분석을 위한 입력 값은 조사설계 연구에서 다루려는 질문에 따라 달라진다(유용한 출처를 위해서는 Kraemer & Blasey, 2016 참조). 예를 들어, 응급실 간호사의 표본에서 초과 근무 시간량과 소진 증상 간의 상관관계를 측정하는 횡단적 연구를 수행하려는 경우, 상관관계가 0과 유의하게 다른지 여부를 확인하는 데 필요한 표본의 크기를 추정할 수 있다(예를 들어, 한 가지 가능한 가설은 근무 시간과 정서적 소진 증상 사이에 유의미한 정적 상관관계가 있을 것이라는 것이다). 이러한 검정력 분석은 다음의 세 가지 정보만을 요구한다.

1. 상관관계(r)의 크기 추정치. 이 추정치를 생성하기 위한 일반적인 접근방식은 근무 시간과 소진 증상 간의 상관관계의 크기를 보고한 유사한 연구를 찾는 것이다. 이러한 간단한 작업은 종종 어려울 수 있다. 왜냐하면 이 연관성을 조사한 발표된 연구가 없거나 또는 적절한 출판된 연구가 상관계수를

보고하고 있지 않기 때문이다. 한 가지 팁을 주면, 출판된 보고서가 관심을 갖고 있는 변인들에 대한 측정을 하고 있다면 검정력 분석을 위해 연구자들에게 상관분석의 결과를 친절하게 제공해달라고 요청하는 것이다.

2. 양측 알파(α) 값. 이 값을 제1종 오류율이라고 하며 이 효과가 사실상 실제가 아닐 때(그리고 우연에 의해 결정될 때) 0이 아닌 실제 상관관계가 있다고 말하기 쉬운 위험성, 즉 거짓 정적 효과이다. 일반적으로 허용되는 알파 값은 .05이며, 이는 제1종 오류를 범할 확률이 5%(5/100)임을 나타낸다. 예를 들어, 근무 시간량과 소진 증상 간의 유의미한(0이 아닌) 관계가 있다고 말할 가능성이 5%라는 것인데, 실제로 이러한 효과는 우연히 발생한 것이며 사실이 아닐 수 있다.

3. 베타(β) 값. 이 값을 제2종 오류율이라고 하며 실제로 유의미한 연관성이 있을 때 유의미한 영향이 없다고 말하면서 감수하고자 하는 위험을 나타낸다. 즉 거짓 부적 효과이다. 연구자들은 일반적으로 제1종 오류와 제2종 오류의 위험 사이에서 균형을 잡으려고 노력한다. 일반적으로 수용되는 베타 값은 .20이다. 검정력 분석 계산기는 일반적으로 1 − 베타(1 − .20 = .80)를 나타내는 추정된 검정력을 요구할 것이다.

- 필요한 표본의 크기를 결정하기 위해 이들 숫자를 검정력 분석 계산기에 연결할 수 있다. 추정된 연관성이 $r = .25$이고, 양측 알파 값이 .05이며, 베타 값이 .20이라고 가정하면, 검정력 분석 계산은 수행하려는 연구에 최소 123명의 참가자가 필요함을 나타낸다.

- 연습을 위해 이 표본의 크기 결정 검정력 분석을 수행해 보라. 저자들은 다음과 같은 입력 조건으로하여 G*Power 소프트웨어 프로그램(Faul et al., 2007; Faul et al., 2009)을 사용하였다.

  ○ 테스트 제품군 : 정확함
  ○ 통계 검정 : 상관관계: 이변량 정규 모델
  ○ 검정력 분석 유형 : 선험적: 필요한 표본의 크기 계산
  ○ 양측 검정(tails-two)
  ○ 상관 ρ H1 : .25

○ α 오류 확률 : .05

○ 검정력(1 − β오류 확률) : .8

○ 상관 ρ H0 : 0

- 표본의 크기 결정을 위한 검정력 분석은 연구참여자를 등록하기 전에 연구 계획 중에 수행되어야 한다. 많은 학술적 저널은 이제 연구자들에게 연구방법 부분에서 표본의 크기 결정을 위한 검정력 분석을 보고할 것을 요구하고 있다.

측정도구

정확한 자료 수집의 한 부분으로서 연구계획서 개발자는 연구에 사용될 실제적인 조사연구 측정도구에 대해서 자세한 정보를 제공해야 한다. 다음의 사항을 고려해 보자.

- **수집에 사용될 조사도구를 언급한다.** 이 도구가 연구를 위해서 계획된 것인지, 수정 보완된 것인지, 혹은 어떤 사람에 의해서 개발된 것인지를 논의한다. 예를 들어, 지난달에 대한 스트레스에 대한 인식을 측정하려는 경우 조사연구 설계에서 스트레스 인식 도구로 10개 문항의 지각 스트레스 척도(Perceived Stress Scale : PSS)(Cohen, Kamarck, & Mermelstein, 1983)를 사용할 수 있다. PSS를 비롯한 많은 조사도구는 도구의 출처를 밝히기만 하면 무료로 입수하여 사용할 수 있다. 그러나 어떤 경우에는 연구자들이 자신의 장비를 독점하여 사용료를 요구하기도 한다. 측정도구는 현재 사용 가능한 다양한 온라인 조사 제품(예 : Qualtrics, Survey Monkey)을 통해 점점 더 많이 제공되고 있다. 이러한 제품은 비용이 많이 들 수 있지만 조사연구 과정을 가속화하고 개선하는 데도 상당한 도움이 될 수 있다. 예를 들어, 연구자는 맞춤형 템플릿을 사용하여 신속하게 자신의 조사도구를 만들고 웹사이트에 게시하거나 연구참여자들에게 이메일로 보내 응답하도록 할 수 있다. 이러한 소프트웨어 프로그램은 자료 분석을 위해 조직화된 스프레드시트로 자료의 수집을 용이하게 하여 자료 입력 오류를 줄이고 가설 검증을 가속화한다.
- **측정도구를 이용한 점수의 타당도.** 기존의 측정도구를 사용하기 위해서는 과거

에 그 측정도구를 사용하여 얻은 인정받은 점수의 타당도를 기술한다. 이것은 그 측정도구의 점수로부터 의미 있고 유용한 추론을 도출할 수 있든지 없든지 간에 양적 연구에서의 타당도를 규명하기 위한 연구자의 노력을 의미한다. 3개의 전통적인 타당도는 (1) 내용타당도(측정하고자 의도했던 내용을 문항이 측정하는가?), (2) 예언타당도 혹은 공인타당도(미래의 준거가 될 만한 점수를 어느 정도로 정확하게 예언하는가?, 결과가 또 다른 도구의 결과점수와 얼마나 상관성이 있는가?), (3) 구인타당도(문항이 가설적인 구인과 개념을 얼마나 충실히 측정하는가?)이다. 좀 더 최근의 연구에서는 구인타당도가 실제로 사용될 때 점수가 유용한 목적과 긍정적인 결과를 제공하는지도 포함하고 있다 (Humbley & Zumbo, 1996). 조사연구에서 점수의 타당성을 확립하는 것은 그 측정도구가 조사연구에 사용되기에 좋은 것인지를 알아내는 데 도움을 준다. 타당도의 이런 유형은 이 장의 뒤에서 논의할 실험연구에서의 타당도에 위협을 주는 요소를 알아내는 것과는 다르다.

- **측정도구 점수의 신뢰도.** 또한 신뢰도를 나타내 주는 측정도구의 과거에 사용한 것으로부터 얻은 결과점수에 대해서도 언급한다. 여기서 신뢰도는 측정도구의 일관성 또는 반복성을 가리킨다. 다중문항 도구에 대한 가장 중요한 형태의 신뢰도는 한 도구에 포함되어 있는 일련의 문항들이 동일한 방식으로 행동하는 정도인 내적 일관성이다. 이것은 측정도구의 문항들이 동일한 기본 구인을 평가해야 하기 때문에 중요하다. 따라서 문항들은 적절한 상호 상관관계를 가져야만 한다. 척도의 내적 일관성은 0과 1 사이의 값을 가진 Cronbach의 알파(α)로 정량화되며, 최적의 값 범위는 .7과 .9 사이이다. 예를 들어, 10개 문항의 PSS는 많은 출간된 보고서에서 내적 일관성이 우수한 것으로 나타났으며, 처음 보고된 세 편의 연구에서 내적 일관성 값은 $\alpha = .84 - .86$이다(Cohen, Kamarck, & Mermelstein, 1983). 두 번째 형태의 도구 신뢰도인 검사-재검사 신뢰도를 평가를 하는 것도 도움이 될 수 있다. 검사-재검사 신뢰도는 반복적인 실시로 시간이 지남에 따라 척도가 꽤 안정적인지의 여부에 관심을 둔다. 연구에서 도구를 수정하거나 도구를 결합하면 새 도구가 원래의 타당도와 신뢰도가 유지되지 않을 수 있으며 자료를 분석할 때 타당도와 신뢰도를 새로 확

립하는 것이 중요해진다.

● **표본문항.** 측정도구로부터 표본문항을 추출하여 제시함으로써 독자가 실제 문항이 사용되었다는 것을 알 수 있게 한다. 부록에는 표본문항 혹은 전체 문항을 모두 첨부하여 제시한다.

● **도구의 내용.** 안내글(Dillman, 2007, 안내글에 포함해야 할 유용한 목록을 제공해 준다), 문항(인구통계 자료, 태도문항, 행동문항, 사실적 문항), 그리고 마무리 설명과 같은 측정도구의 중요한 내용들을 제시한다. 또한 연속적인 척도(예 : 강한 긍정에서 강한 부정까지), 범주화된 척도(예 : 예/아니요, 중요도가 가장 높은 것으로부터 가장 낮은 것으로 등급화)와 같은 측정도구에서 문항을 측정할 때 사용되는 척도를 제시한다.

● **예비조사.** 조사를 위한 예비검사와 혹은 본검사 계획을 논의하고, 계획에 대한 이론적 타당성을 제공한다. 이러한 검사는 도구에 대한 점수의 내용타당도를 확립하고, 문항의 내적 일관성에 대한 초기 평가를 제공하고, 그리고 질문과 형식 및 지시사항을 개선하기 위해서 중요하다. 모든 연구 자료에 대한 예비검사는 연구에 소요되는 시간을 평가하고 연구참여자의 피로와 관련된 잠재적인 문제를 확인하기 위한 기회를 제공한다. 측정도구로 검사를 받을 사람의 수와 그들의 의견을 최종 수정된 측정도구에 포함할 계획을 나타낸다.

● **조사 실시.** 우편을 통한 조사연구에서는 측정도구 투입 단계와 높은 회수율을 확보하기 위한 후속조치를 명시한다. Salant와 Dillman(1994)은 4단계의 투입 과정을 제시하였다. 첫째 단계에서는 표본의 모든 구성원에게 짧은 사전 통고 형식의 편지를 보내고, 둘째 단계에서는 실제적인 우편조사로서 첫째 단계 후 약 1주일 후에 실시한다. 셋째 단계에서는 맨 처음 질문지를 보낸 4~8일 후에 표본의 모든 구성원에게 반송용 우편카드를 보낸다. 네 번째 단계에서는 무응답자 모두에게 주소가 적힌 반송용 봉투에 질문지와 함께 연구자가 손으로 직접 쓴 서명과 편지를 보낸다. 연구자는 이 네 번째 우편을 두 번째 우편을 보낸 후 3주 후에 보낸다. 이렇게 해서 전체적으로는 시작부터 4주가 걸린다.

연구에서의 변인

연구계획서를 읽는 독자들이 연구목적이나 연구문제/가설을 다루는 부분에서 변인에 대해서 학습했다 할지라도, 연구방법 부분에서 측정도구의 특별한 연구문제나 가설과 변인을 관련짓는 것이 유용하다. 한 가지 방법은 연구자가 질문문항을 어떻게 사용하게 될 것인지를 독자가 쉽게 알 수 있도록 하기 위해서 연구문제나 가설, 조사연구 측정도구에서 문항과 변인을 관련짓는 것이다. 변인, 연구질문이나 가설, 특별한 조사문항들을 서로 상호 관련시키고 논의사항이나 표를 포함하는 계획을 세운다. 이 절차는 특히 연구자가 대규모의 광범위한 모델을 검증하는 학위논문에 도움이 된다. 표 8.2에 가설적인 자료를 사용한 표가 예시되어 있다.

자료 분석

연구계획서에서 사용된 컴퓨터 프로그램과 자료 분석에 포함된 단계에 관한 정보를 제시한다. 웹사이트에는 이용 가능한 다양한 통계 분석 컴퓨터 프로그램에 대한 자세한 정보가 포함되어 있다. 보다 더 자주 이용되는 몇 가지 프로그램은 다음과 같다.

표 8.2 조사연구에서 변인과 연구질문, 문항		
변인명	**연구질문**	**설문지 문항**
독립변인 1 : 기존 출판물	기술적 연구질문 1 : 교수는 박사학위를 받기 전에 얼마나 많은 출판물을 공표했는가?	11, 12, 13, 14, 15번 문항을 보라 : 박사학위를 받기 전에 공표한 학술논문, 서적, 학술대회 발표논문, 책의 장을 센다.
종속변인 1 : 지원받은 연구비	기술적 연구질문 2 : 교수는 지난 3년 동안 얼마나 많은 연구비를 수주했는가?	16, 17, 18번 문항을 보라 : 재단, 연방정부, 주정부로부터 받은 연구비
통제변인 1 : 정년 보장 신분	기술적 연구질문 3 : 교수는 정년 보장을 받았는가?	19번 문항을 보라 : 정년보장(예/아니요)
독립변인 1과 관련짓기 : 종속변인에 대한 기존 출판물 – 지원받은 연구비	추론적 질문 4 : 이전의 결과물이 지원받은 연구비의 횟수에 영향을 주었는가?	11, 12, 13, 14, 15번 문항과 16, 17, 18번 문항을 보라.

- Windows 및 Mac용 IBM SPSS 통계 24(www.spss.com). SPSS Grad Pack은 IBM에서 제공하는 프로그램의 전문가 버전을 기반으로 하는 학생을 위한 경제적이고 전문적인 분석 프로그램이다.
- JMP(www.jmp.com). 이것은 SAS로부터 이용할 수 있는 인기 있는 소프트웨어 프로그램이다.
- Minitab 통계 소프트웨어 17(minitab.com). Minitab Inc.에서 제공하는 쌍방형 소프트웨어 통계 패키지이다.
- SYSSTAT 13(sysstatsoftware.com). 이것은 Sysstat Software, Inc.에서 제공하는 포괄적인 쌍방형 통계 패키지이다.
- SAS/STAT(sas.com). 이것은 SAS Institute, Inc.에서 제공하는 SAS 제품 시스템의 통합 구성요소로 도구가 포함된 통계 프로그램이다.
- Stata, 릴리스 14(stata.com). 이것은 StataCorp에서 제공하는 데이터 분석 및 통계 프로그램이다.

http://onlinestatbook.com/rvls.html 혹은 SAS Simulation Studio for JMP(www.jmp.com)에서 발견되는 Rice Virtual Lab in Statistics와 같은 온라인 프로그램도 통계 교육을 위한 통계 개념을 시뮬레이션하는 데 유용하게 이용될 수 있다. 의료, 제조 및 운송과 같은 영역에서 중요한 운영 시스템을 모델링하고 분석하기 위해서 시뮬레이션의 힘을 활용하고 있다. JMP용 SAS Simulation Studio의 그래픽 사용자 인터페이스는 프로그래밍이 필요 없으며 시뮬레이션 모델의 결과를 작성, 실행 및 분석하기 위한 전체 도구 세트를 제공한다(Creswell & Guetterman, 출간중).

우리는 다음과 같은 연구 팁을 추천하며, 이것은 독자가 한 단계가 다른 단계로 이끄는 방식을 볼 수 있도록 일련의 단계와 같은 자료 분석 계획을 제시하고 있다.

- 1단계. 설문조사에 응답한 표본과 응답하지 않은 표본의 숫자가 얼마인지에 관한 정보를 알린다. 이런 정보를 제시하기 위한 유용한 방법으로는 응답자와 무응답자의 수와 백분율을 제시하는 표가 좋다.
- 2단계. 응답 편향(response bias)을 확인할 수 있는 방법에 대해서 논의한다.

응답 편향은 설문조사에서 무응답의 영향으로 편향성이 나타나는 것이다 (Fowler, 2014). 편향은 만약 무응답자가 응답을 하였다면 그들의 반응이 전체적인 결과에 영향을 미쳤을 것을 의미한다. 파동분석(wave analysis, 실시 간격에 따른 응답 변화 분석)이나 혹은 응답자/무응답자 분석(respondent/ nonrespondent analysis)과 같은 응답 편향을 점검하는 데 사용된 절차를 제시하라. 파동분석에서 연구자가 평균 응답율이 변화하는지를 점검하기 위해서 매주 마다 선택된 문항에 대해서 돌아오는 응답을 조사한다(Leslie, 1972). 응답 기간의 맨 마지막 주에 돌아온 설문 응답은 거의 모두가 무응답자라는 가정을 전제할 때, 만약 응답이 바뀌기 시작하면 응답 편향이 잠재적으로 존재한다. 응답 편향에 대한 대안적인 점검방법 중 하나로 무응답자와 전화통화를 하여 그들의 반응이 응답자와 얼마나 다른지 확인하는 것이다. 이런 방법은 응답자와 무응답자의 응답 편향을 점검하는 방법 중 하나이다.

- **3단계.** 연구에서의 모든 독립변인과 종속변인에 대한 자료의 기술적 분석 (descriptive analysis)에 대한 계획을 논의한다. 이 기술적 분석에는 이러한 변인들에 대한 평균, 표준편차, 점수의 범위가 포함되어야 한다. 누락된 자료가 있는지 확인하고(예 : 일부 참여자들은 일부 문항 또는 전체 척도에 대한 응답을 하지 않을 수 있음), 누락된 자료가 얼마나 존재하는지 보고할 계획을 세우며, 누락된 자료를 대체하기 위해 실행할 수 있는 어떤 전략이 있는가를 확인해야 한다(검토를 위해 Schafer & Graham, 2002 참조).

- **4단계.** 만약 계획서가 다중문항 척도의 도구를 포함하고 있거나 척도를 개발하기 위한 계획을 갖고 있다면 먼저 역채점 문항이 필요한가를 평가한 다음, 척도의 총점을 계산하는 방법을 평가한다. 또한 척도의 내적 일관성(즉, Cronbach alpha 통계)를 체크하기 위한 신뢰도에 대해 언급한다.

- **5단계.** 제안된 연구에서 중요한 추론적 연구질문 혹은 가설을 검증하기 위한 통계 기법과 컴퓨터 통계 프로그램을 제시한다. 추론적 연구질문이나 가설을 변인과 관련시키거나 혹은 표본으로부터 모집단의 추론이 가능하도록 변인의 입장에서 집단을 비교한다. 통계적 검증방법의 선택에 대한 이론적 정당성을 제시하고 그 통계 기법과 관련된 가정을 언급한다. 표 8.3에 제시된 것과 같이

연구질문(예 : 가장 많이 쓰이는 것으로서 변인과의 관련성 혹은 집단 비교)의 특성, 독립변인과 종속변인의 개수, 그리고 통제변인의 개수(예 : Rudestam & Newton, 2014 참조)와 같은 것에 근거하여 선택한다. 또한 변인이 측정도구에서 연속적인 점수(예 : 18세부터 36까지의 나이)인지 혹은 범주화된 점수(예 : 여성＝1, 남성＝2)로 측정되는지를 고려해야 한다. 마지막으로 표본의 점수분포가 종 모양의 정규분포인지 비정규분포인지 고려해야 한다. 만약 분포가 정규분포라면 여러 가지 부가적인 방법들이 있다(Creswell, 2012 참조). 이런 여러 요인들이 결합하여 연구자로 하여금 연구질문이나 가설에 답하기 위해서 어떤 통계적 검증이 적절하게 될 것인지를 결정하게 한다. 표 8.3에서 우리는 여러 요인이 어떻게 결합하여 어떤 통계적 검증을 선택하는가를 보여 주려고 하였다. 더 심화된 통계적 검증은 Gravetter와 Wallnau(2012)의 저서와 같은 통계방법 도서를 참고하면 된다.

- 6단계. 자료 분석의 마지막 단계는 표나 그림 등으로 결과를 제시하고, 통계적 검증으로부터 그 결과를 해석하는 것으로 다음 절에서 논의된다.

결과 해석 및 논의 작성

양적 연구에서의 결과 해석은 연구질문, 가설에 대한 결과로부터 연구자가 결론을 도출하는 것으로 연구결과의 더 큰 의미를 말한다. 해석은 여러 단계를 포함하고 있다.

- 연구결과가 연구질문 혹은 가설에 대해 뭐라고 대답하는가를 보고하라. 미국 심리학회 논문작성법(APA, 2010)에서는 결과가 의미하는 바를 완전히 알기 위해서는 통계적 유의도 검증, 신뢰구간, 효과크기와 같은 광범위한 기술 통계치를 제시해야 한다고 제안한다. 따라서 이러한 기술 통계치의 의미를 분명히 하는 것이 중요하다. 통계적 유의도 검증은 관찰점수가 우연이 아닌 어떤 일정한 패턴을 반영하고 있는지의 여부를 평가해 준다. 통계적 검증은 결과가 우연에 의해 발생할 가능성이 적거나 '무효과(no effect)'의 영가설이 기각될 수 있다면 유의한 것으로 간주된다. 연구자는 $p＝0.001$과 같은 '무효과'의 기각

표 8.3 통계적 검증방법의 선택준거

질문 특성	독립변인의 개수	종속변인의 개수	통제변인의 개수(공변인)	점수의 형태 독립/종속변인	점수의 분포	통계적 검증	검증 결과물
집단 비교	1	1	0	범주화/연속적	정규분포	t검증	결과에 따른 두 집단의 비교
집단 비교	1 혹은 그 이상	1	0	범주화/연속적	정규분포	변량분석	결과에 따른 두 집단 이상의 비교
집단 비교	1 혹은 그 이상	1	1	범주화/연속적	정규분포	공변량 분석	공변량을 통제한 결과에 따른 두 집단 이상의 비교
집단 간 결합	1	1	0	범주화/범주화	비정규분포	카이스퀘어	범주에 의해 측정된 두 변인 간의 관계
변인 간 관련	1	1	0	연속적/연속적	정규분포	피어슨의 적률상관계수	간격(혹은 비율) 척도에 의해 측정된 두 변인 간의 관계와 크기에 대한 방향
변인 간 관련	2 혹은 그 이상	1	0	연속적/연속적	정규분포	중다회귀 분석	여러 예측변인 혹은 독립변인과 결과변인 간의 관계, 결과에 따른 여러 변인 간의 상대적 예측률(설명력)

수준을 설정하고, 통계적 검증 결과가 이러한 기각 수준에 속하는지를 평가한다. 대체로 결과는 "분산분석의 결과 음식점에서의 금연에 대한 태도에 있어서 남성과 여성 간에 통계적으로 유의한 차이가 있는 것으로 드러났다. $F(2, 6)$ =8.55, p=0.001."이라고 요약된다.

- 결과에 대한 두 가지 실제적인 증거, 즉 (1) 효과크기, (2) 신뢰구간이 보고되어야만 한다. 신뢰구간은 추정된 관찰점수에 대한 불확실성의 수준을 기술하는 값(간격)의 범위이다. 신뢰구간은 추정된 점수가 얼마나 양호한가를 나타내 준다. 예를 들어, 95%의 신뢰구간은 관찰점수가 100번 중에 95번은 추정값의 범위에 속할 것임을 표시한다. 효과크기는 양적 연구에서 집단 간 차이나 변인 간의 관계에 대한 결론의 강도를 말한다. 효과크기는 연구대상인 현상이 모집단에 존재하는 정도 또는 영가설이 틀리는 정도를 나타내는 기술 통계치이다. 효과크기에 대한 계산은 통계적 검증방법에 따라 다양하다. 효과크기는 2개 이상의 변인 간의 변량이나 집단 간의 평균 차이를 설명하기 위해서 사용될 수 있다. 효과크기는 모집단에 적용되는 추론과는 별도로 결과의 실제적 유의성을 나타낸다.
- 연구주제에 대한 연구결과의 실행이나 미래의 연구를 위하여 결과의 시사점을 논의하라. 이를 위해서는 결과로부터 추론과 결론을 도출하는 것이 요구될 것이다. 논의에는 결과가 이론적으로 그리고 실제적으로 주는 시사점이 포함될 수 있다. 또한 논의에는 연구질문이나 가설이 지지되고 있는지 여부가 다루어져야 할 것이다.

예 8.1은 앞에서 제시한 많은 단계를 예시한 조사방법 연구계획에 해당하는 인용문이다. 이 인용문(사용 허가를 받음)은 어느 작은 인문대학에서의 학생 감소에 영향을 미치는 요인을 연구한 논문보고서에서 발췌한 것이다(Bean & Creswell, 1980, pp. 321-322).

| 예 8.1 | **조사방법 연구계획**

방법론

이 연구 지역은 인구가 17만 5,000명의 중서부 지역에 위치한 작은 규모(등록생 수 : 1,000명)이며, 종교적이며, 남녀공학인 인문대학이다. [저자는 연구 지역과 모집단을 특정하였다.]

지난해의 자퇴율은 25%였다. 자퇴율은 1~2학년에서 가장 높은 경향을 보이기 때문에 가능한 많은 1~2학년 학생을 대상으로 강의시간을 통하여 설문지를 투입하였다. 자퇴율에 대한 연구결과는 남녀 학생의 자퇴 이유가 서로 다르다는 것을 보여 준다(Bean, 1978, in press; Spady, 1971). 그래서 이 연구에서는 여학생만을 대상으로 하였다.

1979년 4월 한 달 동안에 169명의 여학생이 설문에 응했다. 결과에 영향을 줄 수 있는 몇몇 잠재변인(confounding variable)을 제거하기 위해서 25세 이하의 미혼인 미국 시민권을 가진 백인 여학생으로 동질 표본을 구성하였다(Kerlinger, 1973). 이 여학생 중에서 71명이 1학년이고, 55명은 2학년, 9명은 3학년

이다. 학생의 95%가 18~25세이며, 표본은 ACT시험 점수에서 고수준의 능력이 있는 학생으로 편향성이 있다. [저자는 표본에 대한 기술적인 정보를 제공하였다.]

자료는 116개의 문항으로 구성된 질문지로 수집하였다. 대부분의 문항은 '아주 드물게 그렇다'에서 '매우 그렇다'에 이르는 리커트 척도와 유사한 항목으로 구성되었고, 나머지 문항은 ACT 점수, 고등학교 성적, 부모의 교육 수준 등과 같은 사실적인 정보에 관련된 것이다. 이 질문지는 이 대학에 투입하기 전에 이미 개발되었고 3개의 대학에서 검증된 도구이다. [저자는 측정 도구에 대하여 논의했다.]

이 측정도구의 공인타당도와 수렴타당도(convergent validity)(Campbell & Fiske, 1959)는 요인분석을 통하여 수립되었고, 적절한 수준에서 타당도가 있는 것으로 밝혀졌으며, 신뢰도는 알파계수로 수립되었다. 25개의 측정치로 구인을 제시하였고, 지수(indices)를 만들기 위

해서 요인분석에 기초를 두고 복합 문항을 결합하였고, 27개의 측정치는 단순 문항 지수이다. [저자는 타당도와 신뢰도를 제시하였다.]

자료를 분석하기 위해서 중다회귀 분석과 경로분석(Heise, 1969; Kerlinger & Pedhazur, 1973)을 사용하였다. 인과 모델에서 … 학교를 자퇴하려고 하는 의도는 인과적 순서에서 선행하는 모든 변인들로 회귀되었다. 학교를 자퇴하려고 하는 것과 깊이 관련되어 있는 중개변인은 조직변인, 개인변인, 환경변인, 배경변인 등으로 회귀되었다. [자료 분석 단계가 제시되었다.]

실험방법 연구계획의 구성요소

실험연구 방법에 관한 논의는 하나의 표준화된 형식을 따르게 되는데, (1) 참여자와 설계, (2) 절차, (3) 측정도구이다. 이 세 가지면 일반적으로 충분하다(종종 일부 측정도구를 포함하고 있는 연구에서 절차와 특정도구가 하나로 묶여 다루어지기도 한다). 이 절에서는 이 세 가지 요소와 함께 실험설계의 주요 특징과 적합한 통계분석에 관해 검토할 것이다. 조사연구에서와 같이 여기서도 실험연구 계획서에 언급되어야 할 핵심 주제에 관해서 다루게 될 것이다. 이런 주제에 관한 전반적인 안내는 표 8.4에 제시된 점검표의 물음에 답함으로써 해결할 수 있다.

연구참여자

독자는 실험에 참여하게 될 참여자의 수, 할당방법, 선정에 관해서 알 필요가 있다. 실험연구 방법에 관해서 서술할 때 다음과 같은 제언을 고려해야 한다.

● 연구참여자의 모집 절차와 선정 과정을 기술한다. 종종 연구자들은 연구를 설계할 때 구체적인 포함 및 제외 기준을 공식적으로 진술함으로써 어떤 특징을 공유하고 있는 연구 표본을 모집하고 선발하고자 한다(예 : 포함 기준-참여자

표 8.4 실험연구 계획을 설계하기 위한 점검질문
_____ 연구참여자는 누구인가?
_____ 연구참여자는 어떻게 선정했는가? 특별히 연구의 포함과 제외 준거의 이름을 지정한다.
_____ 연구참여자를 언제 어떻게 무선배치할 것인가?
_____ 연구참여자의 수는 얼마나 되어야 하는가?
_____ 사용될 실험연구 설계는 무엇인가? 이 설계의 시각적 모델은 무엇처럼 보이는가?
_____ 독립변인은 무엇이며 어떻게 운용되는가?
_____ 종속변인(즉, 결과변인)은 무엇이며 어떻게 측정될 것인가?
_____ 실험의 조작 점검 또는 공변량으로 포함되는 변인이 있는가? 그 변인을 언제 어떻게 측정할 것인가?
_____ 연구의 종속변인(결과변인)을 측정하기 위해 어떤 도구를 사용할 것인가? 그 도구를 선택한 이유는? 그 도구의 개발자는? 타당도와 신뢰도가 확보되어 있는가?
_____ 연구참여자에게 실험연구를 실시하기 위한 단계의 순서는 무엇인가?
_____ 실험설계와 절차를 위한 내적 및 외적 타당도를 위협하는 잠재적 요소는 무엇인가? 그 위협 요소를 어떻게 해결할 것인가?
_____ 공식적인 자료 수집에 앞서 자료와 절차의 예비검사를 어떻게 시행할 것인가?
_____ 자료를 분석하기 위해 사용될 통계(예 : 기술통계와 추리통계)는 무엇인가?
_____ 결과를 어떻게 해석할 것인가?

들은 영어를 사용할 줄 알아야 한다. 제외 기준–참여자들은 18세 이하의 아이들이 아니어야 한다). 모집과 선발의 방식은 광범위하고 커뮤니티 세대주에게 무작위로 전화 걸기, 연구 모집 전단지 또는 대상 커뮤니티에 이메일 게시나 신문 광고를 포함할 수 있다. 모집과 선발 방법, 참여자들에게 제공되는 보상에 대해 기술한다.

● 실험연구와 조사연구 설계를 구별하는 주요 특징 중 하나는 무선배치이다. 무선배치는 관심 있는 조작된 변인의 연구 조건에 참여자들을 배치하는 기술이다. 표본의 각 개인들이 무선적으로 배치되었을 때 그 절차를 진실험(true experiment)라고 한다. 만약 무선배치를 한다면 각 개인을 처치집단에 어떻게, 언제 배치를 할 것인지를 논의한다. 처치는 실험연구에서 독립변인으로 간주

된다. 이것은 마치 연구참여자 전체에서 어떤 개인 1은 그룹 1로 배치하고, 어떤 개인 2는 그룹 2에 배치하는 등의 방식으로 해서 개인을 그룹에 배치하는 데 체계적인 편향이 없게 하는 것을 의미한다. 이 절차는 연구결과에 영향을 미칠 연구참여자의 특성 중에서 체계적인 차이의 가능성을 제거하는 것으로, 이렇게 함으로써 결과에 있어서의 어떤 차이가 실험처치에 의한 것으로 보는 것이다(Keppel & Wickens, 2003). 종종 실험연구는 관심을 갖고 있는 조작변인 수준에 참여자들을 무선배치하는 데 관심이 있을 수 있다(예 : 어린이에게 분수를 가르치는 새로운 처치방법 대 기존의 전통방법). 또한 실험연구는 무선배치를 사용할 수 없는 관심을 두고 있는 예측변인을 측정한다(예 : 남아보다 여아에서 처치 효과가 더 큰지 **측정하지만** 무작위로 남녀를 배정하는 것은 불가능). 연구자가 관심을 두고 있는 조작변인 수준에 참여자를 무선배치하는 것을 부분적으로만 통제하는(또는 전혀 통제하지 못하는) 설계를 준실험(quasi-experiment)라고 한다.

- 표본의 크기 결정을 위한 검정력 분석을 실행하고 보고한다(도움이 필요할 경우 Kraemer & Blasey, 2016 참조). 표본의 크기 검정을 위한 절차는 조사연구 설계의 절차를 모방하지만, 유의미한 집단 차이를 알아내기 위해 실험의 각 조건에 필요한 참여자 수를 추정하는 것으로 초점이 이동한다. 이 경우 입력 모집단 특성 값은 관심을 두고 있는 조작변인 집단들과 실험의 집단 수간의 추정된 차이를 가리키는 효과크기의 추정치를 포함하도록 이동한다. 독자는 이 장의 조사연구 설계의 앞부분에 있는 검정력 분석에 관한 절을 다시 살펴본 후 다음 예를 고려해 보길 바란다.

  ○ 이전에 초과 근무 시간량과 간호사의 소진 증상 간의 관계를 평가하는 횡단적 조사연구 설계를 소개하였다. 다음과 같은 관련 질문을 검증하기 위해 실험을 수행하기로 결정할 수 있다. 정규직으로 일하는 간호사가 비정규직 간호사보다 소진 증상이 더 높은가? 이 경우에 간호사들이 무선배치되는 실험을 수행할 수 있다. 2개월 동안 정규직(집단 1) 또는 비정규직(집단 2)으로 일하고 이 시간 동안 소진 증상을 측정할 수 있다. 검정력 분석을 실행하여 이 두 집단 간의 소진 증상의 유의한 차이를 알아보는 데 필요한

표본의 크기를 평가할 수 있다. 기존의 문헌에서는 두 집단 간의 효과크기 차이를 $d=.5$로 나타내고 있으며, 저자들의 조사연구 설계에서는 양측 알파$=.05$ 및 베타$=.20$으로 가정할 수 있다. G*Power 소프트웨어 프로그램 (Faul et al., 2007; Faul et al., 2009)을 사용하여 다음과 같은 입력 조건으로 계산을 다시 실행하여 집단 간의 유의한 차이를 알아보는 데 필요한 표본의 크기를 추정할 수 있다.

Test family : t 검증

통계 검증 : 평균—두 개의 독립된 평균(두 집단) 간의 차이

검정력 분석의 유형 : 사전—필요한 표본 크기 계산

꼬리 : 양측

효과크기 d : .5

α 오류 확률: .05

검정력($1-β$ 오류 확률) : .8

할당 비율 N2/N1 : 1

○ 이러한 입력 조건으로 검정력 분석을 하게 되면 소진 증상에서 집단 간의 유의한 차이를 알아보기 위해서는 총 128명의 참가자(각 집단에 64명)의 표본 크기가 필요함을 알 수 있다.

● 참여자 섹션의 끝에 독립변인과 그에 상응하는 수준을 밝히는 공식적 실험 설계에 대한 진술을 제공하는 것이 좋다. 예를 들어, "실험은 정규직 간호사와 비정규직 간호사 간의 소진 증상을 비교하는 일원 두 집단(one-way two-groups) 설계로 구성되어 있다."처럼 말이다.

변인

변인은 공식적인 설계 진술에 명시되어야 하며, 실험방법 계획 절차에서 자세하게 설명되어 있어야 한다. 여기서는 연구계획서를 작성할 때 변인에 관한 아이디어를 몇 가지 제시한다.

● 실험연구에서 독립변인과 그것을 어떻게 조작할 것인가를 명확하게 확인한다

(제3장에서 다룬 변인에 대한 설명을 상기하라). 한 가지 일반적인 접근방식은 두 개의 독립변인이 단일 실험에서 조작되는 2×2 피험자 간 요인설계(between - subjects factorial design)를 행하는 것이다. 이 경우 각각의 독립변인이 언제, 어떻게 조작되는지를 명확히 하는 것이 중요하다.

- 관심을 두고 있는 독립변인을 성공적으로 조작했는지 여부를 평가하는 조작점 검측정(manipulation check measure)을 포함한다. 조작점검측정은 의도했던 관심 조작변인의 측정을 말한다. 예를 들어, 연구에서 수행과제를 이용하여 긍정적인 검사 피드백(높은 자존감 조건) 또는 부정적인 검사 피드백(낮은 자존감 조건)을 제공하여 자존감을 조작하는 목적을 둔 연구라면, 조작점검측정을 가진 이러한 두 조건 사이에 정말로 자존감 차이가 있는가의 여부를 양적으로 평가하는 것이 도움이 될 것이다. 이러한 자존감 연구 조작 후, 연구자는 관심의 주요 결과 측정을 실시하기 전에 조작점검측정으로서 자존감의 상태를 간단히 측정하는 것을 포함할 수 있다.

- 실험연구에서 종속변인(즉, 결과)을 확인한다. 종속변인은 독립 처치조건에 의해 야기되거나 영향을 받는 것으로 추정되는 반응 또는 기준변인이다. 실험연구 방법 계획에서 한 가지 고려해야 할 점은 관심 있는 결과를 측정하는 여러 방법이 있는가 하는 것이다. 예를 들어, 주요 결과가 공격성인 경우 실험에서 여러 공격성 측정값을 수집하는 것이 가능할 수 있다(예 : 도발에 대한 공격성의 행동 측정값, 자기 보고된 공격성 인식).

- 연구에서 측정해야 할 다른 변인을 확인한다. 세 가지 범주의 변인을 언급할 가치가 있다. 첫째, 참여자의 인구통계학적 특성(예 : 연령, 성, 인종)에 대한 측정이다. 둘째, 연구 설계에 잡음(noise)을 유발할 수 있는 변인을 측정한다. 예를 들어, 자존감 수준은 하루 동안 변동하므로(관심 있는 연구 결과 변인과 관련됨) 연구에서 하루 중 시간을 측정하고 기록하는 것이 유익할 수 있다(그런 다음 이를 연구 통계 분석에서 공변량으로 사용). 셋째, 교란변인이 될 가능성이 있는 변인을 측정한다. 예를 들어, 자존감 조작에 대해 비평으로 긍정적/부정적 수행 피드백 연구 조작도 의도하지 않게 반추를 조작했다고 말할 수 있다. 이러한 반추가 관심을 두고 있는 결과에 대한 보다 더 나은 설명일 수 있

다. 반추를 잠재적 교란변인으로 측정함으로써 연구자는 이러한 비평에 대해 양적으로 평가할 수 있다.

측정도구 투입과 자료

조사연구의 계획에서와 마찬가지로 실험연구의 계획에서도 도구의 개발, 문항, 척도, 이전 연구에서의 신뢰도와 타당도에 대한 보고 등 사용된 도구에 대한 충분한 논의가 요구된다. 그러나 실험연구의 계획은 또한 관심을 두고 있는 독립변인을 조작하는 방법에 대해 자세하게 기술해야 한다.

- 관심을 두고 있는 조작변인을 위해 사용된 자료를 충분히 논의한다. 예를 들면, 어느 교사가 수업에서 사용할 특별한 컴퓨터 보조 학습계획에 어떤 집단을 참여하게 할 수도 있다. 이 계획에는 유인물, 수업, 이 실험집단에 참여할 학생들이 컴퓨터를 활용하여 어떻게 학습주제를 공부할 것인가를 도와주는 특별히 작성된 지침서 같은 것들이 포함될 수 있다. 또한 이 자료들에 관한 예비검사와 표준적인 방식으로 자료들을 실시하는 데 필요한 훈련도 논의해야 한다.
- 연구자는 참여자들이 조작되는 변인과 부과된 조건(그리고 관심의 주요 결과 측정)이 무엇인지 알기를 원하지 않는 경우가 흔하다. 그러므로 실험 중에 참가자들에게 연구와 절차를 설명하는 데 사용될 커버스토리를 초안하는 것이 중요하다. 만약 연구에서 어떤 속임수가 사용되는 경우, 적절한 보고방식을 작성하고 소속 기관의 생명윤리위원회(IRB)가 승인한 모든 절차와 자료를 얻는 것이 중요하다(제4장 참조).

실험절차

특별한 실험설계 절차가 언급되어야 한다. 이 논의에는 전반적인 실험형태, 실험설계에 관한 이론적 근거, 그리고 독자가 실험절차를 이해하는 데 도움이 되는 시각적 모델을 제시해야 한다.

- 연구에 사용될 실험설계의 형태에 대해서 언급한다. 실험에서 사용 가능한 형태로는 전(pre)실험 설계, 진(true)실험 설계, 준(quasi)실험 설계, 단일대상 설계 등이 있다. 전실험 설계에서는 연구자가 단일집단을 연구하며 실험기간 동안 중재를 한다. 이 설계는 실험집단과 비교할 통제집단이 없다. 준실험 설계에서는 연구자가 통제집단과 실험집단을 사용하지만, 두 집단(예 : 이 집단은 연구자가 이용 가능한 가공되지 않은 집단일 수 있다)에 무선 할당하지는 않는다. 진실험 설계에서는 연구자가 처치집단에 연구참여자를 무선 할당한다. 단일대상 설계 혹은 1의 N(N of 1) 설계에서는 시간에 따라 한 개인(혹은 적은 수의 개인)의 행동을 관찰하는 것을 포함한다.

- 실험에서 무엇을 비교할 것인지를 확인한다. 피험자 간 설계라 불리는 많은 실험연구에서 연구자들은 2개 혹은 그 이상의 집단을 비교한다(Keppel & Wickens, 2003; Rosenthal & Rosnow, 1991). 예를 들면, 집단 간 설계의 변형인 요인설계는 결과에 영향을 미치는 처치변인들의 독립적이고 동시적인 효과를 조사하기 위해서 2개 혹은 그 이상의 처치변인을 포함한다(Vogt & Johnson, 2015). 이렇게 널리 활용되는 행동연구 설계는 각각의 실험처치에 대한 효과를 개별적으로 탐구하고, 또한 변인을 결합해서 생기는 효과를 탐구함으로써 다양하고 흥미로운 사실을 보여 주는 다차원적인 관점을 제공해 준다. 집단 내 설계라고 불리는 다른 실험에서는 연구자는 오직 한 집단만을 연구한다. 예를 들면, 반복측정 설계에서는 연구참여자가 실험기간 동안에 다른 시간대에 서로 다른 실험처치에 할당된다. 집단 내 설계의 또 다른 예로는 시간에 따라서 오직 1명의 피험자의 행동을 연구하는 것으로, 효과를 검증하기 위해서 연구자는 실험에서 서로 다른 시간에 실험처치를 가하거나 억제한다. 끝으로, 피험자 간 변인과 피험자 내 변인을 모두 포함하고 있는 연구는 혼합 설계라고 불린다.

- 사용된 특별한 연구설계를 예시하기 위해서 다이어그램이나 그림을 제시한다. 이런 그림에서는 표준화된 표기법을 사용할 필요가 있다. Campbell과 Stanley(1963, p. 6)가 제공한 전통적인 표기 체계를 사용하기를 권장한다. Campbell과 Stanley의 표기 체계는 다음과 같다.

○ X는 실험변인이나 사건에 대한 집단의 노출을 나타내는 것으로 측정된 효과를 의미한다.

○ O는 측정도구로 측정한 기록이나 관찰을 나타낸다.

○ 같은 행에 주어진 X와 O는 같은 사람에게 적용함을 나타낸다. 같은 열에 X와 O 혹은 각각에 대하여 수직적으로 놓인 것은 동시적인 것을 나타낸다.

○ 왼쪽에서 오른쪽으로 진행하는 것은 실험에서 절차의 시간적 순서를 나타낸다(종종 화살표로 나타내기도 한다).

○ R은 무선 할당을 나타낸다.

○ 수평으로 평행하게 분리하는 대시선(−)은 무선 할당에 의해 비교집단들이 같지 않다는 것을 의미하며, 집단 간에 수평선이 없는 것은 처치집단에 피험자를 무선 할당한다는 것을 나타낸다.

예 8.2~8.5에서 예비실험(전실험), 준실험, 진실험, 단일대상 설계 등을 예시하기 위해서 위와 같은 표기를 사용하였다.

| 예 8.2 | 예비실험 설계

일회성 사례연구
이 설계는 하나의 집단에 처치를 하고 후에 측정한다.

집단 A X——————————O

단일집단 사전 · 사후 검사 설계
이 설계는 한 집단에 사전검사를 하고 처치를 한 후 사후검사를 한다.

집단 A $O1$ —————— $X1$ —————— $O2$

정적집단 비교 혹은 이질집단 사후검사 설계
이 설계는 실험자가 실험처치를 수행한 후에 사용하는 설계이다. 실험처치를 한 후에 연구자는 비교집단을 선정하고 비교집단과 실험집단 양쪽에 사후검사를 한다.

집단 A X——————————O
집단 B ——————————O

이질집단에서 사후검사 대안적 처치 설계

이 설계는 이질집단에 서로 다른 처치를 적용하는 것을 제외하고는 정적집단 비교와 같은 절차를 사용하는 설계이다.

집단 A $X1$ ——————— O
집단 B $X2$ ——————— O

| 예 8.3 | 준실험 설계

이질집단(사전·사후 검사) 통제집단 설계

준실험 설계에서 가장 많이 쓰이는 이 설계는 무선 할당을 하지 않고 실험집단과 통제집단을 선정한다. 두 집단에 사전·사후 검사를 실시하고 오직 실험집단에만 실험처치를 한다.

집단 A O ——————— X ——————— O
————————————————————————
집단 B O ——————— O

단일집단 간섭 시계열 설계

이 설계에서 연구자는 단일집단에 대해 처치를 하기 전과 후에 측정치를 기록한다.

집단 A O-O-O-O-X-O-O-O-O

통제집단 간섭 시계열 설계

이 설계는 단일집단 간섭 시계열 설계의 변형으로서 무선 할당을 하지 않은 두 집단을 시간에 따라 관찰한다. 실험처치는 한 집단에만 한다(즉 A 집단).

집단 A O-O-O-O-X-O-O-O-O
————————————————————————
집단 B O-O-O-O-O-O-O-O-O

| 예 8.4 | 진실험 설계

사전·사후 검사 통제집단 설계

이 설계는 전통적이고 고전적인 것으로서 두 집단에 무선 할당을 하며, 실험집단 A에만 실험처치를 하고 두 집단 모두에게 사전·사후 검사를 시행한다.

집단 A R —— O —— X —— O
집단 B R ——————— O ——— O

사후검사 통제집단 설계

이 설계는 사전검사의 어떤 혼동 효과를 통제하기 위한 것으로 효과적인 실험설계이다. 두 집단에 연구참여자를 무선 할당하고, 실험집단에만 처치를 하고 두 집단 모두 사후검사를 실시한다.

집단 A R————— X —————O

집단 B R————————O

솔로몬 네 집단 설계

이 설계는 2×2 요인설계의 특별한 경

우로서 네 집단에 연구참여자를 무선 할당한다. 사전검사와 처치가 네 집단에 각각 다르지만 사후검사는 네 집단 모두에게 실시한다.

집단 A R—— O —— X —— O

집단 B R—— O ——————O

집단 C R—————— X —— O

집단 D R————————————O

| 예 8.5 | **단일대상 설계**

A-B-A 단일대상 설계

이 설계는 단 1명의 피험자를 여러 번 관찰하게 된다. 1명의 피험자에 대한 목표행동이 시간에 지남에 따라서 수립되면 이것이 기준행동이 된다. 이 기

준행동이 산정되면 처치를 하고 처치가 중단되면 다시 시간에 따라서 관찰한다.

기준선 A   처치 B   기준선 A

O-O-O-O-O-X-X-X-X-X-O-O-O-O-O

타당도에 대한 위협

결과에 영향을 주는 간섭에 대해 결론을 내리기 위한 실험자의 능력에 관해 의문을 제기할 수 있는 타당도에 위협을 주는 것들이 여러 가지 있다. 실험 연구자는 실험의 내적 타당도에 대한 잠재적인 위협요소들을 알아야 하고, 이 위협요소가 영향을 주지 않게 하거나 최소화할 수 있도록 설계를 해야 한다. 타당도에는 (1) 내적 타당도에 위협을 주는 것과, (2) 외적 타당도에 위협을 주는 두 가지 유형의 위협요소가 있다.

- 내적 타당도의 위협 요소는 실험에서 모집단에 관한 자료로부터 올바른 추론을 이끌어 낼 수 있는 연구자의 능력을 위협하는 실험절차, 실험처치, 혹은 연구 참여자의 경험 등이 있다. 표 8.5에는 이런 위협 요소들이 제시되어 있고, 그

표 8.5 내적 타당도에 위협을 주는 요소		
위협요소	**위협에 대한 서술**	**연구자가 취할 수 있는 반응과 활동**
역사	실험기간 동안의 시간 경과로 인한 실험기간 동안 발생한 어떤 특수한 사건이 실험의 결과에 영향을 미쳤을 가능성	연구자는 실험집단과 통제집단에 특수한 사건을 똑같이 경험하게 한다.
성숙	실험처치 기간 동안에 시간의 흐름에 따라 나타나는 연구참여자의 성숙으로 연구결과에 영향을 주는 것	연구자는 똑같은 비율로 성숙하고 변화(예 : 같은 연령)하는 연구참여자를 선정한다.
통계적 회귀	극단적인 점수의 피험자를 선정하였을 경우, 실험기간 동안에 자연적으로 점수는 변하여 시간이 지나면 평균값으로 회귀하는 것	연구자는 극단적인 점수의 피험자를 선정하지 않는다.
피험자 선정	피험자가 애초에 동질성이 결여되게 선발되어 결과에 영향을 주는 것	연구자는 무선표집을 통하여 두 집단을 동질하게 한다.
피험자의 탈락 (감소)	여러 이유로 실험기간 동안에 피험자가 탈락하여 실험결과에 영향을 미치는 것	연구자는 탈락자를 대비하여 규모가 큰 표집을 뽑거나 혹은 탈락자와 비탈락자를 결과의 견지에서 비교한다.
실험처치의 분산(집단의 교차 오염)	실험집단과 통제집단의 피험자들이 서로 의사소통을 하는 것. 이 의사소통이 두 집단의 결과점수에 어떤 영향을 주는 것	연구자는 실험기간 동안 가능한 두 집단을 분리한다.
보상/화나게 하는 사기저하	오직 실험집단에만 실험처치(예 : 실험집단은 치료 요법을 받고, 통제집단은 아무것도 안 받음)를 함으로써 실험의 혜택이 불평등하고 화나게 하는 것	연구자는 두 집단 모두에게 혜택을 준다. 예를 들면, 실험기간 동안 통제집단에는 실험집단과 다른 유형의 처치를 하거나 혹은 실험 후에 처치를 한다.
보상경쟁	실험처치를 경험하지 못하였기 때문에 통제집단의 피험자가 실험집단과 비교하여 자신들이 평가 절하되었다고 느끼는 것	연구자는 통제집단의 기대치를 감소시키는 것과 같은 방법으로 두 집단 사이의 동질성을 확보한다.
검사	피험자가 결과측정에 익숙하여 사후검사에 기억을 하여 반응하는 것. 사전검사를 받은 피험자가 사후검사에 영향을 주는 것	연구자는 사전검사와 사후검사의 시간 간격을 길게 하거나 혹은 사전검사와 사후검사의 문항 형태를 다르게 한다.
도구 사용	사전검사와 사후검사에서 측정도구가 변하여 결과점수에 영향을 주는 것	연구자는 사전검사와 사후검사에 같은 측정도구를 사용한다.

출처 : Creswell(2012).

런 위협 요소가 일어나지 않게 하는 연구자의 가능한 대응방법을 제시하였다. 여기에는 연구자에 관한 것(즉 역사, 성숙, 통계적 회귀, 피험자의 선발, 피험자의 탈락)과 연구자의 조작에 의한 실험처치에 관련된 것(즉 분산, 보상, 화나게 하는 사기저하, 보상경쟁)과 실험에 사용된 절차에 관한 것(즉 검사와 도구 사용)이 있다.

● 외적 타당도를 위협하는 잠재적인 요소를 확인해야 하고 이런 요소들을 어떻게 최소할 것인가를 설계해야 한다. 외적 타당도의 위협 요소는 실험자가 표본 자료를 다른 사람이나 다른 환경, 그리고 과거나 혹은 미래의 상황에 잘못 적용하여 부적절한 추론을 도출할 때 나타날 수 있다. 표 8.6에 제시한 대로 이런 위협 요소는 표본으로 선정된 각 개인의 특성과 실험환경의 독특한 특성, 실험의 시기 선택 때문에 야기된다. 예를 들면, 연구자가 실험집단에서 얻은 결과를 다른 민족이나 사회집단에 일반화할 때 외적 타당도에 대한 위협이 생길 수 있다. 표 8.6에 외적 타당도를 위협하는 요소와 그런 위협 요소가 일어나지 않게 하는 연구자의 가능한 대응방법을 제시하였다.

표 8.6 외적 타당도에 위협을 주는 요소

위협요소	위협에 대한 서술	연구자가 취할 수 있는 반응과 활동
피험자의 선발과 실험처치 간의 상호작용	실험에서 피험자의 제한된 특성으로 인하여 피험자와 같은 그런 특성을 갖고 있지 않은 개인에게는 일반화할 수 없는 것. 즉 피험자의 특성에 따라 실험처치의 영향이 서로 다르게 나타나는 현상	연구자는 연구결과가 일반화될 수 없는 집단에 대하여 요구사항을 제한한다. 연구자는 다른 특성을 갖는 다른 집단에 추가적인 실험을 실시한다.
실험 상황과 실험처치 간의 상호작용	실험에서 피험자의 실험 상황 특성 때문에 연구자가 다른 실험 상황에 일반화할 수 없는 것	연구자는 원래의 실험 상황에서 나타났던 똑같은 결과가 나타나는지를 알기 위해서 새로운 실험 상황에서 추가적인 실험이 필요하다.
역사와 실험처치 간의 상호작용	실험의 결과가 시간에 달려 있는 것이기 때문에 연구자는 과거나 혹은 미래의 상황에 연구결과를 일반화할 수 없는 것	연구자는 먼저 일어난 결과와 같은 결과가 일어나는지를 결정하기 위해서 나중에 반복 연구를 할 필요가 있다.

출처 : Creswell(2012).

- 연구방법의 절에서 제시될 수 있는 가능한 다른 위협 요소로는 부적절한 통계적 신뢰나 혹은 통계적 가정을 위반함으로써 실험자가 자료로부터 부정확한 추론을 도출할 때 야기되는 통계적 결론타당도(statistical conclusion validity)가 있다. 구인타당도에 대한 위협은 연구자가 변인의 측정과 정의를 부적절하게 사용함으로써 생긴다.

타당도와 관련한 문제에 대하여 연구계획서를 작성하는 사람들에게 실제적으로 도움이 되는 연구 팁을 제시하면 다음과 같다.

- 여러분의 연구에서 타당도에 대한 잠재적인 위협을 찾아라. 연구계획서의 독립된 장에서 이런 위협에 대해서 다룰 수도 있다.
- 위협의 정확한 형태를 정의하고, 어떤 잠재적인 가능한 문제가 여러분의 연구에 영향을 주는지 제시하라.
- 여러분의 실험설계에서 타당도에 대해서 고심한 계획을 어떻게 세웠는지 논의하라.
- 타당도를 위협하는 문제에 대해 논의하기 위해서는 Cook과 Campbell(1979), Shadish, Cook과 Campbell(2001), Tuckman(1999)의 저서를 참고하라.

연구절차

연구자는 실험을 수행하기 위한 순차적 절차를 자세하게 기술할 필요가 있다. 독자는 커버스토리, 사용된 설계, 조작변인과 결과변인, 활동 스케줄을 명확하게 이해할 수 있어야만 한다. 또한 실험절차에서 잡음과 편견을 최소화하기 위해 취해진 조치들을 기술하는 것이 중요하다(예 : "실험자 편견의 위험성을 줄이기 위해 실험자는 감소하기 위해 모든 결과 측정이 평가될 때까지 참여자의 연구 조건을 직시하지 않았다.")

- 실험에 사용된 절차에 대하여 한 단계씩 논의한다. 예를 들면, Borg와 Gall(2006)은 실험집단과 통제집단에 피험자가 무선 할당된 사전 · 사후 검사 통

제집단 설계의 연구절차에서 전형적으로 사용되는 여섯 단계의 개관을 제시했다.

1. 연구참여자에 대한 종속변인 혹은 종속변인과 밀접하게 관련된 변인을 측정한다.
2. 1단계에서 측정한 점수를 근거로 하여 피험자를 대응된 쌍으로 묶는다.
3. 각 쌍에서 한 사람은 실험집단에 다른 한 사람은 통제집단에 무선배치를 한다.
4. 실험집단에는 실험처치를 가하고 통제집단에는 처치를 가하지 않거나 다른 대안적인 처치를 한다.
5. 실험집단과 통제집단에 종속변인을 측정할 수 있는 측정도구를 투입한다.
6. 통계적 유의도 검증을 사용하여 사후검사에 대한 실험집단과 통제집단의 성취도를 비교한다.

자료 분석

데이터 세트를 이행할 통계적 분석의 유형에 관하여 독자에게 언급한다.

- 기술통계치를 보고한다. 빈도(예 : 연구에 참여된 남성과 여성은 몇 명인가?), 평균과 표준편차(예 : 표본의 평균 연령은 얼마인가?; 측정된 주요 결과에 대한 집단의 평균과 표준편차는 얼마인가?)를 포함한 일부 기술통계치가 보고되는 것이 일반적이다.
- 연구에서 가설을 검증하기 위해 사용된 추론통계 검증방법을 제시한다. 독립변인에 대한 범주화된 정보(집단)와 종속변인에 대한 연속적 정보에 관한 실험설계를 위해서는 연구자는 t검증 혹은 분산분석(ANOVA), 공분산분석(ANCOVA), 혹은 다분산분석(MANOVA)을 사용한다(이 중의 대부분은 이미 표 8.3에 제시하였다). 요인설계에서는 분산분석의 주효과와 상호작용 효과 2개가 모두 사용된다. 사전검사나 사후검사에서 얻은 자료가 정규분포와 너무 큰 편차를 보이면 비모수통계 검증을 사용한다. 또한 효과크기와 신뢰구간을 보고함으로써 실제적인 유의성을 제시한다.

- 단일대상 연구설계에서는 선 그래프를 사용하여 가로축에는 시간 단위별로 실험처치에 의한 관찰 사실을 기록하고, 세로축에는 목표행동을 기록한다. 각각의 점들이 서로 분리되어 그래프에 표정이 되고 그 점들이 선으로 연결된다(예 : Neuman & McCormick, 1995 참조). 비록 그 절차가 독립적 측정의 가정을 위반한다 할지라도 종종 t검증과 같은 통계적 유의도 검증이 기준선의 집단 평균과 실험처치 단계를 비교하는 데 사용된다(Borg & Gall, 2006).

결과 해석 및 논의 작성

실험의 마지막 단계는 연구 초기에 설정했던 가설이나 연구문제를 고려하여 결과를 해석하는 것이다. 결과 해석에서는 가설이나 연구문제가 지지되는지, 안 되는지 혹은 기각이 되는지, 안 되는지를 제시한다. 실제로 실행한 실험처치가 처치를 받은 피험자에게 차이를 냈는지 아닌지도 고려해야 한다. 제2장에서 다루었던 선행연구 결과와 제3장에서 다루었던 연구에 사용된 이론 혹은 그 결과를 설명하는 설득력 있는 논리에 비추어 연구결과가 왜 중요한지 혹은 왜 중요하지 않은지 제안한다. 예 8.6은 Creswell과 그의 동료들이 발표한 가치 긍정 스트레스 연구에서 채택한 실험방법 연구계획에 대한 설명이다(Creswell et al., 2005). 내적 타당도에 대한 위협과 같은 부적절한 실험절차 때문에 결과가 나타난 것은 아닌지를 제시하고, 실험 상황을 떠난 다른 상황과 시기, 사람들에게 어떻게 일반화할 것인지 제시한다. 마지막으로 독특한 접근방법의 강점이나 약점, 연구주제 관한 후속연구를 위한 제안을 비롯한 연구결과의 시사점을 제시한다.

| 예 8.6 | 실험방법 연구계획

이 연구는 자기긍정 활동에서 자신의 중요한 개인적 가치에 대해 생각하는 것이 실험실 스트레스 도전 과제에 대한 후속 스트레스 반응을 완충할 수 있다는 가설을 검증하였다. 구체적인 연구가설은 자기 긍정 집단이 통제진단에 비해 스트레스가 많은 수행과제에 대한 타액 코르티솔 스트레스 호르몬 반응이 더 낮을 것이라는 것이었다. 여기서 우리는 이 연구를 수행하기 위한 방법론적 접근을 구성하기 위한 계획을 강조한다. 연구방법 및 결과에 대한 자세한 설명은 출판된 논문(Creswell et al., 2005)을 참조하기 바란다.

연구방법

연구참여자

85명 대학생의 임의표본은 서해안의 대규모 공립대학에서 모집되며, 코스 학점 또는 30달러로 보상될 것이다. 이 표본의 크기는 소프트웨어 프로그램 G*Power(Faul et al., 2007; Faul et al., 2009)를 사용하여 데이터를 수집하기 전에 수행된 검정력 분석을 기반으로 정당화된다. 참여자들은 연구 기준[연구 포함 및 제외 기준]을 충족하는 경우 참여할 수 있다. 모든 연구 절차는 캘리포니아대학교 로스앤젤레스 기관생명윤리위원회의 승인을 받았으며, 참여자들은 연구 관련 활동에 참여하기 전에 서면 동의서를 제출하게 될 것이다.

이 연구는 두 개 수준의 피험자 간 변인으로서의 가치 긍정 조건(조건 : 가치 긍정 혹은 통제)과 네 개 수준의 피험자 내 변인으로서의 시간(시간 : 기준선, 20분 후의 스트레스, 30분 후의 스트레스, 45분 후의 스트레스)을 가진 2×4 혼합 설계이다. 주요 결과 측정은 타액 샘플에 의해 측정된 스트레스 호르몬 코르티솔이다.

절차

코르티솔의 24시간 주기 리듬을 통제하기 위해 모든 실험 회기는 오후 2시 30분에서 7시 30분 사이에 이루어진다. 참여자들은 한 번에 한 명씩 실험 절차 통해 참여하게 될 것이다. 커버 스토리는 참여자들에게 연구가 실험 수행과제에 대한 생리적 반응을 연구하는 데 관심이 있다고 말하는 것으로 구성되어 있다.

도착 시 모든 참여자는 처음으로 가치 설문지를 작성하여 5가지 개인적 가치 순위를 매길 것이다. 10분의 적응 기간 후 참여자들은 타액 코르티솔 수치 평가를 위해 기준 타액 샘플을 제공할 것이다. 참여자들은 연구 과제에 대한 지침을 받은 다음 실험자에 의해 난수 생성기(random number generator)를 통해 가치 긍정 혹은 통제 조건에 무작위로 할당될 것이다. 여기서 참여자들은 가치 긍정 독립변인 조작에 대한 설명을 후속 조작 점검 측정과 함께 요구

받게 될 것이다. 그런 다음 모든 참여자는 실험 스트레스 도전 과제(스트레스 반응을 생성하기 위한 스트레스 도전 과제 절차를 기술하기)를 완성하게 될 것이다. 스트레스 과제 후 참여자들은 여러 스트레스 후 과제 질문지 측정을 완료한 다음 스트레스 과제 시작 후 20분, 30분 및 45분에 타액 샘플을 제공한다. 마지막 타액 샘플을 제공한 후 참여자들은 비밀유지에 대한 설명을 듣고 보상을 받고 돌아가게 될 것이다.

요약

이 장에서는 조사연구 혹은 실험연구를 수행하기 위한 연구방법과 계획을 설계하는 데 핵심적인 구성요소에 대해 알아보았다. 조사연구를 위한 개략적인 단계는 연구목적에 대해 논의하는 것을 시작으로, 모집단과 표본에 관한 언급, 사용되는 측정도구, 변인들 간의 관계, 연구질문, 조사를 위한 문항, 조사로부터 얻은 자료의 분석과 해석의 단계로 이어진다. 실험설계에서 연구자는 연구참여자, 변인—관심을 두고 있는 조작변인과 결과변인—및 사용할 도구를 확인한다. 실험설계에는 특별한 실험의 형태, 즉 전실험 설계, 준실험 설계, 진실험 설계, 혹은 단일대상 설계가 있다. 그런 다음 연구자는 적절한 기호를 사용하여 실험설계를 설명하는 그림을 그린다. 이는 연구가설이나 연구질문 그리고 결과의 해석을 검증하기 위해서 사용된 통계적 분석과 실험에 관련된 내적 타당도와 외적 타당도(그리고 가능성이 있는 통계적 타당도 및 구인타당도)에 대한 잠재적 위협을 언급한 진술 다음에 기술한다.

연습문제

1. 조사연구에 사용되는 절차에 대한 계획을 설계해 보라. 제시되어야 할 모든 구성요소들이 다 제시되었는지 아닌지를 결정하기 위한 부분을 서술한 후에 표 8.1의 점검목록을 검토하라.

2. 실험연구에 사용되는 절차에 대한 계획을 설계해 보라. 모든 연구질문이 다 제시되었는지, 아닌지를 결정하기 위한 연구계획을 완성한 후에 표 8.4의 점검목록을 검토하라.

더 읽을거리

Campbell, D. T., & Stanley, J. C. (1963). Experimental and quasi-experimental designs for research. In N. L. Gage (Ed.), *Handbook of research on teaching* (pp. 1–76). Chicago: Rand McNally.

Gage가 편집한 *Handbook*에 포함된 이 장은 실험설계에 관한 고전적인 서술을 하고 있다. Campbell과 Stanley는 현재까지도 여전히 사용되고 있는 실험에 관한 표현 체계를 설계하였다. 그들은 또한 실험설계의 유형에 관해서 제시하였으며, 내적 외적 타당도를 위협하는 요인을 시작으로 하여 전실험 설계, 진실험 설계, 준실험 설계, 상관설계와 사전·사후 설계를 제시하였다. 이 장에서는 실험설계의 유형, 타당도에 대한 위협과 실험설계를 검증하기 위한 통계적 절차에 대하여 훌륭한 요약을 제시하고 있다. 이 장은 실험연구를 시작하려는 학생들에게 매우 핵심적이고 중요하다.

Flowler, F. J. (2014). *Survey research methods.* (5th ed.). Thousand Oaks, CA: Sage.

Floyd Flowler는 조사연구 프로젝트를 설계하는 데 유용한 책을 저술하였다. 그는 대안적인 표본추출 절차, 무응답률을 감소시키는 방법, 자료 수집, 좋은 질문의 설계, 원만한 인터뷰 기법의 활용, 자료 분석을 위한 준비, 조사연구 설계에서 윤리적 문제 등에 대해서 언급하였다.

Keppel, G. & Wickens, T. D. (2003). *Design and analysis: A researcher's handbook* (4th ed.). Englewood Cliffs, NJ: Prentice Hall.

Geoffrey Keppel과 Thomas Wickens는 실험설계의 원리로부터 실험자료의 통계적 분석에 이르기까지 실험설계의 처치를 상세하고도 완벽하게 제시하였다. 전반적으로 이 책은 실험설계와 통계적 분석을 이해하고자 하는 중급에서 고급 수준의 통계학 지식을 갖고 있는 학생들을 대상으로 하고 있다. 이 책의 서론에서는 실험설계의 구성요소의 유용한 개관을 제시하고 있다.

Kraemer, H. C., & Blasey, C. (2016). *How many subjects? Statistical power analysis in research.* Thousand Oaks: Sage.

이 책은 표본의 크기를 추정하기 위한 검정력 분석을 행하는 방법에 대한 안내서로, 기본적이면서 보다 복잡한 추정 절차를 위한 우수한 자원으로서 이바지한다.

Lipsey, M. W. (1990). *Design sensitivity: Statistical power for experimental research.* Newbury Park, CA: Sage.

Mark Lipsey는 실험설계와 그 설계에 따른 통계적 효력을 주제로 저술하였다. 이 책의 기본적 전제는 실험은 그 실험에서 탐구하려고 하는 목적의 효과를 찾아내기 위해서 충분히 세심할 필요성이 있다는 것이다. 이 책은 실험연구의 통계적 효력에 대하여 탐색하였으며, 연구자가 실험에서 집단의 적절한 크기를 알아내는 데 도움이 되는 표도 제시하였다.

Neuman, S. B., & McCormick, S. (Eds.). (1995). *Single-subject experimental research: Applications for literacy*. Newark, DE: International Reading Association.

Susan Neuman과 Sandra McCormick은 단일대상 연구설계에 유용하고 실용적인 안내서를 편집하였다. 그들은 전도설계(reversal design)나 다중 기준선 설계(multiple-baseline design)와 같은 실험설계의 여러 다양한 유형의 예시를 제시하였으며, 단일대상 자료를 분석하는 과정에 포함될 수 있는 통계적 절차를 열거하였다. 예를 들면, 어떤 장에서는 선 그래프에 자료를 표시하는 관습을 예시하였다. 비록 이 책이 실험연구의 일반적 소양 수준의 적용을 인용하고 있지만 사회과학과 인문과학에 폭넓게 적용되고 있다.

Thompson, B. (2006). *Foundations of behavioral statistics: An insight-based approach*. New York: The Guilford.

Bruce Thompson은 통계적 활용에 관한 꽤 가독성 있는 책을 만들었다. 그는 이 책에서 기술 통계치(위치, 분산, 모양), 변인 간의 관계와 통계적 유의도, 결과의 실제적 중요성에 관한 기본 지식과 회귀분석, 분산분석(ANOVA), 일반적 선형 모델, 로지스틱 회귀와 같은 보다 고급 통계에 대해서 다루고 있다. 이 책을 통해서 그는 자신의 강조점을 설명하기 위해서 실제적인 예를 제시하고 있다.

$SAGE edge™

https://edge.sagepub.com/creswellrd5e

학습자와 교수자는 연구설계와 방법에 관한 비디오 영상, 논문, 퀴즈와 활동, 각종 도구가 필요하면 위의 사이트를 방문하기 바란다.

질적 연구방법

질적 연구는 양적 연구와는 다른 학문적 탐구방식이다. 절차의 유사성에도 불구하고 질적 연구방법은 텍스트와 이미지 자료를 기반으로 하고, 독특한 분석 단계를 거치며, 다양한 방식으로 설계된다. 연구계획서의 연구방법 부분에는 질적 연구의 의도와 연구설계에 대한 설명, 연구자의 역할에 대한 면밀한 회고, 계속 추가되는 다양한 형태의 자료, 자료의 기록에 사용된 구체적인 기록안, 자료의 분석 단계, 수집된 자료의 정확성이나 타당성 확보 방법이 기술될 필요가 있다. 이 장에서는 연구계획서의 질적 연구방법 부분에 적절하게 기술될 수 있는 이러한 중요한 내용을 다룬다. 표 9.1에는 연구계획서의 질적 연구방법에서 다루어야 할 중요한 문제들을 다루고 있는지를 점검하는 항목이 제시되어 있다.

표 9.1 질적 절차 설계를 위한 점검질문

_____	질적 연구의 기본 특성을 언급했는가?
_____	연구에 사용할 구체적 유형의 질문 전략을 언급했는가? 그 전략의 역사, 정의, 적용에 대한 점을 언급했는가?
_____	독자는 연구에서 연구자의 역할에 대해 이해하는가? (과거의 사회문화적 경험, 현장 및 참여자와의 개인적 연계, 출입허가를 받는 단계, 민감한 윤리적 이슈) 그리고 이러한 것들이 자료의 해석에 어떻게 작용하는가?
_____	현장과 참여자의 표집 전략을 마련했는가?
_____	구체적 형태의 자료 수집방법을 언급했는가? 그리고 그 방법을 적용할 수 있는 이론적 근거를 마련했는가?
_____	자료를 수집하는 동안 정보를 기록하는 절차를 구체적으로 기술했는가? (예 : 관찰기록안)
_____	자료 분석 단계는 식별되었는가?
_____	연구자가 분석을 하기 위해 자료를 조직했다는 증거가 있는가?
_____	연구자는 정보감각을 익히기 위해 자료를 검토했는가?
_____	자료를 제시하는 방식이 언급되었는가? (예 : 표, 그래프, 그림)
_____	연구자는 자료를 코딩해 왔는가?
_____	기술을 하거나 주제를 규명하기 위해 코딩이 전개되었는가?

표 9.1 질적 절차 설계를 위한 점검질문(계속)	
_____	높은 수준의 분석과 요약을 제시하기 위해 주제를 상호 연관시켰는가?
_____	분석을 해석하는 기초는 구체화했는가? (개인 경험, 논문, 의문, 행동의제)
_____	연구자는 연구의 결과를 언급했는가? (이론을 만들고, 주제에 대한 복잡한 그림을 제공했는가?)
_____	연구결과를 타당화하기 위해 다양한 전략들이 언급되었는가?

연구계획서의 질적 연구방법 부분에는 양적 연구(혼합적 연구)방법과 유사한 주제가 다루어진다. 이 주제에는 연구설계에 대한 설명이 포함되는데, 특히 질적 연구와 그 의도에 대한 설명이 포함된다. 또한 연구에 참여한 표본집단 및 자료 수집 방법과 기록절차도 명시된다. 더 나아가 자료 분석 단계 및 자료를 제시하고 해석하고, 신빙성을 부여하고, 잠재적 결과를 제시하는 데 사용된 방법이 기술된다. 타 설계와는 달리 질적 연구방법에는 연구자 자신의 역할에 대한 견해와 연구에 사용된 질적 연구 전략의 형태가 기술된다. 또한 글쓰기 구조는 연구 특성에 따라 크게 변할 수 있는 관계로 계획서의 연구방법 부분에는 최종 결과물의 특징에 대한 견해가 기술되어야 한다.

질적 연구의 특성

수년 동안 질적 연구계획서를 쓴 이들은 질적 연구의 특성에 대해 논의해야만 했고, 관련된 사람들과 독자들에게 연구의 적합성을 납득시켜야 했다. 이제는 논문에서 이런 논의의 빈도가 줄어들었고, 질적 탐구를 구성하는 것이 무엇인가에 대해서 어느 정도의 합의가 생겼다. 이에 따라 이 장에서 제안할 사항은 다음과 같다.

- 연구계획서 혹은 완성된 연구를 읽을 잠재적 독자가 무엇을 원하는지 탐색한다. 이 부분이 필요하지 않을 만큼 독자가 질적 연구의 특성에 대해 충분히 알고 있는지 판단한다. 예를 들어, 질적 연구는 일반적으로 사회과학에서 받아들여지고 잘 알려져 있지만, 보건과학에서 등장한 것은 20년에 불과하다. 따

라서 보건과학 청중에게는 질적 연구의 기본 특성에 대한 검토가 중요하다.

● 독자의 지식이 충분하지 않다고 여겨지면 연구계획서에서 질적 연구의 기본적인 특성을 보여 주고, 그 특성을 보여 주는 예로 가능하면 최근의 질적 연구 논문에 대해 논의한다.

● 기본적인 특성이란 어떤 특성을 말하는가? 다행히도 오늘날에는 질적 연구를 규정짓는 핵심 특성에 대해 몇 가지 합의된 사항이 있다. Creswell(2016), Hatch(2002), Marshall과 Rossman(2016)과 같은 몇몇 연구자들이 저술한 책의 서문에 이러한 특성이 언급되어 있다.

○ **자연 그대로의 연구 상황 설정** : 질적 연구자는 참여자가 연구와 관련된 문제나 이슈를 경험하는 장소 내에서 자료를 수집한다. 참여자를 실험실(통제 상황)로 불러들이거나 검사도구에 응답하라는 요청을 하지 않는다. 실제 직접적으로 사람들과 이야기를 나누고 그들의 생활 장소에서의 행동을 보는 것을 통해 밀착 수집한 자료가 질적 연구의 주요 특성 중 하나이다. 있는 그대로의 상황에서 연구자들은 오랫동안 면대면 상호작용을 한다.

○ **핵심적인 검사도구로서의 연구자** : 질적 연구자는 문서를 조사하고, 행동을 관찰하고, 참여자와의 면접을 통해 직접 자료를 수집한다. 이들은 자료 수집 도구인 계획안을 사용할 수도 있지만 정보를 실제로 수집하는 이는 연구자이다. 이들은 다른 연구자들이 개발한 질문지나 검사도구를 사용하거나 그것에 의존하지 않는다.

○ **다양한 자료 출처** : 질적 연구자는 보통 하나의 자료 출처에 의존하기보다는 면접, 관찰, 문서, 시청각 정보와 같은 다양한 형태의 자료를 수집한다. 이것들은 모두가 연구참여자들이 미리 결정된 척도나 도구에 의해 제약받지 않고 아이디어를 자유롭게 공유할 수 있는 개방형 형태의 자료이다. 그런 후 모든 자료를 검토하고, 이해하며, 모든 자료를 관통하는 범주나 주제로 조직한다.

○ **귀납적 · 연역적 분석** : 질적 연구자는 점차 더 추상적인 정보 단위로 자료를 조직함으로써 아래에서 위로 자신만의 패턴, 범주, 주제를 만들어나간다. 이 귀납적 절차는 연구자가 전체적인 일련의 주제를 확정하기 전까지 주

제와 데이터베이스 사이를 오가는 것을 의미한다. 그런 뒤 연구자는 각 주제를 보다 명확하게 뒷받침할 수 있는지 혹은 추가적인 정보를 모아야 할 필요가 있는지를 연역적으로 따지면서 자료를 되돌아보아야 한다. 그러므로 연구의 시작이 귀납적이라면 분석에서는 연역적 사고가 중요한 역할을 한다.

○ **참여자에게 있어서의 의미** : 전반적인 질적 연구절차에서 연구자는 자신이 연구에 부여하거나 논문에 담을 의미가 아닌, 어떤 문제나 이슈가 참여자에게 지니는 의미를 파악하는 것에 지속적으로 초점을 맞춘다.

○ **발현적 설계** : 질적 연구자의 연구 과정은 발현적이다. 이 말은 연구 초기에는 설계를 꼼꼼하게 규명할 수 없다는 의미이며, 연구자가 현장에 들어가고, 자료를 수집하기 시작하면서 계획은 변경될 수 있다는 의미이다. 예를 들어, 질문이 바뀔 수 있고, 자료 수집 방법이 변경될 수 있고, 관찰대상자나 연구장소가 수정될 수 있다. 이러한 변화는 연구자가 연구 중인 주제나 현상에 대해 점점 더 깊이 파고들고 있다는 신호이다. 질적 연구 뒤에 놓인 핵심 아이디어는 참여자로부터 문제나 이슈에 대해 배우는 것이고, 그 정보를 획득하는 것에 역점을 두는 것이다.

○ **되돌아보기** : 연구자는 연구에서의 자신의 역할, 배경, 문화, 경험이 자료로부터 도출되는 주제나 의미의 해석에 어떻게 작용하는지 되돌아본다. 연구자의 배경은 단순히 연구에 편견이나 특정한 가치를 부여하는 것 이상으로 실제 연구의 방향을 결정지을 수 있다.

○ **전체적 설명** : 질적 연구자는 연구에서 다루는 문제나 이슈에 대해 복잡한 그림을 전개하려 한다. 이것은 다양한 관점을 바탕으로 상황 속의 많은 요인을 규명하고, 더 큰 그림을 그리는 것을 포함한다. 이 더 큰 그림은 반드시 원인과 결과의 선형 모델이 아니라 다양한 방식으로 상호작용하는 여러 요인의 모델이다. 질적 연구자들은 이 그림이 실제 생활을 반영하고 또한 사건이 실제 세계에서 작동하는 방식을 반영한다고 말한다. 절차나 핵심 현상의 많은 국면에 대한 이 명확한 모델은 전체 그림을 그리는 데 도움이 된다(Creswell & Brown, 1992 참조).

질적 연구설계

이러한 일반적인 특성 뒤에는 질적 연구를 수행하는 보다 더 구체적인 접근(예 : 탐구전략, 설계, 혹은 절차)이 있다(Creswell & Poth, 2018). 이러한 접근은 1990년대 초반 이후 사회과학에서 성숙해지면서 질적 연구의 분야에서 등장하게 되었다. 여기에는 자료의 수집과 분석, 글쓰기 절차가 포함되지만, 원래 사회과학 분야에서 시작된 것이다. Tesch(1990)가 규명한 스물여덟 가지 접근, Wolcott(2009)의 스물두 가지 유형의 나무(tree) 모델, Creswell과 Poth(2018) 및 Cresswell(2016)의 다섯 가지 접근 등 많은 접근이 존재한다. Marshall과 Rossman(2016)은 5명의 저자 사이에서 공통적으로 언급되는 다섯 가지 유형에 대해 논의했다. 제1장에서 논의되었듯이 우리는 질적 연구자가 내러티브, 현상학, 민족지학적 연구, 사례연구, 근거이론 중 하나를 선택할 것을 제안한다. 필자가 이 다섯 가지를 제안한 이유는 이들 유형이 오늘날 사회과학과 보건과학 전반에 걸쳐 사용되었기 때문이다. 질적 연구 책에 소개된 이외의 방법으로는 참여 실행연구(Kemmis & Wilkinson, 1998; Ivankova, 2015)나 담화분석(discourse analysis, Cheek, 2004)이 있다. 이들 접근에서 연구자는 개인을 연구하거나(내러티브, 현상학) 과정, 활동, 사건을 탐색하거나(사례연구, 근거이론), 개인이나 집단이 광범위하게 문화를 공유하는 행동을 연구한다(민족지학적 연구).

질적 연구계획 절차를 쓰는 데 있어 몇 가지 추가 제안을 하면 다음과 같다.

- 어떤 연구설계를 사용할 것인지 구체화하고, 해당 연구설계를 다룬 글을 참고한다.
- 훈련방법, 이 방법의 적용(되도록이면 관련 분야에), 이 방법을 간략하게 규명하기와 같은 설계에 대한 배경정보를 준비한다(제1장의 세 가지 탐색 설계 참조).
- 이들이 왜 이 연구에 적절한 전략인지 논의한다.
- 해당 연구설계가 연구 제목, 당면 문제들, 연구문제, 자료의 수집과 분석, 글쓰기와 같은 다양한 설계절차에 어떻게 작용하는지 확인한다.

연구자의 역할과 성찰

질적 연구의 특성에서 설명했듯이 질적 연구는 해석적 연구이다. 연구자는 참여자와 지속적이고 집중적으로 관계를 맺는 경험을 하게 된다. 이를 통해 전략적·윤리적·개인적 이슈를 질적 연구 과정에 끌어들인다(Locke, Spirduso, & Silverman, 2013). 이를 염두에 두고 연구자는 자신이 가진 편견, 가치관, 성별, 역사, 문화, 사회경제적 지위(SES)와 같은 개인적인 배경을 반성적으로 규명한다. 이것은 연구하는 동안 해석을 구체화시킨다. 또한 연구 현장을 방문하는 문제나 윤리적 이슈의 발생 역시 연구자의 역할과 관련이 있다. 성찰(reflexity)은 다음과 같은 두 가지 중요한 점에 대해 논평할 것을 요구한다.

- **과거 경험.** 연구자와 연구의 관계를 독자에게 이해시키기 위해 연구자가 겪은 문제, 연구참여자와의 경험, 연구현장에서의 경험을 기술한다. 여기에는 연구자와 연구를 직접적으로 이어주는 연구현장에의 참여, 연구자의 과거 학교나 직장 경험, 문화, 민족, 인종, 사회경제적 지위나 인구학적 특성이 포함될 수 있다.
- **과거 경험이 해석에 어떻게 작용하는가.** 그리고 나서 연구가 진행되는 동안 이런 경험들이 연구자의 해석에 잠재적으로 어떠한 작용을 했는지를 기술한다. 예를 들어, 이 경험들에 의해 연구자는 특정 주제에 관심을 더 기울이게 되거나, 자신의 입장을 뒷받침하는 증거를 적극적으로 찾을 수 있거나, 해당 연구현장이나 연구참여자들에 대해 호의적이거나 비호의적인 결론을 내릴 수도 있다.

성찰적 사고를 질적 연구에 어떻게 통합할 수 있는가(Creswell, 2016)? 연구 중에 개인적인 경험에 대해 메모를 작성할 수 있다. 이러한 메모에는 자료 수집 과정에 대한 관찰, 학습한 것에 대한 예감, 연구 과정에 대한 참가자의 반응에 대한 관심이 포함될 수 있다. 이 아이디어는 메모스(memos), 즉 연구 과정 중에 그 과정에 대한 성찰이나 코드와 주제를 발전시키는 데 도움이 되는 것을 간단하게 수첩에 적는 것이다. 이러한 성찰 노트를 작성할 때 질적 연구에 대해 충분히 성찰하고 있는지 어떻게 알 수 있는가? 충분한 성찰은 연구자가 연구 과정 중에 메모를 기록하고, 자신의 개인적인 경험을 성찰하며, 개인적인 경험이 결과 해석을 어떻게 형성할 수 있는지 고려할 때 이루어진다. 또한 질적 연구자는 연구의 내용이나 방법의 중요성을 무시하지 않도록 개인적인 경험에 대한 토론을 제한시킬 필요가 있다.

연구자의 역할에 대한 성찰의 또 다른 측면은 연구자의 해석에 과도한 영향을 미칠 수 있는 연구자와 참여자와의 관계 및 연구현장을 잘 알아야 한다는 점이다. '뒷마당(Backyard)'에서의 연구(Glesne & Peshkin, 1992)란 연구자가 속해 있는 조직이나 연구자의 친구, 연구자와 인접한 현장에서 진행되는 연구를 말한다. 이 경우 정보를 얻어내는 연구자의 능력이 위태해지거나, 연구자와 참여자 사이에 나타나는 힘의 불균형 문제가 생길 수 있다. 연구자가 자신의 직장에서 연구를 진행할 때(혹은 연구참여자보다 우월한 지위에 있을 때) 정보의 수집은 수월하겠지만 정보의 정확도가 떨어질 수 있고, 연구자와 참여자의 역할 자체가 위태로워질 수 있다. 앞마당 연구를 할 수밖에 없는 상황이라면 연구자는 어떤 절차를 통해 자료의 손상을 방지할 것이고, 이 자료가 연구참여자에게 해가 되지 않게 할 방안에 대해 기술할 책임을 가진다. 덧붙여 정보의 엄밀성을 뒷받침하기 위해 다양한 타당화 전략이 필요하다.

또한 연구참여자의 권리를 보호하기 위해 생명윤리위원회(IRB, 제4장 참조)로부터 허가를 받는다. IRB로부터 받은 허가증을 부착하고, 받은 허가를 보증받기 위한 절차에 대해 논의한다. 연구현장의 방문허가를 받고 참여자나 상황의 연구에 대한 허가를 보증받는 데 필요한 절차에 대해 논의한다(Marshall & Rossman, 2016). 연구현장 담당자의 허락을 받아 기록보관소의 출입허가를 받는 것은 중요한 일이다. 담당자가 검토할 수 있도록 짤막한 연구계획서를 준비할 필요가 있다. Biklen(1992)은 이 연구계획서에 포함할 주제를 다음과 같이 제시했다.

- 왜 그 장소를 연구현장으로 택했는가?
- 조사하는 동안 그곳에서 어떤 활동을 할 것인가?
- 연구가 지속될 수 있는가?
- 연구결과는 어떻게 보고될 것인가?

- 담당자가 연구로부터 얻는 것은 무엇인가?

발생할 수 있는 민감한 윤리적 문제에 대해 언급한다(제3장 참조). 조사연구는 이런 문제를 어떻게 다룰 것인지 연구 속에서 논의한다. 민감한 주제를 연구할 때 이름, 장소, 활동은 밝히지 않는 것이 좋다. 연구계획서에는 이들 정보를 숨기는 절차에 대한 논의도 포함한다.

자료 수집 절차

연구자의 역할에 대한 이야기는 자료 수집과 관련된 문제를 논의하는 단계로도 이어진다. 자료 수집 단계에는 표집과 모집을 통해 연구의 경계 정하기, 비구조화 및 반구조화된 관찰과 인터뷰, 문서, 시각자료를 통해 정보 수집하기, 정보 기록을 위한 계획안 구성하기가 포함된다.

- 연구목적에 맞게 연구현장이나 개인을 선별한다. 질적 연구 뒤에 숨겨진 아이디어는 연구자가 어떤 연구문제나 연구질문을 가장 이해할 수 있도록 돕는 연구참여자나 장소(혹은 문서나 시각자료)를 연구목적에 맞게 선별하는 것이다. 이것은 양적 연구처럼 반드시 많은 수의 연구참여자나 장소를 선별하거나 무선표집을 의미하는 것이 아니다. 연구참여자와 장소에 대한 논의에는 Miles와 Huberman(1994)이 규명한 네 가지 양상을 포함시킬 수 있다. (1) 현장(연구할 장소), (2) 행위자(관찰, 인터뷰 대상), (3) 사건(관찰과 인터뷰 대상자인 행위자가 하고 있는 것), (4) 과정(연구현장에서 행위자에 의해 전개되는 사건의 본질)이 그것이다.
- 연구에 개인(또는 사례)을 모집하는 데 사용되는 전략에 대해 논의한다. 이것은 연구의 어려운 측면이다. 적절한 연구참여자들에게 연구에 대해 알리는 방법을 표시하고, 연구참여자들에게 보낼 실제 모집 메시지를 작성한다. 참가하는 사람들에게 인센티브를 주는 방법에 대해 논의하고, 한 가지 모집 방법이 성공적이지 않은 경우 사용될 다른 접근방법을 생각한다.

● 연구참여자와 연구현장의 수에 대해 논평한다. 연구현장과 연구참여자의 수가 적어도 된다는 질적 연구의 특성과는 별개로 몇 개의 현장과 몇 명의 참여자를 포함시키는 것이 좋을까? 표본의 크기는 연구설계(민족지학적 연구, 사례연구 등)에 따라 달라진다는 자세를 견지한 바 있지만(Cresswell, 2013), 우선 이 물음에 대한 특별한 답은 없다. 지금껏 많은 연구들을 검토한 결과, 전형적으로 내러티브 연구의 경우 1~2명, 현상학적 연구에서는 3~10명, 근거이론에서는 20~30명 정도의 참여자, 사례연구에서는 4~5개의 사례가 필요하며, 민족지학적 연구의 경우 다양한 인공물, 인터뷰, 관찰에 근거하여 하나의 문화집단이 탐색된다. 이는 표본의 크기에 대한 하나의 생각일 뿐이다. 다른 생각도 있을 수 있다. 근거이론에 자료의 포화(saturation)라는 개념이 있다. Charmaz(2006)에 따르면 범주가 포화 상태에 이를 때, 즉 그 이상의 자료 수집이 새로운 통찰을 주지 않거나 새로운 내용을 드러내지 않을 때 자료의 수집을 멈춘다.

● 수집될 자료의 유형을 결정한다. 많은 질적 연구에서 연구자는 많은 형태의 자료를 수집하고, 자연 그대로의 상황에서 정보를 수집하는 데 많은 시간을 보낸다. 질적 연구의 자료 수집 절차에는 표 9.2에 보이는 것처럼 네 가지 기본 유형과 이 유형들의 장점과 한계가 포함된다.

  ○ 질적 연구에서의 관찰은 연구자가 연구현장에서 개인의 행동과 활동에 대해 현장노트를 쓰는 것이다. 현장노트에 연구자는 (연구자가 알고 싶어 하는 몇 가지 질문에 대해) 비구조적 혹은 반구조적인 방식으로 연구현장에서 나타나는 활동들을 기록한다. 질적 연구자는 비참여와 완전 참여의 방식으로 역할을 수행할 수 있다. 전형적으로 이 두 가지 관찰방법은 연구자가 연구참여자에게 자신의 생각을 자유롭게 표현하게 만들면서도 일반적인 질문을 던질 수 있다는 점에서 개방적이다.

  ○ 질적 연구에서 인터뷰를 할 때 연구자는 참여자와의 면대면 및 전화인터뷰를 하고, 한 그룹당 6~8명씩 포커스그룹 인터뷰를 진행한다. 인터뷰는 몇 개 안 되는 비구조적이거나 개방적 질문을 포함하고, 연구참여자의 관점이나 의견을 도출할 수 있는 질문으로 구성한다.

표 9.2	질적 자료 수집 유형, 선택, 이점, 한계		
자료 수집 유형	유형별 선택	유형별 장점	유형별 단점
관찰	• 완전한 참여 : 연구자는 자신의 역할을 숨긴다. • 참여관찰자 : 연구자의 역할을 알린다. • 관찰자로서 참여 : 참여의 역할이 관찰보다 우선이 된다. • 완전한 관찰자 : 연구자는 참여 없이 관찰만 한다.	• 연구자는 참여자와의 직접적인 경험을 한다. • 연구자는 정보를 즉시 기록할 수 있다. • 관찰하는 동안 독특한 양상을 목격할 수 있다. • 참여자와 논의할 수 없는 주제를 탐색하는 데 유용하다.	• 직관적일 수 있다. • 보고서에 담기 곤란한 사적 정보를 관찰할 가능성이 있다. • 관찰자의 주의배분 기술과 관찰기술이 필요하다. • 특정 참여자(아동)와의 라포 형성이 어려울 수 있다.
면접	• 면대면, 일대일, 직접적 면접 • 전화 : 전화로 면접한다. • 포커스 그룹 : 참여자와 그룹으로 면접한다. • 이메일 면접	• 참여자를 직접 관찰하기 어려울 때 유용하다. • 참여자로부터 과거의 정보를 제공받을 수 있다. • 연구자가 일련의 질문을 조절할 수 있다.	• 피면접자가 솔직하지 않은 답변을 할 수 있다. • 있는 그대로의 상황이 아닌 만들어진 장소에서의 정보를 제공받는다. • 연구자와의 동석으로 선입견이 담긴 답변이 나올 수 있다. • 모든 사람들이 똑같이 인식하고 논리적으로 말할 수 있는 것이 아니다.
문서	• 공개된 자료(회의자료, 신문자료) • 비공개된 자료(일지, 일기, 편지)	• 참여자의 언어와 말을 수집할 수 있다. • 연구자의 편의대로 자료를 열람할 수 있다(비강제적 자료 수집). • 참여자의 이목을 끄는 자료를 제시한다. • 글로 쓴 자료이기 때문에 전사할 필요가 없어 시간이 절약된다.	• 모든 사람들이 똑같이 인식하고 논리적으로 말할 수 있는 것이 아니다. • 일반에 공개되지 않을 수 있다. • 찾기 어려운 장소에서 정보를 찾아야 하는 경우도 있다. • 전사나 컴퓨터 광학스캔이 필요할 수 있다. • 자료가 완전한 형태가 아닐 수도 있다. • 정확하지 않고 진실된 자료가 아닐 수 있다.

표 9.2 질적 자료 수집 유형, 선택, 이점, 한계(계속)			
자료 수집 유형	**유형별 선택**	**유형별 장점**	**유형별 단점**
시청각 및 디지털 자료	• 사진 • 비디오테이프 • 예술작품 • 컴퓨터 메시지 • 음성 • 필름	• 비강제적 자료 수집방법이 될 수 있다. • 참여자들이 직접적으로 자신들의 현실을 공유할 기회를 제공한다. • 시각자료를 통해 시선 집중을 가능하게 한다.	• 해석이 어려울 수 있다. • 접근이 어려울 수 있다. • 관찰자의 현장 동석(예 : 사진사)에 의해 시선이 분산되고 반응에 영향을 줄 수 있다.

출처 : Merriam(1998), Bogdan & Biklen(1992), Creswell & Poth (2018)의 자료를 토대로 재구성.

○ 연구 과정에서 관찰자는 질적 연구에서의 문서를 수집할 수 있다. 문서는 공공문서(예 : 신문, 회의록, 공보자료)나 사문서(예 : 개인 일지, 일기, 편지, 이메일)가 될 수 있다.

○ 마지막으로 질적 연구에서의 시청각 및 디지털 자료가 있다. 사진, 예술작품, 비디오테이프, 웹사이트 메인 페이지, 이메일, 문자, SNS, 소리가 나는 모든 형태의 자료를 포함한다. 시각 민족지학적 연구에 속하는 창조적 자료 수집 절차(Pink, 2001)나 삶의 이야기, 은유적 시각 내러티브, 디지털 자료(Clandinin, 2007)도 질적 자료로 이용될 수 있다.

○ 자료 수집 유형에 대해 논의할 때는 표 9.2에 논의된 대로 자료의 유형이 구체적이어야 하고, 각 자료 유형의 장단점에 대해 토론한다. 일반적으로 좋은 질적 연구에서 연구자들은 연구문제에 대한 해석을 하기 위해 질적 자료의 다양한 자원을 활용한다.

● 자료 수집 유형은 일반적인 관찰이나 인터뷰를 벗어난 것을 고려할 수 있다. 일반적이지 않은 자료를 사용하면 독자의 흥미를 불러오고 관찰이나 인터뷰로는 얻을 수 없는 유용한 정보를 얻을 수 있다. 표 9.3에 제시한 자료 유형을 참고하여 소리나 기호(taste)의 수집, 인터뷰를 하는 동안 정보를 이끌어 내는 데 도움이 되는 항목의 사용과 같은 여러 가능성을 열어 둔다.

표 9.3 질적 자료 수집원천 목록

관찰

- 참여자 혹은 관찰자로서 관찰을 행한다.
- 참여자에서 관찰자로(그리고 관찰자에서 참여자로) 이동하면서 관찰을 행한다.

인터뷰

- 같은 룸에서, 혹은 인터넷상의 웹기반이나 이메일 플랫홈을 통해 일대일 인터뷰를 행한다.
- 같은 룸에서, 혹은 인터넷상의 웹기반이나 이메일 플랫홈을 통해 집단 심층 인터뷰를 행한다.

문서

- 연구 중에 연구일지를 보관하거나 참여자에게 일지나 일기를 보관하도록 한다.
- 개인적 문서(예 : 편지, 이메일, 개인 블로그)를 조사한다.
- 조직의 문서(예 : 보고서, 전략적 계획, 차트, 진료 기록)를 분석한다.
- 공공 문서(예 : 공무상의 전달사항, 블로그, 기록, 성과 정보)를 분석한다.
- 자서전과 전기문(傳記文)을 조사한다.

시청각 및 디지털 자료

- 참여자에게 사진이나 비디오를 촬영하도록 한다(즉 사진유도).
- 사회적 상황에서나 개인의 비디오나 촬영물을 이용한다.
- 사진이나 비디오를 조사한다.
- 웹사이트, 트위트, 페이스북 메시지를 조사한다.
- 각종 소리(예: 뮤지컬 사운드, 아이의 웃음, 차량 경적)를 수집한다.
- 전화나 컴퓨터 기반의 메시지를 모은다.
- 소유물이나 의식품을 조사한다.

출처 : Creswell & Poth(2018)

자료의 기록과정

현장을 방문하기 전에 질적 연구자는 자료의 기록방법을 계획한다. 연구계획서를 통해 어떤 자료를 기록하고, 어떤 절차를 통해 기록할 것인지 규명해야 한다.

- **관찰기록안.** 관찰 내용을 기록하기 위해 기록안을 만들어 사용할 계획을 세운다. 연구자는 다양한 방식으로 관찰하고, 관찰하는 동안 정보기록을 위해 관찰기록안(observational protocol)을 사용한다. 이것은 한 장짜리 종이로 기술적 노트(descriptive note)와 반성적 노트(reflective note)로서 구분할 수 있도록 중간에 구분선이 있다. 기술적 노트에는 참여자의 인물묘사, 대화의 재구성, 연구현

장 묘사, 특정 사건이나 활동의 원인 등을 적을 수 있고, 반성적 노트에는 '고찰, 느낌, 문제, 아이디어, 예감, 감상, 편견'과 같은 연구자 개인 생각(Bogdan & Biklen, 1992, p. 121)을 적을 수 있다. 이 종이에 관찰이 이루어진 현장의 시간, 장소, 날짜에 대한 인구통계학적 정보도 기록할 수 있다.

- **인터뷰기록안.** 질적 연구에서 질문과 응답을 기록하기 위해 인터뷰기록안 (interview protocol)을 만들어 사용할 계획을 세운다. 연구자는 필기 메모, 오디오 녹음 또는 비디오 녹음을 통해 인터뷰 정보를 기록한다. 인터뷰 내용이 녹음되더라도 녹음 장비가 고장 날 경우를 대비하여 연구자가 메모해 두는 것이 좋다. 녹음을 하는 경우 연구자는 테이프의 녹음을 미리 계획해야 한다.

인터뷰기록안은 길이가 약 2페이지여야 한다. 녹음장치가 작동하지 않을 경우를 대비하여 면접관이 짧은 메모와 인용문을 작성할 수 있도록 질문 사이에 약간의 공백이 있어야 한다. 총 질문 수는 정확하게 몇 개여야 한다는 것은 없지만 5개에서 10개 사이가 좋다. 질문은 인터뷰 전에 미리 준비해야 하며, 모든 인터뷰에서 일관되게 사용되어야 한다. 면접관이 단순히 인터뷰기록안을 읽는 것처럼 보이지 않도록 질문을 암기하는 것이 도움이 된다. 인터뷰기록안은 몇 가지 중요한 요소, 즉 인터뷰에 대한 기본 정보, 소개, 탐색을 통한 인터뷰 내용 질문, 지시사항 마무리로 구성되어 있다(Creswell, 2016 참조). 그림 9.1을 참조하라.

자료 분석과 절차

질적 연구계획서의 연구방법 부분을 작성할 때 다양한 형태의 질적 자료를 분석하는 단계를 구체적으로 기술할 필요가 있다. 그 일반적인 이유로는 텍스트와 이미지 자료를 이해하기 위함에 있다. 여기에는 자료를 자르고 붙이는 과정이 포함된다. 그 전반적인 절차에 관한 몇 가지 일반적인 사항을 연구계획서에 기술할 수 있다.

- **동시적 절차.** 질적 연구 자료에 대한 분석은 자료 수집 및 글쓰기와 함께 진행이 될 것이다. 예를 들어, 하나의 인터뷰가 진행되는 동시에 이전 인터뷰 자료

○ **인터뷰에 대한 기본 정보.** 데이터베이스가 잘 정리될 수 있도록 면담자가 인터뷰에 대한 기본 정보를 기록하는 인터뷰 섹션이다. 인터뷰 시간과 날짜, 인터뷰가 진행된 장소, 두 인터뷰어의 이름을 포함해야 한다. 그리고 면담자 인터뷰의 프로젝트 길이와 오디오 녹음 및 필사본의 디지털 사본에 대한 파일 이름도 기록할 수 있다.

○ **소개.** 이 기록안의 섹션은 인터뷰를 수행하는 잠재적인 불안 기간 동안 유용한 정보를 간과하지 않도록 인터뷰 담당자에게 지침을 제공한다. 면담자는 자신을 소개하고 연구의 목적에 대해 논의해야 한다. 이 목적은 미리 작성하고 면담자가 간단히 읽을 수 있다. 또한 면담자가 동의서의 서명된 사본을 수집하라는 메시지를 포함해야 한다(참여자가 면담자에게 양식을 보냈을 수 있음). 면담자는 또한 인터뷰의 일반적인 구조(예 : 시작 방법, 질문 수, 소요 시간)에 대해 이야기하고 인터뷰를 시작하기 전에 질문이 있는지 물어볼 수 있다. 마지막으로, 인터뷰가 시작되기 전에 면담자는 인터뷰에서 사용될 몇 가지 중요한 용어를 정의해야 할 수도 있다.

○ **시작 질문.** 인터뷰에서 중요한 첫 번째 단계는 인터뷰 대상자를 편안하게 하는 것이다. 우리는 일반적으로 냉정한 유형의 질문으로 시작한다. 이것은 참여자에게 소외되지 않는 방식으로 자신에 대해 이야기하도록 요청하는 질문이다. 그들의 직업, 역할 또는 하루를 어떻게 보냈는지 물어볼 수 있다. 개인적인 질문은 하지 않는다(예 : "수입이 얼마입니까?"). 사람들은 자신에 대해 이야기하는 것을 좋아하며 이 시작 질문은 이 목표를 달성하기 위해 구성되어야 한다.

○ **내용 질문.** 이 질문은 연구에서 연구의 하위질문이며 인터뷰 대상자에게 친숙한 방식으로 표현된다. 질문은 본질적으로 중심현상을 부분으로 분석하여 중심현상의 다른 측면에 대해 묻는다. 마지막 질문이 중심 질문을 다시 언급할 것인지 여부는 논쟁의 여지가 있다. 피면담자가 모든 하위질문에 답한 후에 질적 연구자는 중심질문에 어떻게 답했는지에 대해 잘 이해하기를 바란다.

○ **정밀 조사.** 이러한 내용 질문에는 정밀 조사도 포함되어야 한다. 정밀 조사는 연구자에게 두 가지 유형의 알림이다. 추가 정보를 요청하거나 아이디어에 대한 설명을 요청한다. 구체적인 문구는 다음과 같을 수 있다(이 문구는 면담자에게 상기시키기 위해 인터뷰기록안에 삽입될 수 있음).

  • "보다 자세히 말해주세요." (자세한 정보 요청)
  • "보다 상세한 내용이 필요합니다." (자세한 정보 요청)
  • "당신의 반응을 더 자세히 설명해 주시겠습니까?" (설명 요청)
  • "'별로 없다'는 것은 무엇을 의미합니까?" (설명 요청)

  때때로 질적 연구를 시작하는 사람들은 적은 수의 질문에 불편함을 느끼며 소수(5~10) 개의 질문으로 인터뷰가 매우 짧을 수 있다고 생각한다. 사실 어떤 사람들은 할 말이 거의 없을 수도 있지만(또는 중심현상에 대해 제공할 정보가 거의 없음), 인터뷰에서 정밀 조사를 하면 연구자는 인터뷰 기간과 본질적인 유용한 정보를 확장할 수 있다. 유용한 마지막 질문은 "다음에 자세히 알아보려면 누구에게 연락해야 하나요?"일 수 있다. 또는 "우리가 다루지 않은 추가 정보를 공유하고 싶으신가요?" 이러한 후속 질문은 본질적으로 인터뷰를 완전히 종료하고 인터뷰 주제에 대해 더 많이 배우고자 하는 연구자의 열망을 보여준다.

○ **종료 지시사항.** 인터뷰 대상자에게 시간을 내어 끝까지 인터뷰에 응해 준 것에 대해 감사를 표하는 것이 중요하다. 인터뷰 대상자에게 인터뷰의 기밀을 보장한다. 특정 요점을 명확히 하기 위해 필요한 경우 다른 인터뷰로 후속 조치를 취할 수 있는지 물어본다. 제기될 수 있는 한 가지 질문은 참여자가 프로젝트 결과에 대해 학습하는 방법이다. 이 질문에는 시간과 자원이 필요하기 때문에 깊이 생각하고 답을 제공하는 것이 중요하다. 인터뷰 대상자에게 정보를 제공하는 편리한 방법은 최종 연구의 초록을 보내겠다고 제안하는 것이다. 결과에 대한 이 간단한 커뮤니케이션은 대부분의 연구자에게 효율적이고 편리하다.

그림 9.1　인터뷰기록안 견본

를 분석하거나, 최종 연구물에 내러티브 자료로 사용될 수 있는 메모를 작성할 수도 있고, 최종 연구물의 구조를 구성할 수도 있다. 이는 자료를 수집하고 분석하고 글을 쓰는 양적 연구의 절차와는 다르다.

- **자료 추려내기.** 수집된 텍스트와 이미지는 매우 집약적이고 풍부하기 때문에 수집된 모든 자료가 분석에 활용되지는 않는다. 따라서 자료의 '추려내기 (winnow)'가 필요하다(Guest, MacQueen, & Namey, 2012). 추려내기란 주의를 두어야 할 자료와 그렇지 않은 자료를 걸러내는 과정이다. 이 역시 모든 자료를 보존하고, 소실된 자료를 재구성하고 대체하는 데 많은 노력을 기울이는 양적 연구와는 다른 점이다. 이러한 절차를 통해 5~7개의 주제로 자료를 분류할 수 있다(Creswell, 2013).

- **질적 컴퓨터 소프트웨어 프로그램의 활용.** 자료 분석에 있어 컴퓨터 자료 분석 프로그램을 활용했는지 여부를 명시한다. 적은 수의 연구참여자로부터 얻은 자료라고 해도 손으로 코딩을 하게 되면 힘이 들고 시간 소모가 크다. 따라서 질적 분석에 컴퓨터 프로그램이 많이 사용되고 있는 추세이다. 프로그램을 사용하면 텍스트와 이미지 자료의 정보를 조직하고, 분류하고 검색하는 데 도움이 된다[Guest와 동료들(2012)의 질적 자료 분석 프로그램 참조]. 좋은 프로그램들이 많이 있고, 그 기능도 유사하다. 프로그램은 사용법 소개, 텍스트와 이미지를 결합하는 기능, 자료의 분류와 조직 기능, 코딩된 모든 텍스트를 검색하는 기능, 코드 간 관계의 적합성을 지적하는 기능, 질적 자료를 양적 프로그램(엑셀이나 통계분석 프로그램)으로 내보내고 들여오는 기능을 갖추고 있다. 이 프로그램의 기본 가정은 컴퓨터 활용을 통해 질적 자료를 효율적으로 분류하고 검색할 수 있다는 것이다. 물론 프로그램을 활용한다고 해도 연구자가 텍스트를 한 줄씩 읽어야 하고(손 코딩 작업처럼), 코드를 부여해야 하지만 손 코딩보다는 더 빠르고 효율적일 것이다. 또한 수집된 자료가 방대할 경우, 하나의 범주로 코딩된 여러 구절(문장이나 텍스트 단위)을 빠르게 찾을 수 있고, 연구참여자들이 하나의 코드에 유사하게 반응하는지, 다르게 반응하는지 파악할 수 있다. 이 외에도 프로그램을 활용하면 코드 간 비교도 가능하다[예 : 성별(코드 1)은 흡연에 대한 태도(코드 2)에서 어떻게 다른

가?]. 이런 특징들은 질적 분석에 있어 컴퓨터 프로그램이 손작업에 비해 논리적일 수 있음을 보여 준다. 다른 소프트웨어 프로그램처럼 질적 분석 프로그램을 제대로 익히기 위해서는 시간과 기술이 필요하다. 물론 프로그램 사용법을 다룬 책은 어디서든 구할 수 있지만 말이다. 많이 사용되는 프로그램으로는 MAXqda(www.maxqda.com), Atlas.ti(www.atlasti.com), Provalis and QDA Miner(https://provalisresearch.com), Dedoose(www.dedoose.com), QSR NVivo(www.qsrinternational.com)가 있으며 홈페이지에서 데모 프로그램을 구할 수 있다. 윈도우와 매킨토시 컴퓨터 모두에서 사용이 가능하다.

- **자료 분석 과정의 개관**(그림 9.2 참조). 우리는 연구자에게 질적 자료의 분석을 구체적인 것에서 일반적인 것으로 단계를 따르는 것, 다양한 수준으로 분석하는 것으로 이해할 것을 권유한다.

1단계. 분석할 자료를 조직하고 준비한다. 이 단계는 인터뷰 내용을 전사하고, 자료를 눈으로 간단히 보고, 현장노트를 컴퓨터로 옮기고, 모든 시각자료를 목록화하고 정보의 출처에 따라 자료를 서로 다른 유형으로 정리한다.

2단계. 모든 자료를 읽고 확인한다. 1단계를 통해 자료에 대해 일반적인 이해를 했고, 자료의 전반적인 의미를 되돌아보았다. 연구참여자는 어떤 생각을 말하고 있는가? 어떤 어조로 말했는가? 자료의 전반적인 깊이, 진실성, 활용도에 대한 느낌은 어떠한가? 이 단계에서 질적 연구자는 종종 전사자료나 현장노트 귀퉁이에 메모를 하거나 자료에 대해 가지게 된 일반적인 생각을 기록하기 시작한다. 시각적 자료일 경우 아이디어를 기록하는 스케치북이 채워지기 시작할 것이다.

3단계. 자료코딩을 시작한다. 코딩은 자료를 덩어리(텍스트 조각이나 이미지 조각들)로 묶음으로써 자료를 조직하여 범주를 만들고, 범주에 이름을 붙이는 과정이다(Rossman & Rallis, 2012). 이 과정은 자료를 수집하는 동안 텍스트 자료와 시각적 자료를 수집하고, 문장(혹은 문단)이나 시각적 자료를 범주화하고, 범주에 이름을 붙인다. 이름은 보통 연구참여자가 실제 사용하는 언어를 사용한다(in vivo라고 부른다).

4단계. 서술과 주제를 생성한다. 코딩절차를 사용하여 장소나 사람에 대한 서

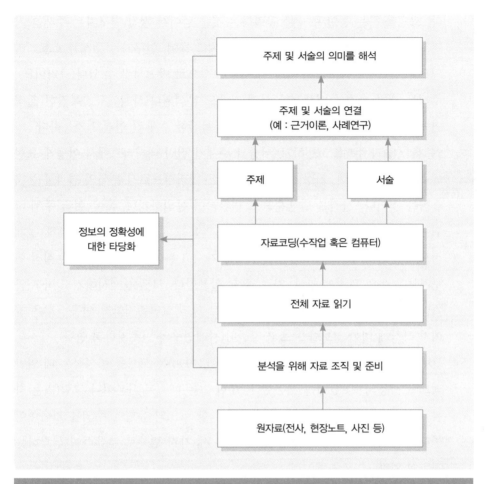

주제 및 서술의 의미를 해석

주제 및 서술의 연결
(예 : 근거이론, 사례연구)

주제

서술

정보의 정확성에
대한 타당화

자료코딩(수작업 혹은 컴퓨터)

전체 자료 읽기

분석을 위해 자료 조직 및 준비

원자료(전사, 현장노트, 사진 등)

그림 9.2 질적 연구에서의 자료 분석

술, 분석을 위한 범주나 주제를 생성한다. 서술할 때는 사람, 장소, 사건에 대한 정보를 세부적으로 묘사한다. 연구자는 이 서술을 중심으로 코드를 생성한다. 이 분석은 사례연구, 민족지학적 연구, 내러티브 연구를 위한 구체적인 서술을 설계하는 데 도움이 된다. 그런 후 코딩을 사용하여 몇 가지 주제나 범주, 예컨대 5~7개의 주제를 생성한다. 이 주제는 질적 연구에서의 가장 큰 성과물로 보이는 것들이며, 종종 연구(혹은 논문)의 결과 부분의 제목으로 사용되기도 한다. 각 영역의 제목을 정하는 데 사용된다. 주제는 개인으로부터의 다양한 관점을 보여 주어야 하고, 다양한 인용구와 구체적 증거로 지지받아야 한다. 코딩을 하는 동안 주제를 규명하는 것을 넘어서 질적 연구자는 주제를 가지고 더 복잡한 추가 분석을 할 수 있다. 예를 들어, 연구자는 주제를 스토리라인으로 상호연결하거나(내러티브) 이론 모형으로 발전시킬 수 있다(근거이론). 주제는 개별 사례에 대해서나 사례 간에도 분석된다(사례연구). 복잡한 질적 연구는 서술이나 주제를 규명하는 것에서 복잡한 주제 간 연결도 가능하다.

5단계. **서술과 주제를 표현하기.** 서술과 주제가 질적 내러티브에서 어떻게 표현될 것인지 생각한다. 가장 유명한 접근법은 내러티브로서 분석의 결과물을 서술하는 것이다. 사건을 발생순으로 언급하여 논의하거나, 혹은 여러 주제(하위 주제, 구체적 묘사, 개인마다의 관점, 인용을 사용하여 논의)에 대해 구체적으로 논의하거나, 상호 연관된 주제를 가지고 논의할 수 있다. 많은 질적 연구자들은 논의 과정에 영상, 자료, 표를 활용한다. 모델을 제시하기도 하고(근거이론), 연구현장을 구체적으로 그림으로 그리고(민족지학적 연구), 혹은 참여자 각각에 대한 정보를 표로 제시한다(사례연구와 민족지학적 연구).

- **구체적인 코딩 절차.** 표 9.4에서 보듯이 Tesch(1990)는 코드를 형성하는 데 일반적으로 사용되는 8단계를 제공했다. 또한 그는 텍스트 사본이나 그림(또는 다른 유형의 시각물)을 분석할 때 개발해야 할 코드의 유형에 주의를 기울여야 한다고 했다. 우리는 코드를 다음과 같은 세 가지 범주로 분류하여 생각하는 경향이 있다.

  ○ 기대된 코딩. 여러 논문과 상식에 기초하여 독자들이 원하는 주제를 중심으로 코딩한 것이다. 학교 따돌림에 관한 연구를 진행할 때 연구자는 몇 개의 텍스트 조각을 '자신을 향한 태도'로 코딩할 것 같다. 학교 왕따에 관한 연구를 하다 보면 이런 코딩이 나올 법하다.

  ○ 놀라운 코딩. 연구 초기에는 예상하지 못했던 놀랄 만한 것을 중심으로 코딩한 것이다. 비영리 단체 내의 리더십을 연구한다면 그 단체의 사무실 온도가 직원들의 사무실 내 위치와 서로 간의 근접성에 어떤 영향을 주는지 알아볼 수 있을 것이다. 연구가 시작되기 전에 해당 사무실에 가거나 그곳을 보지 않고는 사무실의 위치와 온도가 코드가 될 수 있을 것이라는 생각은 하지 못할 것이다.

표 9.4 Tesch의 코딩 과정 8단계
1. 전체에 대한 감을 갖는다. 모든 전사자료를 정독한다. 떠오르는 생각을 적는다.
2. 한 가지 자료를 준비한다(예 : 면접자료). 가장 흥미롭고 가장 짧은 것으로, 쌓아 놓은 자료 중 가장 위에 놓인 것으로 선택한다. 자료를 눈으로 간단히 보고 "무엇에 관한 자료인가?"라고 자문한다. 정보의 내용보다는 핵심 의미를 생각한다. 종이의 여백에 생각을 적는다.
3. 여러 참여자들을 대상으로 이 작업을 완성한 후에 전체 주제목록을 작성한다. 관련 주제들을 한 범주로 묶는다. 이것을 표로 만든다. 주요 주제, 독특한 주제, 기타 주제로 정렬한다.
4. 이 목록을 가지고 수집한 자료를 찾는다. 주제를 코드화한다. 적절한 텍스트 옆에 코드를 적는다. 이 작업을 해서 새 범주와 새로운 코드를 도출할 수 있을지 본다.
5. 주제를 가장 잘 표현하는 단어를 찾아 범주에 적는다. 관련 주제를 범주화하여 범주목록을 줄일 수 있는 방법을 찾는다. 관련 범주끼리 선으로 잇는 방법이 있다.
6. 최종적으로 범주를 줄이고, 이 코드를 알파벳순으로 정렬한다.
7. 각 범주에 속하는 자료를 모아서 예비 분석을 시행한다.
8. 필요하다면 자료를 재코딩한다.

○ 일상적이지 않거나 개념적 흥미를 가진 코딩. 일상적이지 않고 독자에게 개념적 흥미를 주는 것을 중심으로 코딩한 것이다. 교내 총기소지자에 대한 대학생들의 반응을 분석한 저자의 연구(Asmussen & Creswell, 1995)에서 생성된 한 코드를 예로 들 수 있는데, 당시 저자는 '재발(retriggering)'이라는 코드가 생성될 것이라고 예측하지 못했다. 이 코드는 대학생들의 반응을 분석하기 위해 초청한 한 심리학자의 견해를 듣다가 생성된 코드였다. 연구 참여자인 대학생들에게 관련 질문을 했을 때 이들이 과거의 외상적 사건을 떠올린다는 사실을 알게 된 후 이것이 분석에 있어 중요한 코드가 되었고, 최종 주제로 사용되었다.

● 사전에 결정된 코딩의 활용. 코딩에 대한 또 다른 한 가지 이슈는 연구자가 (1) 참여자로부터 수집한 정보만을 바탕으로 새롭게 생성되는 코드를 전개해야 하는지, (2) 사전에 결정된 코드를 사용해서 그 자료를 주제에 맞추어야 하는지, (3) 사전에 결정된 코드와 새롭게 생성되는 코드를 함께 사용해야 하는지이다. 사회과학에서는 전통적으로 자료 분석 과정에서 발현되는 코드를 허용했다. 보건과학에서는 관련 이론에 근거하여 사전에 결정된 코드를 사용했다.

이런 경우 연구자는 질적 연구에서의 코드북을 개발할 수 있다. 질적 코드북이란 연구자가 자료코딩을 하기 위해 사용하는 사전에 결정된 코드를 담은 목록표이다. Guest와 동료들(2012)은 질적 연구에서 코드북이 어떻게 활용되는지 논의했다. 코드북의 의도는 코드들을 규명하고 코드 간 응집성(특히 코딩작업에 참여하는 인원이 많을 때)을 극대화하기 위한 것이다. 코드북에는 코드 목록, 코드별 명칭, 각 코드에 대한 간략한 설명 및 완전한 설명, 코드를 언제 사용할지와 언제 사용하지 않을지, 코드를 설명하는 인용구의 예시가 기록된다. 자료를 세밀히 분석하다 보면 코드북은 진화되고 변동될 수 있다. 자신의 연구에서 어떤 이론을 시험해 보고자 하는 연구자는 예비 코드북을 만들고, 자료를 분석하는 동안 얻은 자료를 토대로 코드북을 발전시키고 변동을 주는 것이 좋다.

- 시각적 이미지 코딩. 앞서 언급했듯이 시각적 자료는 질적 연구에서 더 자주 사용되고 있다. 이러한 자료의 원천은 사진, 비디오, 영화 및 그림에서 가져온 이미지가 대표적이다(Creswell, 2016). 연구참여자들에게 카메라를 건네주고 그들이 본 것을 사진으로 찍어달라고 요청할 수 있다. 또는 연구 중인 현상을 그림으로 그리거나 반응을 이끌어 낼 수 있는 좋아하는 그림이나 물체를 반영하도록 요청할 수 있다. 질적 연구에서 시각적 이미지를 사용하는 것이 도전적 과제이다. 이미지는 한 개인의 관점이 아닌 문화나 사회의 경향을 반영할 수 있다. 개인과 장소의 이미지가 질적 자료를 나타낼 때 익명성을 존중하기 어렵다. 시각적 자료를 제공하는 개인의 프라이버시를 존중하기 위해 허락을 받아야 한다.

이러한 우려에도 불구하고 질적 연구자가 시각적 자료를 얻으면 코딩 과정이 시작된다. 이러한 단계는 종종 다음 절차를 따른다.

1단계. 자료 또는 분석을 준비한다. 손으로 코딩하는 경우 각 이미지를 넓은 여백으로 인쇄한다(또는 더 큰 용지에 부착). 코드 명칭을 할당할 공간을 허용한다. 컴퓨터를 사용하는 경우 모든 이미지를 응용프로그램으로 가져온다.

2단계. 이미지의 영역에 태그를 지정하고 코드 명칭을 지정하여 이미지를 코드화한다. 일부 코드에는 메타 세부 정보가 포함될 수 있다(예 : 카메라 앵글).

3단계. 이미지에 대한 모든 코드를 별도의 시트에 작성한다.

4단계. 중복과 중첩을 제거하기 위해 코드를 검토한다. 그 시작은 코드를 잠재적인 주제로 축소하는 것에서부터 이루어진다.

5단계. 코드를 공통된 아이디어를 나타내는 주제로 묶는다.

6단계. 코드/주제를 예상 코드/주제, 놀라운 코드/주제, 일상적이지 않은 코드/주제의 세 그룹으로 지정한다. 이 단계는 질적 '연구결과'가 다양한 관점으로 나타날 수 있도록 돕는다.

7단계. 코드/테마를 '연구결과' 부분에서 아이디어의 흐름을 보여 주는 개념 맵(conceptual map)으로 배열한다. 그 흐름은 주제를 보다 일반적인 그림에서 보다 구체적인 그림으로 제시해 줄 것이다.

8단계. '연구결과' 부분에서 주제별로 내러티브를 작성하거나 연구의 전반적인 결과로 '논의' 부분에 들어갈 일반적인 요약을 작성한다. (Creswell, 2016, pp. 169-170).

- **접근 유형에 의한 추가 자료의 분석.** 연구방법을 기술할 때 자료 분석이 두 차원으로 진행이 된다는 점을 알아둘 필요가 있다. (1) 하나는 자료 분석의 일반적 절차이고(다음 내용 참조), (2) 다른 하나는 특정 질적 설계의 분석 단계이다. 예컨대 내러티브 연구는 플롯, 배경, 주인공의 행동, 클라이맥스, 사건의 해결(Clandinin & Connelly, 2000)과 같은 구조를 바탕으로 연구참여자의 이야기를 재구성한다. 현상학적 연구는 중요한 진술의 분석, 의미 단위 생성, Moustakas(1994)가 언급한 본질의 기술(essence description)을 활용한다. 근거이론에서는 체계적 접근법이 사용된다(Corbin & Strauss, 2007; Strauss & Corbin, 1990, 1998). 체계적 접근은 자료를 범주화하고(개방형 코딩), 하나의 범주를 선택하여 이론 모델에 위치시키고(축 코딩), 범주들을 서로 엮음으로써 이야기를 전개시키는 방식이다(선택형 코딩). 사례연구와 민족지학적 연구에서는 주제에 따라 자료를 분석한 뒤 장소나 사람에 대해 구체적으로 기술한다

(Stake, 1995; Wolcott, 1994 참조). 연구계획서의 연구방법 부분에 이러한 설계에 대해 완벽하게 글을 쓰고자 할 때 우선 전략의 구체적 단계를 쓴 뒤 일반적 분석절차를 기술하면 된다.

해석

질적 연구에서의 해석은 전반적인 연구결과를 요약하기, 연구결과를 선행연구와 비교하기, 연구결과에 대한 개인적 견해에 대해 논의하기, 제한점과 후속 연구에 대해 진술하기와 같은 여러 절차를 포함한다. 전반적인 연구결과의 견지에서 보면 "무엇을 배웠는가?"라는 질문이 핵심이 된다(Lincoln & Guba, 1985).

또한 새로운 질문거리를 만들어 낼 수도 있다. 즉 자료나 분석을 통해 연구자가 연구 초기에는 예상하지 못했던 질문이 나타날 수 있다. Wolcott(1994)에 따르면 민족지학적 연구자는 글쓰기 마지막에 추가적인 질문을 던지는 것으로 끝을 맺을 수 있다. 질문으로 끝을 맺는 방식은 질적 연구를 변형적으로 적용하는 방식에서도 사용된다. 이와 더불어 질적 연구자가 이론적 렌즈를 사용할 때, 연구자는 교정과 변화를 위한 행동지침을 요하는 형태의 해석을 할 수 있다. 연구자는 자신이 쓴 결론이 이론 및 관련 논문과 어떻게 비교될 수 있는지 기술할 수 있다(제2장 참조). 따라서 질적 연구에서의 해석은 많은 형태를 가지고 있고, 여러 형태의 설계에 적합하고, 개인적 의미, 연구에 기초한 의미, 활동의 의미를 유연하게 도출할 수 있다.

끝으로, 해석 부분은 연구의 제한점과 발전적인 후속 연구의 방향을 제시한다. 제한점은 종종 연구방법(예 : 부적절한 표본의 크기, 연구참여자 모집의 어려움)과 관련이 되며, 이는 연구자가 향후 연구에서 동일한 문제를 겪지 않도록 하기 위해 그가 인정하는 연구의 약점을 나타낸다. 후속 연구를 위한 제안은 문헌을 발전시키고, 현재 연구의 약점을 보완하거나, 유용한 응용이나 지식을 가리킬 수 있는 새로운 안내나 방향을 발전시키기 위한 연구주제를 제시한다.

타당도와 신뢰도

결과물의 타당도를 높이는 일은 연구 과정에서 여러 단계들을 거치면서 이루어지지만, 이에 대한 논의를 통해 연구자가 결과물의 타당도를 높이는 절차에 대한 연구계획서를 쓰는 데 도움을 줄 수 있다. 연구계획서를 쓰는 사람은 결과물의 정확성과 신빙성을 높이기 위해 연구를 단계별로 진행할 필요가 있다. 질적 연구에서 언급되는 타당도는 양적 연구의 타당도와는 다르다. 신뢰도(일관성 조사)나 일반화(결과를 새로운 환경, 사람, 사례에 적용하는 외적 타당도, 제8장 참조) 역시 마찬가지이다. 질적 연구에서의 타당도는 연구자가 특정 절차를 사용하여 결과물의 정확성을 확인하는 것이고, 질적 연구에서의 신뢰도는 연구자의 연구방법이 다른 연구자나 다른 프로젝트에서도 일관성 있게 나타나는지를 검증하는 것이다(Gibbs, 2007).

- 질적 타당도의 정의. 타당도는 질적 연구의 강점 중 하나이고 결과물이 연구자, 참여자 혹은 독자의 관점에서 정확한지를 판단하는 것을 바탕으로 한다 (Creswell & Miller, 2000). 질적 연구에서 타당도는 신뢰성(trustworthiness), 진실성(authenticity), 신빙성(credibility)과 같은 다양한 용어로 불린다(Creswell & Miller, 2000). 이것은 논의가 많이 된 주제이다(Lincoln Lynham, & Guba, 2011).

- 다양한 타당도 절차의 활용. 우리가 제안하는 연구계획서의 절차는 한 가지 이상의 전략을 규명하고 그에 대해 논의하여 결과의 정확성을 확인하는 것이다. 연구자는 자신의 연구계획서에 활발하게 질적 연구에서의 타당도 전략을 구체화한다. 우리는 다양한 전략을 사용할 것을 제안하며, 다양한 전략을 사용함으로써 결과의 정확성을 평가하고, 정확성을 독자에게 납득시키는 능력을 향상시킬 수 있다. 여덟 가지 주요 전략이 있는데, 가장 많이 활용되는 쉬운 것부터 활용하기 어려운 것까지의 범위가 있다.
  - 다양한 정보출처를 조사하고, 주제에 대한 일관성 있는 정당화를 구축하기 위해 출처를 사용함으로써 정보의 다양한 자료 출처를 삼각검증한다. 다양한 자료출처의 공통된 내용을 바탕으로 주제가 결정되었다면 이것은 연구

의 타당성을 높이는 데 한몫했다고 주장할 수 있다.

○ 최종 보고서나 구체적인 서술 혹은 주제를 참여자에게 보여 주고, 그들이 느끼기에 정확한지 판단함으로써 질적 결과물의 정확성을 판단하는 **연구 참여자 점검**(member checking)을 이용한다. 정확성을 확인하기 위해 원자료를 참여자에게 보여 준다는 의미가 아니라 많이 혹은 어느 정도 다듬어진 결과물을 보여 줄 수 있다. 예를 들어, 핵심 결과, 주제, 사례분석 내용, 근거이론, 문화에 대한 기술 등의 일부를 보여 준다. 이 절차 속에는 연구참여자와의 후속면접을 실시하는 것과 결과에 대해 그들의 의견을 듣는 것을 포함시킬 수 있다.

○ **풍부하고 밀도 높은 서술**을 이용하여 결과물을 만들어 내도록 한다. 이러한 서술은 독자를 연구가 진행되었던 환경으로 인도하고, 공유된 경험을 논의하게 만들 수 있다. 연구자가 연구 환경을 세부적으로 서술할 때, 혹은 주제에 대한 많은 관점을 제공할 때 연구결과는 더욱 현실적이고 풍부해진다. 이런 절차는 결과물의 타당성을 높이는 데 일조할 수 있다.

○ 연구자의 **선입견**이나 오류를 밝혀 둔다. 이런 자기성찰은 독자와의 공명을 가능하게 하는 개방되고 정직한 내러티브를 만들어 낸다. 질적 연구의 핵심 특성이 성찰이다. 훌륭한 질적 연구는 결과의 해석이 연구자 자신의 배경, 성별, 문화, 역사, 사회경제적 부분에서 기원할 수 있다는 점을 언급하고 있다.

○ 주제와는 관련 없는 **부정적** 혹은 **모순된** 정보를 진술한다. 현실에서의 삶은 함께 할 수 없는 관점으로 이루어져 있기 때문에 모순된 정보에 대한 논의는 연구의 신뢰도를 높이는 데 도움이 된다. 연구자는 주제의 증거에 대해 논의하면서 이 문제를 해결할 수 있다. 대부분의 증거들이 그 주제의 타당도를 지지해 줄 것이다. 연구자 역시 그 주제의 일반적인 관점과는 모순되는 정보를 제시할 수 있다. 이러한 모순된 증거를 제시함으로써 이야기는 보다 현실적이고 타당한 것이 된다.

○ 계획한 것보다 더 많은 시간을 현장에서 보낸다. 이를 통해 연구자는 현상을 더 깊게 이해할 수 있고, 내러티브 서술에 신빙성을 부여하는 사람과 현장

을 세부적으로 전달할 수 있다. 현장에서 참여자와 더 많은 시간을 보낼수록 결과물은 더 정확하고 타당해질 것이다.

○ 서술의 정확성을 높이기 위해 **동료보고**(peer debriefing)를 활용한다. 이 과정에는 질적 연구를 검토하고 그에 대해 질문을 할 사람(동료보고자)을 배치하여 서술이 연구자 외의 다른 이들도 공감할 수 있게 한다. 이러한 전략—연구자가 아닌 다른 사람의 해석이 포함되는 것—은 서술에 타당성을 부여한다.

○ **외부인사**(external auditor)를 활용하여 프로젝트 전반에 대한 검토를 맡긴다. 동료보고자와는 다르게 외부인사는 연구자나 프로젝트가 낯설지만 연구과정 전반에 걸쳐, 혹은 연구결과에 대해 객관적으로 평가할 수 있다. 이들의 역할은 회계감사의 역할과 유사하며, 이들이 질의할 구체적인 질문도있다(Lincoln & Guba, 1985). 이런 개별 인사로 하여금 프로젝트의 양상(서술의 정확성, 연구질문과 자료의 관계, 원자료를 해석하는 수준)을 검토하는 절차를 가짐으로써 질적 연구의 전반적인 타당도를 높일 수 있다.

- **질적 신뢰도의 활용.** 자신이 사용한 접근방식이 믿을 만한 것인지(일관성이 있고 안정적인 것인지) 어떻게 알 수 있을까? Yin(2009)은 연구절차를 기록하고, 연구의 절차와 단계를 가능한 한 많이 기록할 것을 제안했다. 또한 구체적인 관찰기록안과 자료를 구축하여 다른 연구자가 그 절차를 따를 수 있도록 할 것을 제안했다. Gibbs(2007)가 제시한 신뢰도를 높일 수 있는 절차는 다음과 같다.

○ 전사자료를 확인하여 잘못 전사된 내용이 없도록 한다.

○ 코딩 과정에서 코드들에 대한 설명에 일관성이 있어야 하고, 코드들의 의미에 변화가 생기지 않게 한다. 이를 위해서는 코드와 자료를 계속적으로 비교하고, 코드와 코드별 설명을 메모해 놓는다(질적 코드북의 논의 부분 참조).

○ 팀 연구를 할 때 주기적으로 회의를 하고 분석결과를 공유함으로써 코딩작업에 참여하는 이들 사이에 의사소통이 이루어지게끔 한다.

○ 여러 연구자들에 의해 개별적으로 분류된 코드들을 대조 검토한다. 연구결

과의 일관성을 증명하기 위해 이 작업은 수차례 진행될 필요가 있다. 연구
계획서에는 이 작업이 수차례에 걸쳐 진행되었음을 언급하고, 연구에 참여
하는 연구자 외에 코드를 대조 검토할 수 있는 이를 이 작업에 참여시킬 수
있다. 이를 코딩자 간 일치(intercoder agreement, 혹은 대조 검토)라고 한다
(Geust et al., 2012; Creswell, 2016 참조). 텍스트 내의 동일한 구절에 둘 이
상의 코딩자가 동의를 할 때 일치가 이루어진다. 이것은 여러 사람들이 텍
스트의 동일한 구절을 코딩한다는 의미가 아니라 한 연구자가 코딩한 것을
다른 코딩자도 같거나 동일하게 코딩하는지를 확인하기 위함이다. 질적 분
석 프로그램 내의 신뢰도 측정 프로그램을 사용하여 코딩의 일관성 수준을
알 수 있다. Miles와 Huberman(1994)에 따르면 코딩된 것에 신뢰성과 일관
성이 부여되기 위해서는 적어도 80% 수준에서 일치될 필요가 있다.

- 질적 연구에서 일반화는 질적 연구에서 연구를 한정하는 방식으로 사용되는
용어이다. 질적 연구의 의도가 연구상의 개인, 현장, 장소가 아닌 것들까지 일
반화를 하려는 것이 아니기 때문이다(Gibbs, 2007의 질적 일반화에 대해 주의
할 점 참조). 사실 질적 연구의 가치는 구체적 현장의 맥락에서 발전된 특정
서술과 주제에 내재해 있다. 일반화보다는 특수성(Greene & Caracelli, 1997)
이 질적 연구의 특징이다. 그러나 질적 연구에 있어 일반화에 대한 몇 가지 논
의가 특히 사례연구와 관련하여 있다. Yin(2009)은 사례연구의 결과는 몇 가
지 더 넓은 이론으로 일반화될 수 있다고 했다. 질적 연구자가 추가 사례를 연
구하고, 그 결과물을 새로운 사례에 일반화할 때 질적 일반화가 일어난다. 실
험연구에서 사용되는 반복 논리와 같은 것이다. 그러나 사례연구의 결과물을
새로운 사례에 반복 연구하기 위해서는 질적 절차의 문서화, 즉 연구문제를
구체적으로 문서화할 계획과 면밀한 사례연구 데이터베이스의 개발이 필요
하다.

질적 보고서 쓰기

질적 연구의 계획은 자료의 분석을 통해 발현되는 내러티브에 대한 몇 가지 코멘트

를 끝으로 마무리되어야 한다. 많은 종류의 다양한 내러티브가 존재하며, 논문을 보면 관련 모델이 소개되어 있다. 연구를 계획하는 데 있어서 내러티브에 관한 몇 가지 짚어야 할 점을 전개할 것을 고려한다.

- 질적 연구결과 보고의 기본적인 절차는 자료를 통해서 기술하고 주제를 전개 하는 것(그림 9.1 참조), 참여자들의 다양한 관점 및 현장이나 개인에 대한 구 체적 서술을 담아서 기술하고 주제를 전개하는 것이다. 질적 전략을 활용함으 로써 이 결과를 가지고 개인의 삶에 대한 연대기적 내러티브(내러티브 연구), 그 개인의 경험에 대한 구체적 기술(현상학), 자료를 이용하여 이론 구축하기 (근거이론), 문화를 공유하는 집단에 대한 구체적 묘사(민족지학적 연구), 1개 이상의 사례에 대한 심층 분석(사례연구)을 할 수 있다.

- 이 다양한 전략을 가지고 결과와 해석 영역에서는 이 영역들을 어떻게 보여 줄 것인지[객관적 서술로 할지, 현장경험(Van Maanen, 1988)으로 할지 또는 연대 기 형식, 절차 모델, 확장된 스토리, 사례별 혹은 사례 간 분석, 구체적인 기술 로 보여 줄지를] 논의할 수 있다.

- 구체적 수준에서 질적 연구의 글쓰기 전략에 대해 논평할 수 있다. 이러한 논 평은 다음과 같은 내용일 수 있다.
  - 인용문에 대한 논평 : 짧은 구절에서 긴 구절까지
  - 연구참여자의 문화와 언어, 문화 및 민족성에 대한 민감성, 연구참여자의 언어와 연구자 해석의 결합이 반영된 대화
  - 행렬(matrix), 비교표, 다이어그램과 같은 다양한 형태의 내러티브
  - 이야기 내의 일인칭 시점인 '나' 혹은 집합적 의미인 '우리'라는 대명사
  - 은유와 비유(예 : Richardson, 1990 참조)
  - 특정의 질적 전략과 연계된 내러티브 양식(예 : 사례연구와 민족지학적 방 식, 내러티브 연구의 상세한 이야기 방식)

예 9.1은 Miller(1992)의 연구계획서 중 질적 연구방법 부분을 그대로 옮겨 왔다. 이 장에서 소개한 좋은 질적 연구방법을 작성하는 데 필요한 대부분의 주제들이 여

기에 나타나 있다.

| 예 9.1 | 질적 절차

Miller의 연구는 민족지학적 연구로 4년제 대학 총장으로 당선된 사람의 첫 일 년 동안의 경험에 관한 것이었다. 이에 대한 논의는 이 장의 각 소주제에서 다루어진다. 우리는 Miller가 사용했던 정보원(informant)이라는 용어를 그대로 사용할 것이다. 사실 요즘에는 참여자(participant)라는 용어가 더 많이 사용되고 있다.

질적 연구 패러다임

질적 연구 패러다임은 민족지학적 연구와 문화사회학에 그 뿌리를 둔다(Kirk & Miller, 1986). 질적 연구는 최근에 들어서야 교육학자들에게 받아들여지게 되었다(Borg & Gall, 1989). 질적 연구의 의도는 특정한 사회 상황, 사건, 역할, 집단, 상호작용을 이해하기 위함이다(Locke, Spirduso, & Silverman, 1987). 이 연구는 주로 탐구 과정으로서 연구자는 연구대상을 대조하고, 비교하며, 묘사하고, 배열하며, 분류하여 사회 현상에 대해 점차 이해한다(Miles & Huberman, 1984). Marshall과 Rossman(1989)에 따르면 이 과정은 연구대상의 일상에 몰두하는 것과 같다고 한다. 연구자는 정보원의 세계에 들어가서 지속적인 상호작용을 하고 그의 관점과 의의를 찾는다. [질적 가정을 언급한다.]

학자들 사이에 질적 연구는 양적 방법론과는 설계상의 다양하고 독특한 특성에 의해 구분될 수 있다는 점에서 논쟁이 일고 있다. 다음은 여러 연구자들이 주장하는 질적 연구의 공통된 특성이다.

1. 질적 연구는 인간의 행동과 사건이 발생하고 있는 그대로의 상황에서 시행된다.
2. 질적 연구는 양적 설계와는 매우 다른 가정을 바탕으로 한다. 사전에 이론이나 가정을 설정하지 않는다.
3. 연구자는 움직이지 않는 기제가 아닌 자료 수집의 주요 도구이다(Eisner, 1991; Frankel & Wallen, 1990; Lincoln & Guba, 1985; Merriam, 1988).

4. 질적 연구를 통해 얻은 자료는 기술적이다. 즉 자료는 숫자가 아닌 언어나 그림의 형태로 기록된다(Fraenkel & Wallen, 1990; Locke et al., 1987; Marshall & Rossman, 1989; Merriam, 1988).

5. 질적 연구는 참여자의 인식과 경험, 이들이 자신의 삶을 이해하는 방식에 초점을 둔다(Fraenkel & Wallen, 1990; Locke et al., 1987; Merriam, 1988). 따라서 하나가 아닌 다양한 현상을 이해하는 시도가 이루어져야 한다(Lincoln & Guba, 1985).

6. 질적 연구는 일어나고 있는 과정, 생산물, 결과물에 초점을 둔다. 연구자는 특히 사건이 어떻게 발생하는지 이해하는 것에 관심을 둔다(Fraenkel & Wallen, 1990; Merriam, 1988).

7. 특수 사례에 대한 해석을 활용한다. 특별한 것에 주의를 두고, 자료는 일반화보다는 한 사례의 특별한 점을 중심으로 해석된다.

8. 질적 연구는 협상과 타협을 통해 결과를 추출한다는 의미에서 발현적 설계이다. 의미와 해석은 인적 자료 출처와 교섭되는데, 이것은 연구자가 재구성하려는 것이 주제의 현실이기 때문이다(Lincoln & Guba, 1985; Merriam, 1988).

9. 전통적인 질적 연구는 무언의 지식(직관적이고 느껴지는 지식)을 바탕으로 하는데, 이것은 다양한 현실들로부터 풍기는 뉘앙스가 이런 방식으로 가장 잘 음미될 수 있기 때문이다(Lincoln & Guba, 1985). 따라서 전통적인 방식의 질적 연구에서는 자료가 수량화될 수 없다.

10. 객관성과 진실성이 양적 연구와 질적 연구에 있어 필수적이다. 그러나 질적 연구를 판단하는 기준은 양적 연구와는 다르다. 우선 연구자는 전통적인 타당도와 신뢰도 검사보다는 검증 과정을 통한 신뢰성(Lincoln & Guba, 1985), 일관성, 통찰, 도구 활용(Eisner, 1991)을 중심으로 믿음성(believability)을 찾는다. [질적 특성이 언급되었다.]

민족지학적 연구설계

이 연구는 민족지학적 연구방법을 활용한 연구이다. 이 설계는 민족지학적 연구 영역, 특히 Bronislaw Malinowski, Robert

Park와 Franz Boas(Jacob, 1987; Kirk & Miller, 1986)가 구축한 학문적 지평에서 파생되었다. 민족지학적 연구의 의도는 개인과 관련된 사람들을 관찰하고 면접하여 그들의 일상 경험에 대한 묘사를 중심으로 연구 대상자에 대한 전체적 그림을 얻는 것이다(Fraenkel & Wallen, 1990). 민족지학적 연구에는 심층 면접과 상황에 대한 지속적이고 계속적인 참여관찰이 필요하며(Jacob, 1987), 전체적 그림을 그리려는 노력 속에서 사람들이 어떻게 자신의 세계를 묘사하고 구축하는지를 밝혀낼 수 있다(Fraenkel & Wallen, 1990). [연구자는 민족지학적 접근을 사용했다.]

연구자의 역할

질적 연구에서는 특히 주요 자료 수집 도구로서 연구자의 역할이 연구 초반에 연구자 개인의 가치, 연구자가 세운 가정, 선입견을 규명할 것을 요한다. 연구 전반에 걸쳐 연구자의 개입은 유해하다기보다는 유용하고 긍정적일 수 있다(Locke et al., 1987). 고등교육과 대학에서의 지위에 대한 연구자의 인식은 개인적 경험에 의해 만들어졌다. 1980년 8월부터 1990년 5월까지 연구자는 600개에서 5,000개 사립대학의 관리자로 재직한 바 있고, 최근(1987~1990)에는 중서부 지방의 한 작은 대학에서 학생처장으로 재직하였다. 총장 고문단의 구성원으로서 연구자는 모든 최고 수준의 행정고문단의 활동과 결정에 참여했으며, 직원·고문단의 사무원, 임원회와 긴밀하게 일했다. 총장에게 보고하는 것 외에도 필자는 그가 총장으로 재직하는 첫 1년 동안 함께 일했다. 연구자는 상황과 역할에 대한 이러한 이해가 1년차 총장이 부딪치게 되는 도전, 의사결정 및 각종 현안 문제의 많은 부분에 대한 연구자의 인식, 지식 및 민감성을 강화하고 정보원과 함께하는 이 연구 작업을 도와줄 것이라고 믿는다. 연구자는 대학에서 가졌던 직위를 고등교육의 역할과 구조에 대한 지식을 쌓는 데 활용할 것이고, 새롭게 선출된 총장이 변화, 관계형성, 의사결정, 리더십 및 비전을 준비하는 데 있어서 수행하게 될 그의 역할에 특별히 주의를 기울일 것이다.

새로 선출된 대학 총장과 가

깝게 일한 경험이 있는 연구자는 이 연구에 선입견을 개입시켰을 것이다. 물론 객관성을 보장하기 위한 노력이 있을 것이지만 그럼에도 이러한 선입견은 수집한 자료를 보고 이해하는 방식, 연구자의 경험을 해석하는 방식에 영향을 미칠 수도 있을 것이다. 연구자는 대학 총장직은 다양하고 어려운 직위라는 관점을 가지고 이 연구를 시작했다. 연구는 변화를 종용하고, 리더십과 비전을 준비하기에 대학 총장의 힘이 어느 정도인지 모른다. 연구자는 처음 1년이 결정적일 것이라고 생각한다. 첫 1년은 적응, 좌절, 예상치 못한 뜻밖의 일들과 도전으로 가득 차 있을 것이다. [연구자는 연구에서의 자신의 역할에 대해 생각했다.]

연구범위 정하기
세팅
이 연구는 중서지방의 주립대학교에서 시행될 것이다. 대상 대학은 중서지방의 시골에 위치해 있다. 학기가 시작되면 대학의 학생 수가 1,700명에서 3,000명이나 되어 인구 1,000명인 이 마을의 3배 가까이 늘어난다. 이 학교는 51개 전공의 학사, 석사, 박사를 배출했다.

출연자
이 연구의 정보원은 이 대학에 새롭게 임명된 총장이었다. 즉 이 연구의 주요 정보원은 이 대학의 총장이다. 연구자는 행정위원회 회의에 참여한 그를 관찰할 것이다. 총장이 지휘하는 위원회에는 3명의 부총장(대학생활담당, 행정담당, 학생생활담당)과 2명의 학장급 원장(대학원 및 평생교육원)이 속해 있다.

사건
이 연구는 민족지학적 연구방법론을 활용하여 새롭게 선출된 대학 총장의 일상 경험과 사건들, 그리고 이런 경험과 관련하여 총장의 언어로 표현하는 인식과 의미에 초점을 둘 것이다. 놀랄 만한 사건이나 정보, 중요한 사례나 현재 일어나고 있는 이슈를 함께 볼 것이다.

절차
변화, 관계정립, 의사결정, 리더십과 비전의 표출을 시작하는 총장의 역할에 특히 주의를 기울일 것이다. [연구자는 어느 선까지 자료를 수집할 것인지 그 경계를 언급했다.]

윤리적 문제

질적 연구설계를 논의하는 대부분의 저자들은 윤리적 문제의 중요성을 말한다(Locke et al., 1982; Marshall & Rossman, 1989; Merriam, 1988; Spradley, 1980). 우선 연구자는 정보자의 권리, 요구, 가치, 요망사항을 존중할 의무가 있다. 어느 정도까지는 민족지학적 연구에 언제나 강요와 참견이 필요하다. 참여연구란 것이 정보원의 생활을 침범하는 것이고(Spradley, 1980), 민감한 정보도 자주 밝혀내는 것이다. 이것이 정보원의 지위와 그가 속한 기관을 눈에 보이게 만드는 이 연구의 관심사항이다. 정보원의 권리를 보호하기 위해 다음 안전장치가 필요하다. (1) 연구목적을 말과 글로 전달하여 정보원이 명확히 이해하게 한다(자료가 어떻게 사용될지도 설명한다). (2) 설명한 대로 연구를 진행하기 위해 정보원에게 서면으로 허락을 받는다. (3) 연구윤리심의위원회에 연구면제양식(research exemption form)을 제출한다(부록 B1과 B2). (4) 정보원에게 모든 자료 수집의 장비와 관련 활동에 대해 전달한다. (5) 전사자료 요약본과 해석한 내용과 보고서를 정보원에게 공개한다. (6) 자료를 사용하는 과정에서 선택의 기로에 놓이게 되면 정보원의 권리, 흥미, 요구사항을 우선적으로 고려한다. (7) 정보원을 익명으로 할지는 정보원의 결정에 달려 있다. [윤리적 문제와 연구윤리심의위원회의 검토에 대해 언급했다.]

자료 수집의 전략

자료 수집은 1992년 2월부터 5월까지 이루어진다. 최하 두 달에 한 번, 45분 동안 인터뷰를 시행할 것이고(인터뷰질문 초안은 부록 C 참조), 두 달에 한 번 2시간 동안 행정위원회 관찰, 두 달에 한 번 2시간 동안 일상 활동 관찰, 두 달에 한 번 총장의 일정과 관련 자료(회의 시간, 메모, 공표할 내용)의 분석이 이루어진다. 또한 정보원은 그의 감상, 생각, 느낌을 매일 녹음할 것에 동의했다(녹음에 관한 지침은 부록 D 참조). 두 번의 후속 인터뷰는 1992년 5월 말에 있을 예정이다(부록 E에서 예상 일정과 활동 일정 참조). [연구자는 면대면 면접을 할 것이고, 관찰자로서 연구에 참여할 것이며, 개인적 자료를 수집할 계획을 세웠다.]

자료 수집의 단계에서 연구자는 현장일지를 활용하여 현장에서 시간을 어떻게 계획할 것인지 구체적으로 설명할 것이며, 전사와 분석 단계에서도 마찬가지다(이 기록을 실제 소비된 시간과 비교할 것이다). 관찰에서의 세부사항을 현장노트에 기록할 것이고, 연구 전반에서 나타나는 나의 생각, 느낌, 경험, 인식을 순서대로 현장일기에 담을 것이다. [연구자는 서술적이고 반성적인 정보를 기록했다.]

자료 분석의 절차

Merriam(1988), Marshall과 Rossman(1989)은 질적 연구에서 자료 수집과 자료 분석이 동시에 진행되어야 한다고 주장한다. Schatzman과 Strauss(1973)는 질적 자료의 분석은 사물, 사람, 사건을 분류하는 것과 그것을 특징짓는 것들을 우선적으로 수반한다고 주장한다. 일반적으로 자료 분석의 과정 전반에서 문화인류학자들은 자신의 자료를 가능한 한 많은 범주로 색인화나 코딩을 한다(Jacob, 1987). 이들은 참여자의 관점에서 패턴과 주제를 규명하고 서술하려 하고, 그런 후 이러한 패턴과 주제를 이해하고 설명하려 한다(Agar, 1980). 자료를 분석하는 동안 자료는 범주별로, 날짜별로 구성되고, 반복적으로 검토되고, 계속 코딩된다. 주요 아이디어가 떠오르면 그 목록을 날짜별로 정리한다(Merriam, 1988). 녹음된 인터뷰와 참여자가 녹음한 일기는 축약해서 전사한다. 현장노트와 일기 표제어는 주기적으로 검토한다. [연구자는 자료 분석의 절차에 대해 기술했다.]

덧붙여 자료 분석의 과정에서 HyperQual이라고 불리는 질적 자료 분석 프로그램을 사용할 수 있다. 이 프로그램은 Raymond Padilla(애리조나주립대학교)에 의해 1987년 매킨토시 컴퓨터용으로 개발되었다. HyperQual은 소프트웨어로 HyperCard를 필요로 하며 텍스트 자료와 그림 자료의 기록과 분석에 용이하게 사용된다. 특별한 스택(stack)을 통해 자료를 기억하고 조직한다. 이 프로그램을 사용하여 연구자는 곧바로 "현장 자료 및 인터뷰, 관찰, 메모, 그림 자료를 확인할 수 있고, 모든 자료나 자료의 일부분을 코딩할 수 있어 자료더미를 골라내고 새롭고 명백한 구성으로 재구성할 수 있다"(Padilla,

1989, pp. 69-70). 분석을 위해 유의미한 자료를 규명하고, 검색하고, 추려내고, 범주화 및 재범주화한다. 범주 혹은 코드명을 즉각적으로 붙이거나 후에 붙인다. 코드는 추가할 수도 있고, HyperQual 에디터를 이용해 바꾸거나 삭제할 수 있으며, 핵심 범주, 주제, 단어, 단계의 텍스트를 찾을 수 있다. [연구자는 자료의 분석에 사용할 수 있는 컴퓨터 프로그램을 언급했다.]

검증

내적 타당도를 확립하는 데 있어 다음 전략이 요구된다.

1. 자료의 삼각검증 : 자료는 인터뷰, 관찰, 문서의 다중출처를 통해 수집한다.
2. 연구참여 구성원 검토 : 자료 제공자는 분석절차 전반에 걸쳐 검토자의 역할을 한다. 자료 제공자의 현실과 의미에 대한 필자의 해석과 관련하여 지속적인 대화를 통해 자료의 사실적 가치를 보장할 것이다.
3. 현장에서의 오랜 기간 반복된 관찰 : 유사한 현상과 세팅에 대한 주기적이고 반복된 관찰을 4개월 이상 현장에서 한다.

4. 동료 간 점검 : 교육심리학 전공의 박사과정생과 대학원 조교가 검토한다.
5. 연구의 참여 양상 : 자료 제공자는 연구설계부터 해석과 결과의 검토까지 이 연구의 대부분의 단계에 참여한다.
6. 연구자 선입견의 해명 : 연구 초기에 '연구자의 역할'에서 연구계획서를 쓰는 데 있어 연구자 선입견이나 오류에 관한 내용이 언급될 것이다.

외적 타당도를 보장하기 위한 주요 전략은 풍부하고 구체적인 기술을 하는 것이며, 이로써 다른 현장에서로의 적용에 관심 있는 사람들이 비교할 수 있는 구체적 체계를 마련할 수 있을 것이다(Merriam, 1988). 신뢰도를 보장하는 세 가지 기법이 이 연구에서 활용될 것이다. 첫째, 연구자는 연구의 초점, 연구자의 역할, 정보원의 지위 및 선입견, 자료가 수집되는 맥락에 대해 구체적으로 서술하는 것이다(LeCompte & Goetz, 1984). 둘째, 자료의 수집과 분석을 위한 삼각검증, 혹은 다중방법을 사용하여 신뢰도와 내적 타당도를 강화시킨다(Merriam, 1988). 셋째, 자료 수집과 분석 전략은 이 연구에서 활용한 방법에 대한 명확하고 정확한 그림을 보여 주기 위해 구체적으로 보고될 것이다. 이 프로젝트의 각 단계는 질적 연구방법에 경험이 있는 외부 감사의 검토를 거친다. [연구자는 연구에 활용할 타당도 증진 전략을 규명했다.]

결과물 보고하기

Lofland(1974)에 따르면 자료 수집과 분석 전략이 질적 연구 방법 사이에 유사하게 활용된 다고 하더라도 결과물을 보고 하는 방법은 다양하다고 했다. Miles와 Huberman(1984)은 자료를 보여 주는 방법의 중요성을 강조했고, 질적 자료를 보여 주는 방식으로 내러티브 텍스트가 가장 많이 사용되는 형태라고 했다. 이것은 있는 그대로

의 모습을 보는 연구이다. 따라서 그 결과는 과학적이기보다는 서술과 내러티브의 형태로 제시될 것이다. 풍부한 서술은 새로 취임한 대학 총장의 경험에 대한 전체적 그림을 전달하는 역할을 할 것이다. 연구의 최종 형태는 정보원의 경험과 그가 경험에 대해 가지는 의미를 구축하는 것이다. 이 연구를 통해 독자들은 정보원이 마주한 도전을 대리 경험할 것이고, 이 연구는 총장의 세계를 볼 수 있는 렌즈가 될 것이다. [연구결과를 언급했다.]

요약

이 장에서는 연구계획서의 질적 연구방법 부분을 기술하는 데 필요한 요소들을 살펴보았다. 또한 질적 연구에 존재하는 다양성을 인정하면서 일반적인 방법적 가이드라인을 구성했다. 이 가이드라인에는 독자가 질적 연구에 익숙하지 않을 경우를 위해 질적 연구의 일반적 특성에 대한 논의도 포함시켰다. 일반적 특성이란 질적 연구는 있는 그대로의 상황에서 이루어지는 것, 연구자 자신이 자료 수집 도구라는 것, 자료 수집에 있어서 다양한 방법을 활용할 수 있다는 것, 귀납적이면서

동시에 연역적이고, 연구참여자의 말과 행동 및 생각의 의미를 토대로 하고, 연구자의 되돌아보는 태도가 요구되며, 총체적인 것을 말한다. 가이드라인에 따르면 개인에 대한 연구(내러티브, 현상학), 절차 탐색, 활동과 사건(사례연구, 근거이론), 혹은 개인이나 집단의 광범위한 문화공유 행동에 대한 조사(민족지학적 연구)와 같은 연구설계에 대해 논의할 것을 제안한다. 어떤 설계를 선택할지 제시하고, 왜 그 전략을 선택했는지 설명한다. 더 나아가 연구계획서에서는 연구자의 역할을 제

시한다. 연구자의 과거의 경험, 역사, 문화, 그리고 이것들이 자료의 해석에 잠재적으로 어떻게 작용했는지 기술한다. 연구현장과 연구자와의 관계, 연구현장으로부터 연구의 허락을 받아 낸 과정, 예상되는 민감한 윤리적 문제도 포함시킨다. 자료 수집에 대한 논의 부분에는 의도된 표집방법과 수집될 자료의 형태(관찰, 인터뷰, 문서, 시청각 자료)를 기술한다. 어떤 유형의 자료기록 계획서를 선택할지 언급하는 것도 유용하다.

자료의 분석은 연구가 진행되는 동안의 지속적인 과정이다. 여기에는 연구참여자에 대한 정보 분석이 포함되고, 연구자는 일반적인 분석 단계를 거치고, 구체적인 질문 전략 속에서 찾아낸 단계를 적용한다. 이보다 더 일반적인 단계로는 자료의 조직과 준비, 수집된 정보 읽기, 자료코딩, 코딩자료로부터 서술과 주제 분석 전개하기, 컴퓨터 프로그램 사용하기, 결과물을 표와 그래프 및 그림으로 제시하기, 결과물 해석하기이다. 해석한 내용 속에는 연구의 시사점, 결과물과 선행연구 및 이론의 비교, 의문사항 제시, 개선을 위한 의제 전개하기가 포함된다. 연구계획서에는 연구를 통해 어떤 결과를 얻을 수 있을지 기대되는 점을 담아야 한다. 최종적으로 연구계획 설계에서 추가할 중요한 단계는 결과의 정확성을 타당하게 만드는 전략을 언급하고, 생성된 코드와 주제의 신뢰도를 증명한다.

연습문제

1. 여러분의 질적 연구에 이용될 절차의 계획을 글로 써 보라. 계획을 쓴 다음 표 9.1의 체크리스트를 활용하여 계획의 적절성을 판단하라.

2. 왼쪽 난에 자료를 분석하기 위해 계획한 단계의 목록을 표로 만들라. 오른쪽 난에는 연구에 실제 적용한 단계를 보여 주고, 연구전략 계획과 수집한 자료를 제시하라.

더 읽을거리

Creswell, J. W. (2016). *The 30 essential skills for the qualitative researcher*. Thousand Oaks, CA: Sage.

John Creswell의 저서 중에서 가장 응용된 책이다. 가장 중요한 질적 탐구 절차를 행하는 구체적인 단계를 다루고 있다. 질적 연구의 중요한 특성, 관찰과 인터뷰를 행하는 절차, 자료에 대한 분석의 상세한 절차, 질적 자료에 대한 컴퓨터 프로그램의 보조적 활용, 타당도 전략, 평가자 간 신뢰도 점검에 대해서 논의하고 있다.

Creswell, J. W., & Poth, C. N. (2018). *Qualitative inquiry and research design: Choosing among five approaches* (4th ed.). Thousand Oaks, CA: Sage.

이 책의 기본 가정은 모든 질적 연구는 동일하지 않으며 시간이 갈수록 질적 연구의 진행

절차는 변화되어 왔다는 것이다. 이 책은 질적 연구에 대한 다섯 가지 접근에 대해 논의한다. (1) 내러티브 연구, (2) 현상학, (3) 근거이론, (4) 민족지학적 연구, (5) 사례연구가 그것이다. 이 책은 광범위한 철학적 가정에서부터 질적 연구의 실행 단계를 책의 전반에 걸쳐 보여 준다(예 : 연구문제 설정하기, 자료의 수집 및 분석하기 등). 또 이 책은 다섯 가지 접근을 서로 비교하여 연구자가 특정 연구에 가장 잘 맞는 전략을 선택할 수 있도록 정보를 제공한다.

Flick, U.(Ed.). (2007). *The Sage Qualitative research kit*. Thousand Oaks, CA: Sage.

이 책은 전 세계 질적 연구학자들이 연구자가 실제로 질적 연구를 할 때 생겨나는 핵심 이슈들을 한꺼번에 제시하기 위해 저술한, Flick가 편집한 8권이 한 묶음으로 된 것이다. 이 책은 질적 연구를 계획하고 설계하는 방법, 질적 자료의 수집과 생성, 질적 자료의 분석(예 : 시각자료, 담화분석)과 질적 연구에서의 질에 대한 이슈를 다룬다. 전반적으로 이 책은 질적 연구의 분야를 보여 주는 가장 최신작이다.

Guest, G., MacQueen, K. M., & Namey, E. E. (2011). *Applied thematic analysis*. Thousand Oaks, CA: Sage.

이 책은 질적 연구에서 다루어지는 주제와 자료의 분석에 대해 실재적이고 구체적인 방법을 제공한다. 코드, 코드북, 주제 만들기를 전개하는 절차 및 타당도와 신뢰도를 높이는 방법(코딩자 간 일치를 포함하여)을 구체적으로 보여 준다. 자료 축약 기법 및 주제들 간 비교 방법을 보여 준다. 이 책은 질적 자료 분석 소프트웨어 및 양적 자료와 질적 자료를 통합하는 절차에 대한 유용한 정보를 알려 준다.

Marshall, C., & Rossman, G. B. (2011). *Designing qualitative research* (5th ed.). Thousand Oaks, CA: Sage.

Marshall과 Rossman은 질적 연구와 질적 계획서를 설계하는 절차를 소개한다. 이 책은 광범위한 주제를 다룬다. 여기에는 연구의 개념적 프레임 짜기, 전반적인 설계와 연구방법의 논리 및 가정, 자료 수집 방법 및 질적 자료의 관리 · 기록 · 분석 절차, 시간 · 연구 관련인 · 펀딩 등 연구 진행에 필요한 자원이 포함된다. 질적 연구 초보자나 경험자 모두에게 공부가 되는 광범위하고 통찰력 있는 책이다.

⑤SAGE edge™

https://edge.sagepub.com/creswellrd5e

학습자와 교수자는 연구설계와 방법에 관한 비디오 영상, 논문, 퀴즈와 활동, 각종 도구가 필요하면 위의 사이트를 방문하기 바란다.

혼합적 연구절차

연구계획서의 연구방법 부분에 어떤 내용을 담는 것이 좋은가? 지금까지는 수집된 양적·질적 자료를 활용하는 방법을 검토했으나 이 두 유형의 자료를 한 연구에서 혼합하는 방법에 대해서는 언급하지 않았다. 이 장에서는 두 형태의 자료(개방형의 질적 자료와 폐쇄형의 양적 자료)가 주는 정보가 서로 다르다는 가정 밑에서 논의를 시작하려 한다. 이 두 자료 수집의 유형이 제각기 장단점이 있다고 할 때, 연구문제를 보다 자세하게 이해하는 데 있어 어떻게 이 두 유형의 장점을 합칠 수 있는지(단점을 극복할 수 있는지) 생각해 볼 수 있다. 어떤 의미에서 양적 자료와 질적 자료를 혼합 또는 통합함으로써 보다 문제에 대한 통찰을 얻을 수 있다. 이렇게 볼 때 자료를 '혼합'하면 각자로 존재할 때보다 연구문제를 더 깊이 있게 이해할 수 있다는 논의가 가능하다. 따라서 혼합적 연구방법은 단순히 데이터베이스를 통합하여 더 많은 데이터베이스를 '채굴'하는 것이다. 이러한 발상이 '혼합적 연구방법'이라 불리는 새로운 방법의 핵심이다.

좋은 혼합적 연구절차는 혼합적 연구방법이란 무엇이고 그 본질이 무엇인지를 이해하는 것에서 시작한다. 우선 혼합적 연구는 새로운 연구방법론이므로 연구자의 논문을 읽는 독자에게 그 기본적인 의도, 설계의 정의, 이 방법을 선택하는 이유, 연구에의 유용성에 대하여 이해시킬 필요가 있다는 점을 염두에 두어라. 그런 뒤 자신의 연구에 혼합적 연구방법을 적용하라. 이 시점부터는 선택하고 고려해야 할 사항들이 많고, 그중 가장 좋은 것을 선택해야 할 것이다. 이런 생각을 가지고 연구설계에 맞게끔 자료의 수집, 분석, 해석 절차 및 타당도를 연구계획서에 기술한다. 마지막으로 발생할 가능성이 있는 윤리적 문제와 연구개요에 대해 기술한다. 이 절차는 일반적인 방법이지만 이 장에서는 이 일반적인 절차를 혼합적 연구방법에 적용되게끔 구성할 것이다. 표 10.1에는 연구계획서에 혼합적 연구방법을 기술할 때 참고할 만한 체크리스트가 제시되어 있다.

혼합적 연구절차의 요소

혼합적 연구절차는 연구자들이 연구를 계획할 때 사용할 수 있도록 일련의 과정을 거쳐 진화되어 왔다. 2003년에 출간된 *Handbook of Mixed Methods in the Social and Behavior Sciences*(Tashakkori & Teddlie, 2003)는 혼합적 연구에 대한 전반적인 개관을 보여 주었다(이후 2판이 나왔다. Tashakkori & Teddlie, 2010 참조). 현재 *Journal of Mixed Methods Research, Quality and Quantity, Field Methods, International Journal of*

표 10.1 혼합적 연구절차에서 연구설계를 위한 점검질문

_____	혼합적 방법 연구의 기본 정의가 제시되었는가?
_____	연구에서 양적 자료와 질적 자료를 모두 사용하기 위한 이유(혹은 정당화)가 제시되었는가?
_____	독자는 혼합적 방법 연구의 잠재적 사용에 대해 인식하고 있는가?
_____	혼합적 방법 설계를 선택하기 위한 준거가 분명히 제시되었는가?
_____	혼합적 방법 설계가 분명히 제시되었는가?
_____	연구전략을 설명하는 시각적 모델(도식)이 제시되었는가?
_____	채택한 설계와 관련이 있는 자료 수집과 분석의 절차가 언급되었는가?
_____	연구 설계를 위한 양적 및 질적 자료 수집을 위한 표본 전략이 언급되었는가?
_____	연구 설계를 위한 구체적인 자료 분석 절차가 제시되었는가?
_____	연구 설계와 양적 및 질적 연구를 위한 타당화 절차가 언급되었는가?
	최종 연구 혹은 석박사 학위논문의 내러티브 구조가 언급되었고, 그 구조는 사용되고 있는 혼합적 방법 설계의 유형과 관련이 있는가?

*Multiple Research Approaches*와 같은 여러 학회지에서 혼합적 연구가 강조된다. 또한 *International Journal of Social Research Methodology, Qualitative Health Research, Annals of Family Medicine*과 같은 곳에서는 혼합적 연구방법을 적극적으로 권장한다. 학회지에 게재된 연구들은 직업치료(Lysack & Krefting, 1994), 대인 커뮤니케이션 (Boneva, Kraut, & Frohlich, 2001), AIDS 예방(Janz et al., 1996), 치매간병(Weitzman & Levkoff, 2000), 직업위생(Ames, Duke, Moore & Cunradi, 2009), 정신건강(Rogers, Day, Randall, & Bentall, 2003), 중학교 과학(Houtz, 1995)과 같은 다양한 분야 내의 사회·인문 분야에서 혼합적 연구를 활용해 왔다. 매년 혼합적 연구방법만을 다루는 책이 출간되기도 한다(Bryman, 2006; Creswell, 2015; Creswell & Plano Clark, 2018; Greene, 2007; Morse & Niehaus, 2009; Plano Clark & Creswell, 2008; Tashakkori & Teddlie, 1998, 2010; Teddlie & Tashakkori, 2009).

혼합적 연구방법이란 무엇인가

혼합적 연구방법은 사회·인문과학 분야에서 독특하고, 비교적 새로운 연구방법이기 때문에 연구계획서의 연구방법 부분에는 이 방법의 기본 정의와 설명을 기술하는 것이 좋다. 여기에는 다음의 내용을 담을 수 있다.

- 정의. 혼합적 연구에 대한 설명으로 글을 시작한다. 제1장에 언급되었던 혼합적 연구의 정의를 떠올린다. 그 정의에 포함된 요소들을 열거하여 독자로 하여금 혼합적 연구를 구성하는 일련의 핵심 특성들을 이해시킨다(혼합적 연구에 관한 더 많은 관점은 Johnson, Onwuegbuzie, & Turner, 2007 참조).
  - 연구질문 혹은 가설에 대한 답을 찾는 데 있어 질적(개방형), 양적(폐쇄형) 자료가 모두 수집된다.
  - 양적 및 질적 자료의 엄격한 방법(즉, 자료 수집, 자료 분석 및 해석)이 모두 포함된다.
  - 두 가지 형태의 자료는 자료 병합, 자료 설명, 한 데이터베이스에서 다른 데이터베이스로의 구축 또는 더 큰 틀 내에 자료 삽입을 통해 설계 분석에 통합된다.
  - 이 절차는 연구에 사용될 절차를 나타내는 뚜렷한 혼합적 방법 설계에 통합된다.
  - 이 절차는 종종 철학(또는 세계관)과 이론에 의해 영향을 받는다(제3장 참조).

  용어. 이 접근법에서는 통합, 종합, 양적 및 질적 방법, 다중 방법, 혼합적 연구 또는 혼합적 방법론과 같은 많은 다른 용어가 사용되지만, *SAGE Handbook of Mixed Methods in the Social & Behavioral Sciences*와 SAGE의 *Journal of Mixed Methods Research*와 같은 최근의 저술에서는 혼합적 방법이란 용어를 사용하는 경향이 있다(Bryman, 2006; Creswell, 2015; Tashakkori & Teddlie, 2010).

- 연구방법의 배경. 이 연구방법의 간략한 역사를 언급하여 독자에게 혼합적 연구의 배경을 이해시킨다. 혼합적 연구는 평가, 교육, 관리, 사회학, 건강과학과 같은 다양한 분야에 몸담은 이들의 업적을 바탕으로 1980년대 말과 1990년대 초를 기점으로 탄생한 새로운 방법론으로 여겨진다. 혼합적 연구는 몇 가지 발전 단계를 거쳐 왔는데 형성기를 시작으로 철학적 논쟁기, 절차적 발달기,

그리고 최근의 반성적 입장기(논란과 논쟁의 시기), 다른 분야로의 확장과 세계의 수많은 나라로 번지는 시기가 그것이다. 여러 책에서 이러한 발전 단계를 다루고 있다(예 : Creswell & Plano Clark, 2011, 2018; Teddlie & Tashakkori, 2009). 연구방법 부분에 연방재정지원 계획, 여러 학위논문들, 사회건강과학 분야의 학회지에 언급된 혼합적 연구(Creswell, 2010, 2011, 2015 참조)에 대한 논의를 담아 오늘날의 혼합적 연구의 성공과 중요성에 대해 간략하게 기술한다.

- **혼합적 연구를 선택한 이유.** 학위논문이나 연구 프로젝트에 혼합적 연구를 활용하기로 했다면 이 섹션을 참고하여 연구방법의 가치와 이 방법을 선택한 이유를 기술한다. 일반적 차원에서 혼합적 연구가 선택되는 이유는 질적 방법과 양적 방법의 장점을 취하고, 이 둘의 단점을 보완할 수 있기 때문이다. **실용적 차원**에서 혼합적 연구는 새로운 연구절차를 주도하는 이들이 매력을 느낄 만큼 세련되고 복잡한 방법이다. 또한 양적 자료와 질적 자료를 모두 다룰 수 있는 연구자에게는 이상적인 방법일 수 있다. 혼합적 연구는 **절차적 차원**에서도 연구문제를 더 완전하게 이해하는 데 유용한 전략이다. 그 이유는 다음과 같다.

  ○ 서로 다른 양적 자료와 질적 자료의 관점을 비교할 수 있다.

  ○ 양적 자료의 결과는 후속으로 이루어지는 질적 자료의 수집과 분석을 통해 설명될 수 있다.

  ○ 질적 자료를 수집하고 분석한 뒤 도출된 결론을 통해 기존의 것보다 더 나은 측정도구를 만들어 사용할 수 있다.

  ○ 연구참여자 개인들의 관점을 통합함으로써 실험 또는 시도를 증가시킬 수 있다.

  ○ 비교를 위해 사례(조직, 단위, 또는 프로그램)를 개발하거나 다양한 사례를 문서화할 수 있다.

  ○ 양적 자료와 질적 자료를 통합함으로써 사회 소외층을 위해 어떤 변화가 필요한지 보다 완전하게 이해할 수 있다.

  ○ 양적 자료와 질적 자료를 오랜 기간 동안 수집함으로써 개입 프로그램의 필요성과 효과를 보다 더 잘 이해할 수 있다.

- 혼합적 연구설계의 유형과 선택 이유. 연구에 사용될 혼합적 연구설계의 유형과 그 유형을 선택한 이유를 밝힌다. 활용 가능한 주요 전략을 구체적으로 간략하게 논의한다. 그 절차를 그림이나 다이어그램으로 표현한다.
- 설계의 어려움. 이 설계가 연구자에게 어떤 어려움을 가져다주었는지 기술한다. 광범위한 자료 수집, 양적 · 질적 연구자료 분석에 소모되는 시간, 양적 · 질적 연구방법에 익숙해야 한다는 어려움이 포함될 수 있다. 이 설계는 복잡하기 때문에 연구 활동의 흐름과 세부묘사를 명확하고 시각화된 그림으로 표현하는 것도 좋다.

혼합적 연구설계의 유형

혼합적 연구의 유형은 여러 방식으로 분류되고 정의된다. Cresswell과 Plano Clark(2018)는 평가, 간호, 공공건강, 교육정책 및 연구, 사회행동 연구 분야에서 혼합적 연구가 여러 방식으로 분류되고 있음을 밝혔다. 이 분류체계에 따르면 저자들은 자신의 혼합적 연구를 다양한 용어로 표현하고 있으며 이들 방법들은 많은 부분이 중복되어 있다. 혼합적 연구방법 분야의 설계 논의를 명확히 하기 위해 세 가지 핵심 혼합적 방법 설계(그림 10.1과 10.2 참조)—수렴적 설계, 설명적 순차 설계 및 탐색적 순차 설계—를 식별한 다음, 핵심 설계가 포함될 수 있는 보다 복잡한 설계(즉, 혼합적 방법 실험 설계, 혼합적 방법 사례연구 설계, 혼합적 방법 참여-사회적 정의 설계 및 혼합적 방법 평가 설계)에 대해서 간략하게 언급한다. 이 세 가지 설계에 대한 논의는 설계에 대한 이해, 자료의 수집 · 분석 · 해석, 타당도 차원에서 기술된다.

수렴적 혼합 방법 설계

- 설계에 대한 이해. 수렴적 혼합 연구방법은 간단한 방식으로든 복잡한 방식으로든 혼합적 연구 전략으로 가장 많이 사용되는 방법이다. 혼합적 연구가 익숙하지 않은 연구자가 가장 먼저 떠올리는 유형이기도 하다. 혼합적 연구라

하면 양적 자료와 질적 자료를 합치는 것이라고 생각하기 때문이다. 이 방법에서 연구자는 양적 자료와 질적 자료를 모두 수집하고, 두 자료를 별도로 분석한 다음, 두 자료가 서로의 결과를 뒷받침하는지 비교한다(그림10.1 참조). 연구참여자의 구체적인 관점을 질적으로 보여 주고, 도구를 활용하여 측정한 결과를 양적으로 보여 준다는 점에서 두 자료가 서로 다른 정보를 제공하지만, 결국은 동일한 결과가 도출된다는 것이 이 연구설계의 핵심 가정이다. 이 설계는 심리학적 특성을 가장 잘 이해하기 위해서는 서로 다른 형태의 자료를 묶어야 한다는 심리학자 Campbell과 Fiske(1959)의 다중기법 혹은 다중특성에 관한 발상에서 시작되었다. 물론 이 가정은 양적 자료에 한정된 것이었지만 혼합적 연구자들은 양적 자료와 질적 자료를 모두 수집하는 방향으로 이 발상을 확장시켰다.

- **자료 수집.** 질적 자료는 제9장에서 논의된 인터뷰, 관찰, 서류, 기록물로부터 얻을 수 있다. 양적 자료는 제8장에서 보았듯이 측정도구 결과, 관찰 체크리스트, 인구조사표처럼 수치로 표시된 기록물 형태일 수도 있다. 이상적으로 이 설계의 핵심 발상은 동일한 변인, 구인, 개념을 사용하여 두 형태의 자료를 수집하는 것이다. 달리 말하면, 자존감의 개념이 양적 자료의 수집 과정에서 측정된다면, 개방형 인터뷰와 같은 질적 자료의 수집 과정에서도 자존감의 개념에 대해 질문을 하게 된다. 일부 연구자들은 이 설계를 사용하여 다양한 형태의 양적 및 질적 자료의 수집을 통해 특정 주제를 통계적 자료와 연관시킨다. 예를 들어, Shaw 등(2013)은 가정의학 클리닉의 품질 개선 관행을 대장암 검진율과 비교했다. 또 다른 자료 수집의 문제는 질적 및 양적 자료 수집 과정에서의 표본 크기이다. 당연히 질적 자료는 양적 자료보다 표본집단의 수가 적다. 그 이유는 질적 자료의 수집 목적이 적은 표집으로부터 광범위한 정보를 얻는 데 있기 때문이다. 반대로 양적 자료의 수집에서는 유의미한 통계검증을 하기 위해서 다수의 표본집단이 필요하다.

　이 두 수집방법 사이의 비대칭이 수렴적 혼합 연구 안에서 어떻게 해소될까? 혼합적 연구에서는 종종 양적·질적 설계의 표본 수를 동일하게 만들기도 한다. 이 말은 질적 자료에 필요한 표본의 수가 늘어난다는 의미이며, 1명의

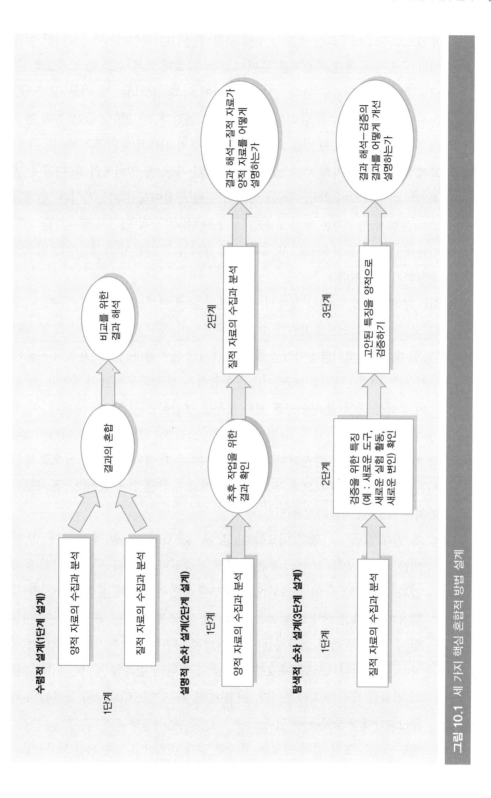

수렴적 설계(1단계 설계)

1단계

양적 자료의 수집과 분석
질적 자료의 수집과 분석

결과의 혼합

비교를 위한 결과 해석

설명적 순차 설계(2단계 설계)

1단계

양적 자료의 수집과 분석

추후 작업을 위한 결과 확인

2단계

질적 자료의 수집과 분석

결과 해석—질적 자료가 양적 자료를 어떻게 설명하는가

탐색적 순차 설계(3단계 설계)

1단계

질적 자료의 수집과 분석

검증을 위한 특징 (예 : 새로운 도구, 새로운 실험 활동, 새로운 변인) 확인

2단계

고안된 특징을 양적으로 검증하기

3단계

결과 해석—검증이 결과를 어떻게 개선 설명하는가

그림 10.1 세 가지 핵심 혼합적 방법 설계

개인으로부터 획득되는 정보의 양에 제한이 생긴다는 의미이다. 또 다른 설계에서는 질적 사례에 가중치를 두어서 질적 자료의 표본 수를 양적 자료의 수와 동일하게 만들기도 한다. 몇몇 연구자에 의해 진행되는 또 다른 설계에서는 두 표본집단의 수를 달리할 수도 있다고 여긴다. 이 연구자들은 질적 연구와 양적 연구의 의도가 다르고(깊이 있는 관점의 이해와 일반화의 차이), 각 자료에 적합한 참여자의 수가 있다고 주장한다. 표집에 있어서의 또 다른 논쟁점으로는 질적 연구의 참여자가 양적 연구에도 참여해야 하는가이다. 전형적으로 혼합적 연구자는 양적 표본집단 가운데에서 질적 연구의 참여자를 선택하는데, 양적·질적 자료를 비교하는 데 있어서 두 표본이 유사할수록 비교가 수월하기 때문이다.

- **자료 분석과 통합.** 수렴적 설계의 자료 분석은 세 단계로 구성된다. 첫째, 자료를 코딩하고 코드를 광범위한 주제로 축소하여 질적 데이터베이스를 분석한다. 둘째, 양적 데이터베이스를 통계적 결과로 분석한다. 셋째, 혼합적 자료의 분석이다. 이것은 두 데이터베이스를 통합하는 것으로 구성된 분석이다.

  이 통합은 질적 결과와 양적 결과 모두를 병합하는 것으로 구성된다. 이 설계의 한 가지 문제는 숫자 양적 데이터베이스를 텍스트 질적 데이터베이스와 함께 사용하는 것이 직관적이지 않기 때문에 두 데이터베이스를 실제로 병합하는 방법이다. 기본적으로 두 자료는 별개로 분석된 뒤에 합친다. 두 자료를 합치는 방법에는 몇 가지가 있다.

  ○ 첫 번째 방법은 나란히 비교하기(side by side comparison)라 불린다. 이 방법은 혼합적 연구의 논의 부분에 주로 기술된다. 연구자는 우선 양적 통계결과를 제시한 뒤 이 결과의 입증 여부를 확인하기 위해 질적 결과(주제)를 활용한다. 혹은 반대로 질적 연구결과를 먼저 제시한 뒤 양적 결과와 비교할 수 있다. 혼합적 연구자들이 이 방법을 나란히 비교하기라고 부르는 이유는 논의 부분에서 두 자료를 비교할 때 하나의 결과를 제시한 뒤 그다음의 결과를 제시하기 때문이다. 이 전략의 좋은 예는 Classen과 동료들의 연구(2007)에서 찾아볼 수 있다.

  ○ 연구자들은 또한 질적 코딩한 결과를 양적 변인으로 변환시킨 뒤 두 양적

자료를 비교할 수 있다. 자료변환(data transformation)이라 불리는 절차이다. 질적 코딩을 하거나 질적 주제로 분류한 자료를 계산하여(군집화하거나) 양적으로 수치화한다. Onwuegbuzie와 Leech(2006)의 연구에서 이 방법에 적용할 수 있는 몇 가지 유용한 절차를 찾아볼 수 있다. 이 접근방식은 독립적인 질적 해석 데이터베이스의 가치를 평가하지 않거나 가치를 보지 못하는 양적 연구에 대해 훈련된 연구자들 사이에서 인기가 있다.

○ 이 방법의 최종 단계에서 두 형태의 자료를 합쳐 표나 그래프로 제시한다. 이를 합동 제시하기(joint display)라고 부르며 여러 형태의 합동 제시하기가 있다. 표의 수평면에는 주제를 적고, 수직면에는 변인들(예 : 간호사, 심리학, 의료보조원)을 적는 방식으로 표를 작성할 수 있다. 수직면 위에는 핵심 질문이나 개념을 적고, 수평면 위에는 2개의 열을 표시하고, 질문이나 개념에 대한 질적 반응과 양적 반응 각각을 적을 수 있다(Li, Marquart & Zercher, 2000). 이 방식의 기본 발상은 두 형태의 자료를 효과적으로 합쳐서 하나의 시각적 자료로 동시에 보여 주고 제시한 것을 해석하기 위함이다.

● 해석. 수렴적 접근방식에서의 해석은 전형적으로 연구의 논의 부분에 기술된다. 결과 부분에서 양적 · 질적 자료를 분석한 결과가 제시된다면 논의 부분에서는 두 자료로부터 얻은 결과를 비교하고, 두 정보의 출처 사이에 수렴점이 있는지, 상이한 점이 있는지를 논의한다. 전형적으로 이러한 비교를 통해서는 수렴적 혹은 확산적 상황이 명확하게 나타나지 않으며 개념, 주제, 혹은 척도에서 부분적으로 차이가 나타나기 마련이다. 상이점이 나타날 때 후속으로 취해야 할 절차가 있다. 그중 하나는 후속연구 없이 상이점이 나타났다는 것을 연구의 한계로 기술하는 것인데, 이는 해결책으로는 부족하다. 이와 달리 혼합 연구자들은 분석 단계로 되돌아가서 자료를 더 살펴보고 상이한 부분을 해소할 추가 정보를 수집할 수 있고, 아니면 여러 자료들 중 하나의 자료에서 얻은 결과가 한계로 작용했을 가능성에 대해 논의할 수 있다[예 : 구인(construct)이 양적으로 타당하지 않았다거나 질적으로 분류된 주제가 개방형 질문과 맞지 않았다]. 연구자가 취하는 접근방식이 무엇이든 간에 수렴적 설계에서 중요한 것은 다양한 연구결과가 존재할 때 이에 대해 심도 있게 논의하고 정밀

조사하는 것이다.

- **타당도.** 수렴적 방식에서의 타당도는 자료의 양적 타당도(예 : 구인)와 질적 타당도(예 : 삼각검증)을 확고히 함으로써 구축될 수 있다. 혼합적 연구의 타당도를 높이기 위한 특별한 방법이 있을까? 수렴적 방법의 타당도를 낮추는 잠재적 위협이 되는 것들이 있으며 이 중 몇 가지는 앞서 이미 언급되었다. 예를 들면, 양적 · 질적 표본집단의 크기가 동일하지 않을 때 양적 모집단의 특성보다 질적 연구참여자의 특성을 보여 주기 어려울 수 있다. 양적 · 질적 연구에서 서로 다른 개념이나 변인을 사용할 때 2개의 결과를 합치기가 어렵고 비교도 어렵다. 또한 수치와 주제가 서로 상이함에도 후속 조치가 이루어지지 않을 때 이 연구 전략은 타당도가 부족해진다. 우리가 권장하는 접근방식은 연구의 양적 및 질적 측면 모두에 대해 동일한 개념을 사용하는 것이지만, 일부 연구자는 수렴적 설계를 사용하여 다양한 질적 및 양적 개념을 연결한다는 점을 인정한다. 점수와 주제가 다를 때 결론에 대한 후속 조치의 부족은 또한 잘못된 탐구전략을 나타낸다. 이 논의에서 우리는 다양성을 더 자세히 조사하기 위한 몇 가지 방법을 제안했으며 수렴적 설계 프로젝트에서 이러한 전략 중 하나 이상을 사용할 것을 권장한다.

순차적 설명 혼합 방법 설계

- **설계에 대한 이해.** 순차적 설명 혼합 연구는 양적 연구가 아주 친숙하거나 질적 방식이 비교적 생소한 연구자들의 관심을 끄는 혼합적 연구설계이다. 이 설계는 두 가지 단계를 거치는데, 첫 단계에서 양적 자료를 수집하고, 분석을 한 뒤 도출되는 결과를 활용하여 두 번째 단계인 질적 단계를 계획한다. 전형적으로는 양적 결과를 바탕으로 질적 단계에서는 어떤 연구참여자를 의도적으로 선별할 것인지, 연구참여자에게 어떤 질문을 할 것인지에 대한 정보를 얻을 수 있다. 이 설계의 전반적인 의도는 수집된 질적 자료를 통해 초기의 양적 결과를 더 자세하게 설명하는 데 도움을 얻는 것이다. 그 전형적 절차로는 첫 단계에서 설문자료를 수집하고 분석한 뒤 도출된 설문결과를 이해하기 위해 두 번째 단계에서 질적 면담을 실시하는 것이다.

- **자료 수집.** 자료의 수집은 첫 단계에서의 신빙성 높은 양적 표집과 두 번째 단계에서의 의도적인 표집으로 이루어진다. 이 전략의 한 가지 난점은 어떤 양적 결과를 활용할지, 어떤 연구참여자로부터 질적 자료를 얻을지를 계획하는 일이다. 여기에서 핵심은 질적 자료의 수집은 전적으로 양적 결과에 달려 있다는 점이다. 여기에서 언급되는 양적 자료란 극단적이거나 매우 독특한 사례, 유의미한 예측변인, 변인과 관련된 유의한 결과와 유의하지 않은 결과, 인구학적 변인이 될 수 있다. 예를 들어, 양적 단계에서 인구학적 변인을 변인으로 사용할 때 사회경제적 수준에 따라 종속변인에 대한 반응이 다르다는 결과를 얻을 수 있다. 이때 질적 단계에서는 양적 단계에서 도출된 결과에 따라 응답자를 여러 범주로 나눈 뒤 각 범주를 대표하는 연구참여자로부터 질적 자료를 수집한다. 이 전략의 또 다른 난점은 질적 표집에 초기의 양적 표집에 참여했던 이들을 포함시켜야 하는가라는 점이다. 그 답은 '그렇다'이다. 설계의 의도가 양적 결과에 대한 추가 자료를 얻는 것이고 양적 결과를 더 깊이 있게 탐색하기 위함이기 때문이다. 질적인 후속 자료의 수집을 통해 더 깊이 있게 결과를 설명하려는 생각이 이 설계의 핵심 장점이다.

- **자료 분석과 통합.** 이 설계에서 양적 자료와 질적 자료의 분석은 별개로 진행된다. 그런 다음 연구자는 양적 결과를 질적 자료 수집에 연결하는 통합 형태로 두 데이터베이스를 결합한다. 이것은 설명적 순차 설계에서 통합 지점이다. 따라서 양적 결과는 질적 후속 조치를 계획하는 데 사용된다. 양적 결과를 통해 표집절차에 대한 정보뿐만 아니라 두 번째 단계인 질적 단계에 참여할 연구참여자용 질문의 유형에 대한 정보를 얻을 수도 있다. 모든 좋은 질적 연구용 질문이 그러하듯 이 질문들은 일반적인 것들을 묻는 개방적 형태이다. 양적 분석과 질적 분석이 별개로 진행되기 때문에 이 설계는 연구를 하려는 학생들에게 유용하고 (수렴적 방식보다) 결과를 얻기도 더 쉽다. 단, 하나의 자료가 다른 자료의 토대 위에 생성이 되기 때문에 시간이 지날수록 자료 수집이 어려워질 수 있다.

- **해석.** 연구의 논의 부분에서 후속 결과에 대한 해석을 기술할 수 있다. 우선 첫 단계의 양적 결과를 먼저 해석한 뒤 두 번째 단계의 질적 결과에 대한 해석을

기술한다. 이 설계에서는 세 번째 형태의 해석이 필요하다. 즉 질적 결과가 양적 결과를 설명하는 데 얼마나 도움이 되었는지를 기술하는 것이다. 이 지점에서 초보 연구자는 보통 두 자료를 합치는 실수를 저지르고는 한다. 두 자료를 합치는 것이 도움이 될 때도 있지만 이 설계에서 질적 자료를 수집한 의도는 양적 결과에 더 깊이 있는 통찰을 더하려는 것이다. 따라서 해석 부분에서는 양적 결과와 질적 결과를 순서대로 제시한 뒤 해석 부분에서는 질적 결과가 양적 결과를 어떻게 확장할 수 있고, 어떻게 설명할 수 있는지를 구체적으로 논의한다. 질적 자료 질문이 양적 질문의 범위를 좁힐 수 있기 때문에 두 데이터베이스의 전반적인 결과를 직접적으로 비교하는 것은 권장되지 않는다.

- 타당도. 모든 혼합적 연구에서 연구자는 양적 측정을 통해 얻은 수치의 타당도를 확보해야 하고, 질적 결과물의 타당도에 대한 논의를 해야 한다. 이에 덧붙여 설명적 순차 혼합 연구에서는 추가적으로 고려해야 할 타당도 문제가 있다. 연구자는 양적 결과를 바탕으로 더 깊이 있는 후속 작업을 하지 않기 때문에 전체 결과물의 정확성이 약화될 수 있다. 우리는 연구자들이 한 가지 접근법식에 정착하기 전에 후속 조치를 취할 결과를 식별하기 위한 모든 옵션을 고려할 것을 권장한다. 연구자는 인구학적 변인에만 관심을 두며, 결과를 더 심도 있게 이해한 뒤 설명하는 것에는 관심이 없을 수 있다. 또한 양적 단계와 질적 단계에 서로 다른 표본집단이 참여했다면 그 결과는 타당하지 않을 수 있다. 양적 결과를 보다 심도 있게 설명하려고 한다면, 양적 표본에 참여한 개인들로부터 질적 표본을 선택하는 것이 합리적이다. 이로 인해 하나의 단계를 토대로 두 번째 단계가 진행되는 이 설계의 중요한 특성이 그 의미를 잃을 수 있다. 또한 양적 단계와 질적 단계 중 어느 하나에서 표본집단의 수가 적절하지 않을 수 있다. 설명적 순차 혼합 연구는 이러한 몇 가지 난제를 가지고 있지만 좋은 설계를 계획하기 위해서는 고려할 필요가 있는 것들이다.

탐색적 순차 혼합 방법 설계

- 설계에 대한 이해. 설명적 순차 설계의 순서를 뒤집어 질적 단계를 먼저 거친 뒤 양적 단계를 진행하는 것이 탐색적 순차 혼합 방법이다. 3단계 탐색적 순

차 혼합 방법은 연구자가 처음엔 질적 자료를 탐색하는 것으로 시작하여 분석한 다음, 검증되어야 하는 특징(예 : 새로운 조사도구, 실험절차, 웹사이트, 혹은 새로운 변인)을 구축하고, 이러한 특징을 양적으로 검증하는 설계이다. 설명적 순차 설계와 마찬가지로 두 번째 자료는 첫 번째 자료의 결과를 바탕으로 수집된다. 이 설계의 목적은 먼저 표본을 탐색하여 나중에 양적 단계를 연구대상 개인의 요구 사항에 맞게 조정할 수 있도록 하는 것이다. 때때로 이 양적 특징에는 상황에 따라 민감한 측정도구를 개발한 다음, 표본으로 검증하는 것이 포함된다. 다른 경우에는 문헌에서 사용할 수 없거나 연구대상인 특정 집단에 맞게 조정된 새로운 변인을 개발하거나 연구대상인 개인의 요구에 맞는 웹사이트 또는 인터넷 응용 프로그램을 설계하는 것이 포함될 수 있다. 이 설계는 예를 들어 조사자가 영어로 된 도구를 실시하기 전에 지역사회 또는 모집단을 이해해야 할 때 글로벌 건강 연구에서 널리 사용된다.

이 설계에서 연구자가 우선 초점집단(focus group)으로부터 자료를 수집하고, 결과를 분석하고, 그 결과를 토대로 측정도구(혹은 검증 웹사이트와 같은 다른 양적 특징)를 개발한 뒤 표본집단에게 적용하려 할 때 표본집단과 관련된 개념을 적절하게 측정할 만한 도구가 존재하지 않을 수 있다. 사실상 이 설계에서 연구자는 세 단계를 거칠 수 있는데, 첫 단계인 탐색적 단계, 두 번째인 도구 개발(혹은 양적 특징) 단계, 세 번째인 도구 적용 단계가 그것이다.

- **자료 수집.** 이 전략에서 자료의 수집은 설계의 두 지점, 즉 초기 질적 자료 수집과 프로젝트의 세 번째 단계에서 양적 특징을 검증할 때 발생한다. 어려운 점은 초기 질적 단계의 정보를 사용하여 두 번째 단계에서 양적 특징을 구축하거나 확인하는 방법이다. 이것이 탐색적 순차 설계의 통합 지점이다.

여기에는 몇 가지 선택사항이 있다. 여기서는 하나의 예시로 문화적으로 민감한 도구를 개발하는 접근방법을 사용할 것이다. 우선 질적 자료 분석의 결과는 높은 타당도와 신뢰도를 가진 측정도구를 개발하는 데 사용될 수 있다. 질적 자료 분석의 결과를 통해 인용문, 코드, 주제가 생성된다(제9장 참조). 측정도구의 개발은 인용문으로 도구 내의 문항을 구성하고, 코드를 가지고 그 문항을 묶는 변인을 만들고, 주제를 가지고 코드를 척도로 묶음으로써 진행된다. 이것은 질적 자료 분석을 시작으로 척도의 개발까지 유용하게 활용되는 절차이다. 척도를 개발할 때는 좋은 측정도구를 설계하는 단계를 따르고, 문항변별도(item discrimination) 및 구인타당도를 높이고, 신뢰도를 예측하기 위한 적합한 절차를 따를 필요가 있다(DeVellis, 2012 참조).

연구에 필요한 표본과 모집단에 맞는 도구의 개발은 혼합적 연구에만 사용되는 것은 아니다. 연구자는 질적 자료를 분석하여 새로운 변인을 발견하고, 기존의 도구에도 활용되고 있는 척도 유형들을 파악하고, 양적 단계에서는 탐색할 만한 정보들을 범주화할 수 있다. 여기에서 질적 단계와 양적 단계의 표본이 같아야 하는가라는 질문이 생겨날 수 있다. 질적 표본이 일반화를 위해 필요한 양적 표본의 수보다 훨씬 적기 때문에 그럴 수는 없다. 혼합적 연구자들은 종종 질적 및 양적 결과를 도출하기 위해 (설명적 순차 설계와는 달리) 전혀 다른 표본을 사용한다. 같은 모집단으로부터 질적 및 양적 표본 모두를 선택하는 것이 좋은 연구절차의 특성이지만 질적 단계의 표본과 양적 단계의 표본은 서로 달라야 한다. 도구의 개발과 설문에 동일한 표본집단을 참여시키는 것은 교란요인(confounding factor)의 원인이 될 수 있다.

- **자료 분석과 통합.** 이 전략에서 연구자는 두 데이터베이스를 별도로 분석하고 초기 탐색 데이터베이스의 결과를 사용하여 양적으로 분석할 수 있는 특징을 구축한다. 따라서 이 설계의 통합에는 측정도구 또는 새로운 변인의 개발과 같은 연구의 양적 단계 설계에 정보를 제공하기 위해 질적 발견(또는 결과)을 사용하는 것이 포함된다. 이 말은 질적 자료 분석 단계에서 주의를 기울여야 한다는 것이며 어떤 질적 결과물을 활용할지 결정할 필요가 있다는 것이다. 예를 들어, 질적 자료 분석에 근거이론을 활용한다면(제9장 참조) 질적 자료의 결과로부터 생성된 이론적 모델은 양적 단계에서 검증될 수 있다. 혹은 질적 사례연구를 한다면 양적 단계에서는 중요한 변인을 보여 주는 여러 사례가 도출될 수 있다.

- **해석.** 연구의 논의 부분에서 혼합적 연구의 결과가 다루어진다. 해석의 순서로는 우선 질적 결과물과 그 질적 결과물의 활용(측정도구의 개발, 새로운 양적 측정법의 개발)에 대해 기술한 뒤 양적 결과물을 기술한다. 여기에서 두 자료

를 비교할 수는 없다. 두 자료가 서로 다른 표본으로부터 도출된 것이고(앞의 자료의 수집에서 언급된 것처럼), 이 전략의 의도가 질적 결과물이 보다 큰 표집집단에 일반화될 수 있는지를 확인하는 것이기 때문이다.

- 타당도. 이 전략을 활용하는 연구자는 질적 자료와 양적 자료의 타당도를 확인할 필요가 있다. 이 설계방식에서는 타당도와 관련하여 특별히 우려될 만한 점이 있고, 연구자는 이 점을 사전에 예측할 필요가 있다. 첫 번째 우려할 만한 점은 연구자가 측정도구의 개발 단계를 적절히 거치지 않았을 가능성이다. 좋은 도구를 개발하는 일은 쉽지 않으며 적절한 단계를 거칠 필요가 있다. 그 두 번째는 풍부한 질적 결과물의 이점을 담아내지 못한 채 측정도구를 구성했을 가능성이다. 이 문제는 질적 결과물의 신빙성이 떨어질 때 나타나거나 민족지학적 연구, 근거이론, 사례연구와 같은 질적 설계 유형을 적용했으면서도 그 분석절차를 따르지 않을 때 나타나며 주로 주제 생성 단계에서 나타날 수 있다. 마지막으로 앞서 언급했듯이 질적 표본이 양적 표본에 포함되어서는 안 된다. 응답이 과도하게 중복되기 때문이다. 가장 좋은 방법은 질적 연구의 참여자로부터 척도, 도구, 변인의 설계에 필요한 정보를 얻되 그렇게 만들어진 측정도구에 해당 연구참여자를 참여시키지 않는 것이다. 그러므로 이러한 표본 전략은 설명적 순차 설계를 위해 요구되는 표본 전략과는 다르다.

여러 복잡한 혼합적 연구

고급의 혼합적 연구방법의 기초가 되는 이 세 가지 핵심 설계—수렴적·설명적 순차 및 탐색적 순차—로 작업한 후, 이제 우리는 일반적으로 복잡한 프로젝트에 적합한 더 많은 설계를 통합하기 위해 세분하였다. 복잡하다는 것은 설계가 세 가지 핵심 설계에서 구체화된 것보다 더 많은 단계와 절차를 포함한다는 것을 의미한다. 이러한 혼합적 방법 설계는 더 '고급'된 것이 아니다. 그들은 단지 더 많은 단계를 포함하고 핵심 설계를 연구의 '과정'에 통합한다는 것이다. 우리는 지난 몇 년 동안 표면화된 혼합적 연구방법 문헌에서 주요 읽을거리로 다루어왔다. 첫 번째 단계는 핵심 설계에 내재해 있을 수 있는 보다 더 복잡한 특징의 유형을 분리하고 생각하는 것이다.

유용한 유형이 Plano Clark와 Ivankova(2016)의 연구에서 등장했다. 그들의 책은 복잡한 설계를 여러 유형에 적용하는 것을 개념화하는 데 도움이 되었다. 전체 장에서 그들은 '고급 적용'을 하기 위한 다른 접근방법과 혼합적 방법을 연결하는 것에 대해 논의했다(p. 136). 그들은 이러한 복잡한 적용의 가능성을 고려하기 위한 다음과 같은 틀을 권장하였다.

- 1차 양적 또는 질적 연구 설계 내에서 2차 방법(혼합적 방법)을 연결한다. 연구설계는 양적 실험이나 질적 사례연구에서 발견되는 것과 같은 자료를 수집, 분석 및 해석하기 위한 일련의 공식 절차이다. 이 틀에서 혼합적 방법의 핵심 설계는 1차 양적 또는 질적 설계 내에 2차(또는 지원적) 방법으로 포함될 수 있다. 이러한 적용의 일반적인 형태는 양적 실험 또는 개입 설계 내에 질적 자료의 수집 및 분석을 포함하는 것이다.
- 다른 방법론 내에서 혼합적 방법을 연결한다. 방법론은 설계의 사용을 안내하는 일련의 절차이다. 이러한 절차는 설계보다 더 실용적인 수준에서 연구에 존재한다. 이 틀에서 혼합적 연구방법의 핵심 설계는 다른 방법론적 접근 방식에 추가될 수 있다. 예를 들어, 핵심 설계는 사례연구, 평가방법, 실행연구, 소셜 네트워크 분석, 종단적 연구, Q 방법론, 현상학 또는 근거이론에 추가될 수 있다.
- 이론적 틀 내에서 혼합적 방법을 연결한다. 이론적 틀은 연구의 설계와 수행을 안내하기 위해 추상적이고 공식화된 일련의 가정을 발전시킨다. 이 틀에서 혼합적 연구방법의 핵심 설계는 확립된 이론과 연결될 수 있다. 이 이론적 렌즈는 사회적 정의, 페미니즘, 비판이론, 참여와 같은 관점 또는 특수한 모집단의 필요와 참여를 촉진하고 종종 행위나 변화를 요구하는 다른 개념적 틀과 같은 관점에서 도출될 수 있다.

이러한 세 가지 유형의 복잡한 설계는 많은 연구자들이 성(性) 또는 사회적 불평등 이론과 같은 이론적인 지향을 사용하여 평가를 수행하고, 혼합적 방법을 사용하여 실험이나 개입을 수행하고 있기 때문에 더 주목해야 한다. 혼합적 방법에 대한 논의에서 우리는 이러한 복잡한 적용을 설명하고 핵심 설계가 그 안에 포함될 수 있는 방법을 평가하기만 하면 된다.

설계에 있어서 또 다른 진전이 Nastasi와 Hitchcock(2016)의 책에서 나타났는데, 이 책에서 복잡한 설계에 통합하는 몇 가지 아이디어를 제시하였다. 그들은 양적 자료와 질적 자료가 전체 과정의 개별 단계에서 사용될 수 있는 연구에서 개별 '과정' 이 발생한다고 제안하였다. 그들의 책은 두 가지 아이디어에 초점을 두고 있는데, 하나는 프로그램 평가에서 다른 하나는 실험과 개입에서의 혼합적 연구방법의 사용이다. 또한 그들은 청소년의 정신건강을 다룬 스리랑카에서의 혼합적 방법 연구에 크게 의존했으며, 평가 과정에서의 단계를 발전시키고 여러 핵심 설계에서 질적 및 양적 자료 사용을 이러한 단계에 포함시켰다. 그들의 연구에서 저자들은 핵심 설계를 평가, 실험, 개입 시도의 복잡한 절차에 통합하는 몇 가지 실제적인 예를 얻었다.

특히 우리는 핵심 설계를 더 큰 과정에 포함시키는 것을 알고 있다. Creswell과 Plano Clark(2018)에서처럼 여기서는 복잡한 설계의 네 가지 예를 간략하게 논의한 다음, 이러한 과정에 핵심 설계를 포함하기 위한 일반 모델에 대해 논의하고자 한다.

- **혼합적 방법 실험(개입) 설계.** 혼합적 방법 실험(또는 개입) 설계에는 연구자가 양적 및 질적 자료를 모두 수집 및 분석하고 실험 또는 개입 시도 내에서 정보를 통합하는 작업이 포함된다(그림 10.2 참조). 이 설계는 참여자의 개인적인 경험이 연구에 포함될 수 있도록 실험이나 개입에 질적 자료의 수집을 추가한다. 따라서 질적 자료는 실험적 사전-사후검사 자료 수집에 포함된 이차적 자료의 원천이 된다. 연구자는 실험을 이해하고 엄격한 방식으로 실험을 설계할 수 있어야 한다(예 : 무작위 통제된 시도). 그림 10.2에서 보듯이 연구자들은 실험 전, 실험 중, 실험 후 다양한 방식으로 실험에 질적 자료를 추가한다(Sandelowsi, 1996). 기본 아이디어는 핵심 탐색적 순차 설계를 실험을 수행하기 전에 탐색하기 위해 실험에 포함시키고, 참여자들의 개입 경험을 평가하기 위해 실험 중에 수렴적 핵심 설계를 포함시키거나, 실험 결과에 대한 후속 조치를 취하기 위해 실험 후에 설명적 순차 설계를 추가하는 것이다. 질적 자료의 수집 및 결과가 실험에 연결되는 것은 혼합적 연구방법에서의 통합을 나타낸다. 이 설계에서는 질적 자료를 추가하는 이유를 명시하는 것이 중요하다.

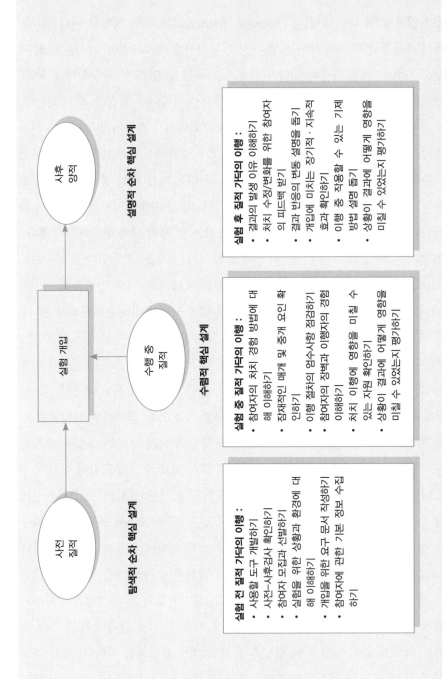

탐색적 순차 핵심 설계

실험 전 질적 가닥의 이행 :
- 사용할 도구 개발하기
- 사전–사후검사 확인하기
- 참여자 모집과 선발하기
- 실험을 위한 상황과 환경에 대해 이해하기
- 개입을 위한 요구 문서 작성하기
- 참여자에 관한 기본 정보 수집하기

수렴적 핵심 설계

실험 중 질적 가닥의 이행 :
- 참여자의 처치 경험 방법에 대해 이해하기
- 잠재적인 매개 및 중개 요인 확인하기
- 이행 절차의 엄수사항 점검하기
- 참여자의 정보와 이행자의 경험 이해하기
- 처치 이행에 영향을 미칠 수 있는 자원 확인하기
- 상황이 결과에 어떻게 영향을 미칠 수 있었는지 평가하기

설명적 순차 핵심 설계

실험 후 질적 가닥의 이행 :
- 결과의 발생 이유 이해하기
- 처치 수정/변화를 위한 참여자의 피드백 받기
- 결과 반응이 변동 설명을 돕기
- 개입에 미치는 장기적·지속적 효과 확인하기
- 이행 중 작용할 수 있는 기제 방법 설명 돕기
- 상황이 결과에 어떻게 영향을 미칠 수 있었는지 평가하기

사전 질적 → 실험 개입 → 사후 질적

그림 10.2 혼합적 방법 실험(개입) 설계

그림 10.2에서 몇 가지 중요한 이유를 열거했다. 이 목록은 우리가 문헌에서 찾은 혼합적 방법 연구의 예를 나타낸다. 질적 자료의 수집은 연구자가 이용할 수 있는 원천에 따라 단일 시점 또는 여러 시점에서 발생할 수 있다. 이러한 유형의 혼합적 연구방법의 사용은 보건과학에서 인기를 끌고 있다.

- **사례연구 설계.** 혼합적 방법 사례연구 설계는 단일 또는 다중 사례연구 설계의 틀 내에서 하나 이상의 핵심 설계(즉, 수렴적 · 설명적 순차, 탐색적 순차)의 사용을 포함한다. 이 설계의 목적은 양적 및 질적 결과와 그 통합을 기반으로 사례를 개발하거나 생성하는 것이다. 우리는 이 설계의 두 가지 기본 변형을 발견했다. 하나는 연구자가 연구 초기에 사례를 설정하고 질적 및 양적 자료를 통해 사례의 차이점을 문서화하는 연역적 접근방식이다. 다른 하나는 연구자가 양적 및 질적 자료를 모두 수집하고 분석한 다음 사례(종종 여러 사례)를 형성한 다음 사례 간에 비교하는 귀납적 접근방식이다. 접근방식에 관계없이 과제는 연구가 시작되기 전에 사례를 식별하거나 수집된 증거를 기반으로 사례를 생성하는 것이다. 또 다른 과제는 사례연구(Stake, 1995; Yin, 2014)를 이해하고 사례연구 설계를 혼합적 방법과 효과적으로 연결시키는 것이다. 이 접근방식에 포함된 핵심 설계의 유형은 다양할 수 있지만 수렴적 설계를 사용하여 설계한 좋은 예를 찾을 수 있다(Shaw, Ohman-Strickland, & Piasecki, 2013). 이 틀 내에서 일반적인 혼합적 방법 사례연구 설계는 수렴적 핵심 설계에서 두 가지 유형의 자료를 동시에 수집하고 결과를 병합하여 사례를 조사하고 여러 사례를 비교하는 것이다. 이러한 유형의 혼합적 방법 사례연구 설계는 그림 10.3에 나와 있다. 이 가상의 예에서 연구자는 설문조사 양적 자료와 질적 인터뷰 자료를 거의 동시에 수집한다. 두 데이터베이스를 모두 분석하면 특정 사례를 식별하기 위해 병합할 수 있는 결과가 생성된다. 이러한 사례는 데이터베이스에서 발견된 다양한 프로필을 나타내며 사례 간 비교를 할 수 있다.

- **참여−사회적 정의 설계.** 혼합적 방법 참여−사회적 정의 설계는 연구자가 더 큰 참여 및/또는 사회적 정의 이론 또는 개념적 틀 내에 핵심 설계를 추가하는 혼합적 방법 설계이다(그림 10.4 참조). 이 설계의 목적은 참여자에게 의견을 제시하고 연구를 형성하는 데 있어 참여자와 협력하고 양적 및 질적 자료 모두

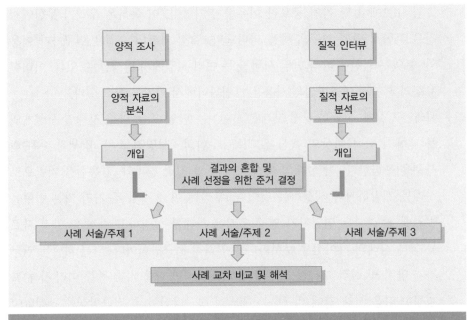

그림 10.3 혼합적 방법 사례연구 설계

에서 증거를 구축하는 것이다. 복잡한 설계로서 이러한 틀은 전체 혼합적 방법 연구에 걸쳐 있다. 그 틀은 예를 들어 페미니스트 이론이나 인종 이론이 될 수 있다. 또한 참여 행동 연구가 연구에 개념적 틀로 존재하는지 아니면 방법론적 절차로 존재하는지에 대해서는 논쟁의 여지가 있지만, 혼합적 방법 연구의 여러 측면에서 이해 관계자의 참여에 대한 참여 이론일 수 있다(Ivankova, 2015). 이것은 제쳐두고, 연구에서 이 이론의 강력한 배치를 보는 것 외에도 작동하는 하나 이상의 핵심 설계를 식별할 수도 있다. 예를 들어, 페미니스트 혼합적 방법 연구 내에서 프로젝트의 여러 측면(예 : 연구문제 알리기, 연구질문 형성, 결과 강조)에 대한 이론의 흐름과 초기 조사에 이어 일대일 인터뷰가 진행되는 설명적 순차 설계와 같은 내재적 핵심 설계를 모두 볼 수 있다. 그림 10.4에서 우리는 이러한 유형의 핵심 설계가 참여-사회적 정의 틀 내에 포함된 것을 볼 수 있다. 이것은 노숙자들이 병원에서 쉼터로 옮겨가는 과정에 대한 연구이다(Greysen, 2012). 이 연구를 참여적 연구로 만드는 요소는 연구의 여러 측면에서 지역사회 인사의 실질적인 참여이다. 프로젝트 혼합적 방법을

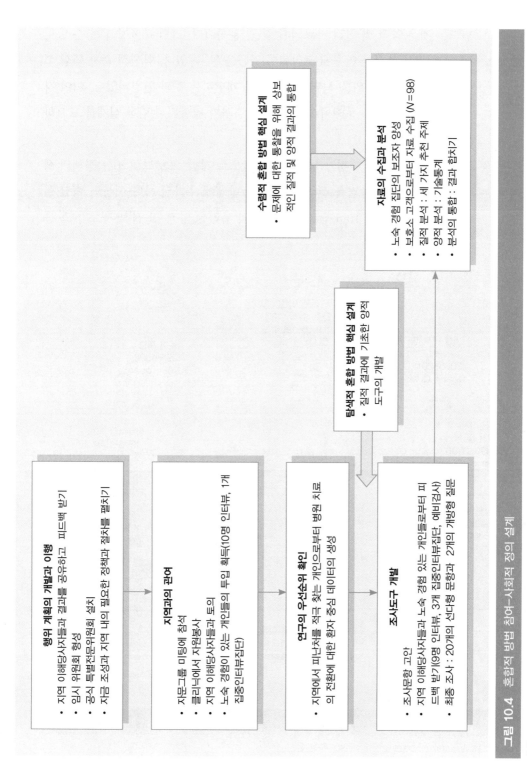

행위 계획의 개발과 이행
- 지역 이해당사자들과 결과를 공유하고 피드백 받기
- 임시 위원회 형성
- 공식 특별전문위원회 설치
- 지금 조성과 지역 내의 필요한 정책과 절차를 펼치기

지역과의 관여
- 자문그룹 미팅에 참석
- 클리니에서 자원봉사
- 지역 이해당사자들과 토의
- 노숙 경험이 있는 개인들의 투입 획득(10명 인터뷰, 1개 집중인터뷰집단)

연구의 우선순위 확인
- 지역에서 피난처를 적극 찾는 개인으로부터 병원 치료의 전환에 대한 혼자 중심 데이터의 생성

조사도구 개발
- 조사문항 고안
- 지역 이해당사자들과 노숙 경험 있는 개인들로부터 피드백 받기(9명 인터뷰, 3개 집중인터뷰집단, 예비검사)
- 최종 조사 : 20개의 선다형 문항과 2개의 개방형 질문

탐색적 혼합 방법 핵심 설계
- 질적 결과에 기초한 양적 도구의 개발

수렴적 혼합 방법 핵심 설계
- 문제에 대한 통찰을 위해 상보적인 질적 및 양적 결과의 통합

자료의 수집과 분석
- 노숙 경험 집단의 보조자 양성
- 보호소 고객으로부터 자료 수집 (*N*=98)
- 질적 분석 : 세 가지 추천 주제
- 양적 분석 : 기술통계
- 분석의 통합 : 결과 합치기

그림 10.4 혼합적 방법 참여—사회적 정의 설계

출처 : Greysen et al.(2012); Creswell & Plano Clark(2018)에서 보고됨.

만드는 것은 양적 및 질적 자료의 수집 및 분석이다. 그림 10.4에서 볼 수 있듯이 여러 핵심 설계가 연구에 포함되어 있음을 알 수 있다. 탐색적 순차 핵심 설계가 연구의 우선순위를 식별하고 조사를 개발하는 것과 연결되었다. 이어 자료의 수집 및 분석을 통해 주제와 통계적 결과가 결합된 수렴적 설계를 묘사하였다.

● **평가 설계.** 혼합적 방법 평가 설계는 일반적으로 개입, 프로그램 또는 정책의 성공을 평가하는 데 중점을 둔 평가 절차의 단계에 추가된 하나 이상의 핵심 설계로 구성된다(그림 10.5 참조). 이 설계의 목적은 양적 및 질적 자료와 그 통

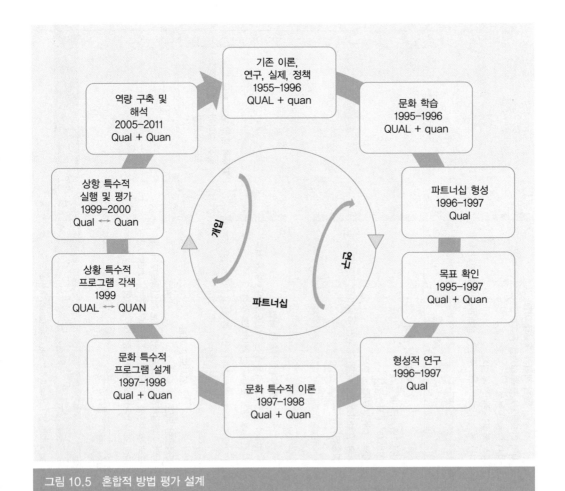

그림 10.5 혼합적 방법 평가 설계

출처 : Nastasi & Hitchcock(2016). SAGE 출판사의 허락하에 게재.

합이 하나 이상의 단계를 형성하는 연구 과정에 관여하는 것이다. 이 복잡한 설계는 다른 방법론 내의 핵심 설계를 보여준다. 이 접근방식은 일반적으로 프로그램, 실험 또는 정책의 개발, 적용 및 평가를 지원하기 위해 시간이 지남에 따라 양적 및 질적 접근방식이 뒤따르는 프로그램 평가에 사용된다. 우리는 종종 이러한 프로젝트 전반에 걸쳐 여러 핵심 설계가 발생하는 것을 발견한다. 예를 들어, 연구자는 이 지역사회의 청소년 관점에서 흡연과 건강의 의미를 이해하기 위해 질적 요구평가 연구를 수행하는 것으로 시작할 수 있다. 이러한 결과를 사용하여 연구자는 도구를 개발하고 지역사회 전반에 걸쳐 여러 우세한 태도를 양적으로 평가할 수 있다. 세 번째 단계에서 연구자들은 알게 된 것을 기반으로 프로그램을 개발한 다음, 이 개입 프로그램의 과정과 결과를 모두 조사할 수 있다. 이러한 단계에 걸쳐 연구자들은 탐색적(1단계에서 2단계), 설명적(2단계에서 3단계) 및 수렴적(3단계) 핵심 설계를 사용한다.

그림 10.5를 살펴보라. 이 혼합적 방법 평가 설계는 스리랑카 청소년의 정신 건강 연구에서 사용되었다(Nastasi & Hitchcock, 2016). 바깥쪽 원에서 평가 과정의 일반적인 단계를 볼 수 있다. 원 안의 상자 안에는 양적 연구와 질적 연구의 조합도 있다. 간단히 말해서, 원 안의 이러한 상자를 살펴보면 작성자가 평가 과정의 여러 단계에서 여러 핵심 설계를 통합했음을 알 수 있다. 그림은 또한 자료가 수집된 날짜를 상자 안에서 보여 주고 있다.

복잡한 설계에 핵심 설계를 포함시키는 절차

그림 10.5의 혼합적 방법 평가 설계 예에서 핵심 설계가 평가 과정 내에 포함될 수 있음을 알 수 있다. 이것은 다른 설계, 이론 또는 방법론과 같은 복잡한 절차에 핵심 설계를 포함하는 방법에 대한 중요한 단서를 제공한다. 또한 혼합적 방법 절차의 다이어그램을 그리는 방법에 대해서도 설명한다. 우리의 생각으로는 다음 단계를 사용하여 핵심 설계를 보다 복잡한 절차에 포함시킬 수 있다고 본다.

1. 연구에서 수집한 양적 및 질적 자료를 식별한다. 자료 출처가 폐쇄적(양적)인

지 개방적(질적)인지를 참고한다.

2. 절차의 단계 다이어그램을 그린다. 이러한 단계(상자로 표시)는 실험설계의 단계, 사례 생성 또는 평가 단계일 수 있다.

3. 단계(상자)를 살펴보고 절차의 어떤 단계에서 양적 및 질적 자료를 모두 수집할 기회가 있는지 스스로 질문해 본다. 이러한 자료의 수집은 제1장에서 살펴본 것처럼 혼합적 방법 연구의 핵심적인 특성을 나타낸다.

4. 두 가지 형태의 자료를 모두 수집하는 상자에서 데이터베이스가 어떻게 병합(수렴적 혼합 방법 설계에서와 같이) 또는 연결(설명적 순차 혼합 방법 설계 또는 탐색적 순차 혼합 방법 설계에서와 같이)되어 있는지 스스로에게 더 질문해 본다.

5. 각 단계에서 자료가 통합되는 방식에 주의하면서 핵심 혼합적 방법 설계를 사용하는 절차에 대해 논의한다.

우리의 논의에서 분명히 알 수 있듯이, 우리는 핵심 설계든 더 복잡한 설계든 관계없이 절차 다이어그램을 그리는 것을 신봉하고 있다. 이러한 다이어그램을 그리는 방법에 대해 생각하는 것 외에도 혼합적 방법 연구 분야에서 등장한 몇 가지 표기법을 고려할 수 있다. 혼합적 연구 표기법은 혼합적 연구의 중요한 양상을 약자와 기호로 보여 주며, 혼합적 연구자들이 서로의 방식에 대해 쉽게 의사소통을 할 수 있게 한다(표 10.2 참조). 이 표기법을 최초로 개발한 이는 Morse(1991)이며, 이후 Tashakkori와 Teddlie(1998)와 Plano Clark(2005)에 의해 몇 가지가 더 추가되었다. 이들이 제시하는 표기법의 약자는 다음과 같이 설명된다.

- 대문자 QUAL과 QUAN은 양적 및 질적 자료의 분석과 해석을 의미하는 앞글자이다. 혼합적 연구에서 양적 및 질적 자료는 똑같이 강조되거나 하나가 다른 하나보다 더 강조될 수도 있다. 대문자 표기는 해당 방법이 강조된다는 의미이고, 소문자 표기는 해당 방법이 덜 우선시되거나 덜 강조된다는 의미이다.

- Quan과 Qual은 순서대로 양적·질적의 약자이다. 그리고 이 두 형태의 자료가 동등하게 중요하다는 의미에서 철자의 수가 같다.

표 10.2 혼합적 연구 방법에서 사용되는 표기법			
표기	의미하는 내용	예	인용 문헌
대문자	어떤 방법을 더욱 강조	QUAN, QUAL	Morse(1991)
소문자	어떤 방법을 덜 강조	quan, qual	Morse(1991)
+	수렴적 방법	QUAN+QUAL	Morse(1991)
→	순차적 방법	QUAL→quan	Morse(1991)
( )	어떤 설계나 틀에 내재됨	QUAN(qual)	Plano Clark(2005)
→←-	순환적	QUAL →←- QUAN	Nastasi et. al.(2007)
[ ]	일련의 연구	QUAL → [QUAN+ qual]	Morse & Niehaus(2009)

- 플러스(+)는 동시에 수집된 양적 및 질적 자료가 수렴적 형태로 합쳐졌음을 의미한다.
- 화살표(→)는 순차적 형태의 자료 수집을 의미한다. 한 형태의 자료(질적 자료)가 다른 형태의 자료(양적 자료)와 이어진다.
- 괄호(( ))는 자료 수집의 한 형태가 자료 수집의 다른 형태 내에 내재되거나 혹은 보다 큰 설계 내에 내재된다는 의미이다.
- 이중화살(→←-)은 분석의 흐름이 양방향으로 오갈 수 있음을 의미한다.
- 그림에는 자료의 수집이나 분석과 같은 설계의 주요 요소들을 강조하는 상자가 있다.

혼합적 방법 설계를 선택할 때 중요한 요인들

어떤 혼합적 연구방법을 선택할 것인가는 절차의 의도와 연구현장에 달려 있다. 여기서는 혼합적 연구 전략을 선택하기 위한 절차와 그 이유를 소개한다. 혼합적 연구 전략 안에는 많은 변수들이 있기 때문에 연구자가 선택하려는 방법이 여기에서 소개되는 방법과 정확하게 일치하지 않을 수도 있다. 그러나 이 설계들은 많은 설계에서 다루는 공통된 핵심 특징을 담고 있고, 이를 수정하여 연구자는 자신만의 전략을 찾을 수 있다. 프로젝트 수행을 위한 설계를 선택할 때 고려해야 할 점은 다음과 같다.

- 예상하거나 의도하는 결과에 기초하여 선택한다. 이 장의 초반에 혼합적 연구방법을 선택하는 이유를 다루었다. 표 10.3에서는 그 이유와 함께 혼합적 연구방법의 예상목표와 유형이 함께 설명되어 있다. 이 표를 참고하면 연구자는 자신이 하고자 하는 연구의 목표를 알 수 있고, 이를 통해 어떤 혼합적 연구방법을 활용하면 좋을지 생각해 볼 수 있다. 그래서 이러한 결과는 양적 및 질적 자료를 포함하고 통합하려는 의도에 의해 형성된다.

- 두 자료를 함께 통합하는 것에 기초하여 선택한다. 예상목표를 고려하여 혼합적 연구방법을 선택하는 방법 외에도 연구자는 두 자료를 통합하는 데 있어서 자료를 결합(수렴적 혼합 방법 설계)할 것인지, 설명(설명적 순차 설계)할 것인지, 구축(탐색적 순차 설계)을 할 것인지, 내장(복잡한 설계)시킬 것인지 고려할 수 있다. 자료의 결합이란 나란히 비교하기, 자료 변환하기, 동시에 제시하기를 통해 양적 및 질적 자료를 합치는 것이다. 자료의 연결은 하나의 자료를 분석한 결과를 두 번째 자료를 얻는 데 활용하는 것이다. 다시 말하면 한 자료의 분석결과를 통해 다른 자료의 수집과 관련된 정보를 알 수 있다. 자료의 내장이

표 10.3 혼합적 방법 프로젝트, 예상되는 결과, 설계의 유형 선택하기

혼합적 연구를 선택한 이유	설계의 예상 목표	적합한 혼합적 연구 설계
양적 및 질적 자료의 서로 다른 관점을 비교하고자 할 때	두 자료의 일관성을 확인하기 위해 두 자료를 합치기	수렴적 혼합 방법 설계
양적 자료의 결과를 질적 자료를 통해 설명하고자 할 때	양적 자료에 대한 더 깊이 있는 이해(주로 문화적 관련성 연구)	설명적 순차 혼합 방법 설계
더 나은 측정도구를 개발하고자 할 때	표본집단 검증	탐색적 순차 혼합 방법 설계
개인들의 생각을 통해 실험연구 결과를 이해하고자 할 때	실험결과의 맥락 내에서 연구 참여자의 관점 이해하기	혼합 방법 실험(개입 설계)
하나 그 이상의 사례연구를 비교하고자 할 때	여러 사례들 간의 유사점과 차이점 이해하기	혼합 방법 사례연구 설계
소외계층에게 필요한 것이 무엇인지 이해하고자 할 때	행동의 촉구	혼한 방법 참여-사회적 정의 설계
개입 프로그램의 효과를 검증하고자 할 때	형성적 및 총합적 평가	혼합 방법 평가 설계

란 양적·질적·혼합적 자료를 보다 큰 설계, 이론, 혹은 방법론 안에 내장시키는 것이다.

예를 들어, 수렴적 설계에서는 양적 및 질적 자료가 별개의 자료로 구분되며 자료의 수집과 분석 또한 별개로 이루어진다. 내재적 실험설계에서 질적 자료는 양적 실험과는 별개로 수집이 되고, 실험결과를 뒷받침하거나 확장하는 데 활용된다. 이와 달리 양적 자료와 질적 자료를 연결하여 한 자료가 다른 자료의 토대가 될 수도 있다. 순차적 유형의 설계(설명적 순차 전략, 탐색적 순차 전략)가 그러한데, 이 경우 하나의 자료는 다른 자료와는 별개로 존재할 수 없다. 순차적 설계에서는 첫 번째 단계의 결과가 나오기 전까지 두 번째 단계의 자료 수집은 이루어질 수 없다. 즉 후속자료 수집은 전적으로 그 전의 자료 수집 결과를 바탕으로 한다.

- **자료 수집의 시기에 기초하여 선택한다.** 양적 및 질적 자료를 동시에 혹은 비슷한 시기에 수집할지, 순차적으로 하나를 수집한 뒤 다음 하나를 수집할지 등 혼합적 연구에서의 자료 수집 시기를 고려할 필요가 있다. 수렴적 전략은 전형적으로 두 자료를 동시에 수집하는 방식이고 설명적 전략과 탐색적 전략은 순차적으로 자료를 수집하는 방식이다. 간혹 학회지에 게재된 논문에는 이러한 기준이 모호하지만 혼합적 연구 전략의 선택에 있어 고려해야 하는 부분이다. 복잡한 설계에서 자료 수집 시기는 다양할 수 있기 때문에 설계에서 다양한 시점이 포함되기도 한다.

- **각 데이터베이스가 갖고 있는 강조점에 기초하여 선택한다.** 자료 수집의 시기를 기준으로 선택하는 것과 마찬가지로 혼합적 연구방법에서 두 자료 중 어느 자료를 강조할 것인지, 즉 각 데이터베이스에 강조점 두기를 결정하는 일은 쉽지 않다. 혼합적 연구는 양적 및 질적 자료를 똑같이 강조(혹은 우선순위, 가중치)하거나 어느 한 자료를 더 강조하기도 한다. 예를 들어, 혼합적 연구를 활용한 프로젝트를 할 때 양적 단계보다 질적 단계를 더 강조할 수 있다. 어느 자료를 강조할지 어떻게 결정할 수 있을까? 혼합적 연구방법을 활용한 연구들을 읽어 보면서 그 연구는 어디에 강조점을 두고 있는지 살펴볼 수 있다. 그 연구는 어느 자료를 강조하면서 시작이 되는지(확고한 양적 이론에 근거하는지, 개인적

인 질적 이야기로 시작하는지), 양적 및 질적 자료의 수집과 분석의 깊이와 세련도는 어떠한지, 혹은 해당 연구자의 연구자로서의 훈련된 수준은 어떠한지를 살펴본다. 표기법 부분에서 언급했듯이 표기법에서 대문자로 표시된 철자는 더 강조되는 자료(예 : QUAL)이고 소문자는 덜 강조되는 자료(예 : quan)이다. 특정 자료의 강조 여부는 어떤 혼합적 연구 전략을 선택할지 결정하는 데 도움이 된다. 전형적으로 연구자가 두 자료를 모두 강조하려 한다면 수렴적 방법이 가장 적절하다. 혹은 양적 자료를 더 강조하고자 한다면 양적 요소를 가지고 시작되는 설명적 전략이 유용하다. 반대로 질적 자료가 더 강조된다면 탐색적 전략이 활용된다. 이 모두는 고정된 지침은 아니지만 전략을 선택할 때 참고할 수 있다.

- **연구현장에 가장 잘 어울리는 설계 유형에 기초하여 선택한다.** 연구현장과 설계의 관계에 따라 설계방법을 선택할 수도 있다. 양적 연구가 어울리는 현장에서는 양적 단계가 먼저 시작되기(혹은 양적 자료에 의해 연구가 주도되기) 때문에 설명적 전략이 더 적합하다. 질적 연구가 어울리는 현장에서는 질적 탐색으로 연구가 시작되는 탐색적 순차 전략이 더 어울린다. 그러나 이 전략에서는 질적 분석의 결과가 측정도구 개발에 활용될 수 있기 때문에 질적 탐색으로 연구가 시작된다고 해도 양적 결과가 더 중요하다. 어떤 현장에서는 자료 수집의 효율성에 따라 설계가 선택되기도 한다. 이것은 두 자료의 수집 시기가 달라 어느 한 현장을 더 많이 방문할 필요가 없고, 두 자료가 전형적으로 거의 동시에 수집이 되는 수렴적 혼합 연구에서 다루어진다.

- **단독연구 혹은 팀연구에 기초하여 선택한다.** 특정 전략을 선택하는 또 다른 현실적 이유는 해당 연구가 단독연구(대학원생)냐 팀연구(지원받은 종단적 연구)냐에 달려 있다. 만약 단독연구라면 설명적 연구나 탐색적 연구의 순차적 전략이 가장 적합한데, 이는 동시에 양적 및 질적 자료를 수집하거나 분석할 필요 없이 순차적으로 두 자료를 수집할 수 있기 때문이다. 이러한 연구는 수렴적 연구처럼 동시에 두 형태의 자료가 수집되는 것이 아니라 시간을 두고 자료 수집이 계획된다. 시간이 문제일 때, 우리는 학생들이 수렴적 설계에 대해 생각하도록 격려한다. 이 설계에서는 두 가지 형태의 자료가 거의 동시에 수

집되며 자료를 수집하기 위해 현장을 반복적으로 방문할 필요가 없다. 복잡한 설계는 연구의 여러 단계를 지원하는 팀연구와 수년 동안 펼쳐지는 재정 지원의 프로젝트에 아주 적합하다.

우리는 학생의 경우 자신이 사용하려는 연구설계를 활용한 혼합적 연구논문을 학회지에서 찾은 다음, 논문지도교수에게 보여 주고 설계에 대해 이해시킬 것을 권장한다. 많은 분야에서 혼합적 연구가 활용되고는 있지만 아직은 초기 단계에 있기 때문에 해당 분야 학회지에 게재된 논문들을 제시하면 혼합적 연구의 적법성을 알릴 수 있고, 논문심사위원이나 독자들에게도 혼합적 연구가 실현성이 있음을 알리는 데 도움이 된다. 팀연구의 경우 자료는 동시에 혹은 오랜 시간에 걸쳐 여러 유형으로 수집될 수 있기 때문에 내재적이나 다단계 설계를 적용할 수 있다. 단독 연구자들이 변형적 연구를 수행할 수 없는 것은 아니지만 연구참여자와의 협력을 통해 해당 분야의 자료를 수집하는 일은 본질적으로 노동집약적이기 때문에 단독연구보다는 팀연구에 더 적합할 수 있다.

혼합적 방법 절차의 사례

예 10.1~10.4는 순차적이고 동시적인 전략 및 절차를 모두 활용하는 혼합적 연구이다.

이 글의 연구목적에는 양적 자료(국내 자동차 사고 자료)와 질적 자료(고령 운전자의 관점)를 모두 사용했다는 점이 기술되어 있다. 이 연구의 연구문제 중 하나를 보면 연구자가 안전 운전과 안전하지 않은 운전에 대한 고령 운전자의 관점, 요구, 목표와 관련된 질적 결과와 자동차 사고에 영향을 미치는 요인들을 양적으로 살펴본 결과를 비교했음을 알 수 있다. 즉 이 연구의 **예상목표**는 두 자료의 결과를 비교하는 것임을 알 수 있다. 연구방법 부분에서는 해당 국가 내의 양적 자료와 이 자료의 통계 분석 결과에 대해 언급한 뒤 질적 자료와 질적 분석을 언급했다. 명확히 명시되어 있지는 않지만 결과 부분에서는 하나의 자료를 얻기 위해 다른 자료를 활용한 것이 아니라 두 유형의 자료가 동시에 나란히 제시되었다. 다이어그램을 통해 두

| 예 10.1 | 수렴적 병렬 혼합 연구 설계

Classen과 동료들(2007)은 고령 운전자 (65세 이상)의 자동차 사고에 영향을 미치는 조정가능 요인을 기반으로 건강증진 개입 프로그램을 개발하기 위해 고령 운전자의 안전에 대한 연구를 시행하였다. 이 연구는 수렴적 혼합 연구를 보여 주는 좋은 예시이다. 연구의 핵심 목적은 다음의 논문초록에서 알 수 있다.

이 연구는 고령 운전자의 안전을 증진시키기 위한 공공건강 개입 프로그램을 개발하는 데 있어 사고의 원인이 될 수 있는 요인들, 이 요인들이 통합된 결과, 실험연구를 통해 증명된 가이드라인 사이의 상관관계를 설명하는 사회생태학적 관점을 제시했다. 혼합적 연구를 활용하여 국내 자동차 사고 현황 자료에서 도출된 결과를 고령 운전자의 관점과 비교하고 통합하였다. (p. 677)

자료의 수집과 분석 절차가 제시되기도 했다. 결과 부분에서는 양적 결과가 먼저 제시되었고, 그다음에 질적 결과가 제시되었다. 이 연구는 양적 결과를 더 중요하게 다루었는데, 이는 이 연구가 양적 결과에 치중해 있음을 보여 준다. 그러나 두 유형의 자료를 통해 얻은 결과를 제시하는 연구들은 후속작업으로 양적 및 질적 결과가 서로의 결과를 뒷받침하는지를 비교하기 위한 분석이 뒤따라온다. 이 연구의 논의 부분에서 연구자는 두 자료를 나란히 놓고 비교했다. 이 연구의 주제와 연구자들의 특징을 보면 질적 연구보다는 양적 자료가 더 강조되는 연구는 직업치료 분야에서 더 많이 이루어진다는 점을 알 수 있었다. 또 연구자들의 약력을 보면 이 혼합적 연구는 양적 및 질적 연구 모두에 뛰어난 자들로 구성된 팀에 의해 진행되었음을 알 수 있다.

이 글에서 알 수 있듯이 이 연구의 **예상목표**는 질적 자료를 통해 학대를 견뎌 낸 이들의 개인적 관점과 회복탄력성에 대한 구체화된 그림을 그리는 것이었다. 또한 연구자들은 우선 양적 결과를 탐색하고 그 결과를 질적 자료를 통해 더 자세하게 설명하고자 하였다. 이러한 의도를 가지고 이 연구는 순차적 방식으로 두 **자료를 연결**

| 예 10.2 |　설명적 순차 혼합 연구 설계　　　　　

2007년에 Banyard와 Williams는 여성들이 아동기의 성적 학대로부터 어떻게 회복되는지를 설명적 혼합 연구를 적용하여 살펴보았다. 이 연구의 양적 자료로는 초기 아동기부터 7년 동안 진행된 구조화된 인터뷰(1990년 당시 소녀 136명, 1997년에 그중 61명)를 통해 회복탄력성 및 회복탄력성과의 상관에 대한 자료를 모았다. 질적 자료로는 연구참여자 중 21명의 소녀들을 대상으로 생애 사건, 극복, 회복, 회복탄력성을 중심으로 한 인터뷰자료를 수집했다. 혼합적 연구를 활용한 의도는 질적 인터뷰자료로 양적 결과를 탐색하고 이해하는 것이었다(p. 277). 다음은 이 연구의 연구목적 부분이다.

아동기에 성적 학대를 겪은 여성들의 삶에서 나타난 회복탄력성과 회복의 양상을 탐색하기 위해 혼합적 연구방법을 활용하여 초기 아동기부터 7년에 걸쳐 연구가 진행되었다. 우선 해당 기간 동안의 회복탄력성 점수의 양적 변화가 탐색되었다. 초기 아동기 7년 동안 다양한 영역에서 이 여성들의 기능이 얼마나 상승 혹은 하락했는가, 혹은 그대로였는가? 이를 밝히기 위해 시간이 지나면서 회복탄력성의 지속성, 성장과의 상관, 웰빙의 증가를 방해하는 재외상(re-traumatization)의 영향이 탐색되었다. 마지막으로 이 연구의 우선적인 초점이 성인기 동안의 회복탄력성 과정을 밝히는 것은 아니었고, 이 과정을 밝히기 위해서는 추가 기술이 필요했기 때문에 학대를 이겨 낸 소녀들의 회복과 힐링에 대한 내러티브를 탐색하기 위해 양적 표본집단으로부터 수집된 질적 자료를 활용하여 회복탄력성의 핵심적인 양상이 무엇인지를 여성의 입을 통해 알아보았다. (p. 278)

하고, 하나의 자료로 다른 자료를 설명하였다. 이 연구는 양적 자료를 얻은 뒤 질적 자료를 수집하는 순서로 진행이 되었다. 이 연구가 양적 자료에 더 강조점을 두었는지, 질적 자료에 더 중점을 두었는지는 알기 어렵다. 이 프로젝트는 자료 수집 방법에 대한 광범위한 논의를 거친 뒤 양적 종단연구로 시작된 연구이다. 이 연구는 양적 결과를 구체적으로 기술했다. 그러나 질적 결과를 보면 여성들과의 인터뷰에서

| 예 10.3 | **탐색적 순차 혼합 연구 설계**

Betancourt와 동료들(2011)의 연구는 실험결과를 토대로 탐색적 순차 혼합 연구를 시행한 좋은 예이다. 이 연구는 르완다의 가족강화 개입 프로그램을 혼합적 연구에 적용하여 평가했다. 연구자들은 르완다에 거주하는 HIV에 감염된 아이들의 정신건강 문제를 다루었다. 이 연구는 우선 아동과 보호자와의 인터뷰를 통해 탐색적인 질적 연구를 시행했다. 질적 자료의 분석을 통해 도출된 주제들에 맞는 표준화된 측정도구를 찾기 위해 광범위한 선행연구 조사가 이루어졌다. 그 결과로 연구자들은 몇 개의 측정도구를 찾았고, 설문조사 도구를 개발하기 위해 새로운 측정도구를 추가했다. 구인타당도가 높은 도구를 제작하기 위해 엄격한 도구, 즉 척도 개발(원문과 번역문을 오가며 번역하기, 문항 및 신뢰도와 타당도의 적절성에 대한 논의) 과정을 거치면서 수차례 수정하였다. 이 측정도구들(가족 커뮤니케이션, 훌륭한 양육 등)은 실험(개입)연구의 사전·사후 검사에 활용되었다. 개입 프로그램을 개발하기 위해 연구자들은 이 측정도구들로 측정이 가능하다고 예상되는 강점 기반, 가족 기반 개입 프로그램을 시행하였다. 혼합적 연구의 마지막 단계는 보호 프로그램이라고 할 수 있는 어느

프로그램에서 사용되는 타당도가 높은 측정도구를 추가하는 것이었다. 이 연구의 곳곳에서 연구자들은 좋은 측정도구를 개발하기 위해 연구참여자들과 협력을 했다. 따라서 이 연구는 질적 단계, 측정도구 개발 단계, 실험 단계를 아우르는 훌륭하지만 복잡한 혼합적 연구의 예를 보여 주었다. 이 연구는 초반의 질적 탐색이 어떻게 이후의 양적 단계를 뒷받침할 수 있는지 보여 준다. 연구자들은 연구의 목적을 다음과 같이 기술하였다.

이 정신건강 서비스 연구에 사용된 다중 단계 방법에서 우리의 목적은 (1) 질적 방법을 사용하여 정신건강 문제와 지역적으로 관련된 지표 및 보호요인의 출처를 세세하게 보여 주고, (2) 양적 결과물을 정신건강 측정도구 및 지역적으로 알려진 개입 프로그램의 개발에 적용하고, (3) 선별된 정신건강 측정도구들을 타당화하고 (4) 혼합적 연구의 과정에서 선택된 개입의 효과에 대한 신빙성 높은 평가연구에 이 측정도구들을 활용하는 것이다. (p. 34)

| 예 10.4 |　 **사회적 정의 설계**

마지막 예시로는 사회-정의 설명적 순차 혼합 연구방법을 사용한 Hodgkin (2008)의 페미니스트 연구가 있다. 이 연구는 호주의 한 지역에 사는 가족을 대상으로 남성과 여성이 생각하는 사회적 자본의 개념을 밝히는 것이었다. 사회적 자본이란 사람들로 하여금 (사회활동, 커뮤니티, 시민적 참여를 통해) 집단적으로 공동의 문제를 다루고 해결하게 만드는 관습과 네트워크를 말한다. 이를 위해 활용된 기본적인 혼합적 연구는 설명적 순차 설계였고, 양적 단계에서 설문을, 질적 단계에서 인터뷰를 진행하였다. 연구자가 언급했듯이 이 연구의 질적 단계는 양적 단계에서 얻은 몇 가지 자료를 바탕으로 정교화되고 확장되었다(p. 301). 더불어 연구자는 이 연구를 페미니스트 혼합적 연구 프로젝트라 선언하였다. 이 말은 Hodgkin은 자신의 혼합적 연구 전반에 페미니스트 프레임(제3장 참조)을 담으려 했다. 저자는 Mertens(2007)의 변형적 연구 패러다임을 참고하였는데, 이 연구는 여성의 목소리에 힘을 실어 주었고, 광범위한 자료 수집 방법을 사용하였으며 주관적 방식의 앎과 객관적 방식의 앎을 연결시켰다(제3장 인식론에 관한 논의 참조). 이 연구의 목적은 다음과 같다.

이 연구는 양적 자료를 활용하여 남성과 여성이 사회적 자본에 대해 서로 다른 생각을 가지고 있음을 보여 줄 것이다. 연구 참여자들의 입을 통해 듣는 이야기는 성 불평등과 역할 기대가 무엇인지 드러낼 것이다. 페미니스트의 입장에서는 양적 방법의 수용을 거부함에도 불구하고 개인적 이야기를 통해 보여 주는 이 큰 그림은 연구를 깊이 있고 짜임새 있게 만들 수 있다는 논의로 마무리된다.

많은 주제들을 얻었음을 알 수 있다. 이 주제들은 여성들의 삶에 있어서의 전환점, 지속적 회복의 본질, 회복에 있어서 영성(spirituality)의 역할과 같은 회복탄력성 개념을 구축하는 데 도움이 되는 새로운 토론거리를 제시하였다. 이 연구는 미국국립보건원(National Institutes of Health)의 지원을 받아 심리학과 사법제도 분야의 연구자들로 구성된 연구팀에 의해 진행되었다.

이 혼합적 연구의 **예상목표**는 명백하게 좋은 정신측정 도구를 개발하여 사용하는 것이다. 여기에서 질적 자료의 용도는 개입 프로그램의 실행 과정에서 검증될 필요가 있는 가설을 만드는 데 있다. 초기의 질적 자료 수집 단계는 그 뒤로 양적 지표의 개발로 이어지고, 이 측정도구에 대한 엄격한 타당도 및 신뢰도 검증으로 이어진다. 전체 프로젝트의 순서는 질적 단계, 양적 단계 순으로 이어졌다. 양적 단계는 곧 측정도구(와 설문)의 개발과 개입 프로그램 연구 단계라고 할 수 있다. 이 프로젝트를 다이어그램으로 표현하자면 qual → QUAN → QUAN이 될 수 있다. 이 절차가 보여 주듯이 연구의 **강조점**은 양적 단계에 있고, 이 연구는 글의 마지막 부분에 개입 프로그램의 검증에 초점을 두고 있는 것으로 보인다. 연구자들이 공공건강, 글로벌 의료 분야 비영리 단체 파트너스인헬스(Partners in Health)라는 조직, 아동병원 분야의 사람들로 구성되어 있다는 점에서 이 연구가 양적 연구를 매우 강하게 지향하고 있음을 알 수가 있다. 전반적으로 이 혼합적 연구는 핵심적인 탐색적 순차 설계이자 순차성에 초점을 둔 보다 고급의 내재적 실험설계임을 보여 준다. 이런 복잡한 프로젝트에는 미국과 르완다에 주둔하는 연구자 팀이 참여하였다.

따라서 이 혼합적 연구방법의 **예상목표**는 질적 인터뷰자료를 통해 초기의 설문결과를 더 깊이 있게 설명하는 것이었다. 이에 더하여 성 불평등과 역할 기대에 대한 그림을 변형적 관점에서 보여 주려 하였다. 그리고 순차적으로 양적 설문이 이루어진 뒤 이를 기반으로 질적 인터뷰자료가 수집되었다. 설문지는 가정을 이루고 있는 남성과 여성 모두($N=1,431$)에게 보내졌고, 인터뷰는 설문표본 내의 여성들($N=12$)만을 대상으로 이루어졌다. 인터뷰에 참여한 여성들은 나이가 서로 달랐고, 활동도 다양했으며(집 안팎으로), 어머니였고, 교육받은 수준도 달랐다. 자료 수집의 시기는 두 단계로, 양적 설문의 결과를 가지고 질적 인터뷰를 하는 방식이었다. 사실 설문자료가 보여 주는 바는 남성과 여성이 집단 및 커뮤니티 집단 내에서의 사회적 참여 수준이 다르다는 것이다. 이 연구는 양적 및 질적 요소에 똑같은 **강조점**을 두었고, 이 연구의 단독 저자는 페미니스트 틀을 적용하여 혼합적 연구방법의 좋은 예를 보여 주고자 하였다.

이 틀은 어떻게 적용되었을까? 연구자는 연구의 시작 부분에서 "이 연구의 목적은 페미니스트 분야에 혼합적 연구방법을 적용이 가능함을 보여 주는 것이다."(p.

296)라고 하였다. 그런 뒤 연구자는 사회적 자본에 대한 실험연구에서는 질적 연구가 부재하다는 점, 백인 중산층 여성의 커뮤니티 개념이 주로 연구되고 있음을 논의하였다. 더 나아가 연구자는 성차별을 당하는 이들의 목소리가 높아질 필요가 있음을 언급하면서 대량의 남성과 여성 표본 내에서 사회, 커뮤니티, 시민적 참여와 관련하여 성 차이를 우선 강조하였고, 그다음으로 여성의 역할을 더 깊이 있게 이해하기 위하여 여성만을 대상으로 하는 질적인 후속연구를 진행하였다. 질적 결과물은 여성의 참여에 영향을 미치는 주제들(예 : '좋은 엄마가 되고 싶은', '고립되고 싶지 않은', '좋은 시민이 되고 싶은')을 보여 주었다. 특히 이 질적 결과물들은 질적 자료가 어떻게 설문결과를 확장시키는 데 도움이 되는지를 보여 주었다. 페미니스트에 대한 기존의 많은 혼합적 연구와는 달리 이 연구의 결과는 불평등을 바꾸기 위해 행동을 취해야 한다는 점을 강하게 주장하지 않았다. 다만 혼합적 연구방법은 성 불평등에 강력한 목소리를 낼 수 있게 한다는 정도로 언급이 되었다.

요약

연구방법 부분에 혼합적 연구방법에 대해 기술할 때는 혼합적 연구와 그 핵심 특징을 정의 내리고, 이 연구방법의 발전 과정을 간략히 언급하는 것으로 시작한다. 그리고 연구자가 선택한 혼합적 연구의 설계와 해당 설계를 적용할 때의 문제점에 대해 논의한다. 독자들에게 연구의 흐름을 이해시키기 위해 표기법을 사용하여 연구절차를 다이어그램으로 표현한다. 연구자가 선택한 설계에 대해 논의하는 과정에서 수렴적-병렬적·설명적 순차, 혹은 탐색적 순차 혼합 연구의 요소들을 함께 언급한다. 또한 보다 큰 설계, 이론적 틀, 혹은 방법론 내에 자료를 연결하는 더 복잡한 절차를 활용하는 것도 고려해 볼 수 있다. 마지막으로 연구자가 특정한 혼합적 연구방법을 선택하는 데 영향을 주는 요인이 무엇인지 생각해 볼 수 있다. 이 말은 연구, 자료의 통합, 자료 수집의 시기, 양적 및 질적 자료에 두는 가중치, 연구자의 연구 분야에 맞는 설계의 선택, 단독 혹은 팀 연구의 여부로부터 기대하는 결과가 무엇인지를 생각할 필요가 있다는 의미이다.

연습문제

1. 양적 및 질적 단계를 순차적으로 적용한 혼합적 연구를 설계하라. 그러한 순서로 양적 및 질적 단계를 구상한 원리를 논의하라.
2. 양적 단계보다 질적 자료 수집 단계가 더 강조되는 혼합적 연구를 설계하라. 서론, 연구목적, 연구문제, 자료 수집 형태를 어떻게 기술할지 논의하라.
3. 페미니스트 관점과 같은 이론 프레임을 어떻게 적용할 수 있을지 그림 및 구체적인 절차로 제시하라. 설명적 혹은 탐색적 설계 중 하나를 적용하고 그림으로 표현할 때는 적절한 표기법을 활용하라.

더 읽을거리

Creswell, J. W., & Plano Clark, V. L. (2018). *Designing and conducting mixed methods research* (3rd ed.) Thousand Oaks, CA: Sage.

John Creswell과 Vicki Plano Clark는 두 개의 장에 걸쳐 혼합적 방법의 연구설계를 다루고 있다. 제3장은 세 가지 핵심 혼합적 방법 설계인 수렴적 혼합 방법 설계, 설명적 순차 혼합 방법 설계, 탐색적 순차 혼합 방법 설계에 대해 논의하고 있다. 제4장은 더 나아가 네 가지 복잡한 설계인 혼합적 방법 개입 설계, 혼합적 방법 사례연구 설계, 혼합적 방법 참여-사회적 정의 설계, 혼합적 방법 평가 설계에 대해 논의하고 있다. 저자들은 각 설계 유형별로 예시와 다이어그램을 제공하고 있으며, 또한 그들의 통합적인 특징과 같은 중요한 특성에 대해 자세하게 설명하고 있다.

Greene, J. C., Caracelli, V. J., & Graham, W. F. (1989). Toward a conceptual framework for mixed-method evaluation designs. *Educational Evaluation and Policy Analysis*, 11(3), 255-274.

Greene과 동료들은 1980년부터 1988년까지 57편의 혼합적 연구방법에 대한 평가 연구를 진행하였다. 이 분석을 통해 이들은 혼합적 연구방법을 다섯 가지로, 설계의 특징을 일곱 가지로 정리하였다. 혼합적 연구방법의 목적은 수렴점 찾기(삼각검증), 서로 다른 현상의 일면을 탐색하기(상보성), 연구방법을 순차적으로 사용하기(전개), 역설의 문제와 새로운 관점 발견하기(시도), 연구 영역 넓히기(확장)가 그것이다. 또 혼합적 연구방법은 저마다 가지고 있는 가정과 장단점, 연구하는 현상이 서로 같은지 아니면 다른지 면에서 차이가 있다. 연구가 서로 같은 패러다임 혹은 서로 다른 패러다임 안에서 진행이 되는지, 동일한 가중치가 주어지는지 아니면 서로 다른 가중치가 주어지는지, 연구가 별개로, 동시에, 순차적으로 진행되는지에 따라 서로 다르다. 이 연구자들은 연구의 목적과 설계 특성에 따라 다양한 혼합적 연구설계를 활용할 것을 추천한다.

Morse, J. M. (1991). Approaches to qualitative-quantitative methodological triangulation. *Nursing Research, 40*(2), 120-123.

Morse는 하나의 연구문제를 해결하기 위해 질적 및 양적 방법을 모두 사용한다는 것은 두 방법 중 어느 방법에 가중치를 둘지, 어느 방법을 먼저 활용할지와 관련된 논쟁으로 이어지는 일이라고 했다. 이런 생각을 토대로 Morse는 두 가지 형태의 방법론적 삼각검증을 고안했다. (1) 동시적 활용, 두 방법을 동시에 활용하기, (2) 순차적 활용, 하나의 방법에서 도출된 자료를 다음 방법을 계획하는 데 활용하기가 그것이다. 이 두 방법은 대·소문자 표기법을 활용하여 상대적 가중치와 순차성을 강조하는 방식으로 이 책에 기술되었다. 그런 뒤 이 책은 두 형태의 방법에서 사용되는 삼각검증 방법을 설계의 목적과 한계, 접근법의 측면에서 논의했다.

Plano Clark, V. L. & Creswell, J. W. (2008). *The mixed methods reader*. Thousand Oaks, CA: Sage.

Creswell과 Clark는 혼합적 연구방법의 실행 단계를 설계하는 방법을 보여 주었다. 이 책은 혼합적 연구방법을 활용한 논문들을 구체적인 예시로 활용하여 이를 보여 준다. 예시로는 수렴적 설계, 설명적 순차 설계, 탐색적 순차 설계가 있다. 또 이 책은 혼합적 연구방법 분야의 오랜 발전 과정에서 출간되어 온 핵심 논문들을 보여 준다.

Tashakkori, A., & Teddlie, C. (Eds.). (2010). *SAGE handbook of mixed methods in social & behavioral research* (2nd ed.). Thousand Oaks, CA: Sage.

Tashakkori와 Teddlie가 편집한 이 핸드북은 혼합적 연구방법 분야의 전체적인 지도를 보여 주려 하였다. 이 책은 혼합적 연구방법을 소개하고, 혼합적 연구의 실행에 있어 필요한 방법적·분석적 이슈를 보여 주며, 인문·사회과학 분야에 적용하는 방법을 파악하고, 앞으로의 방향을 계획하였다. 예를 들어, 이 책은 별도의 장을 마련하여 평가, 관리 및 조직, 정신과학, 간호학, 심리학, 사회학, 교육학 분야에서 사용되는 혼합적 연구방법을 보여 준다.

Ⓢ SAGE edge™

https://edge.sagepub.com/creswellrd5e

학습자와 교수자는 연구설계와 방법에 관한 비디오 영상, 논문, 퀴즈와 활동, 각종 도구가 필요하면 위의 사이트를 방문하기 바란다.

용어해설

각 데이터베이스에 강조점 두기(emphasis placed on each database) 양적 자료와 질적 자료 중 어느 것에 우선순위를 둘 것인가(혹은 동등하게 다룰 것인가)를 말한다.

고지에 입각한 동의서(informed consent form) 연구참여자가 연구에 참여하기 전에 참가 서명을 한 것이다. 이 동의서는 자료 수집 기간에 보호받아야 할 연구참여자의 권리를 승인한다.

관찰기록안(observational protocol) 질적 연구자가 관찰하는 동안에 정보를 기록하고 적어 두기 위해 사용하는 양식이다.

구인타당도(construct validity) 탐구자가 변인들에 대해 적절한 정의를 내린 후 그 변인을 제대로 측정하고 있는가를 나타내 주는 정도이다.

공동 디스플레이(joint display) 연구자가 혼합적 방법 연구에서 비교 또는 통합을 검토하고 해석할 수 있도록 양적 또는 질적 자료의 수집 및 분석을 나란히 배열하는 표 또는 그래프이다. 연구자는 혼합적 방법 설계의 각 유형에 대한 특정 디스플레이를 개발할 수 있다.

근거이론(grounded theory) 연구자가 연구참여자의 관점에 근거한 과정, 행동, 상호작용의 일반적·추상적 이론을 추출하는 질적 전략을 말한다.

글쓰기 습관(habit of writing) 한꺼번에 많이 혹은 일회성으로 글을 쓰는 것이 아니라 규칙적이고 연속적으로 글을 쓰는 것이다.

글쓰기에서의 군더더기(fat in writing) 글을 쓸 때 의도하는 바의 의미를 전달하기 위해서 쓸데없이 불필요하거나 과도한 단어나 글을 덧붙이는 것이다.

글쓰기에서의 큰 사고(big thought in writing) 포괄적 사고의 영역에 속하면서 포괄적 사고를 강화하고, 명료화 혹은 정교화하는 데 도움이 되는 구체적인 아이디어나 이미지이다.

기술적 분석(descriptive analysis) 연구에서 변인에 대한 자료의 기술적 분석은 평균, 표준편차, 점수의 범위를 통해 결과를 기술하는 것을 포함한다.

내러티브 연구(narrative research) 연구자가 개인의 삶을 연구하고, 1명 혹은 그 이상의 개인에게 그들의 삶에 대한 이야기를 제시해 달라고 요구하는 질적 전략의 연구. 개인의 삶에 대한 정보는 연구자에 의해 이야기식 연대기(narrative chronology)로 종종 재진술된다.

내적 타당도의 위협요소(internal validity threats) 실험에서 모집단에 관한 자료로부터 정확한 추론을 이끌어 내는 연구자의 능력을 위협하는 실험절차, 처치, 연구참여자의 경험 등을 말한다.

논문작성법(style manual) 논문형식 안내서는 학술적인 원고 작성을 위한 지침, 예컨대 인용하기와 참고문헌 달기, 제목 만들기, 표와 그림 제시하기, 특수하지 않은 언어 사용하기에 걸쳐 일관된 형식을 제공한다.

단일대상 설계(single-subject design) N of 1(단일사례 수) 설계라고도 부르는데, 이는 시간의 흐름에 따라 1명(혹은 소수의 개인들)의 행동을 관찰하는 것을 포함한다.

매개변인(mediating variable) 인과적 연결에 있어서 독립변인과 종속변인 사이에 있는 양적 연구에서의 변인이다. 논리상 독립변인은 매개변인의 원인이 되고, 매개변인은 종속변인에 영향을 미친다.

메모스(memos). 연구의 괴정에서 코드와 주제의 과정을 반영하거나 개발을 돕기 위해 작성된 노트나 수첩이다.

목적성을 띤 선정(purposefully select) 질적 연구자들이 연구문제와 연구질문을 이해하는 데 가장 도움을 줄 연구참여자나 장소(또는 문서나 시각 자료)를 의도적으로 선정하는 것이다.

무선표집(random sampling) 양적 연구에서 연구참여자를 선정하기 위한 하나의 절차이다. 무선표집이란 표집이 전집(모집단)을 대표할 수 있도록 각 개인이 전집으로부터 동일한 확률로 선정되도록 표집하는 것을 의미한다.

문헌의 컴퓨터 데이터베이스(computer database of the literature) 오늘날 도서관에서 이용 가능한 것으로 수천 개의 저널, 발표논문, 자료들을 쉽고 빨리 검색해 볼 수 있도록 해 준다.

문헌지도(literature map) 어떤 주제에 대한 연구문헌을 시각적으로 요약한 것으로 이 연구가 그 주제의 다른 문헌과 어떤 관련이 있는지를 시각적으로 확인할 수 있도록 그림이나 도표로 나타낸 것이다.

민족지학적 연구(ethnography) 연구자가 주로 관찰 및 인터뷰 자료를 수집하면서 오랜 기간 동안 손상되지 않은 자연 상태의 환경에 있는 기존의 문화집단을 연구하는 질적 방법이다.

변인(variable) 측정되거나 관찰될 수 있고 연구대상의 사람이나 조직 사이에 차이를 보이는 개인이나 조직의 특성이나 속성이다. 하나의 변인은 보통 2개 혹은 그 이상의 범주로 또는 점수의 연속선상에서 구분되며 또한 측정될 수 있다.

변형적 세계관(transformative worldview) 모종의 수준에서 나타나는 사회적 압력과 사회 정의를 이해하기 위해서는 정치학 및 정치적 변화와 관련된 문제들이 연구자의 연구적 의문과 연결될 필요가 있다는 관점이다.

비지시적 가설(nondirectional hypothesis) 양적 연구에서 연구자가 예측을 하지만 이전의 문헌으로부터 예상될 수 있는 결과를 알지 못하기 때문에 그 차이(예 : 더 높다, 더 낮다, 더 많다, 더 적다)를 구체적으로 제시하지 못하는 가설이다.

사례연구(case study) 연구자가 하나의 프로그램, 사건, 활동, 과정, 혹은 1명 내지 소수의 개인을 심층적으로 탐구하는 질적 연구의 방법이다. 사례는 시간과 활동에 의해 제한되어 있어서 연구자는 지속적으로 일정한 시간 간격에 걸쳐 다양한 자료 수집 절차를 사용하여 상세한 정보를 수집한다.

사회과학 이론(social science theory) 연구자

가 설계할 때 사용하는 하나의 이론적 틀이다. 이 이론은 논쟁점, 연구문제, 결과, 이론을 개정하기 위한 최종 제안점 등 연구의 여러 측면에 유익한 정보를 제공해 줄 수 있다.

사회적 구성주의자(social constructivist) 사회적 구성주의자는 개인은 자신이 살고 일하는 세계에 대해 이해하려고 한다고 가정한다. 그들은 개인은 자신의 경험으로부터 주관적인 의미를 발전시키며, 그 의미는 어떤 대상이나 사물로 향한다고 본다.

생명윤리위원회(institutional review board, IRB) 대학교 내에 있는 위원회의 하나로 연구가 연구참여자에게 끼칠 수 있는 위험성의 범위를 결정한다. 연구를 진행하려는 이들은 IRB에 요청하여 연구를 승인받은 뒤 연구참여자에게 연구의 위험성 정도를 알리는 참여 동의서를 연구참여자들에게 배포한다.

서론의 결손 모델 (deficiencies model of an introduction) 연구의 서론을 쓰기 위한 한 접근으로서 기존의 문헌에서 존재하고 있는 불일치 결과를 형성하기 위한 것이다. 서론에서는 연구문제의 진술, 문제에 관한 선행연구의 검토, 선행연구 결과에서의 불일치, 연구의 의의(중요성)를 다룬다.

서술 고리(narrative hook) 독자로 하여금 연구에 몰입하여 계속해서 읽도록 관심을 이끄는 데 도움이 되는 서론의 시작 문장에서 사용되는 단어들이라는 뜻을 가진 영어 합성에서 이끌어진 술어이다.

선행연구의 결함(deficiencies in past literature) 이전의 문헌에서 다룬 주제가 특정 집단, 표본, 혹은 전집을 탐구하지 못했기 때문에 결함을 갖고 있을 수 있으므로 새로운 연구대상이나 새로운 연구장면에서도 동일한 연구결과가 나오는지, 혹은 새로운 집단의 목소리가 기존의 문헌에서 들어보지 못했던 것인지를 알아보기 위해 연구는 반복될 필요가 있다.

설명적 순차 혼합 방법(explanatory sequential mixed method) 연구자가 첫 번째 단계에서 양적 자료를 수집하고 결과를 분석한 다음, 양적 결과를 설명하는 데 도움이 되는 질적 단계를 사용하는 2단계 프로젝트를 포함하는 혼합적 방법 설계이다.

성찰(reflexivity) 연구자가 자신의 편견, 가치, 성·역사·문화·사회경제적 지위와 같은 개인적 배경이 연구 중에 형성된 자신의 해석에 얼마나 작용했는가를 숙고하는 것을 의미한다.

세계관(worldview) '행위를 안내하는 기본적인 신념 체계'(Guba, 1990, p. 17)라고 정의된다.

수렴적 병렬 혼합 방법(convergent parallel mixed method) 연구자가 양적 및 질적 자료를 모두 수집하고, 그 자료를 각기 분석한 다음, 서로 일치하는지의 여부를 알아보기 위해서 결과를 비교하는 혼합적 연구 전략이다.

수렴적 혼합 방법(convergent mixed method) 연구자가 양적 및 질적 자료를 모두 수집하고, 각 자료를 별도로 분석한 다음, 결과가 서로 불일치하는지를 살펴보기 위해서 결과를 비교하는 혼합적 방법 전략이다.

스크립트(script) 이 책에서 사용한 것처럼 스크립트(각본)는 연구계획서나 보고서의 특정 부분(예 : 목적 진술이나 연구질문)의 중요 단어와 아이디어를 담고 있고, 연구자로 하여금 자신의 프로젝트와 관련 있는 정보를 삽입할 수 있는 공간을 마련해 놓은 미완성된 문장 형태이다.

신뢰구간(confidence interval) 양적 연구에서 관찰된 자료와 일치하고, 실제의 모집단 평균을 포함하고 있는 상위 통계치와 하위 통계치의 범위에 대한 추정이다.

신뢰도(reliability) 어떤 검사도구의 문항에 대한 점수가 얼마나 내적 일관성이 있는지(즉 문항에 대한 반응이 구인 전체에 걸쳐 일관성을 유지하고 있는가?), 시간에 걸쳐 얼마나 안정성이 있는지(검사-재검사의 상관성), 그리고 검사 실시와 채점에 있어서 얼마나 일관성이 있었는지의 정도를 말한다.

실용주의(pragmatism) 모든 일이 선행조건(후기 실증주의에서처럼)보다는 행동, 상황, 결과에서 비롯된다는 세계관이나 철학이다. 실용주의는 문제에 대한 해결과 적용에 관심을 둔다. 실용주의를 취하는 연구자는 방법에 초점을 두기보다는 연구문제를 강조하며 그 문제를 이해하기 위해서 이용 가능한 모든 접근을 다 사용한다.

실험연구(experimental research) 어떤 특정의 처치가 결과에 영향을 미치는지의 여부를 알아보기 위한 연구형태이다. 이러한 영향은 한 집단(실험집단)에게는 특정의 처치를 하고 다른 한 집단(통제집단)에게는 특정의 처치를 하지 않은 다음에 두 집단의 결과점수를 비교함으로써 평가된다.

실험설계(experimental design) 양적 연구에서 실험설계는 결과에 영향을 미칠 수 있는 모든 다른 요인을 통제하면서 어떤 처치(혹은 중재)가 결과에 미치는 영향을 검증한다.

양적 연구(quantitative research) 변인 사이의 관계를 조사함으로써 객관적 이론을 검증하기 위한 방법이다. 이러한 변인은 대체로 검사도구에 의해 측정될 수 있으며, 따라서 수량적 자료가 통계적 절차를 이용하여 분석될 수 있다. 최종 작성된 보고서는 서론, 문헌과 이론, 방법, 결과, 논의로 이루어진 일련의 구조를 갖고 있다.

양적 연구에서의 가설(quantitative hypotheses) 연구자가 예상하는 변인 간의 관계에 대한 예측이다.

양적 연구에서의 해석(interpretation in quantitative research) 양적 연구에서 해석이란 연구자가 연구문제, 가설에 대한 결과와 결과가 의미하는 바로부터 결론을 이끌어 내는 것이다.

양적 연구에서의 연구목적 진술(quantitative purpose statement) 양적 연구방법을 이용한 연구에서의 목적 진술은 연구에서 다루는 변인과 그 변인 간의 관계, 연구참여자, 연구장면을 포함한다. 또한 양적 연구와 관련된 언어와 관계 혹은 이론에 대한 연역적 검증을 포함한다.

양적 연구에서의 연구질문(quantitative research question) 양적 연구방법을 이용한 연구에서의 연구질문은 연구자가 대답을 추구하는 변인들 간의 관계에 관한 문제를 제기하는 의문형의 문장으로 진술되어 있다.

양적 연구에서의 이론(theory in quantitative research) 변인들 간의 관계(대체로 크기 혹은 방향의 견지에서)를 구체화하고 연구의 결과를 예측해 주는 명제나 가설로 형성되는 구인들(혹은 변인들)의 상호 연관된 집합이다.

양적 연구에서의 타당도(validity in quantitative research) 특정 도구에서 얻어진 점수로부터 의미 있고 유용한 추론을 도출할 수 있는 정도를 말한다.

연구목적 진술(purpose statement) 계획하고 있는 연구의 목적, 의도 및 핵심이 되는 중요한 아이디어를 명백히 나타내는 것이다.

연구문제(research problem) 연구의 필요성을 이끄는 문제나 이슈이다.

연구문헌 개관(reviewing study) 서론에서 이전의 연구들을 고찰하는 것은 연구의 중요성을 정당화해 주며, 이전의 연구와 제안된 연구 간의 차이를 밝혀 준다.

연구방법(research method) 연구자들이 그들의 연구를 위해 제안하는 자료의 수집과 분석 및 해석의 구체적 방법을 말한다.

연구설계(research design) 광범위한 가정에서부터 상세한 자료의 수집과 분석 방법에 이르기까지의 결정을 위한 연구의 계획과 절차이다.

연구의 중요성(significance of the study) 서론에서 연구의 중요성은 이 연구를 읽고 활용함으로써 유익을 얻을 수 있는 여러 독자들에게 연구문제의 중요성을 전달한다.

연구접근(research approach) 어떤 가설을 세워야 할지부터 구체적으로 어떻게 자료를 수집하고 어떤 분석방법을 사용해야 할지를 결정하는 것까지를 아우르는 계획 및 절차이다. 여기에는 철학적 가설, 연구설계, 구체적 연구방법이 얽혀 있다.

연구 팁(research tip) 숙련된 연구자로서 우리(이 책의 저자들)의 연구에 큰 도움이 되었던 방법이나 기법에 관한 우리의 생각이다.

연구현장 담당자(gatekeeper) 연구 사이트에 접근하여 질적 연구를 수행하도록 허락 혹은 승인해 주는 이른바 정보 누설을 통제하는 사람이다.

영가설(null hypothesis) 양적 연구에서 가설을 설정하는 전통적인 접근방식을 대표하는 것으로 전체적인 대상에서 어떤 변인에 대한 두 집단 간에 어떤 관계나 유의한 차이가 없다고 예측을 하는 가설을 말한다.

외적 타당도의 위협요소(external validity threat) 실험자가 표본자료로부터 이끌어 낸 추론을 다른 사람, 다른 상황, 과거나 미래의 상황에 잘못 적용하려는 과정에서 발생한다.

용어의 정의(definition of term) 연구계획서에서 발견할 수 있는 하나의 절(section)로 독자가 이해할 수 없는 용어에 대한 정의이다.

윤리강령(codes of ethic) 해당 분야에서 학문적인 연구를 주도하는 전문 단체가 만든 윤리적 규칙과 원칙이다.

응답 편향(response bias) 조사 추정에서의 무응답 효과로 그것은 만약 무응답자가 응답을 했다면 그들의 응답은 조사의 전체 결과를 실질적으로 바꾸게 될 것이라는 것을 의미한다.

이론(theory) 혼합적 연구방법에서의 이론은 답변되어야 할 연구질문의 유형, 연구참여의 대상, 자료 수집의 방법, 연구로부터 생성된 시사점(대체로 변화와 옹호를 위한 시사점)에 걸쳐 방향을 제시해 준다. 이론은 연구설계와 연동되어 매우 중요한 관점을 제공한다.

인터뷰기록안(interview protocol) 질적 연구자가 인터뷰를 하면서 얻게 된 정보를 기록하기 위해 사용하는 양식이다.

일관된 글쓰기(coherence in writing) 아이디어를 함께 결합하여 문장 간에, 단락 간에 논리적인 연결이 되도록 글을 일관되고 조리가 서도록 쓰는 것이다.

조사연구(survey research) 모집단으로부터 추출된 표본을 연구함으로써 모집단의 경향, 태도, 혹은 의견을 양적 혹은 수치로 기술하기 위한 연구이다.

조사연구 설계(survey design) 모집단으로부터 추출된 표본을 연구함으로써 모집단의 경향, 태도, 혹은 의견을 양적 혹은 수치로 기술하기 위한 계획이다.

조작점검 측정(manipulation check measure) 연구자가 관심을 두고 있는 의도된 조작변인의 측정이다.

조정변인(moderating variable) 양적 연구에서 독립변인의 효과를 조절하는 변인이다. 연구자가 새로운 독립변인을 구안하기 위해서 하나의 독립변인 외에 또 다른 변인(일반적으로 인구통계학적 변인)을 설정할 때 형성된다.

주제(topic) 연구자가 연구를 준비할 때 먼저 결정해야 하는 것으로 계획하고 있는 연구의 주제 혹은 제목이다.

준실험 연구(quasi-experiment) 개인이 집단에 무선 할당되지 않는 실험연구의 한 형태이다.

중심질문(central question) 연구에서 중심이 되는 현상이나 개념을 탐구하기 위해 연구자가 던지는 광범위한 연구질문이다.

중심 현상(central phenomenon) 질적 연구의 탐색대상이 되는 핵심 아이디어나 개념을 말한다.

지시적 가설(directional hypothesis) 양적 연구에서 연구자가 예상하는 연구의 방향이나 결과에 대한 예측이다.

진실험 연구(true experiment) 피험자가 각각 실험집단과 통제집단에 무선 할당되는 실험연구의 한 형태이다.

질적 연구(qualitative research) 개인이나 집단이 사회문제 혹은 인간문제에 대해 가지는 의미를 탐구하고 이해하기 위한 방법이다. 질적 연구의 과정은 질문의 생성과 절차, 연구참여자의 장면에서 자료 수집, 자료의 귀납적 분석, 연구참여자로부터 일반적 주제의 형성, 자료의 의미에 대한 해석, 보고서 작성 순으로 이루어진다. 마지막의 보고서 작성은 고정적인 것이 아닌 융통성이 있는 글쓰기 구조를 가진다.

질적 연구에서의 해석(interpretation in qualitative research) 질적 연구에서 해석이란 연구자가 자료의 분석 결과로부터 의미를 이끌어

내는 것이다. 이러한 의미는 학습된 것에서, 문헌에서 얻은 정보와의 비교를 통해서, 혹은 개인적 경험에 의해서 유추될 수 있다.

질적 연구에서의 관찰(qualitative observation) 연구자가 연구현장에서 개인의 행동과 활동에 대해 관찰하고 현장일지를 기록하는 것이다.

질적 연구에서의 인터뷰(qualitative interview) 연구자가 연구참여자와 얼굴을 서로 맞대고 면담하거나, 전화상으로 면담하거나, 집단별 6~8명으로 구성된 초점 집단면담을 행하는 것이다. 이러한 면담은 비구조화되어 있고, 연구참여자들의 견해와 의견을 유도하기 위한 소수의 개방형 질문을 취하는 것이 일반적이다.

질적 연구에서의 문서(qualitative document) 신문, 의사록, 공식적인 보고서와 같은 공적 기록물이나 개인 저널과 일기, 편지, 전자우편과 같은 사적 기록물을 말한다.

질적 연구에서의 시청각 자료(qualitative audio and visual material) 사진, 예술작품, 비디오테이프, 또는 모든 형태의 소리 자료를 말한다.

질적 연구에서의 신뢰도(qualitative reliability) 어떤 특정의 접근이 여러 연구자 간에 그리고 여러 프로젝트 간에 얼마나 일관되어 있는가의 정도이다.

질적 연구에서의 연구목적 진술(qualitative purpose statement) 질적 연구방법에서 목적 진술은 탐구해야 할 중심 현상에 대한 정보, 연구참여자, 연구장소를 포함한다. 또한 최근에 만들어진 설계와 질적 탐구에서 주로 사용되는 언어로 진술되어야 한다.

질적 연구에서의 이론적 시각 혹은 관점(theoretical lens or perspective in qualitative research) 질적 연구의 전체적인 방향을 안내해 주는 역할을 하며 성, 계층, 인종(혹은 사회적으로 무시되고 있는 집단의 문제)에 관한 질문을 연구하기 위해 사용된다. 이러한 시각은 답변되어야 할 질문의 유형, 자료 수집과 분석의 방법, 실천 혹은 변화를 위한 요구 등에 대해 연구자의 관점을 옹호해 준다.

질적 연구에서의 코드북(qualitative codebook) 자료를 부호화하기 위해 사용되는 사전에 정해진 일련의 부호를 이용하여 질적 자료를 조직화하기 위한 하나의 수단을 뜻한다. 질적 부호장은 한 칸에는 부호의 이름, 다른 칸에는 부호의 정의, 부호가 필기록에서 발견되는 구체적인 경우(예 : 열의 수)로 구성될 수 있다.

질적 연구에서의 타당도(qualitative validity) 연구자가 어떤 절차를 사용하여 연구결과의 정확성을 점검하는 것이다.

질적 연구에서의 타당도 전략(validity strategy in quality research) 질적 연구를 행하는 연구자가 자신이 발견한 연구결과의 정확성을 증명하고 독자에게 이러한 정확성을 전달하기 위해 사용하는 절차로 연구참여자 점검, 자료의 삼각검증과 같은 전략이 있다.

초록(abstract) 독자로 하여금 논문의 기본 특징을 이해할 수 있도록 중요 요소를 요약한, 즉 문헌을 짤막한 문장으로 간략히 개관한 것이다.

집중 혹은 흥미 사고(attention or interest thought) 독자로 하여금 끊임없이 아이디어를 추적하고, 조직하고, 주의를 기울이도록 하기 위한 아이디어를 말한다.

추론적 연구질문이나 가설(inferential question or hypotheses) 표집의 통계치로부터 전집의 모수치에 대한 추론을 이끌 수 있도록 변인을 관련짓거나 변인들의 견지에서 집단을 비교하는 질문이나 가설이다.

코딩(coding) 각 부분의 일반적 의미를 개발하기 위해서 자료를 묶거나 분리하는 조직화의 과정을 뜻한다.

코딩자 간 일치(intercoder agreement) 비교 검토하기(cross-checking)라고도 하는데 2명 이상의 부호자들이 텍스트의 동일 구절에 대해 같은 부호를 사용하는 것에 동의하는 것(2명 이상의 부호자들이 동일 교재를 부호화하는 것이 아니라 유사한 구절을 동일한 혹은 유사한 부호로 부호화하느냐 하는 것이다). 질적 컴퓨터 소프트웨어 패키지의 통계적 절차나 신뢰도 하위 프로그램들이 부호화의 일관성 수준을 알아보는 데 활용될 수 있다.

탐색적 순차 혼합 방법(explanatory sequential mixed method) 연구자가 질적 자료를 수집하고 분석한 다음, 질적 결과(예 : 새로운 변인, 실험 개입, 웹사이트)에 근거하여 양적 특징을 설계하고, 끝으로 양적 특징을 검증하는 3단계 프로젝트를 포함하는 혼합적 방법 전략이다.

통계적 결론타당도(statistical conclusion validity) 통계적 결론에 대한 타당도는 실험자가 통계학에 대한 지식이 부적절하거나 통계적 가정을 위반함으로써 추론을 잘못할 때 야기된다.

통계적 유의도 검증(statistical significance testing) 관찰점수가 우연에 의한 것이 아닌 일정한 패턴을 반영하고 있는가의 여부에 대한 평가를 보고해 준다. 결과가 우연에 의해 발생한 것이 아니고 '무효과'의 영가설이 기각된다면 통계적으로 유의하다고 간주된다.

포화(saturation) 질적 연구의 자료 수집에서 연구자가 새로운 통찰을 일으키거나 새로운 속성을 드러내 주지 못해서 더 이상의 자료를 수집하는 것을 멈출 때 발생하는 상태이다.

현상학적 연구(phenomenological research) 연구자가 연구참여자가 묘사하는 현상에 관련된 인간 경험의 본질을 확인하는 질적 전략의 연구이다.

혼합적 방법 연구(mixed method research) 연구의 양적 및 질적 형태를 결합 혹은 연합하는 탐구방법이다. 혼합적 연구방법은 철학적 가정, 양적 및 질적 접근의 사용, 연구에서의 양적 및 질적 접근의 혼합을 포함한다.

혼합적 방법에서의 연구목적 진술(mixed method purpose statement) 혼합적 연구방법을 이용한 연구에서의 목적 진술은 연구의 전반적인 의도, 연구의 양적 및 질적 성분에 관한 정보, 연구문제를 해결하기 위한 양적 및 질적 자료를 합병하는 기본 원리와 근거를 포함한다.

혼합적 방법에서의 연구질문(mixed method

research question)　연구의 양적 및 질적 성분의 혼합을 직접 거론하고 있는 혼합적 연구방법에서 제시되어 있는 특별한 질문이다. 이것은 양적 및 질적 접근의 혼합에 기초한 연구에서 대답되어야 할 질문이다.

혼합적 방법에서 이론의 활용(theory use in mixed method)　여기에는 양적 이론의 연역적 검증과 증명, 귀납적으로 드러나는 질적 이론이 포함된다. 또한 이론은 연구자가 양적 자료와 질적 자료 모두를 수집, 분석, 해석하는 도구로서의 프레임을 독특한 방식으로 제공한다. 프레임은 두 가지 형태를 취한다. (1) 사회과학 프레임과, (2) 변형적 프레임이 그것이다.

혼합적 방법에서의 자료 수집 시기(timing in mixed method data collection)　자료 수집의 순서를 의미하며 양적 및 질적 자료를 거의 동시에 수집할지, 혹은 순차적으로 하나의 자료를 수집한 뒤 다른 자료를 수집할 것인지를 의미한다.

혼합적 방법에서의 통합(mixed method integration)　혼합적 연구에서 활용되는 방법으로 양적 및 질적 자료를 합치고, 연결하고, 설계 내에 내장하는 방식을 말한다.

혼합적 연구 표기법(mixed method notation)　혼합적 연구방법의 중요한 측면을 간단히 전달하는 부호나 상징이다. 혼합적 연구방법을 사용하는 연구자가 그들의 연구절차를 쉽게 의사소통할 수 있는 수단을 제공한다.

효과크기(effect size)　양적 연구에서 집단의 차이나 변인 간의 관계에 대한 결론의 위력을 뜻한다.

후기 실증주의자(postpositivist)　후기 실증주의자는 어떤 원인이 효과나 결과를 결정할 것이라는 연구에 관한 결정론적 철학을 반영한다. 따라서 후기 실증주의자가 연구하는 문제는 실험에서 하듯이 결과에 영향을 미치는 원인을 확인하고 평가할 필요가 있는 이슈를 반영하고 있다.

참고문헌

Aikin, M. C. (Ed.). (1992). *Encyclopedia of educational research* (6th ed.). New York: Macmillan.

American Psychological Association. (2010). *Publication Manual of the American Psychological Association* (6th ed.). Washington, DC: Author.

Ames, G. M., Duke, M. R., Moore, R. S., & Cunradi, C. B. (2009). The impact of occupational culture on drinking behavior of young adults in the U.S. Navy. *Journal of Mixed Methods Research, 3*(2), 129–150.

Anderson, E. H., & Spencer, M. H. (2002). Cognitive representation of AIDS. *Qualitative Health Research, 12*(10), 1338–1352.

Annual Review of Psychology. (1950–). Palo Alto, CA: Annual Reviews.

Asmussen, K. J., & Creswell, J. W. (1995). Campus response to a student gunman. *Journal of Higher Education, 66,* 575–591.

Babbie, E. (2015). *The practice of social research* (14th ed.). Belmont, CA: Wadsworth/Thomson.

Bachman, R. D., & Schutt, R. K. (2017). *Fundamentals of research in criminology and criminal justice* (4th ed.). Los Angeles, CA: Sage.

Bailey, E. P. (1984). *Writing clearly: A contemporary approach.* Columbus, OH: Charles Merrill.

Banyard, V. L., & Williams, L. M. (2007). Women's voices on recovery: A multi-method study of the complexity of recovery from child sexual abuse. *Child Abuse & Neglect, 31,* 275–290.

Bean, J., & Creswell, J. W. (1980). Student attrition among women at a liberal arts college. *Journal of College Student Personnel, 3,* 320–327.

Beisel, N. (February, 1990). Class, culture, and campaigns against vice in three American cities, 1872–1892. *American Sociological Review, 55,* 44–62.

Bem, D. (1987). Writing the empirical journal article. In M. Zanna & J. Darley (Eds.), *The compleat academic: A practical guide for the beginning social scientist* (pp. 171–201). New York: Random House.

Berg, B. L. (2001). *Qualitative research methods for the social sciences* (4th ed.). Boston: Allyn & Bacon.

Berger, P. L., & Luckmann, T. (1967). *The social construction of reality: A treatise in the sociology of knowledge.* Garden City, NJ: Anchor.

Betancourt, T. S., Meyers-Ohki, S. E., Stevenson, A., Ingabire, C., Kanyanganzi, F., Munyana, M., et al. (2011). Using mixed-methods research to adapt and evaluate a family strengthening intervention in Rwanda. *African Journal of Traumatic Stress, 2*(1), 32–45.

Blalock, H. (1969). *Theory construction: From verbal to mathematical formulations.* Englewood Cliffs, NJ: Prentice Hall.

Blalock, H. (1985). *Causal models in the social sciences.* New York: Aldine.

Blalock, H. (1991). Are there any constructive alternatives to causal modeling? *Sociological Methodology, 21,* 325–335.

Blase, J. J. (1989, November). The micropolitics of the school: The everyday political orientation of teachers toward open school principals. *Educational Administration Quarterly, 25*(4), 379–409.

Boeker, W. (1992). Power and managerial dismissal: Scapegoating at the top. *Administrative Science Quarterly, 37,* 400–421.

Bogdan, R. C., & Biklen, S. K. (1992). *Qualitative research for education: An introduction to theory and methods.* Boston: Allyn & Bacon.

Boice, R. (1990). *Professors as writers: A self-help guide to productive writing.* Stillwater, OK: New Forums.

Boneva, B., Kraut, R., & Frohlich, D. (2001). Using e-mail for personal relationships. *American Behavioral Scientist, 45*(3), 530–549.

Boote, D. N., & Beile, P. (2005). Scholars before researchers: On the centrality of the dissertation literature review in research preparation. *Educational Researcher, 34*(6), 3–15.

Booth-Kewley, S., Edwards, J. E., & Rosenfeld, P. (1992). Impression management, social desirability, and computer administration of attitude questionnaires: Does the computer make a difference? *Journal of Applied Psychology, 77*(4), 562–566.

Borg, W. R., & Gall, M. D. (2006). *Educational research: An introduction* (8th ed.). New York: Longman.

Bryman, A. (2006). *Mixed methods: A four-volume set.* Thousand Oaks, CA: Sage.

Buck, G., Cook, K., Quigley, C., Eastwood, J., & Lucas, Y. (2009). Profiles of urban, low SES, African American girls' attitudes toward science: A sequential explanatory mixed methods study. *Journal of Mixed Methods Research, 3*(1), 386–410.

Bunge, N. (1985). *Finding the words: Conversations with writers who teach.* Athens: Swallow Press, Ohio University Press.

Cahill, S. E. (1989). Fashioning males and females: Appearance management and the social reproduction of gender. *Symbolic Interaction, 12*(2), 281–298.

Campbell, D., & Stanley, J. (1963). Experimental and quasi-experimental designs for research. In N. L. Gage (Ed.), *Handbook of research on teaching* (pp. 1–76). Chicago: Rand McNally.

Campbell, D. T., & Fiske, D. (1959). Convergent and discriminant validation by the multitrait-multimethod matrix. *Psychological Bulletin, 56,* 81–105.

Carroll, D. L. (1990). *A manual of writer's tricks.* New York: Paragon.

Carstensen, L. W., Jr. (1989). A fractal analysis of cartographic generalization. *The American Cartographer, 16*(3), 181–189.

Castetter, W. B., & Heisler, R. S. (1977). *Developing and defending a dissertation proposal.* Philadelphia: University of Pennsylvania, Graduate School of Education, Center for Field Studies.

Charmaz, K. (2006). *Constructing grounded theory.* Thousand Oaks, CA: Sage.

Cheek, J. (2004). At the margins? Discourse analysis and qualitative research. *Qualitative Health Research, 14,* 1140–1150.

Cherryholmes, C. H. (1992, August–September). Notes on pragmatism and scientific realism. *Educational Researcher,* 13–17.

Clandinin, D. J. (Ed.). (2007). *Handbook of narrative inquiry: Mapping a methodology.* Thousand Oaks, CA: Sage.

Clandinin, D. J., & Connelly, F. M. (2000). *Narrative inquiry: Experience and story in qualitative research.* San Francisco: Jossey-Bass.

Classen, S., Lopez, D. D. S., Winter, S., Awadzi, K. D., Ferree, N., & Garvan, C. W. (2007). Population-based health promotion perspective for older driver safety: Conceptual framework to intervention plan. *Clinical Intervention in Aging 2*(4), 677–693.

Cohen, J. (1977). *Statistical power analysis for the behavioral sciences.* New York: Academic Press.

Cohen, S., Kamarck, T., & Mermelstein, R. (1983). A global measure of perceived stress. *Journal of Health and Social Behavior, 24,* 385–396.

Cook, T. D., & Campbell, D. T. (1979). *Quasi-experimentation: Design and analysis issues for field settings.* Chicago: Rand McNally.

Cooper, H. (2010). *Research synthesis and meta-analysis: A step-by-step approach* (4th ed.). Thousand Oaks, CA: Sage.

Cooper, J. O., Heron, T. E., & Heward, W. L. (2007). *Applied behavior analysis.* Upper Saddle River, NJ: Pearson/Merrill-Prentice Hall.

Corbin, J. M., & Strauss, J. M. (2007). *Basics of qualitative research: Techniques and procedures for developing grounded theory* (3rd ed.). Thousand Oaks, CA: Sage.

Corbin, J. M., & Strauss, J. M. (2015). *Techniques and procedures for developing grounded theory* (4th ed.). Thousand Oaks, CA: Sage.

Creswell, J. D., Welch, W. T., Taylor, S. E., Sherman, D. K., Gruenewald, T. L., & Mann, T. (2005). Affirmation of personal values buffers neuroendocrine and psychological stress responses. *Psychological Science, 16,* 846–851.

Creswell, J. W. (2010). Mapping the developing landscape of mixed methods research. In A. Tashakkori & C. Teddlie (Eds.), *SAGE handbook of mixed methods in social & behavioral research* (2nd ed., pp. 45–68). Thousand Oaks, CA: Sage.

Creswell, J. W. (2011). Controversies in mixed methods research. In N. Denzin & Y. Lincoln (Eds.), *The SAGE handbook on qualitative research* (4th ed., pp. 269–284). Thousand Oaks, CA: Sage.

Creswell, J. W. (2012). *Educational research: Planning, conducting, and evaluating quantitative and qualitative research* (4th ed.). Upper Saddle River, NJ: Merrill.

Creswell, J. W. (2013). *Qualitative inquiry and research design: Choosing among five approaches* (3rd ed.). Thousand Oaks, CA: Sage.

Creswell, J. W. (2014). *Research design: Qualitative, quantitative, and mixed methods approaches* (4th ed.). Thousand Oaks, CA: Sage.

Creswell, J. W. (2015). *A concise introduction to mixed methods research.* Thousand Oaks, CA: Sage.

Creswell, J. W. (2016). *30 essential skills for the qualitative researcher.* Thousand Oaks, CA: Sage.

Creswell, J. W., & Brown, M. L. (1992, Fall). How chairpersons enhance faculty research: A grounded theory study. *The Review of Higher Education, 16*(1), 41–62.

Creswell, J. W., & Guetterman, T. (in press). *Educational research: Planning, conducting, and evaluating quantitative and qualitative research* (6th ed.). Upper Saddle River, NJ: Pearson.

Creswell, J. W., & Miller, D. (2000). Determining validity in qualitative inquiry. *Theory Into Practice, 39*(3), 124–130.

Creswell, J. W., & Plano Clark, V. L. (2011). *Designing and conducting mixed methods research* (2nd ed.). Thousand Oaks, CA: Sage.

Creswell, J. W., & Plano Clark, V. L. (2018). *Designing and conducting mixed methods research* (3rd ed.). Thousand Oaks, CA: Sage.

Creswell, J. W., & Poth, C. N. (2018). *Qualitative inquiry and research design: Choosing among five approaches* (4th ed.). Thousand Oaks, CA: Sage.

Creswell, J. W., Seagren, A., & Henry, T. (1979). Professional development training needs of department chairpersons: A test of the Biglan model. *Planning and Changing, 10*, 224–237.

Crotty, M. (1998). *The foundations of social research: Meaning and perspective in the research process.* Thousand Oaks, CA: Sage.

Crutchfield, J. P. (1986). *Locus of control, interpersonal trust, and scholarly productivity.* Unpublished doctoral dissertation, University of Nebraska-Lincoln.

Daum, M. (2010). *Life would be perfect if I lived in that house.* New York: Knopf.

DeGraw, D. G. (1984). *Job motivational factors of educators within adult correctional institutions from various states.* Unpublished doctoral dissertation, University of Nebraska-Lincoln.

Denzin, N. K., & Lincoln, Y. S. (Eds.). (2011). *The SAGE handbook of qualitative research* (4th ed.). Thousand Oaks, CA: Sage.

Denzin, N. K., & Lincoln, Y. S. (Eds.). (2018). *The SAGE handbook of qualitative research* (5th ed.). Los Angeles, CA: Sage.

DeVellis, R. F. (2012). *Scale development: Theory and application* (3rd ed.). Thousand Oaks, CA: Sage.

DeVellis, R. F. (2017). *Scale development: Theory and application* (4th ed.). Los Angeles, CA: Sage.

Dillard, A. (1989). *The writing life.* New York: Harper & Row.

Dillman, D. A. (2007). *Mail and Internet surveys: The tailored design method* (2nd ed.). New York: John Wiley.

Duncan, O. D. (1985). Path analysis: Sociological examples. In H. M. Blalock, Jr. (Ed.), *Causal models in the social sciences* (2nd ed., pp. 55–79). New York: Aldine.

Educational Resources Information Center. (1975). *Thesaurus of ERIC descriptors* (12th ed.). Phoenix, AZ: Oryx.

Elbow, P. (1973). *Writing without teachers.* London: Oxford University Press.

Enns, C. Z., & Hackett, G. (1990). Comparison of feminist and nonfeminist women's reactions to variants of nonsexist and feminist counseling. *Journal of Counseling Psychology, 37*(1), 33–40.

Faul, F., Erdfelder, E., Buchner, A., & Lang, A.-G. (2009). Statistical power analyses using G*Power 3.1: Tests for correlation and regression analyses. *Behavior Research Methods, 41*, 1149–1160.

Faul, F., Erdfelder, E., Lang, A.-G., & Buchner, A. (2007). G*Power 3: A flexible statistical power analysis program for the social, behavioral, and biomedical sciences. *Behavior Research Methods, 39*, 175–191.

Fay, B. (1987). *Critical social science.* Ithaca, NY: Cornell University Press.

Fetterman, D. M. (2010). *Ethnography: Step by step* (3rd ed.). Thousand Oaks, CA: Sage.

Fink, A. (2016). *How to conduct surveys* (6th ed.). Thousand Oaks, CA: Sage.

Firestone, W. A. (1987). Meaning in method: The rhetoric of quantitative and qualitative research. *Educational Researcher, 16*, 16–21.

Flick, U. (Ed.). (2007). *The Sage qualitative research kit.* Thousand Oaks, CA: Sage.

Flinders, D. J., & Mills, G. E. (Eds.). (1993). *Theory and concepts in qualitative research: Perspectives from the field.* New York: Columbia University, Teachers College Press.

Fowler, F. J. (2008). *Survey research methods* (4th ed.). Thousand Oaks, CA: Sage.

Fowler, F. J. (2014). *Survey research methods* (5th ed.). Thousand Oaks, CA: Sage.

Franklin, J. (1986). *Writing for story: Craft secrets of dramatic nonfiction by a two-time Pulitzer prize-winner.* New York: Atheneum.

Gamson, J. (2000). Sexualities, queer theory, and qualitative research. In N. K. Denzin & Y. S. Lincoln (Eds.), *Handbook of qualitative research* (pp. 347–365). Thousand Oaks, CA: Sage.

Gibbs, G. R. (2007). Analyzing qualitative data. In U. Flick (Ed.), *The Sage qualitative research kit*. Thousand Oaks, CA: Sage.

Giordano, J., O'Reilly, M., Taylor, H., & Dogra, N. (2007). Confidentiality and autonomy: The challenge(s) of offering research participants a choice of disclosing their identity. *Qualitative Health Research, 17*(2), 264–275.

Giorgi, A. (2009). *The descriptive phenomenological method in psychology: A modified Husserlian approach*. Pittsburgh, PA: Duquesne University Press.

Glesne, C. (2015). *Becoming qualitative researchers: An introduction* (5th ed.). White Plains, NY: Longman.

Glesne, C., & Peshkin, A. (1992). *Becoming qualitative researchers: An introduction*. White Plains, NY: Longman.

Gravetter, F. J., & Wallnau, L. B. (2012). *Statistics for the behavioural sciences* (9th ed.). Belmont, CA: Wadsworth.

Greene, J. C. (2007). *Mixed methods in social inquiry*. San Francisco: Jossey-Bass.

Greene, J. C., & Caracelli, V. J. (Eds.). (1997). *Advances in mixed-method evaluation: The challenges and benefits of integrating diverse paradigms*. (New Directions for Evaluation, No. 74). San Francisco: Jossey-Bass.

Greene, J. C., Caracelli, V. J., & Graham, W. F. (1989). Toward a conceptual framework for mixed-method evaluation designs. *Educational Evaluation and Policy Analysis, 11*(3), 255–274.

Greysen, S. R., Allen, R., Lucas, G. I., Wang, E. A., Rosenthal, M. S. (2012). *J. Gen Intern Med*. doi:10.1007/s11606-012-2117-2.

Guba, E. G. (1990). The alternative paradigm dialog. In E. G. Guba (Ed.), *The paradigm dialog* (pp. 17–30). Newbury Park, CA: Sage.

Guest, G., MacQueen, K. M., & Namey, E. E. (2012). *Applied thematic analysis*. Thousand Oaks, CA: Sage.

Guetterman, T., Fetters, M. D., & Creswell, J. W. (2015). Integrating quantitative and qualitative results in health science mixed methods research through joint displays. *Annals of Family Medicine, 13*(6), 554–561.

Harding, P. (2009). *Tinkers*. New York: NYU School of Medicine, Bellevue Literary Press.

Hatch, J. A. (2002). *Doing qualitative research in educational settings*. Albany: State University of New York Press.

Heron, J., & Reason, P. (1997). A participatory inquiry paradigm. *Qualitative Inquiry, 3*, 274–294.

Hesse-Biber, S. N., & Leavy, P. (2011). *The practice of qualitative research* (2nd ed.). Thousand Oaks, CA: Sage.

Hodgkin, S. (2008). Telling it all: A story of women's social capital using mixed methods approach. *Journal of Mixed Methods Research, 2*(3), 296–316.

Homans, G. C. (1950). *The human group*. New York: Harcourt, Brace.

Hopkins, T. K. (1964). *The exercise of influence in small groups*. Totowa, NJ: Bedmister.

Houtz, L. E. (1995). Instructional strategy change and the attitude and achievement of seventh- and eighth-grade science students. *Journal of Research in Science Teaching, 32*(6), 629–648.

Huber, J., & Whelan, K. (1999). A marginal story as a place of possibility: Negotiating self on the professional knowledge landscape. *Teaching and Teacher Education, 15*, 381–396.

Humbley, A. M., & Zumbo, B. D. (1996). A dialectic on validity: Where we have been and where we are going. *The Journal of General Psychology, 123*, 207–215.

Isaac, S., & Michael, W. B. (1981). *Handbook in research and evaluation: A collection of principles, methods, and strategies useful in the planning, design, and evaluation of studies in education and the behavioral sciences* (2nd ed.). San Diego, CA: EdITS.

Israel, M., & Hay, I. (2006). *Research ethics for social scientists: Between ethical conduct and regulatory compliance*. Thousand Oaks, CA: Sage.

Ivankova, N. V. (2015). *Mixed methods applications in action research: From methods to community action*. Thousand Oaks, CA: Sage.

Ivankova, N. V., & Stick, S. L. (2007). Students' persistence in a distributed doctoral program in educational leadership in higher education. *Research in Higher Education, 48*(1), 93–135.

Janovec, T. (2001). *Procedural justice in organizations: A literature map*. Unpublished manuscript, University of Nebraska-Lincoln.

Janz, N. K., Zimmerman, M. A., Wren, P. A., Israel, B. A., Freudenberg, N., & Carter, R. J. (1996). Evaluation of 37 AIDS prevention projects: Successful approaches and barriers to program effectiveness. *Health Education Quarterly, 23*(1), 80–97.

Jick, T. D. (1979, December). Mixing qualitative and quantitative methods: Triangulation in action. *Administrative Science Quarterly, 24*, 602–611.

Johnson, R. B., Onwuegbuzie, A. J., & Turner, L. A. (2007). Toward a definition of mixed methods research. *Journal of Mixed Methods Research, 1*(2), 112–133.

Jungnickel, P. W. (1990). *Workplace correlates and scholarly performance of pharmacy clinical faculty members.* Unpublished manuscript, University of Nebraska-Lincoln.

Kalof, L. (2000). Vulnerability to sexual coercion among college women: A longitudinal study. *Gender Issues, 18*(4), 47–58.

Keeves, J. P. (Ed.). (1988). *Educational research, methodology, and measurement: An international handbook.* Oxford, UK: Pergamon.

Kemmis, S., & McTaggart, R. (2000). Participatory action research. In N. K. Denzin & Y. S. Lincoln (Eds.), *Handbook of qualitative research* (2nd ed., pp. 567–605). Thousand Oaks, CA: Sage.

Kemmis, S., & Wilkinson, M. (1998). Participatory action research and the study of practice. In B. Atweh, S. Kemmis, & P. Weeks (Eds.), *Action research in practice: Partnerships for social justice in education* (pp. 21–36). New York: Routledge.

Kennett, D. J., O'Hagan, F. T., & Cezer, D. (2008). Learned resourcefulness and the long-term benefits of a chronic pain management program. *Journal of Mixed Methods Research, 2*(4), 317–339.

Keppel, G. (1991). *Design and analysis: A researcher's handbook* (3rd ed.). Englewood Cliffs, NJ: Prentice Hall.

Keppel, G., & Wickens, T. D. (2003). *Design and analysis: A researcher's handbook* (4th ed.). Englewood Cliffs, NJ: Prentice Hall.

Kerlinger, F. N. (1979). *Behavioral research: A conceptual approach.* New York: Holt, Rinehart & Winston.

King, S. (2000). *On writing: A memoir of the craft.* New York: Scribner.

Kline, R. B. (1998). *Principles and practice of structural equation modeling.* New York: Guilford.

Kos, R. (1991). Persistence of reading disabilities: The voices of four middle school students. *American Educational Research Journal, 28*(4), 875–895.

Kraemer, H. C., & Blasey, C. (2016). *How many subjects? Statistical power analysis in research.* Thousand Oaks, CA: Sage.

Krueger, R. A., & Casey, M. A. (2014). *Focus groups: A practical guide for applied research* (5th ed.). Thousand Oaks, CA: Sage.

Kvale, S. (2007). Doing interviews. In U. Flick (Ed.), *The Sage qualitative research kit.* London: Sage.

Labovitz, S., & Hagedorn, R. (1971). *Introduction to social research.* New York: McGraw-Hill.

Ladson-Billings, G. (2000). Racialized discourses and ethnic epistemologies. In N. K. Denzin & Y. S. Lincoln (Eds.), *Handbook on qualitative research* (pp. 257–277). Thousand Oaks, CA: Sage.

LaFrance, J., & Crazy Bull, C. (2009). Researching ourselves back to life: Taking control of the research agenda in Indian Country. In D. M. Mertens & P. E. Ginsburg (Eds.), The handbook of social research ethics (pp. 135–149). Thousand Oaks, CA: Sage.

Lather, P. (1986). Research as praxis. *Harvard Educational Review, 56,* 257–277.

Lauterbach, S. S. (1993). In another world: A phenomenological perspective and discovery of meaning in mothers' experience with death of a wished-for baby: Doing phenomenology. In P. L. Munhall & C. O. Boyd (Eds.), *Nursing research: A qualitative perspective* (pp. 133–179). New York: National League for Nursing Press.

Lee, Y. J., & Greene, J. (2007). The predictive validity of an ESL placement test: A mixed methods approach. *Journal of Mixed Methods Research, 1*(4), 366–389.

Leslie, L. L. (1972). Are high response rates essential to valid surveys? *Social Science Research, 1,* 323–334.

Levitt, H., Bamberg, M., Creswell, J. W., Frost, D. M., Josselson, R., & Suarez-Orozco, C. (in press). Journal article reporting standards for qualitative research in psychology. *American Psychologist.*

Li, S., Marquart, J. M., & Zercher, C. (2000). Conceptual issues and analytic strategies in mixed-methods studies of preschool inclusion. *Journal of Early Intervention, 23*(2), 116–132.

Lincoln, Y. S. (2009). Ethical practices in qualitative research. In D. M. Mertens & P. E. Ginsberg (Ed.), *The handbook of social research ethics* (pp. 150–169). Thousand Oaks, CA: Sage.

Lincoln, Y. S., & Guba, E. G. (1985). *Naturalistic inquiry.* Beverly Hills, CA: Sage.

Lincoln, Y. S., Lynham, S. A., & Guba, E. G. (2011). Paradigmatic controversies, contradictions, and emerging confluences revisited. In N. K. Denzin & Y. S. Lincoln, *The SAGE handbook of qualitative research* (4th ed., pp. 97–128). Thousand Oaks, CA: Sage.

Lipsey, M. W. (1990). *Design sensitivity: Statistical power for experimental research.* Newbury Park, CA: Sage.

Locke, L. F., Spirduso, W. W., & Silverman, S. J. (2013). *Proposals that work: A guide for planning dissertations and grant proposals* (6th ed.). Thousand Oaks, CA: Sage.

Lysack, C. L., & Krefting, L. (1994). Qualitative methods in field research: An Indonesian experience in community based practice. *The Occupational Therapy Journal of Research, 14*(20), 93–110.

Mac an Ghaill, M., & Haywood, C. (2015). British-born Pakistani and Bangladeshi young men: Exploring unstable concepts of Muslim, Islamophobia and racialization. *Critical Sociology, 41,* 97–114.

MacKinnon, D. P., Fairchild, A. J., & Fritz, M.S. (2007). Mediation analysis. *Annual Review of Psychology, 58,* 593–614.

Marshall, C., & Rossman, G. B. (2016). *Designing qualitative research* (6th ed.). Thousand Oaks, CA: Sage.

Mascarenhas, B. (1989). Domains of state-owned, privately held, and publicly traded firms in international competition. *Administrative Science Quarterly, 34,* 582–597.

Maxwell, J. A. (2013). *Qualitative research design: An interactive approach* (3rd ed.). Thousand Oaks, CA: Sage.

McCracken, G. (1988). *The long interview.* Newbury Park, CA: Sage.

Megel, M. E., Langston, N. F., & Creswell, J. W. (1987). Scholarly productivity: A survey of nursing faculty researchers. *Journal of Professional Nursing, 4,* 45–54.

Merriam, S. B. (1998). *Qualitative research and case study applications in education.* San Francisco: Jossey-Bass.

Mertens, D. M. (2003). Mixed methods and the politics of human research: The transformative-emancipatory perspective. In A. Tashakkori & C. Teddlie (Eds.), *SAGE handbook of mixed methods in social & behavioral research* (pp. 135–164). Thousand Oaks, CA: Sage.

Mertens, D. M. (2007). Transformative paradigm: Mixed methods and social justice. *Journal of Mixed Methods Research, 1*(3), 212–225.

Mertens, D. M. (2009). *Transformative research and evaluation.* New York: Guilford.

Mertens, D. M. (2010). *Research and evaluation in education and psychology: Integrating diversity with quantitative, qualitative, and mixed methods* (3rd ed.). Thousand Oaks, CA: Sage.

Mertens, D. M., & Ginsberg, P. E. (2009). *The handbook of social research ethics.* Thousand Oaks, CA: Sage.

Miles, M. B., & Huberman, A. M. (1994). *Qualitative data analysis: A sourcebook of new methods.* Thousand Oaks, CA: Sage.

Miller, D. (1992). *The experiences of a first-year college president: An ethnography.* Unpublished doctoral dissertation, University of Nebraska-Lincoln.

Miller, D. C., & Salkind, N. J. (2002). *Handbook of research design and social measurement* (6th ed.). Thousand Oaks, CA: Sage.

Moore, D. (2000). Gender identity, nationalism, and social action among Jewish and Arab women in Israel: Redefining the social order? *Gender Issues, 18*(2), 3–28.

Morgan, D. (2007). Paradigms lost and pragmatism regained: Methodological implications of combining qualitative and quantitative methods. *Journal of Mixed Methods Research, 1*(1), 48–76.

Morse, J. M. (1991). Approaches to qualitative-quantitative methodological triangulation. *Nursing Research, 40*(1), 120–123.

Morse, J. M. (1994). Designing funded qualitative research. In N. K. Denzin & Y. S. Lincoln (Eds.), *Handbook of qualitative research* (pp. 220–235). Thousand Oaks, CA: Sage.

Morse, J. M., & Niehaus, L. (2009). *Mixed methods design: Principles and procedures.* Walnut Creek, CA: Left Coast Press.

Moustakas, C. (1994). *Phenomenological research methods.* Thousand Oaks, CA: Sage.

Murguia, E., Padilla, R. V., & Pavel, M. (1991, September). Ethnicity and the concept of social integration in Tinto's model of institutional departure. *Journal of College Student Development, 32,* 433–439.

Murphy, J. P. (1990). *Pragmatism: From Peirce to Davidson.* Boulder, CO: Westview.

Nastasi, B. K., & Hitchcock, J. (2016). *Mixed methods research and culture-specific interventions.* Los Angeles, CA: Sage.

Nastasi, B. K., Hitchcock, J., Sarkar, S., Burkholder, G., Varjas, K., & Jayasena, A. (2007). Mixed methods in intervention research: Theory to adaptation. *Journal of Mixed Methods Research, 1*(2), 164–182.

Nesbary, D. K. (2000). *Survey research and the world wide web.* Boston: Allyn & Bacon.

Neuman, S. B., & McCormick, S. (Eds.). (1995). *Single-subject experimental research: Applications for literacy.* Newark, DE: International Reading Association.

Neuman, W. L. (2009). *Social research methods: Qualitative and quantitative approaches* (7th ed.). Boston: Allyn & Bacon.

Newman, I., & Benz, C. R. (1998). *Qualitative-quantitative research methodology: Exploring the interactive continuum.* Carbondale and Edwardsville: Southern Illinois University Press.

Nieswiadomy, R. M. (1993). *Foundations of nursing research* (2nd ed.). New York: Appleton & Lange.

O'Cathain, A., Murphy, E., & Nicholl, J. (2007). Integration and publications as indicators of "yield" from mixed methods studies. *Journal of Mixed Methods Research, 1*(2), 147–163.

Olesen, V. L. (2000). Feminism and qualitative research at and into the millennium. In N. L. Denzin & Y. S. Lincoln, *Handbook of qualitative research* (pp. 215–255). Thousand Oaks, CA: Sage.

Onwuegbuzie, A. J., & Leech, N. L. (2006). Linking research questions to mixed methods data analysis procedures. *The Qualitative Report, 11*(3), 474–498. Retrieved from www.nova.edu/ssss/QR/QR11-3/onwuegbuzie.pdf.

Padula, M. A., & Miller, D. (1999). Understanding graduate women's reentry experiences. *Psychology of Women Quarterly, 23,* 327–343.

Plano Clark, V. L., & Ivankova, N. V. (2016). *Mixed Methods Research: A Guide to the Field.* Thousand Oaks, CA: Sage.

Patton, M. Q. (1990). *Qualitative evaluation and research methods* (2nd ed.). Newbury Park, CA: Sage.

Patton, M. Q. (2002). *Qualitative research and evaluation methods* (3rd ed.). Thousand Oaks, CA: Sage.

Phillips, D. C., & Burbules, N. C. (2000). *Postpositivism and educational research.* Lanham, MD: Rowman & Littlefield.

Pink, S. (2001). *Doing visual ethnography.* Thousand Oaks, CA: Sage.

Plano Clark, V. L. (2005). Cross-Disciplinary Analysis of the Use of Mixed Methods in Physics Education Research, Counseling Psychology, and Primary Care (Doctoral dissertation, University of Nebraska–Lincoln, 2005). *Dissertation Abstracts International, 66,* 02A.

Plano Clark, V. L., & Creswell, J. W. (2008). *The mixed methods reader.* Thousand Oaks, CA: Sage.

Punch, K. F. (2014). *Introduction to social research: Quantitative and qualitative approaches* (3rd ed.). Thousand Oaks, CA: Sage.

Rhoads, R. A. (1997). Implications of the growing visibility of gay and bisexual male students on campus. *NASPA Journal, 34*(4), 275–286.

Richardson, L. (1990). *Writing strategies: Reaching diverse audiences.* Newbury Park, CA: Sage.

Richie, B. S., Fassinger, R. E., Linn, S. G., Johnson, J., Prosser, J., & Robinson, S. (1997). Persistence, connection, and passion: A qualitative study of the career development of highly achieving African American-Black and White women. *Journal of Counseling Psychology, 44*(2), 133–148.

Riemen, D. J. (1986). The essential structure of a caring interaction: Doing phenomenology. In P. M. Munhall & C. J. Oiler (Eds.), *Nursing research: A qualitative perspective* (pp. 85–105). New York: Appleton & Lange.

Riessman, C. K. (2008). *Narrative methods for the human sciences.* Thousand Oaks, CA: Sage.

Rogers, A., Day, J., Randall, F., & Bentall, R. P. (2003). Patients' understanding and participation in a trial designed to improve the management of anti-psychotic medication: A qualitative study. *Social Psychiatry and Psychiatric Epidemiology, 38,* 720–727.

Rorty, R. (1990). Pragmatism as anti-representationalism. In J. P. Murphy, *Pragmatism: From Peirce to Davison* (pp. 1–6). Boulder, CO: Westview.

Rosenthal, R., & Rosnow, R. L. (1991). *Essentials of behavioral research: Methods and data analysis.* New York: McGraw-Hill.

Ross-Larson, B. (1982). *Edit yourself: A manual for everyone who works with words.* New York: Norton.

Rossman, G.B., & Rallis, S. F. (2012). *Learning in the field: An introduction to qualitative research* (3rd ed.). Thousand Oaks, CA: Sage.

Rossman, G.B., & Rallis, S. F. (2017). *An introduction to qualitative research: Learning in the field:* (4th ed.). Los Angeles, CA: Sage.

Rossman, G. B., & Wilson, B. L. (1985, October). Numbers and words: Combining quantitative and qualitative methods in a single large-scale evaluation study. *Evaluation Review, 9*(5), 627–643.

Rudestam, K. E., & Newton, R. R. (2014). *Surviving your dissertation* (4th ed.). Thousand Oaks, CA: Sage.

Salant, P., & Dillman, D. A. (1994). *How to conduct your own survey.* New York: John Wiley.

Salkind, N. (1990). *Exploring research.* New York: MacMillan.

Salmons, J. (2010). *Online interviews in real time.* Thousand Oaks, CA: Sage.

Sandelowski, M. (1996). Using qualitative methods in intervention studies. *Research in Nursing & Health, 19*(4), 359–364.

Sarantakos, S. (2005). *Social research* (3rd ed.). New York: Palgrave Macmillan.

Schafer, J. L., & Graham, J. W. (2002). Missing data: Our view of the state of the art. *Psychological Methods, 7*(2), 147–177.

Schwandt, T. A. (2014). *Dictionary of qualitative inquiry* (5th ed.). Thousand Oaks, CA: Sage.

Shadish, W. R., Cook, T. D., & Campbell, D. T. (2001). *Experimental and quasi-experimental designs for generalized causal inference.* Boston: Houghton Mifflin.

Shaw, E. K., Ohman-Strickland, P. A., Piasecki, A., et al. (2013). Effects of facilitated team meetings and learning collaboratives on colorectal cancer screening rates in primary care practices: A cluster randomized trial. *Annals of Family Medicine, 11*(3), 220–228.

Sieber, J. E. (1998). Planning ethically responsible research. In L. Bickman & D. J. Rog (Eds.), *Handbook of applied social research methods* (pp. 127–156). Thousand Oaks, CA: Sage.

Sieber, S. D. (1973). The integration of field work and survey methods. *American Journal of Sociology, 78,* 1335–1359.

Slife, B. D., & Williams, R. N. (1995). *What's behind the research? Discovering hidden assumptions in the behavioral sciences.* Thousand Oaks, CA: Sage.

Smith, J. K. (1983, March). Quantitative versus qualitative research: An attempt to clarify the issue. *Educational Researcher,* 6–13.

Spradley, J. P. (1980). *Participant observation.* New York: Holt, Rinehart & Winston.

Stake, R. E. (1995). *The art of case study research.* Thousand Oaks, CA: Sage.

Steinbeck, J. (1969). *Journal of a novel: The East of Eden letters.* New York: Viking.

Strauss, A., & Corbin, J. (1990). *Basics of qualitative research: Grounded theory procedures and techniques.* Newbury Park, CA: Sage.

Strauss, A., & Corbin, J. (1998). *Basics of qualitative research: Grounded theory procedures and techniques* (2nd ed.). Thousand Oaks, CA: Sage.

Sudduth, A. G. (1992). *Rural hospitals' use of strategic adaptation in a changing health care environment.* Unpublished doctoral dissertation, University of Nebraska-Lincoln.

Sue, V. M., & Ritter, L. A. (2012). *Conducting online surveys* (2nd ed.). Thousand Oaks, CA: Sage.

Sweetman, D. (2008). *Use of the transformative-emancipatory perspective in mixed methods studies: A review and recommendations.* Unpublished manuscript.

Sweetman, D., Badiee, M., & Creswell, J. W. (2010). Use of the transformative framework in mixed methods studies. *Qualitative Inquiry, 16*(6), 441–454.

Szmitko, P. E., & Verma, S. (2005). Red wine and your heart. *Circulation, 111,* e10–e11.

Tarshis, B. (1982). *How to write like a pro: A guide to effective nonfiction writing.* New York: New American Library.

Tashakkori, A., & Creswell, J. W. (2007). Exploring the nature of research questions in mixed methods research [Editorial]. *Journal of Mixed Methods Research, 1*(3), 207–211.

Tashakkori, A., & Teddlie, C. (1998). *Mixed methodology: Combining qualitative and quantitative approaches.* Thousand Oaks, CA: Sage.

Tashakkori, A., & Teddlie, C. (Eds.). (2003). *SAGE handbook of mixed methods in social & behavioral research.* Thousand Oaks, CA: Sage.

Tashakkori, A., & Teddlie, C. (Eds.). (2010). *SAGE handbook of mixed methods in social & behavioral research* (2nd ed.). Thousand Oaks, CA: Sage.

Teddlie, C., & Tashakkori, A. (2009). *Foundations of mixed methods research: Integrating quantitative and qualitative approaches in the social and behavioral sciences.* Thousand Oaks, CA: Sage.

Terenzini, P. T., Cabrera, A. F., Colbeck, C. L., Bjorklund, S. A., & Parente, J. M. (2001). Racial and ethnic diversity in the classroom. *The Journal of Higher Education, 72*(5), 509–531.

Tesch, R. (1990). *Qualitative research: Analysis types and software tools.* New York: Falmer.

Thomas, G. (1997). What's the use of theory? *Harvard Educational Review, 67*(1), 75–104.

Thomas, J. (1993). *Doing critical ethnography.* Newbury Park, CA: Sage.

Thompson, B. (2006). *Foundations of behavioral statistics: An insight-based approach.* New York: Guilford.

Thorndike, R. M. (1997). *Measurement and evaluation in psychology and education* (6th ed.). New York: Macmillan.

Trujillo, N. (1992). Interpreting (the work and the talk of) baseball: Perspectives on ballpark culture. *Western Journal of Communication, 56,* 350–371.

Tuckman, B. W. (1999). *Conducting educational research* (5th ed.). Fort Worth, TX: Harcourt Brace.

University of Chicago Press. (2010). *The Chicago manual of style* (16th ed.). Chicago: Author.

University Microfilms. (1938–). *Dissertation abstracts international.* Ann Arbor, MI: Author.

VanHorn-Grassmeyer, K. (1998). *Enhancing practice: New professional in student affairs.* Unpublished doctoral dissertation, University of Nebraska-Lincoln.

Van Maanen, J. (1988). *Tales of the field: On writing ethnography.* Chicago: University of Chicago Press.

Vernon, J. E. (1992). *The impact of divorce on the grandparent/grandchild relationship when the parent generation divorces.* Unpublished doctoral dissertation, University of Nebraska-Lincoln.

Vogt, W. P. & Johnson, R.B. (2015). *The Sage dictionary of statistics and methodology: A nontechnical guide for the social sciences* (4th ed.). Thousand Oaks, CA: Sage.

Webb, R. B., & Glesne, C. (1992). Teaching qualitative research. In M. D. LeCompte, W. L. Millroy & J. Preissle (Eds.), *The Handbook of qualitative research in education* (pp. 771–814). San Diego, CA: Academic Press.

Webb, W. H., Beals, A. R., & White, C. M. (1986). *Sources of information in the social sciences: A guide to the literature* (3rd ed.). Chicago: American Library Association.

Weitzman, P. F., & Levkoff, S. E. (2000). Combining qualitative and quantitative methods in health research with minority elders: Lessons from a study of dementia caregiving. *Field Methods, 12*(3), 195–208.

Wilkinson, A. M. (1991). *The scientist's handbook for writing papers and dissertations.* Englewood Cliffs, NJ: Prentice Hall.

Wittink, M. N., Barg, F. K., & Gallo, J. J. (2006). Unwritten rules of talking to doctors about depression: Integrating qualitative and quantitative methods. *Annals of Family Medicine, 4*(4), 302–309.

Wolcott, H. T. (1994). *Transforming qualitative data: Description, analysis, and interpretation.* Thousand Oaks, CA: Sage.

Wolcott, H. T. (2008). *Ethnography: A way of seeing* (2nd ed.). Walnut Creek, CA: AltaMira.

Wolcott, H. T. (2009). *Writing up qualitative research* (3rd ed.). Thousand Oaks, CA: Sage.

Yin, R. K. (2009). *Case study research: Design and methods* (4th ed.). Thousand Oaks, CA: Sage.

Yin, R. K. (2012). *Applications of case study research* (3rd ed.). Thousand Oaks, CA: Sage.

Yin, R. K. (2014). *Case study research* (5th ed.). Thousand Oaks, CA: Sage.

Ziller, R. C. (1990). *Photographing the self: Methods for observing personal orientations.* Newbury Park, CA: Sage.

Zinsser, W. (1983). *Writing with a word processor.* New York: Harper Colophon.

찾아보기

John W. Creswell 박사는 미시간대학교 가정의학과 교수이자 혼합적 방법 연구 및 장학금 프로그램의 공동 책임자이다. 그는 혼합적 방법 연구, 질적 연구 및 연구 설계에 관한 수많은 논문과 28권의 책을 저술했다. 네브래스카주립대학교-링컨 캠퍼스에 있는 동안 그는 Clifton 석좌교수직을 맡았고, 혼합적 방법 연구소 소장을 역임했고, SAGE의 *Journal of Mixed Methods Research*를 창간했으며, 미시간대학교 가정의학과 겸임교수이자 재향군인관리의료서비스연구센터의 자문위원이었다. 그는 2008년 남아프리카공화국, 2012년 태국에서 수석 풀브라이트(Fulbright) 학자였다. 2011년에는 미국국립보건원에서 혼합적 방법 실습에 대한 국가 실무 그룹을 공동으로 이끌었으며, 하버드대학교 보건대학원 객원교수를 역임했다. 그리고 남아프리카공화국 프리토리아대학교에서 명예박사 학위를 받았다. 또한 2014년 혼합적 방법 국제연구협회 회장직을 맡았으며, 2015년에는 미시간대학교 가정의학과 교수가 되었다. John은 지난 40년 동안 연구방법론을 가르쳐 왔다.

J. David Creswell 박사는 카네기멜론대학교 심리학과 부교수이자 건강 및 인간 성과 연구소 소장이다. 그의 대부분의 연구는 본질적으로 양적이며, 스트레스 상황에서 사람들을 탄력 있게 만드는 요인을 이해하는 데 중점을 두고 있다. 그는 50개 이상의 동료 리뷰 논문을 발표했고, *Handbook of Mindfulness*(2015, Guilford)을 공동 편집했으며, 미국심리과학회(2011), 미국심리학회(2014) 및 미국심리신체학회(2017)로부터 그의 연구 업적을 인정받아 신진학자에게 주어지는 우수상을 받았다. 이러한 연구 기여는 어린 시절과 초기 성인기에 아버지와의 연구방법론에 대해 논의한 결과였기 때문에 이 책은 이제 수년 전으로 거슬러 올라가는 협력 작업을 확장한 것이다. David는 지난 9년 동안 연구방법론을 가르쳐 왔다.

옮긴이

정종진(대표역자)
대구교육대학교 교육학과 명예교수

김영숙
대구교육대학교 영어교육과 명예교수

류성림
대구교육대학교 수학교육과 교수

박판우
대구교육대학교 컴퓨터교육과 교수

성용구
대구교육대학교 교육학과 명예교수

성장환
대구교육대학교 윤리교육과 명예교수

유승희
대구교육대학교 교육학과 명예교수

임남숙
대구교육대학교 미술교육과 교수

임청환
대구교육대학교 과학교육과 명예교수

장윤선
대구교육대학교 교육학과 교수

허재복
대구교육대학교 윤리교육과 교수